C000154988

L. I. PIROGOVA, S. I. MAKAROVA

CONJUGATION OF RUSSIAN VERBS

University Press of the Pacific
Honolulu, Hawaii

Conjugation of Russian Verbs

by
L. I. Pirogova
S. I. Makarova

ISBN: 1-4102-0515-0

University Press of the Pacific
Honolulu, Hawaii
http://www.universitypressofthepacific.com

FOREWORD

Foreign students encounter many difficulties in studying the Russian verb, as verb inflexion is dealt with insufficiently in practical courses of Russian. There are no complete reference books on the conjugation of Russian verbs except a reference book on the Russian verb by S. S. Maximenko (С. С. Максименко, *Справочник по русскому глаголу*, М., «Высшая школа», 1963) with a Vocabulary including only the commonest verbs which have some peculiarities in the formation of the present and the simple future.

The object of this book is to give complete conjugation patterns of common Russian verbs.

The book consists of an *Introduction*, *100 Tables* of types of verb conjugation and an *Alphabetical List of Common Verbs* (roundly 12,000 words).

The *Introduction* is devoted to the classification of Russian verbs and the rules according to which conjugated and non-conjugated verb forms are obtained.

The *Tables* give the ways in which all the verb forms are obtained with any peculiarities of stress and interchange of sounds. Shown in the tables are type verbs, i.e. verbs from which all the possible forms can be obtained. The choice of these verbs is restricted, since a verb appearing in the tables must be transitive and must be one of an aspect pair differing only by the prefix; hence some of the verbs given in the tables are not commonly used ones.

As a rule, the verbs in the tables make up an aspect pair, but in a few cases, when there is no aspect pair differing only by the prefix, two verbs—one perfective and the other imperfective—of the same type are given. A number of tables give verbs of either perfective or imperfective aspect. This means that the type in question includes verbs of one aspect only (see Nos. 40, 41, 55, 56, 57, etc.).

The *Alphabetical List* includes approximately 12,000 common verbs, each followed by a number showing the relevant type table. For details of the Vocabulary, see p. 130-131.

* * *

The following parts of the book were written by L. I. Pirogova: *Introduction*, *Tables* and *Notes on the Tables*, *Alphabetical List of Common Verbs* (except letters A and П). The classification of the verbs was devised by L. I. Pirogova.

S. I. Makarova compiled the *Alphabetical List of Common Verbs* (letters A and П).

The authors will be grateful for any remarks and suggestions which will help to improve the book in future editions. These should be forwarded to the *Progress Publishers, 21 Zubovsky Blvd., Moscow G-21, USSR.*

CONTENTS

INTRODUCTION

CLASSIFICATION OF RUSSIAN VERBS

GENERAL INFORMATION ON THE VERB

The verb is one of the most important parts of speech; therefore it is essential that a foreign student of Russian should know how conjugated and non-conjugated forms of the verb are obtained.

In practical courses of Russian, verbs are classified according to only two types of conjugation. Such a classification is of no use in teaching non-Russians, since its object is to teach the spelling of verb endings and it cannot help a foreigner to make verb forms.[1]

In theoretical Russian grammars, verbs are classed into productive types (4-5 types) and non-productive types (11-17 types), according to whether new verbs can, or cannot, be formed on their pattern. S. S. Maximenko's book[2] is based precisely on such a classification.

However, the principle of productivity/non-productivity is not so important in learning the language practically, since some of the non-productive verbs are frequently used and it is as necessary to know them as to know productive verbs; moreover, the division of verbs into productive and non-productive does not reflect verb inflexion.

In such a classification, on the one hand, verbs with the same correlation of the stems are classed into different groups.[3] On the other hand, modern Russian verbs with different correlations of the

---

[1] This has also been pointed out by E. Yufereva in her article *О принципах практического изучения русского глагола нерусскими учащимися* (On the Principles of Practical Study of the Russian Verb by Non-Russian Students) published in the magazine «Русский язык в национальной школе» (The Russian Language in the National School), 1964, No. 1, p. 12.

[2] С. С. Максименко. «Справочник по русскому глаголу», М., «Высшая школа», 1963.

[3] Thus, verbs of the type *звуча́ть, ви́деть* belong to the 2nd non-productive group, though they have the same correlation of the stems and are inflected in the same manner as verbs of the type *трево́жить, входи́ть*, belonging to the 4th or 5th productive group. See *Грамматика русского языка АН СССР* (Grammar of the Russian Language, published by the U.S.S.R. Academy of Sciences), v. I, pp. 557-559.

stems get into the same group, since in establishing non-productive groups, interchanges in the root are not always taken into account.[1]

The classification given in this reference book is different from the one generally accepted.

As Russian verb forms are obtained either from the stem of the infinitive or from the present tense stem, and in certain cases even from the past tense stem, learners must know the stems of both productive and non-productive verbs.

Therefore, the classification followed in this book is based on a *single principle*, viz., the correlation of the infinitive, present/simple future and past tense stems.

If the principle of the correlation between the stems is adhered to, all the modern Russian verbs can be classed into seven groups.[2]

VERB GROUPS

Russian verbs have three stems: the infinitive stem, the present/simple future tense stem and the past tense stem.

To obtain the infinitive stem, the infinitive suffix *-ть*, *-ти* or *-чь* must be dropped:

чита́-ть	говори́-ть	пе-чь
чита́-	говори́-	пе-

To obtain the present/simple future tense stem, the personal endings must be dropped:

чита́-ю	говор-ю́	пек-у́
чита́-	говор-	пек-

To obtain the past tense stem, the past tense suffix must be dropped:

чита́-л	говори́-л	пек-ла́
чита́-	говори́-	пек-

Some verbs have all the three stems identical; others, all the three stems different; still others have two stems identical and the third different.[3]

---

[1] Thus, the 1st non-productive group includes verbs of the types: *писа́ть—пишу́* (with a regular interchange of consonants at the end of the present tense stem), *бра́ть—беру́* (with the interchange no vowel: е in the root), *лгать—лгу, лжёшь* (with a special interchange of consonants at the end of the present tense stem), *слать—шлю* (with the interchange of the consonants с : ш in the root), etc.

[2] The classification suggested here was evolved from an analysis of all the verbs in the *Словарь русского языка* (Dictionary of the Russian Language) edited by S. I. Ozhegov, with the exception of special and obsolete verbs (roundly 12,000 words).

[3] The knowledge of the three stems is necessary since past participles and perfective verbal adverbs are formed from the infinitive or past tense stem, which are identical in most verbs, while present participles, imperfective verbal adverbs and the imperative are obtained from the present tense stem.

Depending on which stems are identical and which are not (i.e. depending on the *correlation of the stems*), all the verbs can be classed into seven groups.

Group I

Group I includes verbs whose infinitive stem is identical with the present/simple future and past tense stems. Here belong most verbs ending in *-ать*, *-ять*:

	чита́-ть		нес-ти́
я	чита́-ю	я	нес-у́
	чита́-л		нёс

All the Group I verbs take the endings of the first conjugation (see Table, p. 14).

Group II

Group II includes verbs whose infinitive stem is identical with the past tense stem and whose present tense stem drops the final vowel of the infinitive stem. Here belong most verbs ending in *-ить*:

	жа́ри-ть
	жа́ри-л
я	жа́р-ю
ты	жа́р-ишь

Group II verbs take the endings of the second conjugation (see p. 14).

At the end of the present tense stem, consonant interchanges **б:бл, в:вл, п:пл, ф:фл, м:мл, д:ж, з:ж, с:ш, т:ч, т:щ, ст:щ** occur in the 1st person singular and past participles passive (see Tables Nos. 10-31):

	гото́вить	пригото́вить
я	гото́влю	пригото́влю
		пригото́вленный

No interchange occurs in the participle passive of the verb *уви́деть*: *уви́жу*, but *уви́денный*.

Group III

Group III includes verbs whose infinitive stem is identical with the past tense stem and whose present tense stem drops the final vowel of the infinitive stem, as in Group II verbs. However, unlike Group II verbs, Group III verbs take the endings of the first conjugation (see p. 14). Here belong all the verbs ending in *-нуть* and *-оть* and a small number of verbs ending in *-ать*, *-ять*, etc.:

жда-ть: жда-л, я жд-у, ты жд-ёшь

In a number of cases consonant interchanges (**б : бл, п : пл, м : мл, к : ч, х : ш, ск : щ, т : ч, т : щ, ст : щ, д : ж, с : ш, з : ж**) occur at the end of the present tense stem, as in Group II verbs, only here all the forms are affected (see Tables Nos. 32-52):

писа́ть: я пишу́, пиши́, пи́шущий

Group IV

Group IV includes verbs with the suffix *-ова-* in the infinitive and past tense stems interchanging with the suffix *-у-* in the present tense stem:

рисова́-ть: рисова́-л, *but*: **я рис-у́-ю, рис-у́-й, рис-у́-ющий**

Group IV verbs take the endings of the first conjugation (see p. 14).

Group V

Group V includes verbs whose infinitive stem is identical with the past tense stem and whose present tense stem differs considerably from the infinitive stem as a result of various suffix interchanges and interchanges in the root:

жи-ть: жи-л, *but:* **жив-у́**

Group V verbs take the endings of the first conjugation, except for the verb *гнать* and its derivatives (see Table No. 72).

Group VI

Group VI includes verbs with all the three stems—the infinitive stem, the present tense stem and the past tense stem—different from one another. Here belong most verbs whose infinitive ends in *-сть* or *-сти*.

The present and past tense stems drop the final consonant of the infinitive **с**, and the present tense stem takes the consonant **б, д, н** or **т**:

мес-ти́: мё-л, ме-т-у́

Group VII

Group VII includes verbs whose infinitive stem is different from the past tense stem and the present tense stem is identical with the past tense stem. Here belong verbs ending in *-чь*:

пе-чь: пёк, пек-у́

IRREGULAR VERBS

Irregular verbs include verbs with individual sound interchanges in the root (e.g. *лгать: лгу, лжёшь*), verbs whose paradigms comprise different roots (e.g. *идти́: иду́*, but: *шёл*) and verbs with anomalous endings (e.g. *дать: дам, даст*; *хоте́ть*: *хо́чешь, хоти́м*).

VERB FORMS

CONJUGATED FORMS

Indicative Mood

Present Tense

The present tense is formed only from imperfective verbs.

1. To form the present tense of a **Group I** verb, *-ть* or *-ти* of the infinitive must be dropped and the endings of the first conjugation *-у, -ю*; *-ешь* (*-ёшь*); *-ет* (*-ёт*); *-ем* (*-ём*); *-ете* (*-ёте*); *-ут, -ют* added:

	чита́-ть	нес-ти́
я	чита́ + ю	нес + у́
ты	чита́ + ешь	нес + ёшь

2. To form the present tense of a **Group II** verb, *-ть* and the preceding vowel must be dropped and the endings of the second conjugation *-у, -ю*; *-ишь*; *-ит*; *-им*; *-ите*; *-ат, -ят* added:

	жа́р-ить	стыд-и́ть
я	жа́р + ю	стыж + у́
ты	жа́р + ишь	стыд + и́шь

3. To form the present tense of a **Group III** verb, *-ть* and the preceding vowel must be dropped and the endings of the first

conjugation *-у, -ю*; *-ешь* (*-ёшь*); *-ет* (*-ёт*); *-ем* (*-ём*); *-ете* (*-ёте*); *-ут, -ют* added:

	жд-ать		кол-óть
я	жд + у		кол + ю́
ты	жд + ёшь		кóл + ешь

4. To form the present tense of a **Group IV** verb, the suffix *-ова-* must be replaced by the suffix *-у-* and the endings of the first conjugation added:

рис-ова́-ть

я рис + у́ + ю
ты рис + у́ + ешь

5. For the formation of the present tense of **Group V, VI** and **VII** verbs see Tables Nos. 55-91.

Future Tense

The simple future is formed only from perfective verbs in exactly the same manner as the present tense.

Compare:

Present Tense	*Simple Future*
я чита́ + ю (чита́-ть)	я прочита́ + ю (прочита́-ть)
я нес + у́ (нес-ти́)	я принес + у́ (принес-ти́)
я жа́р + ю (жа́р-ить)	я поджа́р + ю (поджа́р-ить)
я рв + у (рв-ать)	я сорв + у́ (сорв-а́ть)
я рис + у́ + ю (рис-ова́-ть)	я нарис+у́+ю (нарис-ова́-ть)

Table of Present/Simple Future Tense Endings

		First Conjugation		Second Conjugation
		Gr. I, Gr. III, Gr. IV, Gr. V, Gr. VI, Gr. VII		Gr. II + *гнать* (Gr. V)
		unstressed	stressed	unstressed and stressed
Singular	я	-у, -ю	-у́, -ю́	-у, -ю
	ты	-ешь	-ёшь	-ишь
	он, она́, оно́	-ет	-ёт	-ит
Plural	мы	-ем	-ём	-им
	вы	-ете	-ёте	-ите
	они́	-ут, -ют	-у́т, -ю́т	-ат, -ят

The compound future is formed from imperfective verbs. It consists of a form of the auxiliary verb *быть* in the future (*бу́ду, бу́дешь, бу́дет, бу́дем, бу́дете, бу́дут*) and the infinitive of the verb conjugated:

я бу́ду чита́ть, жа́рить, рисова́ть
ты бу́дешь чита́ть, жа́рить, рисова́ть

Past Tense

The past tense is formed from imperfective and perfective verbs in the same manner.

Types of Past Tense Formation

Type I

Group I verbs whose infinitive stem ends in a vowel + *-ть*, Group II, III[1], IV, V[2] and VI[3] verbs and irregular verbs[4] form their past tense in the following manner:

The suffix *-ть* (or *-сть, -сти*) is dropped and the past tense suffix *-л* and the gender endings are added: *-а* for the feminine, *-о* for the neuter and *-и* for the plural of all three genders:

	чита́-ть	жа́ри-ть	жда-ть	рисова́-ть	ве-сти́
он	чита́ + л	жа́ри + л	жда + л	рисова́ + л	вё + л
она́	чита́ + л + а	жа́ри + л + а	жда + л + а́	рисова́ + л + а	ве + л + а́
оно́	чита́ + л + о	жа́ри + л + о	жда́ + л + о	рисова́ + л + о	ве + л + о́
они́	чита́ + л + и	жа́ри + л + и	жда́ + л + и	рисова́ + л + и	ве + л + и́

Type II

Group I verbs whose infinitive stem ends in a consonant +*-ть* or + *-ти*, Group III verbs of the type *со́хнуть, кре́пнуть, сшиби́ть* and Group V verbs of the type *тере́ть* form their past tense in the following manner:

The sufflix *-ть, -ти, -нуть, -ить* or *-еть* is dropped and the past tense suffix *-л* is added in the feminine, the neuter and in all three genders of the plural, followed by the relevant endings. These verbs take no past tense suffix in the masculine singular:

	нес-ти́	со́х-нуть	сшиб-и́ть	тер-е́ть
он	нёс	сох	сшиб	тёр
она́	нес + л + а́	со́х + л + а	сши́б + л + а	тёр + л + а
оно́	нес + л + о́	со́х + л + о	сши́б + л + о	тёр + л + о
они́	нес + л + и́	со́х + л + и	сши́б + л + и	тёр + л + и

[1] Except for verbs of the type *сшиби́ть, со́хнуть, кре́пнуть, вя́нуть.*
[2] Except for verbs of the type *тере́ть* (see Table No. 68).
[3] Except for verbs of the type *грести́* and *расти́* (see Tables Nos. 82, 84).
[4] Except for the verb *идти́* and its derivatives.

Type III

Group VII verbs form their past tense in the following manner: In the past tense, the stem of these verbs ends in **к** or **г** in the masculine, the suffix *-л* and the endings being added in the feminine, neuter and plural:

	пе-чь	мо-чь
он	пёк	мог
она́	пек + л + а́	мог + л + а́
оно́	пек + л + о́	мог + л + о́
они́	пек + л + и́	мог + л + и́

Imperative Mood

The imperative mood is formed from the 2nd person singular by dropping the personal ending and adding **й**, **и** or **ь**.

Types of Imperative Mood Formation

Type I

-й is added if the stem ends in a vowel and the stress falls on the stem:

читá-ешь   стрó-ишь   рису́-ешь
читá + й   стро + й   рису́ + й

Type II

-и is added:

(a) if the stem ends in a consonant or vowel and the stress either falls on the ending or shifts:

нес-ёшь   вин-и́шь   скá́ж-ешь   дó-ишь
нес + и́   вин + и́   скаж + и́   до + и́

(b) if the stem ends in two or more consonants:

крéпн-ешь   умóлкн-ешь
крéпн + и   умóлкн + и

(c) if the stem ends in a single consonant and the stress falls on the stem, but not on the final syllable (there are but a few such verbs):

му́сор-ишь
му́сор + и

Type III

-ь is added if the stem of the present tense ends in a single consonant and the stress falls on the final syllable of the stem:

ле́з-ешь	жа́р-ишь	оде́н-ешь
лез + ь	жар + ь	оде́н + ь

There are departures from the above rules:

1. Verbs of the type *шить* form their imperative as in *шей*.
2. Verbs of the type *дава́ть* form their imperative as in *дава́й* (the imperative of *дать* is *дай*).
3. The imperative of *лечь* is *ляг*.
4. The imperative of the verb *е́хать* is formed from a different stem: *поезжа́й*.

The plural is formed by adding the ending *-те* to the singular:

Sing.	чита́й	неси́	жарь
Pl.	чита́й + те	неси́ + те	жа́рь + те

Conditional-Subjunctive Mood

The conditional-subjunctive mood is formed by adding the unstressed particle *бы* to the past tense forms:

я чита́л бы, ты жа́рила бы, они́ рисова́ли бы

The particle *бы* may either precede or follow the verb, or it may stand anywhere in the sentence, generally after the first stressed word:

Я **послу́шал бы** хоро́шую му́зыку.
Я **бы послу́шал** хоро́шую му́зыку.
Я **бы** с удово́льствием **послу́шал** хоро́шую му́зыку.

There is only one form of the subjunctive in Russian, which is used in all tenses.

Examples:

Вчера́ мы **пошли́ бы** на экску́рсию, е́сли бы не́ было дождя́.
За́втра мы **пошли́ бы** в теа́тр, е́сли бы вы купи́ли биле́ты.
За́втра мы **пошли́ бы** в теа́тр, е́сли вы ку́пите биле́ты.
Я **хоте́л бы** пое́хать за́ город.

NON-CONJUGATED FORMS

Participles

PARTICIPLES ACTIVE

Present participles active are formed from the present tense stem[1] of all the imperfective verbs, except the verbs *есть, быть, хоте́ть:* the ending *-ут*, *-ют* or *-ат*, *-ят* of the 3rd person plural, present tense, is dropped and the corresponding suffix *-ущ-*, *-ющ-* or *-ащ-*, *-ящ-* is added, followed by adjective endings:

	нес-у́т	чита́-ют
Masc.	нес + у́щ + ий	чита́ + ющ + ий
Fem.	нес + у́щ + ая	чита́ + ющ + ая
Neut.	нес + у́щ + ее	чита́ + ющ + ее
Pl.	нес + у́щ + ие	чита́ + ющ + ие

	молч-а́т	жа́р-ят
Masc.	молч + а́щ + ий	жа́р + ящ + ий
Fem.	молч + а́щ + ая	жа́р + ящ + ая
Neut.	молч + а́щ + ее	жа́р + ящ + ее
Pl.	молч + а́щ + ие	жа́р + ящ + ие

Past participles active are formed from both imperfective and perfective verbs.

Past participles active are formed from the past tense stem.

I. If the stem of the infinitive is identical with the past tense stem, the suffix *-л* —if any— is dropped and the suffix *-вш-* and adjective endings are added:

	чита́-ть	прочита́-ть
	чита́-л	прочита́-л
Masc.	чита́ + вш + ий	прочита́ + вш + ий
Fem.	чита́ + вш + ая	прочита́ + вш + ая
Neut.	чита́ + вш + ее	прочита́ + вш + ее
Pl.	чита́ + вш + ие	прочита́ + вш + ие

	жа́ри-ть	кра-сть
	жа́ри-л	кра-л
Masc.	жа́ри + вш + ий	кра́ + вш + ий
Fem.	жа́ри + вш + ая	кра́ + вш + ая
Neut.	жа́ри + вш + ее	кра́ + вш + ее
Pl.	жа́ри + вш + ие	кра́ + вш + ие

---

[1] In dealing with the formation of participles and verbal adverbs the forms most suitable for the formation of participles and verbal adverbs are recommended.

II. If the past tense stem is not identical with the stem of the infinitive or if there is no suffix *-л* in the masculine, the past participle is formed by means of the suffix *-ш-*:

	нес-ти́	со́х-нуть	рас-ти́	печь
	нёс	сох	рос	пёк
Masc.	нёс + ш + ий	со́х + ш + ий	ро́с + ш + ий	пёк + ш + ий
Fem.	нёс + ш + ая	со́х + ш + ая	ро́с + ш + ая	пёк + ш + ая
Neut.	нёс + ш + ее	со́х + ш + ее	ро́с + ш + ее	пёк + ш + ее
Pl.	нёс + ш + ие	со́х + ш + ие	ро́с + ш + ие	пёк + ш + ие

Note. — If a verb has two past tense forms, e.g. *окре́п* and *окре́пнул*, its participle generally has two forms as well, e.g. *окре́пший* and *окре́пнувший*.

No participles are formed from the verbs *ошиби́ть* and *мести́* and their derivatives.

III. The past participles active of the following verbs and their derivatives are formed in a special manner:

вести́ — вёл — ве́дший
идти́ — шёл — ше́дший

Participles active are used in the sentence as attributes and change according to case.

PARTICIPLES PASSIVE

Participles passive are formed only from transitive verbs.

Present participles passive are formed from the present tense stem. Since the participle suffixes *-ем-*, *-им-* are identical with the endings of the 1st person plural, in order to form a present participle passive, adjective endings must be added to the 1st person plural:

	чита́-ем	стро́-им
Masc.	чита́ + ем + ый	стро́ + им + ый
Fem.	чита́ + ем + ая	стро́ + им + ая
Neut.	чита́ + ем + ое	стро́ + им + ое
Pl.	чита́ + ем + ые	стро́ + им + ые

A large number of verb types do not give present participles passive. Thus, Group I verbs whose stem ends in a consonant, Group III verbs, except those ending in *-ять*, Group V verbs, except those ending in *-ва-ть*, Group VI and VII verbs and a large number of Group II verbs do not form present participles passive.

Past participles passive have both complete and short forms.

Complete-Form Participles Passive

Past participles passive are formed from perfective verbs[1] either from the stem of the infinitive or from the simple future tense stem.

I. Participles passive are formed from the infinitive of Group I verbs, Group II and III verbs ending in *-ать*, *-ять* or *-еть*, Group IV and V verbs ending in *-ть* in the following manner.

The suffix *-ть* or *-ти* is dropped and the suffix *-нн-*, *-енн-* or *-т-* of the participle passive is added.

1. The suffix *-нн-* is added to form participles of verbs ending in *-ать* (of Groups I, II, III, IV and V with unstable vowels in the root, except for certain verbs of the type *догна́ть*), in *-ять* (Group I, II and III verbs), in *-еть* (Group II verbs):

	прочита́-ть	сорва́-ть	нарисова́-ть
Masc.	прочи́та + нн + ый	со́рва + нн + ый	нарисо́ва + нн + ый
Fem.	прочи́та + нн + ая	со́рва + нн + ая	нарисо́ва + нн + ая
Neut.	прочи́та + нн + ое	со́рва + нн + ое	нарисо́ва + нн + ое
Pl.	прочи́та + нн + ые	со́рва + нн + ые	нарисо́ва + нн + ые

	потеря́-ть	посе́я-ть	просмотре́-ть
Masc.	поте́ря + нн + ый	посе́я + нн + ый	просмо́тре + нн + ый
Fem.	поте́ря + нн + ая	посе́я + нн + ая	просмо́тре + нн + ая
Neut.	поте́ря + нн + ое	посе́я + нн + ое	просмо́тре + нн + ое
Pl.	поте́ря + нн + ые	посе́я + нн + ые	просмо́тре + нн + ые

2. The suffix *-енн-* is added to the stem of Group I verbs ending in a consonant:

	принес-ти́	разгры́з-ть
Masc.	принес + ённ + ый	разгры́з + енн + ый
Fem.	принес + ённ + ая	разгры́з + енн + ая
Neut.	принес + ённ + ое	разгры́з + енн + ое
Pl.	принес + ённ + ые	разгры́з + енн + ые

3. The suffix *-т-* is found in participles formed from verbs ending in *-уть*, *-оть*, *-ыть* and *-еть* (Group I and V), in *-ать* (Group V without unstable vowels), *-ять* (Group V), *-ить* (Group V) and from the verb *прокля́сть*:

---

[1] In modern Russian no past participles passive are generally formed from imperfective verbs. However, there is a group of participles of imperfective verbs, which have turned into adjectives and are used in everyday modern Russian; e.g. *варёный*, *кипячёный*, *жа́реный*, *рва́ный*, *солёный*, *што́паный*, etc. Some of the above adjectives are used only figuratively or in set expressions; e.g. *говори́ть на ло́маном языке́* 'to speak a broken language' *ло́маного гроша́ не сто́ит* 'is not worth a brass farthing'.

	согну́-ть	раколо́-ть	промы-ть
Masc.	со́гну + т + ый	раско́ло + т + ый	промы́ + т + ый
Fem.	со́гну + т + ая	раско́ло + т + ая	промы́ + т + ая
Neut.	со́гну + т + ое	раско́ло + т + ое	промы́ + т + ое
Pl.	со́гну + т + ые	раско́ло + т + ые	промы́ + т + ые

	сжа-ть	взя-ть	сши-ть
Masc.	сжа́ + т + ый	взя́ + т + ый	сши́ + т + ый
Fem.	сжа́ + т + ая	взя́ + т + ая	сши́ + т + ая
Neut.	сжа́ + т + ое	взя́ + т + ое	сши́ + т + ое
Pl.	сжа́ + т + ые	взя́ + т + ые	сши́ + т + ые

II. Participles passive are formed from the simple future tense stem of Group II verbs ending in *-ить*, Group VI verbs (except for *прокля́сть*) and Group VII verbs by means of the suffix *-енн-*.

1. Participles passive of verbs ending in *-ить* are formed from the 1st person singular future tense stem.

If there is an interchange of consonants in the 1st person singular, it is retained in the participle passive:

	изжа́р-ить изжа́р-ю	пригото́в-ить пригото́вл-ю
Masc.	изжа́р + енн + ый	пригото́вл + енн + ый
Fem.	изжа́р + енн + ая	пригото́вл + енн + ая
Neut.	изжа́р + енн + ое	пригото́вл + енн + ое
Pl.	изжа́р + енн + ые	пригото́вл + енн + ые

2. Participles passive of Group VI verbs are formed in the same manner as those of verbs ending in *-ить* (see 1):

	укра́-сть украд-у́	подме-сти́ подмет-у́
Masc.	укра́д + енн + ый	подмет + ённ + ый
Fem.	укра́д + енн + ая	подмет + ённ + ая
Neut.	укра́д + енн + ое	подмет + ённ + ое
Pl.	укра́д + енн + ые	подмет + ённ + ые

3. Participles passive of Group VII verbs are formed from the 2nd person singular future tense stem:

	испе́чь испеч-ёшь	сжечь сожж-ёшь
Masc.	испеч + ённ + ый	сожж + ённ + ый
Fem.	испеч + ённ + ая	сожж + ённ + ая
Neut.	испеч + ённ + ое	сожж + ённ + ое
Pl.	испеч + ённ + ые	сожж + ённ + ые

The correlation between the suffixes of the infinitives and past participles passive is shown in the following table.

Table
of the Suffixes of Participles Passive

Infinitives	Suffixes of Infinitives	Groups	Suffixes of Participles	Passive Participles
постро́ить	*-ить*	Gr. II	*-енн-*	постро́енный
принести́	*-сти*			принесённый
укра́сть	*-сть*			укра́денный
испе́чь	*-чь*			испечённый
прочита́ть	*-ать*	Gr. I	*-нн-*	прочи́танный
собра́ть	*-ать*	Gr. V[1]		со́бранный
потеря́ть	*-ять*	Gr. I		потéрянный
уви́деть	*-еть*	Gr. II		уви́денный
расколо́ть	*-оть*		*-т-*	раско́лотый
поки́нуть	*-уть*			поки́нутый
вы́мыть	*-ыть*			вы́мытый
побри́ть	*-ить*	Gr. V		побри́тый
сжать	*-ать*	Gr. V[2]		сжа́тый
подня́ть	*-ять*	Gr. V		по́днятый
оде́ть	*-еть*	Gr. V		оде́тый
согре́ть	*-еть*	Gr. I		согре́тый

Past participles passive are generally formed from transitive verbs of all types. Only certain verbs with specific lexical meanings have no such participles. These include verbs ending in *-нуть* and denoting momentaneous actions, e.g. *мазну́ть*, and a number of other verbs.[3] Complete-form participles passive are used as attributes and change according to case.

---

[1] With an unstable vowel.
[2] Without an unstable vowel.
[3] Such verbs are marked with an asterisk (*) in the Alphabetical List.

Short-Form Participles Passive

Short-form participles passive are formed from the stem of complete-form participles passive.

1. If the complete-form participle has the suffix *-нн-* or *-енн-*, the short-form participle drops one н and takes the gender endings *-а*, *-о* or the plural ending *-ы* for all the three genders:

	прочи́та-нн-ый	приготóвл-енн-ый
Masc.	прочи́та + н	приготóвл + ен
Fem.	прочи́та + н + а	приготóвл + ен + а
Neut.	прочи́та + н + о	приготóвл + ен + о
Pl.	прочи́та + н + ы	приготóвл + ен + ы

2. If the complete-form participle has the suffix *-т-*, its endings are replaced by the gender endings *-а*, *-о* and the plural ending *-ы* in the short-form participle:

	сти́снут-ый	откры́т-ый
Masc.	сти́снут	откры́т
Fem.	сти́снут + а	откры́т + а
Neut.	сти́снут + о	откры́т + о
Pl.	сти́снут + ы	откры́т + ы

Short-form participles do not change according to case, they are used as part of the predicate in passive constructions.

Verbal Adverbs

Imperfective Verbal Adverbs

Imperfective verbal adverbs denote an action occurring simultaneously with the action of the predicate. They are formed from the present tense stem, except for Group V verbs with the suffix *-ва-* of the type *дава́ть*.

The ending of the 3rd person plural, present tense, is dropped and the suffix *-а* or *-я* added:

Verb:	чита́-ют	рису́-ют	нес-у́т	готóв-ят	слы́ш-ат	пря́ч-ут
Verbal adverb:	чита́ + я	рису́ + я	нес + я́	готóв + я	слы́ш + а	пря́ч + а

Verbal adverbs of Group V verbs of the type *дава́ть* are formed from the stem of the infinitive by adding the suffix *-я*:

Verb:	дава́-ть	продава́-ть
Verbal adverb:	дава́ + я	продава́ + я

Verbal adverbs are formed not from all verbs.

No verbal adverbs are formed from:

1. Group III verbs ending in *нуть* or *-ать* with the interchange of consonants с : ш (писа́ть — пишу́), з : ж (вяза́ть — вяжу́), х : ш (паха́ть — пашу́).

2. Group V verbs of the type *петь, шить, слать.*

3. Group VII verbs.

Perfective Verbal Adverbs

Perfective verbal adverbs denote an action which occurred prior to the action of the predicate. They are formed from perfective verbs, usually by dropping the suffix *-ть* or *-сть* of the infinitive and adding the suffix *-в*. Perfective verbal adverbs of Group I verbs with the stem ending in a vowel, and Group II, III, IV and V verbs are formed in this way:

Verb:	прочита́-ть	поджа́ри-ть	нарисова́-ть	се-сть
Verbal adverb:	прочита́ + в	поджа́ри + в	нарисова́ + в	се + в

Verbal adverbs of verbs with the particle *-ся* have the suffix *-вши*:

Verb:	начита́-ть-ся	усе́-сть-ся
Verbal adverb:	начита́ + вши + сь	усе́ + вши + сь

Perfective verbal adverbs of a number of Group I verbs whose stem ends in a consonant and of Group VI and VII verbs are formed by means of the suffix *-ши* (see Tables Nos. 6, 7, 84, 88, 90) or *-я* (*-а*), like imperfective verbal adverbs (see Tables Nos. 6, 79, 80, 82, 83, 94):

Verb:	принес-ти́	уви́д-еть
Verbal adverb:	принёс + ши, принес + я́	уви́д + я

Perfective verbal adverbs with the suffixes *-(в)ши*, *-я* (*-а*) are relatively rare in modern Russian: in such cases two forms are possible:

вы́терши	and	вы́терев
уви́дя	and	уви́дев
про́стя́сь	and	прости́вшись

VERBS WITH THE PARTICLE -*СЯ*

Verbs with the particle *-ся* are conjugated in the same manner as verbs without *-ся*.

The only difference is that in some cases forms of the past tense and of the subjunctive of verbs without *-ся* are not stressed on the same syllable as forms with *-ся*, viz., the stress is shifted to the ending (see Tables Nos. 32, 61, 69, 71, 72, 74, 75, 77).

брал		бра́лся	при́нял		принялся́
брала́	*but:*	брала́сь	приняла́	*but:*	приняла́сь
бра́ло		брало́сь	при́няло		приняло́сь
бра́ли		брали́сь	при́няли		приняли́сь

The particle *-ся* and the verb are written as one word; *-ся* has two forms: *-ся* after a consonant in conjugated forms and after a vowel or consonant in participles (e.g. *мо́ющийся, мо́ющаяся*) and *-сь* after a vowel in conjugated forms.

For an example of the changes of *-ся* see Table No. 101.

The particle *-ся* makes a transitive verb intransitive.

Verbs with the particle *-ся* have the following main meanings:

1. They show that the subject is itself the object of action.

Я умыва́юсь. = Я умыва́ю себя́.

2. They denote actions performed by two opposing groups of doers, the object of each group being the opposite group. In such verbs *-ся* has the meaning of 'each other', 'one another'.

Они́ браня́тся. = Они́ браня́т оди́н друго́го.
Они́ целу́ются. = Они́ целу́ют друг дру́га.

Note. — A number of verbs are either not used without *-ся* at all (смея́ться, ошиба́ться, наде́яться) or have an entirely different meaning when they are so used: загоре́ть 'to get sunburnt' — загоре́ться 'to burn (with)'; 'to catch fire'.

3. The particle *-ся* gives a passive meaning to transitive verbs. Such verbs are used in passive constructions and their object is in the instrumental without a preposition.

Example:

Active Construction	*Passive Construction*
Учени́к чита́ет кни́гу.	Кни́га чита́ется ученико́м.

IMPERSONAL VERBS

Impersonal verbs have two forms only, viz., the 3rd person singular, present or future, and the 3rd person singular, neuter, past tense.

света́ть: света́ет, света́ло
прийти́сь: придётся, пришло́сь

* * *

The abovesaid shows how complicated the inflexion and derivation of the Russian verb is.

However, in studying Russian with a practical purpose and using the division of verbs into seven groups, it suffices to memorise the infinitive, the 1st and 2nd persons singular of the present/simple future tense in order to be able to form all the other verb forms and only for the verbs of Groups VI—VII the forms of the past tense must be memorised.

SOME REMARKS ON PRONUNCIATION AND SPELLING

1. The letters **я, е, ё, ю** after consonants denote one sound: **а, э, о, у** and show that the preceding consonant is palatalised:

про́сят = про́сьат
ле́зет = ле́зьэт
идёт = идьо́т
сы́плют = сы́пльут

2. The letters **я, е, ё, ю** after a vowel or **ь** denote two sounds: **йа, йэ, йо, йу**:

до́ят = до́йат
чита́ет = чита́йэт
гниёт = гнийо́т
чита́ют = чита́йут
пью = пьйу
пьёт = пьйот

3. The sibilants **ж, ч, ш, щ** are never followed by the letters **я, ю** but always by **а, у**:

молча́т, де́ржат, слы́шат
молчу́, держу́, слы́шу, клевещу́

* * *

List of Russian Linguistic Terms used in the Book

изъявительное наклонение — indicative mood
сослагательное наклонение — subjunctive mood
повелительное наклонение — imperative mood
настоящее время — present tense
прошедшее время — past tense
будущее время — future tense
несовершенный вид — imperfective aspect
совершенный вид — perfective aspect
действительное причастие — participle active
страдательное причастие — participle passive
деепричастие — verbal adverb
единственное число — singular number
множественное число — plural number
мужской род — masculine gender
женский род — feminine gender
средний род — neuter gender
полная форма — complete form
краткая форма — short form

SUMMARY TABLE OF VERB TYPES

Group I

чита́ть — прочита́ть	1
теря́ть — потеря́ть	2
греть — согре́ть	3
дуть — сдуть	4
гнить — сгнить	5
нести́ — принести́	6
грызть — разгры́зть	7
лезть — проле́зть	8

Group II

жа́рить — поджа́рить	9
моро́зить — обморо́зить	10
гото́вить — пригото́вить	11
му́сорить — заму́сорить	12
вини́ть — обвини́ть	13
стыди́ть — пристыди́ть	14
крепи́ть — укрепи́ть	15
вари́ть — свари́ть	16
проси́ть — спроси́ть	17
корми́ть — накорми́ть	18
стро́ить — постро́ить	19
стоя́ть — отстоя́ть	20
слы́шать — услы́шать	21
молча́ть — замолча́ть	22
держа́ть — сдержа́ть	23
спать — поспа́ть	24
горе́ть — сгоре́ть	25
шуме́ть — нашуме́ть	26
гляде́ть — погляде́ть	27
ви́деть — уви́деть	28
смотре́ть — просмотре́ть	29
терпе́ть — стерпе́ть	30
верте́ть — наверте́ть	31

Group III

рвать — сорва́ть	32
жа́ждать —	33
стона́ть — застона́ть	34
се́ять — посе́ять	35
реве́ть — зареве́ть	36
— сшиби́ть	37
коло́ть — расколо́ть	38
гнуть — согну́ть	39
— сти́снуть	40
— поки́нуть	41
тяну́ть — втяну́ть	42
со́хнуть — засо́хнуть	43
кре́пнуть — окре́пнуть	44
вя́нуть — завя́нуть	45
писа́ть — написа́ть	46
пря́тать — спря́тать	47
клевета́ть — оклевета́ть	48
ре́зать — сре́зать	49
сы́пать — насы́пать	50
трепа́ть — растрепа́ть	51
блесте́ть — заблесте́ть	52

Group IV

рисова́ть — нарисова́ть	53
тре́бовать — потре́бовать	54

Group V

дава́ть	55
— стать	56
— оде́ть	57
стыть — осты́ть	58
жить — прожи́ть	59
мять — помя́ть	60
— нача́ть	61
жать — пожа́ть	62
брить — побри́ть	63
мыть — помы́ть	64
петь — спеть	65
шить — приши́ть	66
моло́ть — смоло́ть	67
тере́ть — потере́ть	68
брать — собра́ть	69
стлать — постла́ть	70
звать — позва́ть	71
гнать — догна́ть	72
слать — посла́ть	73
— подня́ть	74
— приня́ть	75
— поня́ть	76
— взять	77

Group VI

красть — укра́сть	78
вести́ — довести́	79
мести́ — подмести́	80

Group VII

Irregular Verbs

TABLES

Table No. 1

GROUP I

ЧИТА́ТЬ — ПРОЧИТА́ТЬ

1. If the infinitive is stressed on the root or the prefix, the stress is on the same syllable in all the forms.

2. If the infinitive is stressed on the suffix *-а-*, the stress in the perfective participle passive is on the syllable preceding that suffix: *прочита́ть* — — *прочи́танный*.

несовершенный вид	*совершенный вид*	*несовершенный вид*	*совершенный вид*
ИЗЪЯВИТЕЛЬНОЕ НАКЛОНЕНИЕ			
настоящее время		*будущее сложное*	*будущее простое*
я чита́ю ты чита́ешь он чита́ет мы чита́ем вы чита́ете они́ чита́ют	—	бу́ду чита́ть бу́дешь чита́ть бу́дет чита́ть бу́дем чита́ть бу́дете чита́ть бу́дут чита́ть	прочита́ю прочита́ешь прочита́ет прочита́ем прочита́ете прочита́ют
прошедшее время		СОСЛАГАТЕЛЬНОЕ НАКЛОНЕНИЕ	
я, ты, он } чита́л	прочита́л	чита́л бы	прочита́л бы
я, ты, она́ } чита́ла	прочита́ла	чита́ла бы	прочита́ла бы
оно́ чита́ло	прочита́ло	чита́ло бы	прочита́ло бы
мы, вы, они́ } чита́ли	прочита́ли	чита́ли бы	прочита́ли бы
ПРИЧАСТИЯ		ПОВЕЛИТЕЛЬНОЕ НАКЛОНЕНИЕ	
действительные		чита́й чита́йте	прочита́й прочита́йте
наст. чита́ющий *прош.* чита́вший	— прочита́вший		
страдательные		ДЕЕПРИЧАСТИЯ	
наст. чита́емый *прош.* — *кр. ф.* —	— прочи́танный прочи́тан, -а, -о, -ы	чита́я —	— прочита́в

ТЕРЯ́ТЬ — ПОТЕРЯ́ТЬ

1. The verbs *ка́шлять, кла́няться* and their derivatives have fixed stress on the root.

2. All the other verbs are stressed on the suffix *-я-* in the infinitive, and on the syllable before that suffix in the perfective participle passive: *потеря́ть — поте́рянный.*

несовершенный вид	*совершенный вид*	*несовершенный вид*	*совершенный вид*
ИЗЪЯВИТЕЛЬНОЕ НАКЛОНЕНИЕ			
настоящее время		*будущее сложное*	*будущее прóстое*
я теря́ю ты теря́ешь он теря́ет мы теря́ем вы теря́ете они́ теря́ют	—	бу́ду теря́ть бу́дешь теря́ть бу́дет теря́ть бу́дем теря́ть бу́дете теря́ть бу́дут теря́ть	потеря́ю потеря́ешь потеря́ет потеря́ем потеря́ете потеря́ют
прошедшее время		СОСЛАГАТЕЛЬНОЕ НАКЛОНЕНИЕ	
я, ты, он } теря́л	потеря́л	теря́л бы	потеря́л бы
я, ты, она́ } теря́ла	потеря́ла	теря́ла бы	потеря́ла бы
оно́ теря́ло	потеря́ло	теря́ло бы	потеря́ло бы
мы, вы, они́ } теря́ли	потеря́ли	теря́ли бы	потеря́ли бы
ПРИЧАСТИЯ		ПОВЕЛИТЕЛЬНОЕ НАКЛОНЕНИЕ	
действительные		теря́й теря́йте	потеря́й потеря́йте
наст. теря́ющий *прош.* теря́вший	— потеря́вший		
страдательные		ДЕЕПРИЧАСТИЯ	
наст. теря́емый *прош.* — *кр. ф.* —	— поте́рянный поте́рян, -а, -о, -ы	теря́я —	— потеря́в

Table No. 3

ГРЕТЬ — СОГРЕ́ТЬ to heat/warm

несовершенный вид	*совершенный вид*	*несовершенный вид*	*совершенный вид*
ИЗЪЯВИТЕЛЬНОЕ НАКЛОНЕНИЕ			
настоящее время		*будущее сложное*	*будущее простое*
я гре́ю ты гре́ешь он гре́ет мы гре́ем вы гре́ете они́ гре́ют	—	бу́ду греть бу́дешь греть бу́дет греть бу́дем греть бу́дете греть бу́дут греть	согре́ю согре́ешь согре́ет согре́ем согре́ете согре́ют
прошедшее время		СОСЛАГАТЕЛЬНОЕ НАКЛОНЕНИЕ	
я, ты, он } грел	согре́л	грел бы	согре́л бы
я, ты, она́ } гре́ла	согре́ла	гре́ла бы	согре́ла бы
оно́ гре́ло	согре́ло	гре́ло бы	согре́ло бы
мы, вы, они́ } гре́ли	согре́ли	гре́ли бы	согре́ли бы
ПРИЧАСТИЯ		ПОВЕЛИТЕЛЬНОЕ НАКЛОНЕНИЕ	
действительные		грей гре́йте	согре́й согре́йте
наст. гре́ющий *прош.* гре́вший	— согре́вший		
страдательные		ДЕЕПРИЧАСТИЯ	
наст. гре́емый *прош.* — *кр. ф.* —	— согре́тый согре́т, -а, -о, -ы	гре́я —	— согре́в

ДУТЬ — СДУТЬ

несовершенный вид	*совершенный вид*	*несовершенный вид*	*совершенный вид*
ИЗЪЯВИТЕЛЬНОЕ НАКЛОНЕНИЕ			
настоящее время		*будущее сложное*	*будущее простое*
я ду́ю ты ду́ешь он ду́ет мы ду́ем вы ду́ете они́ ду́ют	—	бу́ду дуть бу́дешь дуть бу́дет дуть бу́дем дуть бу́дете дуть бу́дут дуть	сду́ю сду́ешь сду́ет сду́ем сду́ете сду́ют
прошедшее время		**СОСЛАГАТЕЛЬНОЕ НАКЛОНЕНИЕ**	
я, ты, он } дул	сдул	дул бы	сдул бы
я, ты, она́ } ду́ла	сду́ла	ду́ла бы	сду́ла бы
оно́ ду́ло	сду́ло	ду́ло бы	сду́ло бы
мы, вы, они́ } ду́ли	сду́ли	ду́ли бы	сду́ли бы
ПРИЧАСТИЯ		**ПОВЕЛИТЕЛЬНОЕ НАКЛОНЕНИЕ**	
действительные		дуй ду́йте	сдуй сду́йте
наст. ду́ющий	—		
прош. ду́вший	сду́вший		
страдательные		**ДЕЕПРИЧАСТИЯ**	
наст. —	—	ду́я	—
прош. —	сду́тый	—	сдув
кр. ф. —	сдут, -а, -о, -ы		

Table No. 5

ГНИТЬ — СГНИТЬ

несовершенный вид	*совершенный вид*	*несовершенный вид*	*совершенный вид*
ИЗЪЯВИТЕЛЬНОЕ НАКЛОНЕНИЕ			
настоящее время		*будущее сложное*	*будущее простое*
я гнию́ ты гниёшь он гниёт мы гниём вы гниёте они́ гнию́т	—	бу́ду гнить бу́дешь гнить бу́дет гнить бу́дем гнить бу́дете гнить бу́дут гнить	сгнию́ сгниёшь сгниёт сгниём сгниёте сгнию́т
прошедшее время		**СОСЛАГАТЕЛЬНОЕ НАКЛОНЕНИЕ**	
я, ты, он } гнил	сгнил	гнил бы	сгнил бы
я, ты, она́ } гнила́	сгнила́	гнила́ бы	сгнила́ бы
оно́ гни́ло	сгни́ло	гни́ло бы	сгни́ло бы
мы, вы, они́ } гни́ли	сгни́ли	гни́ли бы	сгни́ли бы
ПРИЧАСТИЯ		**ПОВЕЛИТЕЛЬНОЕ НАКЛОНЕНИЕ**	
действительные		—	
наст. гнию́щий	—		
прош. гни́вший	сгни́вший		
страдательные		**ДЕЕПРИЧАСТИЯ**	
наст. —	—	—	—
прош. —	—	—	сгнив
кр. ф. —	—		

Table No. 6

НЕСТИ́ — ПРИНЕСТИ́

несовершенный вид	*совершенный вид*	*несовершенный вид*	*совершенный вид*
ИЗЪЯВИТЕЛЬНОЕ НАКЛОНЕНИЕ			
настоящее время		*будущее сложное*	*будущее простое*
я несу́ ты несёшь он несёт мы несём вы несёте они́ несу́т	—	бу́ду нести́ бу́дешь нести́ бу́дет нести́ бу́дем нести́ бу́дете нести́ бу́дут нести́	принесу́ принесёшь принесёт принесём принесёте принесу́т
прошедшее время		**СОСЛАГАТЕЛЬНОЕ НАКЛОНЕНИЕ**	
я, ты, он } нёс	принёс	нёс бы	принёс бы
я, ты, она́ } несла́	принесла́	несла́ бы	принесла́ бы
оно́ несло́	принесло́	несло́ бы	принесло́ бы
мы, вы, они́ } несли́	принесли́	несли́ бы	принесли́ бы
ПРИЧАСТИЯ		**ПОВЕЛИТЕЛЬНОЕ НАКЛОНЕНИЕ**	
действительные		неси́ неси́те	принеси́ принеси́те
наст. несу́щий	—		
прош. нёсший	принёсший		
страдательные		**ДЕЕПРИЧАСТИЯ**	
наст. —	—	неся́	принеся́
прош. —	принесённый	—	принёсши
кр. ф. —	принес|ён, -ена́, -ено́, -ены́		

ГРЫЗТЬ — РАЗГРЫ́ЗТЬ

несовершенный вид	*совершенный вид*	*несовершенный вид*	*совершенный вид*
ИЗЪЯВИТЕЛЬНОЕ НАКЛОНЕНИЕ			
настоящее время		*будущее сложное*	*будущее простое*
я грызу́ ты грызёшь он грызёт мы грызём вы грызёте они́ грызу́т	—	бу́ду грызть бу́дешь грызть бу́дет грызть бу́дем грызть бу́дете грызть бу́дут грызть	разгрызу́ разгрызёшь разгрызёт разгрызём разгрызёте разгрызу́т
прошедшее время		СОСЛАГАТЕЛЬНОЕ НАКЛОНЕНИЕ	
я, ты, он } грыз	разгры́з	грыз бы	разгры́з бы
я, ты, она́ } гры́зла	разгры́зла	гры́зла бы	разгры́зла бы
оно́ гры́зло	разгры́зло	гры́зло бы	разгры́зло бы
мы, вы, они́ } гры́зли	разгры́зли	гры́зли бы	разгры́зли бы
ПРИЧАСТИЯ		ПОВЕЛИТЕЛЬНОЕ НАКЛОНЕНИЕ	
действительные		грызи́ грызи́те	разгрызи́ разгрызи́те
наст. грызу́щий	—		
прош. гры́зший	разгры́зший		
страдательные		ДЕЕПРИЧАСТИЯ	
наст. —	—	грызя́	—
прош. —	разгры́зенный	—	разгры́зши
кр. ф. —	разгры́зен, -а, -о, -ы		

Table No. 8

ЛЕЗТЬ — ПРОЛЕ́ЗТЬ

несовершенный вид		*совершенный вид*	*несовершенный вид*	*совершенный вид*
ИЗЪЯВИТЕЛЬНОЕ НАКЛОНЕНИЕ				
настоящее время			*будущее сложное*	*будущее простое*
я ле́зу ты ле́зешь он ле́зет мы ле́зем вы ле́зете они́ ле́зут		—	бу́ду лезть бу́дешь лезть бу́дет лезть бу́дем лезть бу́дете лезть бу́дут лезть	проле́зу проле́зешь проле́зет проле́зем проле́зете проле́зут
прошедшее время			СОСЛАГАТЕЛЬНОЕ НАКЛОНЕНИЕ	
я, ты, он	лез	проле́з	лез бы	проле́з бы
я, ты, она́	ле́зла	проле́зла	ле́зла бы	проле́зла бы
оно́	ле́зло	проле́зло	ле́зло бы	проле́зло бы
мы, вы, они́	ле́зли	проле́зли	ле́зли бы	проле́зли бы
ПРИЧАСТИЯ			ПОВЕЛИТЕЛЬНОЕ НАКЛОНЕНИЕ	
действительные			лезь ле́зьте	проле́зь проле́зьте
наст.	ле́зущий	—		
прош.	ле́зший	проле́зший		
страдательные			ДЕЕПРИЧАСТИЯ	
наст.	—	—	—	—
прош.	—	—	—	—
кр. ф.	—	—		

Table No. 9

GROUP II

ЖА́РИТЬ — ПОДЖА́РИТЬ

1. The stress is fixed on the stem.
2. After the sibilants **ж, ч, ш, щ ю** is replaced by **у** and **я**, by **а**.

несовершенный вид	*совершенный вид*	*несовершенный вид*	*совершенный вид*
ИЗЪЯВИТЕЛЬНОЕ НАКЛОНЕНИЕ			
настоящее время		*будущее сложное*	*будущее простое*
я жа́рю ты жа́ришь он жа́рит мы жа́рим вы жа́рите они́ жа́рят	—	бу́ду жа́рить бу́дешь жа́рить бу́дет жа́рить бу́дем жа́рить бу́дете жа́рить бу́дут жа́рить	поджа́рю поджа́ришь поджа́рит поджа́рим поджа́рите поджа́рят

	несовершенный вид	*совершенный вид*	*несовершенный вид*	*совершенный вид*
	прошедшее время		**СОСЛАГАТЕЛЬНОЕ НАКЛОНЕНИЕ**	
я, ты, он	жа́рил	поджа́рил	жа́рил бы	поджа́рил бы
я, ты, она́	жа́рила	поджа́рила	жа́рила бы	поджа́рила бы
оно́	жа́рило	поджа́рило	жа́рило бы	поджа́рило бы
мы, вы, они́	жа́рили	поджа́рили	жа́рили бы	поджа́рили бы

ПРИЧАСТИЯ

	несовершенный вид	*совершенный вид*
действительные		
наст.	жа́рящий	—
прош.	жа́ривший	поджа́ривший
страдательные		
наст.	—	—
прош.	—	поджа́ренный
кр. ф.	—	поджа́рен, -а, -о, -ы

ПОВЕЛИТЕЛЬНОЕ НАКЛОНЕНИЕ

несовершенный вид	*совершенный вид*
жарь жа́рьте	поджа́рь поджа́рьте

ДЕЕПРИЧАСТИЯ

несовершенный вид	*совершенный вид*
жа́ря	—
—	поджа́рив

Table No. 10

МОРО́ЗИТЬ — ОБМОРО́ЗИТЬ

1. The stress is fixed on the stem.
2. There is an interchange of consonants at the end of the stem: **д : ж, з : ж, с : ш, т : ч, т : щ, ст : щ.**

несовершенный вид	*совершенный вид*	*несовершенный вид*	*совершенный вид*
ИЗЪЯВИТЕЛЬНОЕ НАКЛОНЕНИЕ			
настоящее время		*будущее сложное*	*будущее простое*
я моро́жу ты моро́зишь он моро́зит мы моро́зим вы моро́зите они́ моро́зят	—	бу́ду моро́зить бу́дешь моро́зить бу́дет моро́зить бу́дем моро́зить бу́дете моро́зить бу́дут моро́зить	обморо́жу обморо́зишь обморо́зит обморо́зим обморо́зите обморо́зят

прошедшее время			**СОСЛАГАТЕЛЬНОЕ НАКЛОНЕНИЕ**	
я, ты, он	моро́зил	обморо́зил	моро́зил бы	обморо́зил бы
я, ты, она́	моро́зила	обморо́зила	моро́зила бы	обморо́зила бы
оно́	моро́зило	обморо́зило	моро́зило бы	обморо́зило бы
мы, вы, они́	моро́зили	обморо́зили	моро́зили бы	обморо́зили бы

ПРИЧАСТИЯ

действительные		
наст.	моро́зящий	—
прош.	моро́зивший	обморо́зивший

страдательные		
наст.	—	—
прош.	—	обморо́женный
кр. ф.	—	обморо́жен, -а, -о, -ы

ПОВЕЛИТЕЛЬНОЕ НАКЛОНЕНИЕ

моро́зь моро́зьте	обморо́зь обморо́зьте

ДЕЕПРИЧАСТИЯ

моро́зя	—
—	обморо́зив

Table No. 11

ГОТО́ВИТЬ — ПРИГОТО́ВИТЬ

1. The stress is fixed on the stem.

2. There is an interchange of consonants at the end of the stem: **б : бл, в : вл, м : мл, п : пл, ф : фл.**

несовершенный вид		*совершенный вид*	*несовершенный вид*	*совершенный вид*
ИЗЪЯВИТЕЛЬНОЕ НАКЛОНЕНИЕ				
настоящее время			*будущее сложное*	*будущее простое*
я гото́влю ты гото́вишь он гото́вит мы гото́вим вы гото́вите они́ гото́вят		—	бу́ду гото́вить бу́дешь гото́вить бу́дет гото́вить бу́дем гото́вить бу́дете гото́вить бу́дут гото́вить	пригото́влю пригото́вишь пригото́вит пригото́вим пригото́вите пригото́вят
прошедшее время			СОСЛАГАТЕЛЬНОЕ НАКЛОНЕНИЕ	
я, ты, он	гото́вил	пригото́вил	гото́вил бы	пригото́вил бы
я, ты, она́	гото́вила	пригото́вила	гото́вила бы	пригото́вила бы
оно́	гото́вило	пригото́вило	гото́вило бы	пригото́вило бы
мы, вы, они́	гото́вили	пригото́вили	гото́вили бы	пригото́вили бы
ПРИЧАСТИЯ			ПОВЕЛИТЕЛЬНОЕ НАКЛОНЕНИЕ	
действительные			гото́вь гото́вьте	пригото́вь пригото́вьте
наст.	гото́вящий	—		
прош.	гото́вивший	пригото́вивший		
страдательные			ДЕЕПРИЧАСТИЯ	
наст.	—	—	гото́вя	—
прош.	—	пригото́вленный	—	пригото́вив
кр. ф.	—	пригото́влен, -а, -о, -ы		

Table No. 12

МУ́СОРИТЬ — ЗАМУ́СОРИТЬ

1. The stress is fixed on the stem.
2. The ending of the imperative is *-и*.

несовершенный вид	*совершенный вид*	*несовершенный вид*	*совершенный вид*
ИЗЪЯВИТЕЛЬНОЕ НАКЛОНЕНИЕ			
настоящее время		*будущее сложное*	*будущее простое*
я му́сорю ты му́соришь он му́сорит мы му́сорим вы му́сорите они́ му́сорят	—	бу́ду му́сорить бу́дешь му́сорить бу́дет му́сорить бу́дем му́сорить бу́дете му́сорить бу́дут му́сорить	заму́сорю заму́соришь заму́сорит заму́сорим заму́сорите заму́сорят
прошедшее время		СОСЛАГАТЕЛЬНОЕ НАКЛОНЕНИЕ	
я, ты, он } му́сорил	заму́сорил	му́сорил бы	заму́сорил бы
я, ты, она́ } му́сорила	заму́сорила	му́сорила бы	заму́сорила бы
оно́ му́сорило	заму́сорило	му́сорило бы	заму́сорило бы
мы, вы, они́ } му́сорили	заму́сорили	му́сорили бы	заму́сорили бы
ПРИЧАСТИЯ		ПОВЕЛИТЕЛЬНОЕ НАКЛОНЕНИЕ	
действительные		му́сори му́сорите	заму́сори заму́сорите
наст. му́сорящий	—		
прош. му́соривший	заму́соривший		
страдательные		ДЕЕПРИЧАСТИЯ	
наст. —	—	му́соря	—
прош. —	заму́соренный	—	заму́сорив
кр. ф. —	заму́сорен, -а, -о, -ы		

Table No. 13

ВИНИ́ТЬ — ОБВИНИ́ТЬ

The stress is fixed on the ending.

несовершенный вид	совершенный вид	несовершенный вид	совершенный вид
ИЗЪЯВИТЕЛЬНОЕ НАКЛОНЕНИЕ			
настоящее время		*будущее сложное*	*будущее простое*
я виню́ ты вини́шь он вини́т мы вини́м вы вини́те они́ виня́т	—	бу́ду вини́ть бу́дешь вини́ть бу́дет вини́ть бу́дем вини́ть бу́дете вини́ть бу́дут вини́ть	обвиню́ обвини́шь обвини́т обвини́м обвини́те обвиня́т
прошедшее время		**СОСЛАГАТЕЛЬНОЕ НАКЛОНЕНИЕ**	
я, ты, он } вини́л	обвини́л	вини́л бы	обвини́л бы
я, ты, она́ } вини́ла	обвини́ла	вини́ла бы	обвини́ла бы
оно́ вини́ло	обвини́ло	вини́ло бы	обвини́ло бы
мы, вы, они́ } вини́ли	обвини́ли	вини́ли бы	обвини́ли бы
ПРИЧАСТИЯ		**ПОВЕЛИТЕЛЬНОЕ НАКЛОНЕНИЕ**	
действительные		вини́ вини́те	обвини́ обвини́те
наст. виня́щий	—		
прош. вини́вший	обвини́вший		
страдательные		**ДЕЕПРИЧАСТИЯ**	
наст. —	—	виня́	—
прош. —	обвинённый	—	обвини́в
кр. ф. —	обвин|ён, -ена́, -ено́, -ены́		

Table No. 14.

СТЫДИ́ТЬ — ПРИСТЫДИ́ТЬ

1. The stress is fixed on the ending.
2. There is an interchange of consonants at the end of the stem: **д : ж, з : ж, с : ш, т : ч, т : щ, ст : щ.**

несовершенный вид	*совершенный вид*	*несовершенный вид*	*совершенный вид*
ИЗЪЯВИТЕЛЬНОЕ НАКЛОНЕНИЕ			
настоящее время		*будущее сложное*	*будущее простое*
я стыжу́	—	бу́ду стыди́ть	пристыжу́
ты стыди́шь		бу́дешь стыди́ть	пристыди́шь
он стыди́т		бу́дет стыди́ть	пристыди́т
мы стыди́м		бу́дем стыди́ть	пристыди́м
вы стыди́те		бу́дете стыди́ть	пристыди́те
они́ стыдя́т		бу́дут стыди́ть	пристыдя́т
прошедшее время		СОСЛАГАТЕЛЬНОЕ НАКЛОНЕНИЕ	
я, ты, он } стыди́л	пристыди́л	стыди́л бы	пристыди́л бы
я, ты, она́ } стыди́ла	пристыди́ла	стыди́ла бы	пристыди́ла бы
оно́ стыди́ло	пристыди́ло	стыди́ло бы	пристыди́ло бы
мы, вы, они́ } стыди́ли	пристыди́ли	стыди́ли бы	пристыди́ли бы
ПРИЧАСТИЯ		ПОВЕЛИТЕЛЬНОЕ НАКЛОНЕНИЕ	
действительные		стыди́	пристыди́
		стыди́те	пристыди́те
наст. стыдя́щий	—		
прош. стыди́вший	пристыди́вший		
страдательные		ДЕЕПРИЧАСТИЯ	
наст. —	—	стыдя́	—
прош. —	пристыжённый	—	пристыди́в
кр. ф. —	пристыж|ён, -ена́, -ено́, -ены́		

Table No. 15

КРЕПИ́ТЬ — УКРЕПИ́ТЬ

1. The stress is fixed on the ending.
2. There is an interchange of consonants at the end of the stem: **б : бл, в : вл, м : мл, п : пл, ф : фл.**

несовершенный вид	*совершенный вид*	*несовершенный вид*	*совершенный вид*
ИЗЪЯВИТЕЛЬНОЕ НАКЛОНЕНИЕ			
настоящее время		*будущее сложное*	*будущее простое*
я креплю́ ты крепи́шь он крепи́т мы крепи́м вы крепи́те они́ крепя́т	—	бу́ду крепи́ть бу́дешь крепи́ть бу́дет крепи́ть бу́дем крепи́ть бу́дете крепи́ть бу́дут крепи́ть	укреплю́ укрепи́шь укрепи́т укрепи́м укрепи́те укрепя́т
прошедшее время		СОСЛАГАТЕЛЬНОЕ НАКЛОНЕНИЕ	
я, ты, он } крепи́л	укрепи́л	крепи́л бы	укрепи́л бы
я, ты, она́ } крепи́ла	укрепи́ла	крепи́ла бы	укрепи́ла бы
оно́ крепи́ло	укрепи́ло	крепи́ло бы	укрепи́ло бы
мы, вы, они́ } крепи́ли	укрепи́ли	крепи́ли бы	укрепи́ли бы
ПРИЧАСТИЯ		ПОВЕЛИТЕЛЬНОЕ НАКЛОНЕНИЕ	
действительные		крепи́ крепи́те	укрепи́ укрепи́те
наст. крепя́щий	—		
прош. крепи́вший	укрепи́вший		
страдательные		ДЕЕПРИЧАСТИЯ	
наст. крепи́мый	—	крепя́	—
прош. —	укреплённый	—	укрепи́в
кр. ф. —	укрепл|ён, -ена́, -ено́, -ены́		

Table No. 16

ВАРИ́ТЬ — СВАРИ́ТЬ

The stress is shifting.

несовершенный вид	*совершенный вид*	*несовершенный вид*	*совершенный вид*
ИЗЪЯВИТЕЛЬНОЕ НАКЛОНЕНИЕ			
настоящее время		*будущее сложное*	*будущее простое*
я варю́ ты ва́ришь он ва́рит мы ва́рим вы ва́рите они́ ва́рят	—	бу́ду вари́ть бу́дешь вари́ть бу́дет вари́ть бу́дем вари́ть бу́дете вари́ть бу́дут вари́ть	сварю́ сва́ришь сва́рит сва́рим сва́рите сва́рят
прошедшее время		**СОСЛАГАТЕЛЬНОЕ НАКЛОНЕНИЕ**	
я, ты, он } вари́л	свари́л	вари́л бы	свари́л бы
я, ты, она́ } вари́ла	свари́ла	вари́ла бы	свари́ла бы
оно́ вари́ло	свари́ло	вари́ло бы	свари́ло бы
мы, вы, они́ } вари́ли	свари́ли	вари́ли бы	свари́ли бы
ПРИЧАСТИЯ		**ПОВЕЛИТЕЛЬНОЕ НАКЛОНЕНИЕ**	
действительные		вари́ вари́те	свари́ свари́те
наст. варя́щий	—		
прош. вари́вший	свари́вший		
страдательные		**ДЕЕПРИЧАСТИЯ**	
наст. —	—	варя́	—
прош. —	сва́ренный	—	свари́в
кр. ф. —	сва́рен, -а, -о, -ы		

Table No. 17

ПРОСИ́ТЬ — СПРОСИ́ТЬ

1. The stress is shifting.
2. There is an interchange of consonants at the end of the stem: **д : ж, з : ж, с : ш, т : ч, т : щ, ст : щ.**

несовершенный вид	*совершенный вид*	*несовершенный вид*	*совершенный вид*
ИЗЪЯВИТЕЛЬНОЕ НАКЛОНЕНИЕ			
настоящее время		*будущее сложное*	*будущее простое*
я прошу́	—	бу́ду проси́ть	спрошу́
ты про́сишь		бу́дешь проси́ть	спро́сишь
он про́сит		бу́дет проси́ть	спро́сит
мы про́сим		бу́дем проси́ть	спро́сим
вы про́сите		бу́дете проси́ть	спро́сите
они́ про́сят		бу́дут проси́ть	спро́сят
прошедшее время		**СОСЛАГАТЕЛЬНОЕ НАКЛОНЕНИЕ**	
я, ты, он — проси́л	спроси́л	проси́л бы	спроси́л бы
я, ты, она́ — проси́ла	спроси́ла	проси́ла бы	спроси́ла бы
оно́ — проси́ло	спроси́ло	проси́ло бы	спроси́ло бы
мы, вы, они́ — проси́ли	спроси́ли	проси́ли бы	спроси́ли бы
ПРИЧАСТИЯ		**ПОВЕЛИТЕЛЬНОЕ НАКЛОНЕНИЕ**	
действительные		проси́ проси́те	спроси́ спроси́те
наст. проси́щий	—		
прош. проси́вший	спроси́вший		
страдательные		**ДЕЕПРИЧАСТИЯ**	
наст. —	—	прося́	—
прош. —	спро́шенный	—	спроси́в
кр. ф. —	спро́шен, -а, -о, -ы		

Table No. 18

КОРМИ́ТЬ — НАКОРМИ́ТЬ

1. The stress is shifting.
2. There is an interchange of consonants at the end of the stem: **б : бл, в : вл, м : мл, п : пл, ф : фл.**

несовершенный вид		*совершенный вид*	*несовершенный вид*	*совершенный вид*
ИЗЪЯВИТЕЛЬНОЕ НАКЛОНЕНИЕ				
настоящее время			*будущее сложное*	*будущее простое*
я кормлю́		—	бу́ду корми́ть	накормлю́
ты ко́рмишь			бу́дешь корми́ть	нако́рмишь
он ко́рмит			бу́дет корми́ть	нако́рмит
мы ко́рмим			бу́дем корми́ть	нако́рмим
вы ко́рмите			бу́дете корми́ть	нако́рмите
они́ ко́рмят			бу́дут корми́ть	нако́рмят
прошедшее время			СОСЛАГАТЕЛЬНОЕ НАКЛОНЕНИЕ	
я, ты, он	корми́л	накорми́л	корми́л бы	накорми́л бы
я, ты, она́	корми́ла	накорми́ла	корми́ла бы	накорми́ла бы
оно́	корми́ло	накорми́ло	корми́ло бы	накорми́ло бы
мы, вы, они́	корми́ли	накорми́ли	корми́ли бы	накорми́ли бы
ПРИЧАСТИЯ			ПОВЕЛИТЕЛЬНОЕ НАКЛОНЕНИЕ	
действительные			корми́ корми́те	накорми́ накорми́те
наст.	кормя́щий	—		
прош.	корми́вший	накорми́вший		
страдательные			ДЕЕПРИЧАСТИЯ	
наст.	—	—	кормя́	—
прош.	—	нако́рмленный	—	накорми́в
кр. ф.	—	нако́рмлен, -а, -о, -ы		

Table No. 19

СТРО́ИТЬ — ПОСТРО́ИТЬ

The stress is fixed on the stem.

несовершенный вид	*совершенный вид*	*несовершенный вид*	*совершенный вид*
ИЗЪЯВИТЕЛЬНОЕ НАКЛОНЕНИЕ			
настоящее время		*будущее сложное*	*будущее простое*
я стро́ю ты стро́ишь он стро́ит мы стро́им вы стро́ите они́ стро́ят	—	бу́ду стро́ить бу́дешь стро́ить бу́дет стро́ить бу́дем стро́ить бу́дете стро́ить бу́дут стро́ить	постро́ю постро́ишь постро́ит постро́им постро́ите постро́ят
прошедшее время		СОСЛАГАТЕЛЬНОЕ НАКЛОНЕНИЕ	
я, ты, он } стро́ил	постро́ил	стро́ил бы	постро́ил бы
я, ты, она́ } стро́ила	постро́ила	стро́ила бы	постро́ила бы
оно́ стро́ило	постро́ило	стро́ило бы	постро́ило бы
мы, вы, они́ } стро́или	постро́или	стро́или бы	постро́или бы
ПРИЧАСТИЯ		ПОВЕЛИТЕЛЬНОЕ НАКЛОНЕНИЕ	
действительные		строй стро́йте	постро́й постро́йте
наст. стро́ящий *прош.* стро́ивший	— постро́ивший		
страдательные		ДЕЕПРИЧАСТИЯ	
наст. стро́имый *прош.* — *кр. ф.* —	— постро́енный постро́ен, -а, -о, -ы	стро́я —	— постро́ив

Table No. 20

СТОЯ́ТЬ — ОТСТОЯ́ТЬ

The stress is fixed on the ending.

несовершенный вид	*совершенный вид*	*несовершенный вид*	*совершенный вид*
ИЗЪЯВИТЕЛЬНОЕ НАКЛОНЕНИЕ			
настоящее время		*будущее сложное*	*будущее простое*
я стою́ ты стои́шь он стои́т мы стои́м вы стои́те они́ стоя́т	—	бу́ду стоя́ть бу́дешь стоя́ть бу́дет стоя́ть бу́дем стоя́ть бу́дете стоя́ть бу́дут стоя́ть	отстою́ отстои́шь отстои́т отстои́м отстои́те отстоя́т
прошедшее время		СОСЛАГАТЕЛЬНОЕ НАКЛОНЕНИЕ	
я, ты, он } стоя́л	отстоя́л	стоя́л бы	отстоя́л бы
я, ты, она́ } стоя́ла	отстоя́ла	стоя́ла бы	отстоя́ла бы
оно́ стоя́ло	отстоя́ло	стоя́ло бы	отстоя́ло бы
мы, вы, они́ } стоя́ли	отстоя́ли	стоя́ли бы	отстоя́ли бы
ПРИЧАСТИЯ		ПОВЕЛИТЕЛЬНОЕ НАКЛОНЕНИЕ	
действительные		стой сто́йте	отсто́й отсто́йте
наст. стоя́щий *прош.* стоя́вший	— отстоя́вший		
страдательные		ДЕЕПРИЧАСТИЯ	
наст. — *прош.* — *кр. ф.* —	— — —	сто́я —	— отстоя́в

СЛЫ́ШАТЬ — УСЛЫ́ШАТЬ

The stress is fixed on the root.

несовершенный вид		*совершенный вид*	*несовершенный вид*	*совершенный вид*
ИЗЪЯВИТЕЛЬНОЕ НАКЛОНЕНИЕ				
настоящее время			*будущее сложное*	*будущее простое*
я слы́шу ты слы́шишь он слы́шит мы слы́шим вы слы́шите они́ слы́шат		—	бу́ду слы́шать бу́дешь слы́шать бу́дет слы́шать бу́дем слы́шать бу́дете слы́шать бу́дут слы́шать	услы́шу услы́шишь услы́шит услы́шим услы́шите услы́шат
прошедшее время			СОСЛАГАТЕЛЬНОЕ НАКЛОНЕНИЕ	
я, ты, он	слы́шал	услы́шал	слы́шал бы	услы́шал бы
я, ты, она́	слы́шала	услы́шала	слы́шала бы	услы́шала бы
оно́	слы́шало	услы́шало	слы́шало бы	услы́шало бы
мы, вы, они́	слы́шали	услы́шали	слы́шали бы	услы́шали бы
ПРИЧАСТИЯ			ПОВЕЛИТЕЛЬНОЕ НАКЛОНЕНИЕ	
действительные			—	
наст.	слы́шащий	—		
прош.	слы́шавший	услы́шавший		
страдательные			ДЕЕПРИЧАСТИЯ	
наст.	—	—	слы́ша	—
прош.	—	услы́шанный	—	услы́шав
кр. ф.	—	услы́шан, -а, -о, -ы		

Table No. 22

МОЛЧА́ТЬ — ЗАМОЛЧА́ТЬ

The stress is fixed on the ending.

несовершенный вид	*совершенный вид*	*несовершенный вид*	*совершенный вид*
ИЗЪЯВИТЕЛЬНОЕ НАКЛОНЕНИЕ			
настоящее время		*будущее сложное*	*будущее простое*
я молчу́ ты молчи́шь он молчи́т мы молчи́м вы молчи́те они́ молча́т	—	бу́ду молча́ть бу́дешь молча́ть бу́дет молча́ть бу́дем молча́ть бу́дете молча́ть бу́дут молча́ть	замолчу́ замолчи́шь замолчи́т замолчи́м замолчи́те замолча́т
прошедшее время		СОСЛАГАТЕЛЬНОЕ НАКЛОНЕНИЕ	
я, ты, он } молча́л	замолча́л	молча́л бы	замолча́л бы
я, ты, она́ } молча́ла	замолча́ла	молча́ла бы	замолча́ла бы
оно́ молча́ло	замолча́ло	молча́ло бы	замолча́ло бы
мы, вы, они́ } молча́ли	замолча́ли	молча́ли бы	замолча́ли бы

ПРИЧАСТИЯ			ПОВЕЛИТЕЛЬНОЕ НАКЛОНЕНИЕ	
действительные			молчи́ молчи́те	замолчи́ замолчи́те
наст.	молча́щий	—		
прош.	молча́вший	замолча́вший		
страдательные			ДЕЕПРИЧАСТИЯ	
наст.	—	—	молча́	—
прош.	—	—	—	замолча́в
кр. ф.	—	—		

ДЕРЖА́ТЬ-СДЕРЖА́ТЬ

The stress is shifting.

несовершенный вид	*совершенный вид*	*несовершенный вид*	*совершенный вид*
ИЗЪЯВИТЕЛЬНОЕ НАКЛОНЕНИЕ			
настоящее время		*будущее сложное*	*будущее простое*
я держу́ ты де́ржишь он де́ржит мы де́ржим вы де́ржите они́ де́ржат	—	бу́ду держа́ть бу́дешь держа́ть бу́дет держа́ть бу́дем держа́ть бу́дете держа́ть бу́дут держа́ть	сдержу́ сде́ржишь сде́ржит сде́ржим сде́ржите сде́ржат
прошедшее время		**СОСЛАГАТЕЛЬНОЕ НАКЛОНЕНИЕ**	
я, ты, он } держа́л	сдержа́л	держа́л бы	сдержа́л бы
я, ты, она́ } держа́ла	сдержа́ла	держа́ла бы	сдержа́ла бы
оно́ держа́ло	сдержа́ло	держа́ло бы	сдержа́ло бы
мы, вы, они́ } держа́ли	сдержа́ли	держа́ли бы	сдержа́ли бы
ПРИЧАСТИЯ		**ПОВЕЛИТЕЛЬНОЕ НАКЛОНЕНИЕ**	
действительные		держи́ держи́те	сдержи́ сдержи́те
наст. держа́щий	—		
прош. держа́вший	сдержа́вший		
страдательные		**ДЕЕПРИЧАСТИЯ**	
наст. —	—	держа́	—
прош. —	сде́ржанный	—	сдержа́в
кр. ф. —	сде́ржан, -а, -о, -ы		

СПАТЬ — ПОСПА́ТЬ

There is an interchange of consonants at the end of the stem: **п : пл.**

несовершенный вид	*совершенный вид*	*несовершенный вид*	*совершенный вид*
ИЗЪЯВИТЕЛЬНОЕ НАКЛОНЕНИЕ			
настоящее время		*будущее сложное*	*будущее простое*
я сплю ты спишь он спит мы спим вы спи́те они́ спят	—	бу́ду спать бу́дешь спать бу́дет спать бу́дем спать бу́дете спать бу́дут спать	посплю́ поспи́шь поспи́т поспи́м поспи́те поспя́т
прошедшее время		СОСЛАГАТЕЛЬНОЕ НАКЛОНЕНИЕ	
я, ты, он } спал	поспа́л	спал бы	поспа́л бы
я, ты, она́ } спала́	поспала́	спала́ бы	поспала́ бы
оно́ спа́ло	поспа́ло	спа́ло бы	поспа́ло бы
мы, вы, они́ } спа́ли	поспа́ли	спа́ли бы	поспа́ли бы
ПРИЧАСТИЯ		ПОВЕЛИТЕЛЬНОЕ НАКЛОНЕНИЕ	
действительные		спи спи́те	поспи́ поспи́те
наст. спя́щий	—		
прош. спа́вший	поспа́вший		
страдательные		ДЕЕПРИЧАСТИЯ	
наст. —	—	—	—
прош. —	—	—	поспа́в
кр. ф. —	—		

Table No. 25

ГОРЕ́ТЬ — СГОРЕ́ТЬ

The stress is fixed on the ending.

несовершенный вид	*совершенный вид*	*несовершенный вид*	*совершенный вид*
ИЗЪЯВИТЕЛЬНОЕ НАКЛОНЕНИЕ			
настоящее время		*будущее сложное*	*будущее простое*
я горю́ ты гори́шь он гори́т мы гори́м вы гори́те они́ горя́т	—	бу́ду горе́ть бу́дешь горе́ть бу́дет горе́ть бу́дем горе́ть бу́дете горе́ть бу́дут горе́ть	сгорю́ сгори́шь сгори́т сгори́м сгори́те сгоря́т
прошедшее время		СОСЛАГАТЕЛЬНОЕ НАКЛОНЕНИЕ	
я, ты, он } горе́л	сгоре́л	горе́л бы	сгоре́л бы
я, ты, она́ } горе́ла	сгоре́ла	горе́ла бы	сгоре́ла бы
оно́ горе́ло	сгоре́ло	горе́ло бы	сгоре́ло бы
мы, вы, они́ } горе́ли	сгоре́ли	горе́ли бы	сгоре́ли бы
ПРИЧАСТИЯ		ПОВЕЛИТЕЛЬНОЕ НАКЛОНЕНИЕ	
действительные		гори́ гори́те	сгори́ сгори́те
наст. горя́щий	—		
прош. горе́вший	сгоре́вший		
страдательные		ДЕЕПРИЧАСТИЯ	
наст. —	—	горя́	—
прош. —	—	—	сгоре́в
кр. ф. —	—		

Table No. 26

ШУМЕ́ТЬ — НАШУМЕ́ТЬ

1. The stress is fixed on the ending.
2. There is an interchange of consonants at the end of the stem.

несовершенный вид	*совершенный вид*	*несовершенный вид*	*совершенный вид*
ИЗЪЯВИТЕЛЬНОЕ НАКЛОНЕНИЕ			
настоящее время		*будущее сложное*	*будущее простое*
я шумлю́	—	бу́ду шуме́ть	нашумлю́
ты шуми́шь		бу́дешь шуме́ть	нашуми́шь
он шуми́т		бу́дет шуме́ть	нашуми́т
мы шуми́м		бу́дем шуме́ть	нашуми́м
вы шуми́те		бу́дете шуме́ть	нашуми́те
они́ шумя́т		бу́дут шуме́ть	нашумя́т
прошедшее время		СОСЛАГАТЕЛЬНОЕ НАКЛОНЕНИЕ	
я, ты, он — шуме́л	нашуме́л	шуме́л бы	нашуме́л бы
я, ты, она́ — шуме́ла	нашуме́ла	шуме́ла бы	нашуме́ла бы
оно́ — шуме́ло	нашуме́ло	шуме́ло бы	нашуме́ло бы
мы, вы, они́ — шуме́ли	нашуме́ли	шуме́ли бы	нашуме́ли бы
ПРИЧАСТИЯ		ПОВЕЛИТЕЛЬНОЕ НАКЛОНЕНИЕ	
действительные		шуми́	нашуми́
		шуми́те	нашуми́те
наст. шумя́щий	—		
прош. шуме́вший	нашуме́вший		
страдательные		ДЕЕПРИЧАСТИЯ	
наст. —	—	шумя́	—
прош. —	—	—	нашуме́в
кр. ф. —	—		

Table No. 27

ГЛЯДЕ́ТЬ — ПОГЛЯДЕ́ТЬ

1. The stress is fixed on the ending.
2. There is an interchange of consonants at the end of the stem: **д : ж, т : ч.**

несовершенный вид	*совершенный вид*	*несовершенный вид*	*совершенный вид*
ИЗЪЯВИТЕЛЬНОЕ НАКЛОНЕНИЕ			
настоящее время		*будущее сложное*	*будущее простое*
я гляжу́	—	бу́ду гляде́ть	погляжу́
ты гляди́шь		бу́дешь гляде́ть	погляди́шь
он гляди́т		бу́дет гляде́ть	погляди́т
мы гляди́м		бу́дем гляде́ть	погляди́м
вы гляди́те		бу́дете гляде́ть	погляди́те
они́ глядя́т		бу́дут гляде́ть	поглядя́т
прошедшее время		СОСЛАГАТЕЛЬНОЕ НАКЛОНЕНИЕ	
я, ты, он — гляде́л	погляде́л	гляде́л бы	погляде́л бы
я, ты, она́ — гляде́ла	погляде́ла	гляде́ла бы	погляде́ла бы
оно́ — гляде́ло	погляде́ло	гляде́ло бы	погляде́ло бы
мы, вы, они́ — гляде́ли	погляде́ли	гляде́ли бы	погляде́ли бы
ПРИЧАСТИЯ		ПОВЕЛИТЕЛЬНОЕ НАКЛОНЕНИЕ	
действительные		гляди́	погляди́
		гляди́те	погляди́те
наст. глядя́щий	—		
прош. гляде́вший	погляде́вший		
страдательные		ДЕЕПРИЧАСТИЯ	
наст. —	—	гля́дя	—
прош. —	—	—	погляде́в
кр. ф. —	—		

Table No. 28

ВИ́ДЕТЬ — УВИ́ДЕТЬ

1. The stress is fixed on the root.
2. There is an interchange of consonants at the end of the stem.

несовершенный вид		*совершенный вид*	*несовершенный вид*	*совершенный вид*
ИЗЪЯВИТЕЛЬНОЕ НАКЛОНЕНИЕ				
настоящее время			*будущее сложное*	*будущее простое*
я ви́жу ты ви́дишь он ви́дит мы ви́дим вы ви́дите они́ ви́дят		—	бу́ду ви́деть бу́дешь ви́деть бу́дет ви́деть бу́дем ви́деть бу́дете ви́деть бу́дут ви́деть	уви́жу уви́дишь уви́дит уви́дим уви́дите уви́дят
прошедшее время			СОСЛАГАТЕЛЬНОЕ НАКЛОНЕНИЕ	
я, ты, он	ви́дел	уви́дел	ви́дел бы	уви́дел бы
я, ты, она́	ви́дела	уви́дела	ви́дела бы	уви́дела бы
оно́	ви́дело	уви́дело	ви́дело бы	уви́дело бы
мы, вы, они́	ви́дели	уви́дели	ви́дели бы	уви́дели бы
ПРИЧАСТИЯ			ПОВЕЛИТЕЛЬНОЕ НАКЛОНЕНИЕ	
действительные				
наст.	ви́дящий	—	—	
прош.	ви́девший	уви́девший		
страдательные			ДЕЕПРИЧАСТИЯ	
наст.	ви́димый	—	ви́дя	—
прош.	—	уви́денный	—	уви́дев
кр. ф.	—	уви́ден, -а, -о, -ы		

Table No. 29

СМОТРЕ́ТЬ — ПРОСМОТРЕ́ТЬ

The stress is shifting.

несовершенный вид		*совершенный вид*	*несовершенный вид*	*совершенный вид*
ИЗЪЯВИТЕЛЬНОЕ НАКЛОНЕНИЕ				
настоящее время			*будущее сложное*	*будущее простое*
я смотрю́ ты смо́тришь он смо́трит мы смо́трим вы смо́трите они́ смо́трят		—	бу́ду смотре́ть бу́дешь смотре́ть бу́дет смотре́ть бу́дем смотре́ть бу́дете смотре́ть бу́дут смотре́ть	просмотрю́ просмо́тришь просмо́трит просмо́трим просмо́трите просмо́трят
прошедшее время			**СОСЛАГАТЕЛЬНОЕ НАКЛОНЕНИЕ**	
я, ты, он	смотре́л	просмотре́л	смотре́л бы	просмотре́л бы
я, ты, она́	смотре́ла	просмотре́ла	смотре́ла бы	просмотре́ла бы
оно́	смотре́ло	просмотре́ло	смотре́ло бы	просмотре́ло бы
мы, вы, они́	смотре́ли	просмотре́ли	смотре́ли бы	просмотре́ли бы
ПРИЧАСТИЯ			**ПОВЕЛИТЕЛЬНОЕ НАКЛОНЕНИЕ**	
действительные			смотри́ смотри́те	просмотри́ просмотри́те
наст.	смотря́щий	—		
прош.	смотре́вший	просмотре́вший		
страдательные			**ДЕЕПРИЧАСТИЯ**	
наст.	—	—	смотря́	—
прош.	—	просмо́тренный	—	просмотре́в
кр. ф.	—	просмо́трен, -а, -о, -ы		

Table No. 30

ТЕРПЕ́ТЬ — СТЕРПЕ́ТЬ

1. The stress is shifting.
2. There is an interchange of consonants at the end of the stem: **п : пл.**

несовершенный вид		*совершенный вид*	*несовершенный вид*	*совершенный вид*
ИЗЪЯВИТЕЛЬНОЕ НАКЛОНЕНИЕ				
настоящее время			*будущее сложное*	*будущее простое*
я терплю́ ты те́рпишь он те́рпит мы те́рпим вы те́рпите они́ те́рпят		—	бу́ду терпе́ть бу́дешь терпе́ть бу́дет терпе́ть бу́дем терпе́ть бу́дете терпе́ть бу́дут терпе́ть	стерплю́ сте́рпишь сте́рпит сте́рпим сте́рпите сте́рпят
прошедшее время			СОСЛАГАТЕЛЬНОЕ НАКЛОНЕНИЕ	
я, ты, он	терпе́л	стерпе́л	терпе́л бы	стерпе́л бы
я, ты, она́	терпе́ла	стерпе́ла	терпе́ла бы	стерпе́ла бы
оно́	терпе́ло	стерпе́ло	терпе́ло бы	стерпе́ло бы
мы, вы, они́	терпе́ли	стерпе́ли	терпе́ли бы	стерпе́ли бы
ПРИЧАСТИЯ			ПОВЕЛИТЕЛЬНОЕ НАКЛОНЕНИЕ	
действительные			терпи́ терпи́те	стерпи́ стерпи́те
наст.	те́рпящий	—		
прош.	терпе́вший	стерпе́вший		
страдательные			ДЕЕПРИЧАСТИЯ	
наст.	—	—	терпя́	—
прош.	—	—	—	стерпе́в
кр. ф.	—	—		

Table No. 31

ВЕРТЕ́ТЬ — НАВЕРТЕ́ТЬ

1. The stress is shifting.
2. There is an interchange of consonants at the end of the stem.

несовершенный вид	*совершенный вид*	*несовершенный вид*	*совершенный вид*
ИЗЪЯВИТЕЛЬНОЕ НАКЛОНЕНИЕ			
настоящее время		*будущее сложное*	*будущее простое*
я верчу́ ты ве́ртишь он ве́ртит мы ве́ртим вы ве́ртите они́ ве́ртят	—	бу́ду верте́ть бу́дешь верте́ть бу́дет верте́ть бу́дем верте́ть бу́дете верте́ть бу́дут верте́ть	наверчу́ наве́ртишь наве́ртит наве́ртим наве́ртите наве́ртят
прошедшее время		**СОСЛАГАТЕЛЬНОЕ НАКЛОНЕНИЕ**	
я, ты, он } верте́л	наверте́л	верте́л бы	наверте́л бы
я, ты, она́ } верте́ла	наверте́ла	верте́ла бы	наверте́ла бы
оно́ верте́ло	наверте́ло	верте́ло бы	наверте́ло бы
мы, вы, они́ } верте́ли	наверте́ли	верте́ли бы	наверте́ли бы
ПРИЧАСТИЯ		**ПОВЕЛИТЕЛЬНОЕ НАКЛОНЕНИЕ**	
действительные		верти́ верти́те	наверти́ наверти́те
наст. вертя́щий	—		
прош. верте́вший	наверте́вший		
страдательные		**ДЕЕПРИЧАСТИЯ**	
наст. —	—	вертя́	—
прош. —	наве́рченный	—	наверте́в
кр. ф. —	наве́рчен, -а, -о, -ы		

Table No. 32

GROUP III

РВАТЬ — СОРВА́ТЬ

несовершенный вид	*совершенный вид*	*несовершенный вид*	*совершенный вид*
ИЗЪЯВИТЕЛЬНОЕ НАКЛОНЕНИЕ			
настоящее время		*будущее сложное*	*будущее простое*
я рву		бу́ду рвать	сорву́
ты рвёшь		бу́дешь рвать	сорвёшь
он рвёт	—	бу́дет рвать	сорвёт
мы рвём		бу́дем рвать	сорвём
вы рвёте		бу́дете рвать	сорвёте
они́ рвут		бу́дут рвать	сорву́т
прошедшее время		СОСЛАГАТЕЛЬНОЕ НАКЛОНЕНИЕ	
я, ты, он } рва́л(ся)	сорва́л(ся)	рва́л(ся) бы	сорва́л(ся) бы
я, ты, она́ } рвала́(сь)	сорвала́(сь)	рвала́(сь) бы	сорвала́(сь) бы
оно́ рва́ло, рвало́сь	сорва́ло, сорвало́сь	рва́ло бы, рвало́сь бы	сорва́ло бы, сорвало́сь бы
мы, вы, они́ } рва́ли, рвали́сь	сорва́ли, сорвали́сь	рва́ли бы, рвали́сь бы	сорва́ли бы, сорвали́сь бы

ПРИЧАСТИЯ

действительные

наст.	рву́щий	—
прош.	рва́вший	сорва́вший

страдательные

наст.	—	—
прош.	—	со́рванный
кр. ф.	—	со́рван, -а, -о, -ы

ПОВЕЛИТЕЛЬНОЕ НАКЛОНЕНИЕ

рви	сорви́
рви́те	сорви́те

ДЕЕПРИЧАСТИЯ

—	—
—	сорва́в

ЖА́ЖДАТЬ

несовершенный вид

ИЗЪЯВИТЕЛЬНОЕ НАКЛОНЕНИЕ

настоящее время	*будущее сложное*
я жа́жду ты жа́ждешь он жа́ждет мы жа́ждем вы жа́ждете они́ жа́ждут	бу́ду жа́ждать бу́дешь жа́ждать бу́дет жа́ждать бу́дем жа́ждать бу́дете жа́ждать бу́дут жа́ждать

прошедшее время	СОСЛАГАТЕЛЬНОЕ НАКЛОНЕНИЕ
я, ты, он — жа́ждал	жа́ждал бы
я, ты, она́ — жа́ждала	жа́ждала бы
оно́ — жа́ждало	жа́ждало бы
мы, вы, они́ — жа́ждали	жа́ждали бы

ПРИЧАСТИЯ		ПОВЕЛИТЕЛЬНОЕ НАКЛОНЕНИЕ
действительные		жа́жди жа́ждите
наст.	жа́ждущий	
прош.	жа́ждавший	
страдательные		ДЕЕПРИЧАСТИЯ
наст.	—	—
прош.	—	
кр. ф.	—	

Table No. 34

СТОНА́ТЬ — ЗАСТОНА́ТЬ

несовершенный вид	*совершенный вид*	*несовершенный вид*	*совершенный вид*
ИЗЪЯВИТЕЛЬНОЕ НАКЛОНЕНИЕ			
настоящее время		*будущее сложное*	*будущее простое*
я стону́ ты сто́нешь он сто́нет мы сто́нем вы сто́нете они́ сто́нут	—	бу́ду стона́ть бу́дешь стона́ть бу́дет стона́ть бу́дем стона́ть бу́дете стона́ть бу́дут стона́ть	застону́ засто́нешь засто́нет засто́нем засто́нете засто́нут
прошедшее время		**СОСЛАГАТЕЛЬНОЕ НАКЛОНЕНИЕ**	
я, ты, он } стона́л	застона́л	стона́л бы	застона́л бы
я, ты, она́ } стона́ла	застона́ла	стона́ла бы	застона́ла бы
оно́ стона́ло	застона́ло	стона́ло бы	застона́ло бы
мы, вы, они́ } стона́ли	застона́ли	стона́ли бы	застона́ли бы
ПРИЧАСТИЯ		**ПОВЕЛИТЕЛЬНОЕ НАКЛОНЕНИЕ**	
действительные		стони́ стони́те	застони́ застони́те
наст. сто́нущий	—		
прош. стона́вший	застона́вший		
страдательные		**ДЕЕПРИЧАСТИЯ**	
наст. —	—	—	застона́в
прош. —	—	—	—
кр. ф. —	—		

Table No. 35

СЕ́ЯТЬ — ПОСЕ́ЯТЬ

несовершенный вид	*совершенный вид*	*несовершенный вид*	*совершенный вид*
ИЗЪЯВИТЕЛЬНОЕ НАКЛОНЕНИЕ			
настоящее время		*будущее сложное*	*будущее простое*
я се́ю ты се́ешь он се́ет мы се́ем вы се́ете они́ се́ют	—	бу́ду се́ять бу́дешь се́ять бу́дет се́ять бу́дем се́ять бу́дете се́ять бу́дут се́ять	посе́ю посе́ешь посе́ет посе́ем посе́ете посе́ют

прошедшее время		**СОСЛАГАТЕЛЬНОЕ НАКЛОНЕНИЕ**	
я, ты, он } се́ял	посе́ял	се́ял бы	посе́ял бы
я, ты, она́ } се́яла	посе́яла	се́яла бы	посе́яла бы
оно́ се́яло	посе́яло	се́яло бы	посе́яло бы
мы, вы, они́ } се́яли	посе́яли	се́яли бы	посе́яли бы

ПРИЧАСТИЯ			**ПОВЕЛИТЕЛЬНОЕ НАКЛОНЕНИЕ**	
действительные			сей се́йте	посе́й посе́йте
наст.	се́ющий	—		
прош.	се́явший	посе́явший		
страдательные			**ДЕЕПРИЧАСТИЯ**	
наст.	се́емый	—	се́я	—
прош.	—	посе́янный	—	посе́яв
кр. ф.	—	посе́ян, -а, -о, -ы		

РЕВЕ́ТЬ — ЗАРЕВЕ́ТЬ

несовершенный вид	*совершенный вид*	*несовершенный вид*	*совершенный вид*
ИЗЪЯВИТЕЛЬНОЕ НАКЛОНЕНИЕ			
настоящее время		*будущее сложное*	*будущее простое*
я реву́	—	бу́ду реве́ть	зареву́
ты ревёшь		бу́дешь реве́ть	заревёшь
он ревёт		бу́дет реве́ть	заревёт
мы ревём		бу́дем реве́ть	заревём
вы ревёте		бу́дете реве́ть	заревёте
они́ реву́т		бу́дут реве́ть	зареву́т
прошедшее время		**СОСЛАГАТЕЛЬНОЕ НАКЛОНЕНИЕ**	
я, ты, он реве́л	зареве́л	реве́л бы	зареве́л бы
я, ты, она́ реве́ла	зареве́ла	реве́ла бы	зареве́ла бы
оно́ реве́ло	зареве́ло	реве́ло бы	зареве́ло бы
мы, вы, они́ реве́ли	зареве́ли	реве́ли бы	зареве́ли бы
ПРИЧАСТИЯ		**ПОВЕЛИТЕЛЬНОЕ НАКЛОНЕНИЕ**	
действительные		реви́	зареви́
		реви́те	зареви́те
наст. реву́щий	—		
прош. ревéвший	зареве́вший		
страдательные		**ДЕЕПРИЧАСТИЯ**	
наст. —	—	ревя́	—
прош. —	—	—	зареве́в
кр. ф. —	—		

СШИБИ́ТЬ

совершенный вид	
ИЗЪЯВИТЕЛЬНОЕ НАКЛОНЕНИЕ	
настоящее время	*будущее простое*
—	я сшибу́ ты сшибёшь он сшибёт мы сшибём вы сшибёте они́ сшибу́т
прошедшее время	СОСЛАГАТЕЛЬНОЕ НАКЛОНЕНИЕ
я, ты, он } сшиб	сшиб бы
я, ты, она́ } сши́бла	сши́бла бы
оно́ сши́бло	сши́бло бы
мы, вы, они́ } сши́бли	сши́бли бы
ПРИЧАСТИЯ	ПОВЕЛИТЕЛЬНОЕ НАКЛОНЕНИЕ
действительные	сшиби́ сшиби́те
наст. —	
прош. —	
страдательные	ДЕЕПРИЧАСТИЯ
наст. —	—
прош. сши́бленный	сшиби́в
кр. ф. сши́блен, -а, -о, -ы	

Table No. 38

КОЛО́ТЬ — РАСКОЛО́ТЬ

несовершенный вид	совершенный вид	несовершенный вид	совершенный вид
ИЗЪЯВИТЕЛЬНОЕ НАКЛОНЕНИЕ			
настоящее время		*будущее сложное*	*будущее простое*
я колю́	—	бу́ду коло́ть	расколю́
ты ко́лешь		бу́дешь коло́ть	раско́лешь
он ко́лет		бу́дет коло́ть	раско́лет
мы ко́лем		бу́дем коло́ть	раско́лем
вы ко́лете		бу́дете коло́ть	раско́лете
они́ ко́лют		бу́дут коло́ть	раско́лют

несовершенный вид	совершенный вид	несовершенный вид	совершенный вид
прошедшее время		**СОСЛАГАТЕЛЬНОЕ НАКЛОНЕНИЕ**	
я, ты, он коло́л	расколо́л	коло́л бы	расколо́л бы
я, ты, она́ коло́ла	расколо́ла	коло́ла бы	расколо́ла бы
оно́ коло́ло	расколо́ло	коло́ло бы	расколо́ло бы
мы, вы, они́ коло́ли	расколо́ли	коло́ли бы	расколо́ли бы

ПРИЧАСТИЯ

действительные

	несовершенный вид	совершенный вид
наст.	ко́лющий	—
прош.	коло́вший	расколо́вший

страдательные

	несовершенный вид	совершенный вид
наст.	—	—
прош.	—	раско́лотый
кр. ф.	—	раско́лот, -а, -о, -ы

ПОВЕЛИТЕЛЬНОЕ НАКЛОНЕНИЕ

несовершенный вид	совершенный вид
коли́	расколи́
коли́те	расколи́те

ДЕЕПРИЧАСТИЯ

несовершенный вид	совершенный вид
коля́	—
—	расколо́в

ГНУТЬ — СОГНУ́ТЬ

несовершенный вид	*совершенный вид*	*несовершенный вид*	*совершенный вид*
ИЗЪЯВИТЕЛЬНОЕ НАКЛОНЕНИЕ			
настоящее время		*будущее сложное*	*будущее простое*
я гну ты гнёшь он гнёт мы гнём вы гнёте они́ гнут	—	бу́ду гнуть бу́дешь гнуть бу́дет гнуть бу́дем гнуть бу́дете гнуть бу́дут гнуть	согну́ согнёшь согнёт согнём согнёте согну́т
прошедшее время		СОСЛАГАТЕЛЬНОЕ НАКЛОНЕНИЕ	
я, ты, он } гнул	согну́л	гнул бы	согну́л бы
я, ты, она́ } гну́ла	согну́ла	гну́ла бы	согну́ла бы
оно́ гну́ло	согну́ло	гну́ло бы	согну́ло бы
мы, вы, они́ } гну́ли	согну́ли	гну́ли бы	согну́ли бы
ПРИЧАСТИЯ		ПОВЕЛИТЕЛЬНОЕ НАКЛОНЕНИЕ	
действительные		гни гни́те	согни́ согни́те
наст. гну́щий	—		
прош. гну́вший	согну́вший		
страдательные		ДЕЕПРИЧАСТИЯ	
наст. —	—	—	—
прош. —	со́гнутый	—	согну́в
кр. ф. —	со́гнут, -а, -о, -ы		

СТИ́СНУТЬ

The stress is fixed on the stem.

совершенный вид	
ИЗЪЯВИТЕЛЬНОЕ НАКЛОНЕНИЕ	
настоящее время	*будущее простое*
—	я сти́сну ты сти́снешь он сти́снет мы сти́снем вы сти́снете они́ сти́снут
прошедшее время	**СОСЛАГАТЕЛЬНОЕ НАКЛОНЕНИЕ**
я, ты, он } сти́снул	сти́снул бы
я, ты, она́ } сти́снула	сти́снула бы
оно́ сти́снуло	сти́снуло бы
мы, вы, они́ } сти́снули	сти́снули бы
ПРИЧАСТИЯ	**ПОВЕЛИТЕЛЬНОЕ НАКЛОНЕНИЕ**
действительные	сти́сни сти́сните
наст. — *прош.* сти́снувший	
страдательные	**ДЕЕПРИЧАСТИЯ**
наст. — *прош.* сти́снутый *кр. ф.* сти́снут, -а, -о, -ы	— сти́снув

ПОКИ́НУТЬ

The stress is fixed on the stem.

совершенный вид	
ИЗЪЯВИТЕЛЬНОЕ НАКЛОНЕНИЕ	
настоящее время	*будущее простое*
—	я поки́ну ты поки́нешь он поки́нет мы поки́нем вы поки́нете они́ поки́нут
прошедшее время	СОСЛАГАТЕЛЬНОЕ НАКЛОНЕНИЕ
я, ты, он } поки́нул	поки́нул бы
я, ты, она́ } поки́нула	поки́нула бы
оно́ поки́нуло	поки́нуло бы
мы, вы, они́ } поки́нули	поки́нули бы
ПРИЧАСТИЯ	ПОВЕЛИТЕЛЬНОЕ НАКЛОНЕНИЕ
действительные	поки́нь поки́ньте
наст. — *прош.* поки́нувший	
страдательные	ДЕЕПРИЧАСТИЯ
наст. — *прош.* поки́нутый *кр. ф.* поки́нут, -а, -о, -ы	— поки́нув

Table No. 42

ТЯНУ́ТЬ — ВТЯНУ́ТЬ

The stress is shifting.

несовершенный вид	*совершенный вид*	*несовершенный вид*	*совершенный вид*
ИЗЪЯВИТЕЛЬНОЕ НАКЛОНЕНИЕ			
настоящее время		*будущее сложное*	*будущее простое*
я тяну́ ты тя́нешь он тя́нет мы тя́нем вы тя́нете они́ тя́нут	—	бу́ду тяну́ть бу́дешь тяну́ть бу́дет тяну́ть бу́дем тяну́ть бу́дете тяну́ть бу́дут тяну́ть	втяну́ втя́нешь втя́нет втя́нем втя́нете втя́нут
прошедшее время		**СОСЛАГАТЕЛЬНОЕ НАКЛОНЕНИЕ**	
я, ты, он — тяну́л	втяну́л	тяну́л бы	втяну́л бы
я, ты, она́ — тяну́ла	втяну́ла	тяну́ла бы	втяну́ла бы
оно́ — тяну́ло	втяну́ло	тяну́ло бы	втяну́ло бы
мы, вы, они́ — тяну́ли	втяну́ли	тяну́ли бы	втяну́ли бы

ПРИЧАСТИЯ

действительные

	несовершенный вид	*совершенный вид*
наст.	тя́нущий	—
прош.	тяну́вший	втяну́вший

страдательные

	несовершенный вид	*совершенный вид*
наст.	—	—
прош.	—	втя́нутый
кр. ф.	—	втя́нут, -а, -о, -ы

ПОВЕЛИТЕЛЬНОЕ НАКЛОНЕНИЕ

несовершенный вид	*совершенный вид*
тяни́ тяни́те	втяни́ втяни́те

ДЕЕПРИЧАСТИЯ

	несовершенный вид	*совершенный вид*
наст.	—	—
прош.	—	втяну́в

Table No. 43

СО́ХНУТЬ — ЗАСО́ХНУТЬ

1. The stem of the past tense differs from the stem of the infinitive.
2. The masculine form of the past tense does not take the suffix *-л*.

несовершенный вид	*совершенный вид*	*несовершенный вид*	*совершенный вид*
ИЗЪЯВИТЕЛЬНОЕ НАКЛОНЕНИЕ			
настоящее время		*будущее сложное*	*будущее простое*
я со́хну ты со́хнешь он со́хнет мы со́хнем вы со́хнете они́ со́хнут	—	бу́ду со́хнуть бу́дешь со́хнуть бу́дет со́хнуть бу́дем со́хнуть бу́дете со́хнуть бу́дут со́хнуть	засо́хну засо́хнешь засо́хнет засо́хнем засо́хнете засо́хнут
прошедшее время		СОСЛАГАТЕЛЬНОЕ НАКЛОНЕНИЕ	
я, ты, он } сох	засо́х	сох бы	засо́х бы
я, ты, она́ } со́хла	засо́хла	со́хла бы	засо́хла бы
оно́ со́хло	засо́хло	со́хло бы	засо́хло бы
мы, вы, они́ } со́хли	засо́хли	со́хли бы	засо́хли бы
ПРИЧАСТИЯ		ПОВЕЛИТЕЛЬНОЕ НАКЛОНЕНИЕ	
действительные		со́хни со́хните	засо́хни засо́хните
наст. со́хнущий	—		
прош. со́хший	засо́хший		
страдательные		ДЕЕПРИЧАСТИЯ	
наст. —	—	—	—
прош. —	—	—	засо́хнув
кр. ф. —	—		

КРЕ́ПНУТЬ — ОКРЕ́ПНУТЬ

The past tense has two stems: one is identical with the stem of the infinitive and the other is different from it.

несовершенный вид	*совершенный вид*	*несовершенный вид*	*совершенный вид*
ИЗЪЯВИТЕЛЬНОЕ НАКЛОНЕНИЕ			
настоящее время		*будущее сложное*	*будущее простое*
я кре́пну ты кре́пнешь он кре́пнет мы кре́пнем вы кре́пнете они́ кре́пнут	—	бу́ду кре́пнуть бу́дешь кре́пнуть бу́дет кре́пнуть бу́дем кре́пнуть бу́дете кре́пнуть бу́дут кре́пнуть	окре́пну окре́пнешь окре́пнет окре́пнем окре́пнете окре́пнут
прошедшее время		СОСЛАГАТЕЛЬНОЕ НАКЛОНЕНИЕ	
я, ты, он } креп (кре́пнул)	окре́п (окре́пнул)	креп бы (кре́пнул бы)	окре́п бы (окре́пнул бы)
я, ты, она́ } кре́пла	окре́пла	кре́пла бы	окре́пла бы
оно́ кре́пло	окре́пло	кре́пло бы	окре́пло бы
мы, вы, они́ } кре́пли	окре́пли	кре́пли бы	окре́пли бы
ПРИЧАСТИЯ		ПОВЕЛИТЕЛЬНОЕ НАКЛОНЕНИЕ	
действительные		кре́пни кре́пните	окре́пни окре́пните
наст. кре́пнущий	—		
прош. кре́пнувший	окре́пший & окре́пнувший		
страдательные		ДЕЕПРИЧАСТИЯ	
наст. —	—	—	—
прош. —	—	—	окре́пнув
кр. ф. —	—		

Table No. 45

ВЯ́НУТЬ — ЗАВЯ́НУТЬ

The suffix *-ну-* is dropped in the stem of the past tense.

несовершенный вид	*совершенный вид*	*несовершенный вид*	*совершенный вид*
ИЗЪЯВИТЕЛЬНОЕ НАКЛОНЕНИЕ			
настоящее время		*будущее сложное*	*будущее простое*
я вя́ну	—	бу́ду вя́нуть	завя́ну
ты вя́нешь		бу́дешь вя́нуть	завя́нешь
он вя́нет		бу́дет вя́нуть	завя́нет
мы вя́нем		бу́дем вя́нуть	завя́нем
вы вя́нете		бу́дете вя́нуть	завя́нете
они́ вя́нут		бу́дут вя́нуть	завя́нут
прошедшее время		СОСЛАГАТЕЛЬНОЕ НАКЛОНЕНИЕ	
я, ты, он } вял	завя́л	вял бы	завя́л бы
я, ты, она́ } вя́ла	завя́ла	вя́ла бы	завя́ла бы
оно́ вя́ло	завя́ло	вя́ло бы	завя́ло бы
мы, вы, они́ } вя́ли	завя́ли	вя́ли бы	завя́ли бы
ПРИЧАСТИЯ		ПОВЕЛИТЕЛЬНОЕ НАКЛОНЕНИЕ	
действительные		вянь вя́ньте	завя́нь завя́ньте
наст. вя́нущий	—		
прош. вя́нувший	завя́нувший		
страдательные		ДЕЕПРИЧАСТИЯ	
наст. —	—	—	—
прош. —	—	—	завя́нув
кр. ф. —	—		

ПИСА́ТЬ — НАПИСА́ТЬ

1. The stress is shifting.

2. There is an interchange of consonants at the end of the stem of the present tense: **д : ж, з : ж, с : ш, т : ч, т : щ, ск : щ, ст : щ, х : ш.**

несовершенный вид	*совершенный вид*	*несовершенный вид*	*совершенный вид*
ИЗЪЯВИТЕЛЬНОЕ НАКЛОНЕНИЕ			
настоящее время		*будущее сложное*	*будущее простое*
я пишу́ ты пи́шешь он пи́шет мы пи́шем вы пи́шете они́ пи́шут	—	бу́ду писа́ть бу́дешь писа́ть бу́дет писа́ть бу́дем писа́ть бу́дете писа́ть бу́дут писа́ть	напишу́ напи́шешь напи́шет напи́шем напи́шете напи́шут
прошедшее время		СОСЛАГАТЕЛЬНОЕ НАКЛОНЕНИЕ	
я, ты, он } писа́л	написа́л	писа́л бы	написа́л бы
я, ты, она́ } писа́ла	написа́ла	писа́ла бы	написа́ла бы
оно́ писа́ло	написа́ло	писа́ло бы	написа́ло бы
мы, вы, они́ } писа́ли	написа́ли	писа́ли бы	написа́ли бы
ПРИЧАСТИЯ		ПОВЕЛИТЕЛЬНОЕ НАКЛОНЕНИЕ	
действительные		пиши́ пиши́те	напиши́ напиши́те
наст. пи́шущий	—		
прош. писа́вший	написа́вший		
страдательные		ДЕЕПРИЧАСТИЯ	
наст. —	—	—	—
прош. —	напи́санный	—	написа́в
кр. ф. —	напи́сан, -а, -о, -ы		

Table No. 47

ПРЯ́ТАТЬ — СПРЯ́ТАТЬ

1. The stress is fixed on the stem.
2. There is an interchange of consonants at the end of the stem: **д : ж, з : ж, с : ш, т : ч, т : щ, ск : щ, ст : щ, к : ч.**

несовершенный вид	*совершенный вид*	*несовершенный вид*	*совершенный вид*
ИЗЪЯВИТЕЛЬНОЕ НАКЛОНЕНИЕ			
настоящее время		*будущее сложное*	*будущее простое*
я пря́чу ты пря́чешь он пря́чет мы пря́чем вы пря́чете они́ пря́чут	—	бу́ду пря́тать бу́дешь пря́тать бу́дет пря́тать бу́дем пря́тать бу́дете пря́тать бу́дут пря́тать	спря́чу спря́чешь спря́чет спря́чем спря́чете спря́чут
прошедшее время		СОСЛАГАТЕЛЬНОЕ НАКЛОНЕНИЕ	
я, ты, он } пря́тал	спря́тал	пря́тал бы	спря́тал бы
я, ты, она́ } пря́тала	спря́тала	пря́тала бы	спря́тала бы
оно́ пря́тало	спря́тало	пря́тало бы	спря́тало бы
мы, вы, они́ } пря́тали	спря́тали	пря́тали бы	спря́тали бы
ПРИЧАСТИЯ		ПОВЕЛИТЕЛЬНОЕ НАКЛОНЕНИЕ	
действительные		прячь пря́чьте	спрячь спря́чьте
наст. пря́чущий	—		
прош. пря́тавший	спря́тавший		
страдательные		ДЕЕПРИЧАСТИЯ	
наст. —	—	пря́ча	—
прош. —	спря́танный	—	спря́тав
кр. ф. —	спря́тан, -а, -о, -ы		

КЛЕВЕТА́ТЬ — ОКЛЕВЕТА́ТЬ

1. The stress is shifting.
2. There is an interchange of consonants at the end of the stem: **д : ж, з : ж, с : ш, т : ч, т : щ, ск : щ, ст : щ.**

несовершенный вид		*совершенный вид*	*несовершенный вид*	*совершенный вид*
ИЗЪЯВИТЕЛЬНОЕ НАКЛОНЕНИЕ				
настоящее время			*будущее сложное*	*будущее простое*
я клевещу́		—	бу́ду клевета́ть	оклевещу́
ты клеве́щешь			бу́дешь клевета́ть	оклеве́щешь
он клеве́щет			бу́дет клевета́ть	оклеве́щет
мы клеве́щем			бу́дем клевета́ть	оклеве́щем
вы клеве́щете			бу́дете клевета́ть	оклеве́щете
они́ клеве́щут			бу́дут клевета́ть	оклеве́щут
прошедшее время			СОСЛАГАТЕЛЬНОЕ НАКЛОНЕНИЕ	
я, ты, он	клевета́л	оклевета́л	клевета́л бы	оклевета́л бы
я, ты, она́	клевета́ла	оклевета́ла	клевета́ла бы	оклевета́ла бы
оно́	клевета́ло	оклевета́ло	клевета́ло бы	оклевета́ло бы
мы, вы, они́	клевета́ли	оклевета́ли	клевета́ли бы	оклевета́ли бы

ПРИЧАСТИЯ			ПОВЕЛИТЕЛЬНОЕ НАКЛОНЕНИЕ	
действительные			клевещи́ клевещи́те	оклевещи́ оклевещи́те
наст.	клеве́щущий	—		
прош.	клевета́вший	оклевета́вший		
страдательные			ДЕЕПРИЧАСТИЯ	
наст.	—	—	клевеща́	—
прош.	—	оклеве́танный	—	оклевета́в
кр. ф.	—	оклеве́тан, -а, -о, -ы		

Table No. 49

РЕ́ЗАТЬ — СРЕ́ЗАТЬ

несовершенный вид	совершенный вид	несовершенный вид	совершенный вид
ИЗЪЯВИТЕЛЬНОЕ НАКЛОНЕНИЕ			
настоящее время		*будущее сложное*	*будущее простое*
я ре́жу	—	бу́ду ре́зать	сре́жу
ты ре́жешь		бу́дешь ре́зать	сре́жешь
он ре́жет		бу́дет ре́зать	сре́жет
мы ре́жем		бу́дем ре́зать	сре́жем
вы ре́жете		бу́дете ре́зать	сре́жете
они́ ре́жут		бу́дут ре́зать	сре́жут
прошедшее время		**СОСЛАГАТЕЛЬНОЕ НАКЛОНЕНИЕ**	
я, ты, он } ре́зал	сре́зал	ре́зал бы	сре́зал бы
я, ты, она́ } ре́зала	сре́зала	ре́зала бы	сре́зала бы
оно́ ре́зало	сре́зало	ре́зало бы	сре́зало бы
мы, вы, они́ } ре́зали	сре́зали	ре́зали бы	сре́зали бы
ПРИЧАСТИЯ		**ПОВЕЛИТЕЛЬНОЕ НАКЛОНЕНИЕ**	
действительные		режь	срежь
		ре́жьте	сре́жьте
наст. ре́жущий	—		
прош. ре́завший	сре́завший		
страдательные		**ДЕЕПРИЧАСТИЯ**	
наст. —	—	—	—
прош. —	сре́занный	—	сре́зав
кр. ф. —	сре́зан, -а, -о, -ы		

Table No. 50

СЫ́ПАТЬ — НАСЫ́ПАТЬ

1. The stress is fixed on the stem.
2. There is an interchange of consonants at the end of the stem: **п : пл.**

несовершенный вид	*совершенный вид*	*несовершенный вид*	*совершенный вид*
ИЗЪЯВИТЕЛЬНОЕ НАКЛОНЕНИЕ			
настоящее время		*будущее сложное*	*будущее простое*
я сы́плю	—	бу́ду сы́пать	насы́плю
ты сы́плешь		бу́дешь сы́пать	насы́плешь
он сы́плет		бу́дет сы́пать	насы́плет
мы сы́плем		бу́дем сы́пать	насы́плем
вы сы́плете		бу́дете сы́пать	насы́плете
они́ сы́плют		бу́дут сы́пать	насы́плют
прошедшее время		СОСЛАГАТЕЛЬНОЕ НАКЛОНЕНИЕ	
я, ты, он сы́пал	насы́пал	сы́пал бы	насы́пал бы
я, ты, она́ сы́пала	насы́пала	сы́пала бы	насы́пала бы
оно́ сы́пало	насы́пало	сы́пало бы	насы́пало бы
мы, вы, они́ сы́пали	насы́пали	сы́пали бы	насы́пали бы
ПРИЧАСТИЯ		ПОВЕЛИТЕЛЬНОЕ НАКЛОНЕНИЕ	
действительные		сыпь	насы́пь
		сы́пьте	насы́пьте
наст. сы́плющий	—		
прош сы́павший	насы́павший		
страдательные		ДЕЕПРИЧАСТИЯ	
наст. —	—	сы́пля	—
прош. —	насы́панный	—	насы́пав
кр. ф. —	насы́пан, -а, -о, -ы		

Table No. 51

ТРЕПА́ТЬ — РАСТРЕПА́ТЬ

1. The stress is shifting.
2. There is an interchange of consonants at the end of the stem: **п : пл.**

несовершенный вид	*совершенный вид*	*несовершенный вид*	*совершенный вид*
ИЗЪЯВИТЕЛЬНОЕ НАКЛОНЕНИЕ			
настоящее время		*будущее сложное*	*будущее простое*
я треплю́	—	бу́ду трепа́ть	растреплю́
ты тре́плешь		бу́дешь трепа́ть	растре́плешь
он тре́плет		бу́дет трепа́ть	растре́плет
мы тре́плем		бу́дем трепа́ть	растре́плем
вы тре́плете		бу́дете трепа́ть	растре́плете
они́ тре́плют		бу́дут трепа́ть	растре́плют
прошедшее время		СОСЛАГАТЕЛЬНОЕ НАКЛОНЕНИЕ	
я, ты, он } трепа́л	растрепа́л	трепа́л бы	растрепа́л бы
я, ты, она́ } трепа́ла	растрепа́ла	трепа́ла бы	растрепа́ла бы
оно́ трепа́ло	растрепа́ло	трепа́ло бы	растрепа́ло бы
мы, вы, они́ } трепа́ли	растрепа́ли	трепа́ли бы	растрепа́ли бы
ПРИЧАСТИЯ		ПОВЕЛИТЕЛЬНОЕ НАКЛОНЕНИЕ	
действительные		трепли́	растрепли́
		трепли́те	растрепли́те
наст. тре́плющий	—		
прош. трепа́вший	растрепа́вший		
страдательные		ДЕЕПРИЧАСТИЯ	
наст. —	—	трепля́	—
прош. —	растрёпанный	—	растрепа́в
кр. ф. —	растрёпан, -а, -о, -ы		

Table No. 52

БЛЕСТЕ́ТЬ — ЗАБЛЕСТЕ́ТЬ

несовершенный вид	*совершенный вид*	*несовершенный вид*	*совершенный вид*
ИЗЪЯВИТЕЛЬНОЕ НАКЛОНЕНИЕ			
настоящее время		*будущее сложное*	*будущее простое*
я блещу́ ты бле́щешь он бле́щет мы бле́щем вы бле́щете они́ бле́щут	—	бу́ду блесте́ть бу́дешь блесте́ть бу́дет блесте́ть бу́дем блесте́ть бу́дете блесте́ть бу́дут блесте́ть	заблещу́ забле́щешь забле́щет забле́щем забле́щете забле́щут
прошедшее время		СОСЛАГАТЕЛЬНОЕ НАКЛОНЕНИЕ	
я, ты, он } блесте́л	заблесте́л	блесте́л бы	заблесте́л бы
я, ты, она́ } блесте́ла	заблесте́ла	блесте́ла бы	заблесте́ла бы
оно́ блесте́ло	заблесте́ло	блесте́ло бы	заблесте́ло бы
мы, вы, они́ } блесте́ли	заблесте́ли	блесте́ли бы	заблесте́ли бы
ПРИЧАСТИЯ		ПОВЕЛИТЕЛЬНОЕ НАКЛОНЕНИЕ	
действительные		блещи́ блещи́те	—
наст. бле́щущий	—		
прош. блесте́вший	заблесте́вший		
страдательные		ДЕЕПРИЧАСТИЯ	
наст. —	—	—	—
прош. —	—	—	заблесте́в
кр. ф. —	—		

Table No. 53

GROUP IV

РИСОВА́ТЬ — НАРИСОВА́ТЬ

несовершенный вид	*совершенный вид*	*несовершенный вид*	*совершенный вид*
ИЗЪЯВИТЕЛЬНОЕ НАКЛОНЕНИЕ			
настоящее время		*будущее сложное*	*будущее простое*
я рису́ю		бу́ду рисова́ть	нарису́ю
ты рису́ешь		бу́дешь рисова́ть	нарису́ешь
он рису́ет	—	бу́дет рисова́ть	нарису́ет
мы рису́ем		бу́дем рисова́ть	нарису́ем
вы рису́ете		бу́дете рисова́ть	нарису́ете
они́ рису́ют		бу́дут рисова́ть	нарису́ют
прошедшее время		СОСЛАГАТЕЛЬНОЕ НАКЛОНЕНИЕ	
я, ты, он } рисова́л	нарисова́л	рисова́л бы	нарисова́л бы
я, ты, она́ } рисова́ла	нарисова́ла	рисова́ла бы	нарисова́ла бы
оно́ рисова́ло	нарисова́ло	рисова́ло бы	нарисова́ло бы
мы, вы, они́ } рисова́ли	нарисова́ли	рисова́ли бы	нарисова́ли бы

ПРИЧАСТИЯ		
действительные		
наст.	рису́ющий	—
прош.	рисова́вший	нарисова́вший
страдательные		
наст.	—	—
прош.	—	нарисо́ванный
кр. ф.	—	нарисо́ван, -а, -о, -ы

ПОВЕЛИТЕЛЬНОЕ НАКЛОНЕНИЕ	
рису́й	нарису́й
рису́йте	нарису́йте

ДЕЕПРИЧАСТИЯ	
рису́я	—
—	нарисова́в

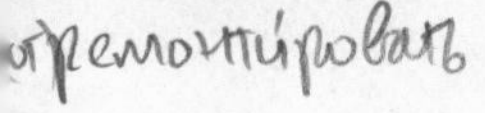

Table No. 54

ТРЕ́БОВАТЬ — ПОТРЕ́БОВАТЬ

несовершенный вид	*совершенный вид*	*несовершенный вид*	*совершенный вид*
ИЗЪЯВИТЕЛЬНОЕ НАКЛОНЕНИЕ			
настоящее время		*будущее сложное*	*будущее простое*
я тре́бую	—	бу́ду тре́бовать	потре́бую
ты тре́буешь		бу́дешь тре́бовать	потре́буешь
он тре́бует		бу́дет тре́бовать	потре́бует
мы тре́буем		бу́дем тре́бовать	потре́буем
вы тре́буете		бу́дете тре́бовать	потре́буете
они́ тре́буют		бу́дут тре́бовать	потре́буют
прошедшее время		СОСЛАГАТЕЛЬНОЕ НАКЛОНЕНИЕ	
я, ты, он } тре́бовал	потре́бовал	тре́бовал бы	потре́бовал бы
я, ты, она́ } тре́бовала	потре́бовала	тре́бовала бы	потре́бовала бы
оно́ тре́бовало	потре́бовало	тре́бовало бы	потре́бовало бы
мы, вы, они́ } тре́бовали	потре́бовали	тре́бовали бы	потре́бовали бы
ПРИЧАСТИЯ		ПОВЕЛИТЕЛЬНОЕ НАКЛОНЕНИЕ	
действительные		тре́буй	потре́буй
		тре́буйте	потре́буйте
наст. тре́бующий	—		
прош. тре́бовавший	потре́бовавший		
страдательные		ДЕЕПРИЧАСТИЯ	
наст. тре́буемый	—	тре́буя	—
прош. —	потре́бованный	—	потре́бовав
кр. ф. —	потре́бован, -а, -о, -ы		

GROUP V

ДАВА́ТЬ

несовершенный вид	
ИЗЪЯВИТЕЛЬНОЕ НАКЛОНЕНИЕ	
настоящее время	*будущее сложное*
я даю́ ты даёшь он даёт мы даём вы даёте они́ даю́т	бу́ду дава́ть бу́дешь дава́ть бу́дет дава́ть бу́дем дава́ть бу́дете дава́ть бу́дут дава́ть
прошедшее время	**СОСЛАГАТЕЛЬНОЕ НАКЛОНЕНИЕ**
я, ты, он } дава́л	дава́л бы
я, ты, она́ } дава́ла	дава́ла бы
оно́ дава́ло	дава́ло бы
мы, вы, они́ } дава́ли	дава́ли бы
ПРИЧАСТИЯ	**ПОВЕЛИТЕЛЬНОЕ НАКЛОНЕНИЕ**
действительные	дава́й дава́йте
наст. даю́щий *прош.* дава́вший	
страдательные	**ДЕЕПРИЧАСТИЯ**
наст. дава́емый *прош.* — *кр. ф.* —	дава́я —

СТАТЬ

совершенный вид

ИЗЪЯВИТЕЛЬНОЕ НАКЛОНЕНИЕ

настоящее время	*будущее простое*
—	я ста́ну ты ста́нешь он ста́нет мы ста́нем вы ста́нете они́ ста́нут

прошедшее время	СОСЛАГАТЕЛЬНОЕ НАКЛОНЕНИЕ
я, ты, он — стал	стал бы
я, ты, она́ — ста́ла	ста́ла бы
оно́ — ста́ло	ста́ло бы
мы, вы, они́ — ста́ли	ста́ли бы

ПРИЧАСТИЯ	ПОВЕЛИТЕЛЬНОЕ НАКЛОНЕНИЕ
действительные	стань ста́ньте
наст. —	
прош. ста́вший	

страдательные	ДЕЕПРИЧАСТИЯ
наст. —	—
прош. —	став
кр. ф. —	

ОДЕ́ТЬ

совершенный вид	
ИЗЪЯВИТЕЛЬНОЕ НАКЛОНЕНИЕ	
настоящее время	*будущее простое*
—	я оде́ну ты оде́нешь он оде́нет мы оде́нем вы оде́нете они́ оде́нут
прошедшее время	**СОСЛАГАТЕЛЬНОЕ НАКЛОНЕНИЕ**
я, ты, он — оде́л	оде́л бы
я, ты, она́ — оде́ла	оде́ла бы
оно́ — оде́ло	оде́ло бы
мы, вы, они́ — оде́ли	оде́ли бы
ПРИЧАСТИЯ	**ПОВЕЛИТЕЛЬНОЕ НАКЛОНЕНИЕ**
действительные	оде́нь оде́ньте
наст. —	
прош. оде́вший	
страдательные	**ДЕЕПРИЧАСТИЯ**
наст. —	—
прош. оде́тый	оде́в
кр. ф. оде́т, -а, -о, -ы	

СТЫТЬ — ОСТЫТЬ

несовершенный вид	*совершенный вид*	*несовершенный вид*	*совершенный вид*
ИЗЪЯВИТЕЛЬНОЕ НАКЛОНЕНИЕ			
настоящее время		*будущее сложное*	*будущее простое*
я сты́ну ты сты́нешь он сты́нет мы сты́нем вы сты́нете они́ сты́нут	—	бу́ду стыть бу́дешь стыть бу́дет стыть бу́дем стыть бу́дете стыть бу́дут стыть	осты́ну осты́нешь осты́нет осты́нем осты́нете осты́нут
прошедшее время		**СОСЛАГАТЕЛЬНОЕ НАКЛОНЕНИЕ**	
я, ты, он } стыл	осты́л	стыл бы	осты́л бы
я, ты, она́ } сты́ла	осты́ла	сты́ла бы	осты́ла бы
оно́ сты́ло	осты́ло	сты́ло бы	осты́ло бы
мы, вы, они́ } сты́ли	осты́ли	сты́ли бы	осты́ли бы
ПРИЧАСТИЯ		**ПОВЕЛИТЕЛЬНОЕ НАКЛОНЕНИЕ**	
действительные		стынь сты́ньте	осты́нь осты́ньте
наст. сты́нущий	—		
прош. сты́вший	осты́вший		
страдательные		**ДЕЕПРИЧАСТИЯ**	
наст. —	—	—	—
прош. —	—	—	осты́в
кр. ф. —	—		

Table No. 59

ЖИТЬ — ПРОЖИ́ТЬ

несовершенный вид	*совершенный вид*	*несовершенный вид*	*совершенный вид*
ИЗЪЯВИТЕЛЬНОЕ НАКЛОНЕНИЕ			
настоящее время		*будущее сложное*	*будущее простое*
я живу́	—	бу́ду жить	проживу́
ты живёшь		бу́дешь жить	проживёшь
он живёт		бу́дет жить	проживёт
мы живём		бу́дем жить	проживём
вы живёте		бу́дете жить	проживёте
они́ живу́т		бу́дут жить	проживу́т
прошедшее время		СОСЛАГАТЕЛЬНОЕ НАКЛОНЕНИЕ	
я, ты, он } жил	про́жил	жил бы	про́жил бы
я, ты, она́ } жила́	прожила́	жила́ бы	прожила́ бы
оно́ жи́ло	про́жило	жи́ло бы	про́жило бы
мы, вы, они́ } жи́ли	про́жили	жи́ли бы	про́жили бы
ПРИЧАСТИЯ		ПОВЕЛИТЕЛЬНОЕ НАКЛОНЕНИЕ	
действительные		живи́	проживи́
		живи́те	проживи́те
наст. живу́щий	—		
прош. жи́вший	прожи́вший		
страдательные		ДЕЕПРИЧАСТИЯ	
наст. —	—	живя́	—
прош. —	про́житый	—	прожи́в
кр. ф. —	про́жит, -а, -о, -ы		

МЯТЬ — ПОМЯ́ТЬ

несовершенный вид	*совершенный вид*	*несовершенный вид*	*совершенный вид*
ИЗЪЯВИТЕЛЬНОЕ НАКЛОНЕНИЕ			
настоящее время		*будущее сложное*	*будущее простое*
я мну ты мнёшь он мнёт мы мнём вы мнёте они́ мнут	—	бу́ду мять бу́дешь мять бу́дет мять бу́дем мять бу́дете мять бу́дут мять	помну́ помнёшь помнёт помнём помнёте помну́т
прошедшее время		СОСЛАГАТЕЛЬНОЕ НАКЛОНЕНИЕ	
я, ты, он } мял	помя́л	мял бы	помя́л бы
я, ты, она́ } мя́ла	помя́ла	мя́ла бы	помя́ла бы
оно́ мя́ло	помя́ло	мя́ло бы	помя́ло бы
мы, вы, они́ } мя́ли	помя́ли	мя́ли бы	помя́ли бы
ПРИЧАСТИЯ		ПОВЕЛИТЕЛЬНОЕ НАКЛОНЕНИЕ	
действительные		мни мни́те	помни́ помни́те
наст. мну́щий	—		
прош. мя́вший	помя́вший		
страдательные		ДЕЕПРИЧАСТИЯ	
наст. —	—	—	—
прош. —	помя́тый	—	помя́в
кр. ф. —	помя́т, -а, -о, -ы		

НАНА́ТЬ

совершенный вид

ИЗЪЯВИТЕЛЬНОЕ НАКЛОНЕНИЕ

настоящее время	*будущее простое*
—	я начну́ ты начнёшь он начнёт мы начнём вы начнёте они́ начну́т

прошедшее время	СОСЛАГАТЕЛЬНОЕ НАКЛОНЕНИЕ
я, ты, он — на́чал, начался́	на́чал бы, начался́ бы
я, ты, она́ — начала́, начала́сь	начала́ бы, начала́сь бы
оно́ — на́чало, начало́сь	на́чало бы, начало́сь бы
мы, вы, они́ — на́чали, начали́сь	на́чали бы, начали́сь бы

ПРИЧАСТИЯ

действительные

наст.	—
прош.	нача́вший

страдательные

наст.	—
прош.	на́чатый
кр. ф.	на́чат, начата́, на́чато, на́чаты

ПОВЕЛИТЕЛЬНОЕ НАКЛОНЕНИЕ

начни́
начни́те

ДЕЕПРИЧАСТИЯ

—
нача́в

ЖАТЬ — ПОЖА́ТЬ (ру́ку)

несовершенный вид	*совершенный вид*	*несовершенный вид*	*совершенный вид*
ИЗЪЯВИТЕЛЬНОЕ НАКЛОНЕНИЕ			
настоящее время		*будущее сложное*	*будущее простое*
я жму ты жмёшь он жмёт мы жмём вы жмёте они́ жмут	—	бу́ду жать бу́дешь жать бу́дет жать бу́дем жать бу́дете жать бу́дут жать	пожму́ пожмёшь пожмёт пожмём пожмёте пожму́т
прошедшее время		СОСЛАГАТЕЛЬНОЕ НАКЛОНЕНИЕ	
я, ты, он } жал	пожа́л	жал бы	пожа́л бы
я, ты, она́ } жа́ла	пожа́ла	жа́ла бы	пожа́ла бы
оно́ жа́ло	пожа́ло	жа́ло бы	пожа́ло бы
мы, вы, они́ } жа́ли	пожа́ли	жа́ли бы	пожа́ли бы
ПРИЧАСТИЯ		ПОВЕЛИТЕЛЬНОЕ НАКЛОНЕНИЕ	
действительные		жми жми́те	пожми́ пожми́те
наст. жму́щий	—		
прош. жа́вший	пожа́вший		
страдательные		ДЕЕПРИЧАСТИЯ	
наст. —	—	—	—
прош. —	пожа́тый	—	пожа́в
кр. ф. —	пожа́т, -а, -о, -ы		

БРИТЬ — ПОБРИ́ТЬ

несовершенный вид	*совершенный вид*	*несовершенный вид*	*совершенный вид*
ИЗЪЯВИТЕЛЬНОЕ НАКЛОНЕНИЕ			
настоящее время		*будущее сложное*	*будущее простое*
я бре́ю ты бре́ешь он бре́ет мы бре́ем вы бре́ете они́ бре́ют	—	бу́ду брить бу́дешь брить бу́дет брить бу́дем брить бу́дете брить бу́дут брить	побре́ю побре́ешь побре́ет побре́ем побре́ете побре́ют
прошедшее время		**СОСЛАГАТЕЛЬНОЕ НАКЛОНЕНИЕ**	
я, ты, он } брил	побри́л	брил бы	побри́л бы
я, ты, она́ } бри́ла	побри́ла	бри́ла бы	побри́ла бы
оно́ бри́ло	побри́ло	бри́ло бы	побри́ло бы
мы, вы, они́ } бри́ли	побри́ли	бри́ли бы	побри́ли бы

ПРИЧАСТИЯ			
действительные			
наст.	бре́ющий	—	
прош.	бри́вший	побри́вший	
страдательные			
наст.	—	—	
прош.	—	побри́тый	
кр. ф.	—	побри́т, -а, -о, -ы	

ПОВЕЛИТЕЛЬНОЕ НАКЛОНЕНИЕ	
брей бре́йте	побре́й побре́йте

ДЕЕПРИЧАСТИЯ	
бре́я	—
—	побри́в

Table No. 64

МЫТЬ — ПОМЫ́ТЬ

несовершенный вид	*совершенный вид*	*несовершенный вид*	*совершенный вид*
ИЗЪЯВИТЕЛЬНОЕ НАКЛОНЕНИЕ			
настоящее время		*будущее сложное*	*будущее простое*
я мо́ю	—	бу́ду мыть	помо́ю
ты мо́ешь		бу́дешь мыть	помо́ешь
он мо́ет		бу́дет мыть	помо́ет
мы мо́ем		бу́дем мыть	помо́ем
вы мо́ете		бу́дете мыть	помо́ете
они́ мо́ют		бу́дут мыть	помо́ют

прошедшее время			**СОСЛАГАТЕЛЬНОЕ НАКЛОНЕНИЕ**	
я, ты, он	мыл	помы́л	мыл бы	помы́л бы
я, ты, она́	мы́ла	помы́ла	мы́ла бы	помы́ла бы
оно́	мы́ло	помы́ло	мы́ло бы	помы́ло бы
мы, вы, они́	мы́ли	помы́ли	мы́ли бы	помы́ли бы

ПРИЧАСТИЯ			**ПОВЕЛИТЕЛЬНОЕ НАКЛОНЕНИЕ**	
действительные			мой	помо́й
			мо́йте	помо́йте
наст.	мо́ющий	—		
прош.	мы́вший	помы́вший		

страдательные			**ДЕЕПРИЧАСТИЯ**	
наст.	—	—	мо́я	—
прош.	—	помы́тый	—	помы́в
кр. ф.	—	помы́т, -а, -о, -ы		

Table No. 65

ПЕТЬ — СПЕТЬ

несовершенный вид	*совершенный вид*	*несовершенный вид*	*совершенный вид*
ИЗЪЯВИТЕЛЬНОЕ НАКЛОНЕНИЕ			
настоящее время		*будущее сложное*	*будущее простое*
я пою́ ты поёшь он поёт мы поём вы поёте они́ пою́т	—	бу́ду петь бу́дешь петь бу́дет петь бу́дем петь бу́дете петь бу́дут петь	спою́ споёшь споёт споём споёте спою́т
прошедшее время		СОСЛАГАТЕЛЬНОЕ НАКЛОНЕНИЕ	
я, ты, он } пел	спел	пел бы	спел бы
я, ты, она́ } пе́ла	спе́ла	пе́ла бы	спе́ла бы
оно́ пе́ло	спе́ло	пе́ло бы	спе́ло бы
мы, вы, они́ } пе́ли	спе́ли	пе́ли бы	спе́ли бы

ПРИЧАСТИЯ		
действительные		
наст.	пою́щий	—
прош.	пе́вший	спе́вший
страдательные		
наст.	—	—
прош.	—	спе́тый
кр. ф.	—	спет, -а, -о, -ы

ПОВЕЛИТЕЛЬНОЕ НАКЛОНЕНИЕ	
пой по́йте	спой спо́йте

ДЕЕПРИЧАСТИЯ	
—	—
—	спев

Table No. 66

ШИТЬ — ПРИШИ́ТЬ

несовершенный вид	*совершенный вид*	*несовершенный вид*	*совершенный вид*
ИЗЪЯВИТЕЛЬНОЕ НАКЛОНЕНИЕ			
настоящее время		*будущее сложное*	*будущее простое*
я шью ты шьёшь он шьёт мы шьём вы шьёте они́ шьют	—	бу́ду шить бу́дешь шить бу́дет шить бу́дем шить бу́дете шить бу́дут шить	пришью́ пришьёшь пришьёт пришьём пришьёте пришью́т
прошедшее время		СОСЛАГАТЕЛЬНОЕ НАКЛОНЕНИЕ	
я, ты, он } шил	приши́л	шил бы	приши́л бы
я, ты, она́ } ши́ла	приши́ла	ши́ла бы	приши́ла бы
оно́ ши́ло	приши́ло	ши́ло бы	приши́ло бы
мы, вы, они́ } ши́ли	приши́ли	ши́ли бы	приши́ли бы
ПРИЧАСТИЯ		ПОВЕЛИТЕЛЬНОЕ НАКЛОНЕНИЕ	
действительные		шей ше́йте	прише́й прише́йте
наст. шьющий	—		
прош. ши́вший	приши́вший		
страдательные		ДЕЕПРИЧАСТИЯ	
наст. —	—	—	—
прош. —	приши́тый	—	приши́в
кр. ф. —	приши́т, -о, -а, -ы		

МОЛО́ТЬ — СМОЛО́ТЬ

несовершенный вид	*совершенный вид*	*несовершенный вид*	*совершенный вид*
ИЗЪЯВИТЕЛЬНОЕ НАКЛОНЕНИЕ			
настоящее время		*будущее сложное*	*будущее простое*
я мелю́ ты ме́лешь он ме́лет мы ме́лем вы ме́лете они́ ме́лют	—	бу́ду моло́ть бу́дешь моло́ть бу́дет моло́ть бу́дем моло́ть бу́дете моло́ть бу́дут моло́ть	смелю́ сме́лешь сме́лет сме́лем сме́лете сме́лют

прошедшее время		**СОСЛАГАТЕЛЬНОЕ НАКЛОНЕНИЕ**	
я, ты, он — моло́л	смоло́л	моло́л бы	смоло́л бы
я, ты, она́ — моло́ла	смоло́ла	моло́ла бы	смоло́ла бы
оно́ — моло́ло	смоло́ло	моло́ло бы	смоло́ло бы
мы, вы, они́ — моло́ли	смоло́ли	моло́ли бы	смоло́ли бы

ПРИЧАСТИЯ			**ПОВЕЛИТЕЛЬНОЕ НАКЛОНЕНИЕ**	
действительные			мели́ мели́те	смели́ смели́те
наст.	ме́лющий	—		
прош.	моло́вший	смоло́вший		
страдательные			**ДЕЕПРИЧАСТИЯ**	
наст.	—	—	—	—
прош.	—	смо́лотый	—	смоло́в
кр. ф.	—	смо́лот, -а, -о, -ы		

Table No. 68

ТЕРЕ́ТЬ — ПОТЕРЕ́ТЬ

несовершенный вид	*совершенный вид*	*несовершенный вид*	*совершенный вид*
ИЗЪЯВИТЕЛЬНОЕ НАКЛОНЕНИЕ			
настоящее время		*будущее сложное*	*будущее простое*
я тру	—	бу́ду тере́ть	потру́
ты трёшь		бу́дешь тере́ть	потрёшь
он трёт		бу́дет тере́ть	потрёт
мы трём		бу́дем тере́ть	потрём
вы трёте		бу́дете тере́ть	потрёте
они́ трут		бу́дут тере́ть	потру́т
прошедшее время		**СОСЛАГАТЕЛЬНОЕ НАКЛОНЕНИЕ**	
я, ты, он } тёр	потёр	тёр бы	потёр бы
я, ты, она́ } тёрла	потёрла	тёрла бы	потёрла бы
оно́ тёрло	потёрло	тёрло бы	потёрло бы
мы, вы, они́ } тёрли	потёрли	тёрли бы	потёрли бы

ПРИЧАСТИЯ		
действительные		
наст.	тру́щий	—
прош.	тёрший	потёрший
страдательные		
наст.	—	—
прош.	—	потёртый
кр. ф.	—	потёрт, -а, -о, -ы

ПОВЕЛИТЕЛЬНОЕ НАКЛОНЕНИЕ	
три	потри́
три́те	потри́те

ДЕЕПРИЧАСТИЯ	
—	—
—	потере́в

БРАТЬ — СОБРА́ТЬ

несовершенный вид		*совершенный вид*	*несовершенный вид*	*совершенный вид*
ИЗЪЯВИТЕЛЬНОЕ НАКЛОНЕНИЕ				
настоящее время			*будущее сложное*	*будущее простое*
я беру́ ты берёшь он берёт мы берём вы берёте они́ беру́т		—	бу́ду брать бу́дешь брать бу́дет брать бу́дем брать бу́дете брать бу́дут брать	соберу́ соберёшь соберёт соберём соберёте соберу́т
прошедшее время			СОСЛАГАТЕЛЬНОЕ НАКЛОНЕНИЕ	
я, ты, он	бра́л(ся)	собра́л(ся)	бра́л(ся) бы	собра́л(ся) бы
я, ты, она́	брала́(сь)	собрала́(сь)	брала́(сь) бы	собрала́(сь) бы
оно́	бра́ло брало́сь	собра́ло собрало́сь	бра́ло бы брало́сь бы	собра́ло бы собрало́сь бы
мы, вы, они́	бра́ли брали́сь	собра́ли собрали́сь	бра́ли бы брали́сь бы	собра́ли бы собрали́сь бы
ПРИЧАСТИЯ			ПОВЕЛИТЕЛЬНОЕ НАКЛОНЕНИЕ	
действительные			бери́ бери́те	собери́ собери́те
наст.	беру́щий	—		
прош.	бра́вший	собра́вший		
страдательные			ДЕЕПРИЧАСТИЯ	
наст.	—	—	беря́	—
прош.	—	со́бранный	—	собра́в
кр. ф.	—	со́бран, -а, -о, -ы		

Table No. 70

СТЛАТЬ — ПОСТЛА́ТЬ

несовершенный вид	*совершенный вид*	*несовершенный вид*	*совершенный вид*
ИЗЪЯВИТЕЛЬНОЕ НАКЛОНЕНИЕ			
настоящее время		*будущее сложное*	*будущее простое*
я стелю́	—	бу́ду стлать	постелю́
ты сте́лешь		бу́дешь стлать	посте́лешь
он сте́лет		бу́дет стлать	посте́лет
мы сте́лем		бу́дем стлать	посте́лем
вы сте́лете		бу́дете стлать	посте́лете
они́ сте́лют		бу́дут стлать	посте́лют
прошедшее время		**СОСЛАГАТЕЛЬНОЕ НАКЛОНЕНИЕ**	
я, ты, он стлал	постла́л	стлал бы	постла́л бы
я, ты, она́ стла́ла	постла́ла	стла́ла бы	постла́ла бы
оно́ стла́ло	постла́ло	стла́ло бы	постла́ло бы
мы, вы, они́ стла́ли	постла́ли	стла́ли бы	постла́ли бы
ПРИЧАСТИЯ		**ПОВЕЛИТЕЛЬНОЕ НАКЛОНЕНИЕ**	
действительные		стели́	постели́
		стели́те	постели́те
наст. сте́лющий	—		
прош. стла́вший	постла́вший		
страдательные		**ДЕЕПРИЧАСТИЯ**	
наст. —	—	стеля́	—
прош. —	по́стланный	—	постла́в
кр. ф. —	по́стлан, -а, -о, -ы		

Table No. 71

ЗВАТЬ — ПОЗВА́ТЬ

несовершенный вид	*совершенный вид*	*несовершенный вид*	*совершенный вид*
ИЗЪЯВИТЕЛЬНОЕ НАКЛОНЕНИЕ			
настоящее время		*будущее сложное*	*будущее простое*
я зову́ ты зовёшь он зовёт мы зовём вы зовёте они́ зову́т	—	бу́ду звать бу́дешь звать бу́дет звать бу́дем звать бу́дете звать бу́дут звать	позову́ позовёшь позовёт позовём позовёте позову́т
прошедшее время		СОСЛАГАТЕЛЬНОЕ НАКЛОНЕНИЕ	
я, ты, он } зва́л(ся)	позва́л	зва́л(ся) бы	позва́л бы
я, ты, она́ } звала́(сь)	позвала́	звала́(сь) бы	позвала́ бы
оно́ зва́ло звало́сь	позва́ло	зва́ло бы звало́сь бы	позва́ло бы
мы, вы, они́ } зва́ли звали́сь	позва́ли	зва́ли бы звали́сь бы	позва́ли бы

ПРИЧАСТИЯ

действительные

наст.	зову́щий	—
прош.	зва́вший	позва́вший

страдательные

наст.	—	—
прош.	—	по́званный
кр. ф.	—	по́зван, -а, -о, -ы

ПОВЕЛИТЕЛЬНОЕ НАКЛОНЕНИЕ

зови́ зови́те	позови́ позови́те

ДЕЕПРИЧАСТИЯ

зовя́	—
—	позва́в

Table No. 72

ГНАТЬ — ДОГНА́ТЬ

несовершенный вид	*совершенный вид*	*несовершенный вид*	*совершенный вид*
ИЗЪЯВИТЕЛЬНОЕ НАКЛОНЕНИЕ			
настоящее время		*будущее сложное*	*будущее простое*
я гоню́	—	бу́ду гнать	догоню́
ты го́нишь		бу́дешь гнать	дого́нишь
он го́нит		бу́дет гнать	дого́нит
мы го́ним		бу́дем гнать	дого́ним
вы го́ните		бу́дете гнать	дого́ните
они́ го́нят		бу́дут гнать	дого́нят
прошедшее время		СОСЛАГАТЕЛЬНОЕ НАКЛОНЕНИЕ	
я ты } гна́л(ся) он	догна́л	гна́л(ся) бы	догна́л бы
я ты } гнала́(сь) она́	догнала́	гнала́(сь) бы	догнала́ бы
оно́ гна́ло гнало́сь	догпа́ло	гна́ло бы гнало́сь бы	догна́ло бы
мы вы } гна́ли они́ } гнали́сь	догна́ли	гна́ли бы гнали́сь бы	догна́ли бы
ПРИЧАСТИЯ		ПОВЕЛИТЕЛЬНОЕ НАКЛОНЕНИЕ	
действительные		гони́ гони́те	догони́ догони́те
наст. гоня́щий	—		
прош. гна́вший	догна́вший		
страдательные		ДЕЕПРИЧАСТИЯ	
наст. —	—	гоня́	—
прош. —	—	—	догна́в
кр. ф. —	—		

Table No. 73

СЛАТЬ — ПОСЛА́ТЬ

несовершенный вид	*совершенный вид*	*несовершенный вид*	*совершенный вид*
ИЗЪЯВИТЕЛЬНОЕ НАКЛОНЕНИЕ			
настоящее время		*будущее сложное*	*будущее простое*
я шлю ты шлёшь он шлёт мы шлём вы шлёте они́ шлют	—	бу́ду слать бу́дешь слать бу́дет слать бу́дем слать бу́дете слать бу́дут слать	пошлю́ пошлёшь пошлёт пошлём пошлёте пошлю́т
прошедшее время		**СОСЛАГАТЕЛЬНОЕ НАКЛОНЕНИЕ**	
я, ты, он } слал	посла́л	слал бы	посла́л бы
я, ты, она́ } сла́ла	посла́ла	сла́ла бы	посла́ла бы
оно́ сла́ло	посла́ло	сла́ло бы	посла́ло бы
мы, вы, они́ } сла́ли	посла́ли	сла́ли бы	посла́ли бы
ПРИЧАСТИЯ		**ПОВЕЛИТЕЛЬНОЕ НАКЛОНЕНИЕ**	
действительные		шли шли́те	пошли́ пошли́те
наст. шлющий	—		
прош. сла́вший	посла́вший		
страдательные		**ДЕЕПРИЧАСТИЯ**	
наст. —	—	—	—
прош. —	по́сланный	—	посла́в
кр. ф. —	по́слан, -а, -о, -ы		

ПОДНЯ́ТЬ

совершенный вид

ИЗЪЯВИТЕЛЬНОЕ НАКЛОНЕНИЕ

настоящее время	*будущее простое*
—	я подниму́ ты подни́мешь он подни́мет мы подни́мем вы подни́мете они́ подни́мут

прошедшее время		СОСЛАГАТЕЛЬНОЕ НАКЛОНЕНИЕ
я, ты, он	по́днял подня́лся	по́днял бы подня́лся бы
я, ты, она́	подняла́(сь)	подняла́(сь) бы
оно́	по́дняло подняло́сь	по́дняло бы подняло́сь бы
мы, вы, они́	по́дняли подняли́сь	по́дняли бы подняли́сь бы

ПРИЧАСТИЯ

действительные

наст.	—
прош.	подня́вший

страдательные

наст.	—
прош.	по́днятый
кр. ф.	по́днят, поднята́, по́днято, -ы

ПОВЕЛИТЕЛЬНОЕ НАКЛОНЕНИЕ

подними́
подними́те

ДЕЕПРИЧАСТИЯ

—
подня́в

ПРИНЯ́ТЬ

<table>
<tr><td colspan="2">совершенный вид</td></tr>
<tr><td colspan="2">ИЗЪЯВИТЕЛЬНОЕ НАКЛОНЕНИЕ</td></tr>
<tr><td>настоящее время</td><td>будущее простое</td></tr>
<tr><td>—</td><td>я приму́
ты при́мешь
он при́мет
мы при́мем
вы при́мете
они́ при́мут</td></tr>
<tr><td>прошедшее время</td><td>СОСЛАГАТЕЛЬНОЕ НАКЛОНЕНИЕ</td></tr>
<tr><td>я, ты, он } при́нял, принялся́
я, ты, она́ } приняла́(сь)
оно́ при́няло, приняло́сь
мы, вы, они́ } при́няли, приняли́сь</td><td>при́нял бы
принялся́ бы
приняла́(сь) бы
при́няло бы
приняло́сь бы
при́няли бы
приняли́сь бы</td></tr>
<tr><td>ПРИЧАСТИЯ</td><td>ПОВЕЛИТЕЛЬНОЕ НАКЛОНЕНИЕ</td></tr>
<tr><td>действительные
наст. —
прош. приня́вший</td><td>прими́
прими́те</td></tr>
<tr><td>страдательные</td><td>ДЕЕПРИЧАСТИЯ</td></tr>
<tr><td>наст. —
прош. при́нятый
кр. ф. при́нят, принята́, при́нято, -ы</td><td>—
приня́в</td></tr>
</table>

ПОНЯ́ТЬ

совершенный вид

ИЗЪЯВИТЕЛЬНОЕ НАКЛОНЕНИЕ

настоящее время	*будущее простое*
—	я пойму́ ты поймёшь он поймёт мы поймём вы поймёте они́ пойму́т

прошедшее время		СОСЛАГАТЕЛЬНОЕ НАКЛОНЕНИЕ
я, ты, он	по́нял	по́нял бы
я, ты, она́	поняла́	поняла́ бы
оно́	по́няло	по́няло бы
мы, вы, они́	по́няли	по́няли бы

ПРИЧАСТИЯ

действительные

наст.	—
прош.	поня́вший

страдательные

наст.	—
прош.	по́нятый
кр. ф.	по́нят, понята́, по́нято, -ы

ПОВЕЛИТЕЛЬНОЕ НАКЛОНЕНИЕ

поймѝ
пойми́те

ДЕЕПРИЧАСТИЯ

—

поня́в

ВЗЯТЬ

совершенный вид

ИЗЪЯВИТЕЛЬНОЕ НАКЛОНЕНИЕ

настоящее время	*будущее простое*
—	я возьму́ ты возьмёшь он возьмёт мы возьмём вы возьмёте они́ возьму́т

прошедшее время	СОСЛАГАТЕЛЬНОЕ НАКЛОНЕНИЕ
я, ты, он } взя́л(ся)	взя́л(ся) бы
я, ты, она́ } взяла́(сь)	взяла́(сь) бы
оно́ взя́ло взяло́сь	взя́ло бы взяло́сь бы
мы, вы, они́ } взя́ли взяли́сь	взя́ли бы взяли́сь бы

ПРИЧАСТИЯ		ПОВЕЛИТЕЛЬНОЕ НАКЛОНЕНИЕ
действительные		возьми́ возьми́те
наст.	—	
прош.	взя́вший	
страдательные		ДЕЕПРИЧАСТИЯ
наст.	—	—
прош.	взя́тый	взяв
кр. ф.	взят, взята́, взя́то, -ы	

Table No. 78

GROUP VI

КРАСТЬ—УКРА́СТЬ

несовершенный вид	*совершенный вид*	*несовершенный вид*	*совершенный вид*

ИЗЪЯВИТЕЛЬНОЕ НАКЛОНЕНИЕ

настоящее время		*будущее сложное*	*будущее простое*
я краду́	—	бу́ду красть	украду́
ты крадёшь		бу́дешь красть	украдёшь
он крадёт		бу́дет красть	украдёт
мы крадём		бу́дем красть	украдём
вы крадёте		бу́дете красть	украдёте
они́ краду́т		бу́дут красть	украду́т

прошедшее время			СОСЛАГАТЕЛЬНОЕ НАКЛОНЕНИЕ	
я, ты, он	крал	укра́л	крал бы	укра́л бы
я, ты, она́	кра́ла	укра́ла	кра́ла бы	укра́ла бы
оно́	кра́ло	укра́ло	кра́ло бы	укра́ло бы
мы, вы, они́	кра́ли	укра́ли	кра́ли бы	укра́ли бы

ПРИЧАСТИЯ

действительные		
наст.	кра́дущий	—
прош.	кра́вший	укра́вший

страдательные		
наст.	—	—
прош.	—	укра́денный
кр. ф.	—	укра́ден, -а, -о, -ы

ПОВЕЛИТЕЛЬНОЕ НАКЛОНЕНИЕ

несовершенный вид	*совершенный вид*
кради́	укради́
кради́те	укради́те

ДЕЕПРИЧАСТИЯ

несовершенный вид	*совершенный вид*
крадя́	—
—	укра́в

Table No. 79

ВЕСТИ́—ДОВЕСТИ́

ИЗЪЯВИТЕЛЬНОЕ НАКЛОНЕНИЕ

несовершенный вид	*совершенный вид*	*несовершенный вид*	*совершенный вид*
настоящее время		*будущее сложное*	*будущее простое*
я веду́	—	бу́ду вести́	доведу́
ты ведёшь		бу́дешь вести́	доведёшь
он ведёт		бу́дет вести́	доведёт
мы ведём		бу́дем вести́	доведём
вы ведёте		бу́дете вести́	доведёте
они́ веду́т		бу́дут вести́	доведу́т

прошедшее время / СОСЛАГАТЕЛЬНОЕ НАКЛОНЕНИЕ

	несовершенный вид	*совершенный вид*	*несовершенный вид*	*совершенный вид*
я, ты, он	вёл	довёл	вёл бы	довёл бы
я, ты, она́	вела́	довела́	вела́ бы	довела́ бы
оно́	вело́	довело́	вело́ бы	довело́ бы
мы, вы, они́	вели́	довели́	вели́ бы	довели́ бы

ПРИЧАСТИЯ

действительные

	несовершенный вид	*совершенный вид*
наст.	веду́щий	—
прош.	ве́дший	дове́дший

страдательные

	несовершенный вид	*совершенный вид*
наст.	ведо́мый	—
прош.	—	доведённый
кр. ф.	—	довед|ён, -ена́, -ено́, -ены́

ПОВЕЛИТЕЛЬНОЕ НАКЛОНЕНИЕ

несовершенный вид	*совершенный вид*
веди́	доведи́
веди́те	доведи́те

ДЕЕПРИЧАСТИЯ

несовершенный вид	*совершенный вид*
ведя́	—
—	доведя́

Table No. 80

МЕСТИ́—ПОДМЕСТИ́

несовершенный вид	*совершенный вид*	*несовершенный вид*	*совершенный вид*
ИЗЪЯВИТЕЛЬНОЕ НАКЛОНЕНИЕ			
настоящее время		*будущее сложное*	*будущее простое*
я мету́	—	бу́ду мести́	подмету́
ты метёшь		бу́дешь мести́	подметёшь
он метёт		бу́дет мести́	подметёт
мы метём		бу́дем мести́	подметём
вы метёте		бу́дете мести́	подметёте
они́ мету́т		бу́дут мести́	подмету́т
прошедшее время		**СОСЛАГАТЕЛЬНОЕ НАКЛОНЕНИЕ**	
я / ты / он мёл	подмёл	мёл бы	подмёл бы
я / ты / она́ мела́	подмела́	мела́ бы	подмела́ бы
оно́ мело́	подмело́	мело́ бы	подмело́ бы
мы / вы / они́ мели́	подмели́	мели́ бы	подмели́ бы
ПРИЧАСТИЯ		**ПОВЕЛИТЕЛЬНОЕ НАКЛОНЕНИЕ**	
действительные		мети́	подмети́
		мети́те	подмети́те
наст. мету́щий	—		
прош. —	—		
страдательные		**ДЕЕПРИЧАСТИЯ**	
наст. —	—	метя́	—
прош. —	подметённый	—	подметя́
кр. ф. —	подмет | ён, -ена́, -ено́, -ены́		

КЛЯСТЬ — ПРОКЛЯ́СТЬ

несовершенный вид	*совершенный вид*	*несовершенный вид*	*совершенный вид*
ИЗЪЯВИТЕЛЬНОЕ НАКЛОНЕНИЕ			
настоящее время		*будущее сложное*	*будущее простое*
я кляну́ ты клянёшь он клянёт мы клянём вы клянёте они́ кляну́т	—	бу́ду клясть бу́дешь клясть бу́дет клясть бу́дем клясть бу́дете клясть бу́дут клясть	прокляну́ проклянёшь проклянёт проклянём проклянёте прокляну́т
прошедшее время		**СОСЛАГАТЕЛЬНОЕ НАКЛОНЕНИЕ**	
я, ты, он } клял	про́клял	клял бы	про́клял бы
я, ты, она́ } кляла́	прокляла́	кляла́ бы	прокляла́ бы
оно́ кля́ло	про́кляло	кля́ло бы	про́кляло бы
мы, вы, они́ } кля́ли	про́кляли	кля́ли бы	про́кляли бы
ПРИЧАСТИЯ		**ПОВЕЛИТЕЛЬНОЕ НАКЛОНЕНИЕ**	
действительные		кляни́ кляни́те	прокляни́ прокляни́те
наст. кляну́щий	—		
прош. кля́вший	прокля́вший		
страдательные		**ДЕЕПРИЧАСТИЯ**	
наст. —	—	кляня́	—
прош. —	про́клятый	—	прокля́в
кр. ф. —	про́клят, прокля-та́, про́клято, -ы		

Table No. 82

ГРЕСТИ́ — СГРЕСТИ́

несовершенный вид	*совершенный вид*	*несовершенный вид*	*совершенный вид*
ИЗЪЯВИТЕЛЬНОЕ НАКЛОНЕНИЕ			
настоящее время		*будущее сложное*	*будущее простое*
я гребу́ ты гребёшь он гребёт мы гребём вы гребёте они́ гребу́т	—	бу́ду грести́ бу́дешь грести́ бу́дет грести́ бу́дем грести́ бу́дете грести́ бу́дут грести́	сгребу́ сгребёшь сгребёт сгребём сгребёте сгребу́т
прошедшее время		**СОСЛАГАТЕЛЬНОЕ НАКЛОНЕНИЕ**	
я, ты, он } грёб	сгрёб	грёб бы	сгрёб бы
я, ты, она́ } гребла́	сгребла́	гребла́ бы	сгребла́ бы
оно́ гребло́	сгребло́	гребло́ бы	сгребло́ бы
мы, вы, они́ } гребли́	сгребли́	гребли́ бы	сгребли́ бы
ПРИЧАСТИЯ		**ПОВЕЛИТЕЛЬНОЕ НАКЛОНЕНИЕ**	
действительные		греби́ греби́те	сгреби́ сгреби́те
наст. гребу́щий	—		
прош. грёбший	сгрёбший		
страдательные		**ДЕЕПРИЧАСТИЯ**	
наст. —	—	гребя́	—
прош. —	сгребённый	—	сгребя́
кр. ф. —	сгреб | ён, -ена́, -ено́, -ены́		

ПРОЧЕ́СТЬ

совершенный вид

ИЗЪЯВИТЕЛЬНОЕ НАКЛОНЕНИЕ

настоящее время	*будущее простое*
—	я прочту́ ты прочтёшь он прочтёт мы прочтём вы прочтёте они́ прочту́т

прошедшее время	СОСЛАГАТЕЛЬНОЕ НАКЛОНЕНИЕ
я, ты, он } прочёл	прочёл бы
я, ты, она́ } прочла́	прочла́ бы
оно́ прочло́	прочло́ бы
мы, вы, они́ } прочли́	прочли́ бы

ПРИЧАСТИЯ		ПОВЕЛИТЕЛЬНОЕ НАКЛОНЕНИЕ
действительные		прочти́ прочти́те
наст.	—	
прош.	—	

ПРИЧАСТИЯ		ДЕЕПРИЧАСТИЯ
страдательные		
наст.	—	— прочтя́
прош.	прочтённый	
кр. ф.	прочт | ён, -ена́, -ено́, -ены́	

Table No. 84

РАСТИ́ — ПОДРАСТИ́

несовершенный вид	*совершенный вид*	*несовершенный вид*	*совершенный вид*
ИЗЪЯВИТЕЛЬНОЕ НАКЛОНЕНИЕ			
настоящее время		*будущее сложное*	*будущее простое*
я расту́ ты растёшь он растёт мы растём вы растёте они́ расту́т	—	бу́ду расти́ бу́дешь расти́ бу́дет расти́ бу́дем расти́ бу́дете расти́ бу́дут расти́	подрасту́ подрастёшь подрастёт подрастём подрастёте подрасту́т
прошедшее время		СОСЛАГАТЕЛЬНОЕ НАКЛОНЕНИЕ	
я, ты, он } рос	подро́с	рос бы	подро́с бы
я, ты, она́ } росла́	подросла́	росла́ бы	подросла́ бы
оно́ росло́	подросло́	росло́ бы	подросло́ бы
мы, вы, они́ } росли́	подросли́	росли́ бы	подросли́ бы
ПРИЧАСТИЯ		ПОВЕЛИТЕЛЬНОЕ НАКЛОНЕНИЕ	
действительные		расти́ расти́те	подрасти́ подрасти́те
наст. расту́щий	—		
прош. ро́сший	подро́сший		
страдательные		ДЕЕПРИЧАСТИЯ	
наст —	—	—	—
прош. —	—	—	подро́сши
кр. ф. —	—		

СЕСТЬ

совершенный вид	
ИЗЪЯВИТЕЛЬНОЕ НАКЛОНЕНИЕ	
настоящее время	*будущее простое*
—	я ся́ду ты ся́дешь он ся́дет мы ся́дем вы ся́дете они́ ся́дут
прошедшее время	СОСЛАГАТЕЛЬНОЕ НАКЛОНЕНИЕ
я, ты, он } сел	сел бы
я, ты, она́ } се́ла	се́ла бы
оно́ се́ло	се́ло бы
мы, вы, они́ } се́ли	се́ли бы
ПРИЧАСТИЯ	ПОВЕЛИТЕЛЬНОЕ НАКЛОНЕНИЕ
действительные	сядь ся́дьте
наст. — *прош.* се́вший	
страдательные	ДЕЕПРИЧАСТИЯ
наст. —	—
прош. —	сев
кр. ф. —	

GROUP VII

ПЕЧЬ — ИСПЕ́ЧЬ

несовершенный вид		*совершенный вид*	*несовершенный вид*	*совершенный вид*
ИЗЪЯВИТЕЛЬНОЕ НАКЛОНЕНИЕ				
настоящее время			*будущее сложное*	*будущее простое*
я пеку́ ты печёшь он печёт мы печём вы печёте они́ пеку́т		—	бу́ду печь бу́дешь печь бу́дет печь бу́дем печь бу́дете печь бу́дут печь	испеку́ испечёшь испечёт испечём испечёте испеку́т
прошедшее время			СОСЛАГАТЕЛЬНОЕ НАКЛОНЕНИЕ	
я, ты, он	пёк	испёк	пёк бы	испёк бы
я, ты, она́	пекла́	испекла́	пекла́ бы	испекла́ бы
оно́	пекло́	испекло́	пекло́ бы	испекло́ бы
мы, вы, они́	пекли́	испекли́	пекли́ бы	испекли́ бы
ПРИЧАСТИЯ			ПОВЕЛИТЕЛЬНОЕ НАКЛОНЕНИЕ	
действительные			пеки́ пеки́те	испеки́ испеки́те
наст.	пеку́щий	—		
прош.	пёкший	испёкший		
страдательные			ДЕЕПРИЧАСТИЯ	
наст.	—	—	—	—
прош.	—	испечённый	—	—
кр. ф.	—	испеч|ён, -ена́, -ено́, -ены́		

Table No. 87

ТОЛО́ЧЬ — ИСТОЛО́ЧЬ

несовершенный вид	*совершенный вид*	*несовершенный вид*	*совершенный вид*
ИЗЪЯВИТЕЛЬНОЕ НАКЛОНЕНИЕ			
настоящее время		*будущее сложное*	*будущее простое*
я толку́ ты толчёшь он толчёт мы толчём вы толчёте они́ толку́т	—	бу́ду толо́чь бу́дешь толо́чь бу́дет толо́чь бу́дем толо́чь бу́дете толо́чь бу́дут толо́чь	истолку́ истолчёшь истолчёт истолчём истолчёте истолку́т
прошедшее время		СОСЛАГАТЕЛЬНОЕ НАКЛОНЕНИЕ	
я, ты, он } толо́к	истоло́к	толо́к бы	истоло́к бы
я, ты, она́ } толкла́	истолкла́	толкла́ бы	истолкла́ бы
оно́ толкло́	истолкло́	толкло́ бы	истолкло́ бы
мы, вы, они́ } толкли́	истолкли́	толкли́ бы	истолкли́ бы
ПРИЧАСТИЯ		ПОВЕЛИТЕЛЬНОЕ НАКЛОНЕНИЕ	
действительные		толки́ толки́те	истолки́ истолки́те
наст. толку́щий	—		
прош. —	—		
страдательные		ДЕЕПРИЧАСТИЯ	
наст. —	—	—	—
прош. —	истолчённый	—	—
кр. ф. —	истолч|ён, -ена́, -ено́, -ены́		

СТРИЧЬ — ПОСТРИЧЬ

несовершенный вид	*совершенный вид*	*несовершенный вид*	*совершенный вид*
ИЗЪЯВИТЕЛЬНОЕ НАКЛОНЕНИЕ			
настоящее время		*будущее сложное*	*будущее простое*
я стригу́ ты стрижёшь он стрижёт мы стрижём вы стрижёте они́ стригу́т	—	бу́ду стричь бу́дешь стричь бу́дет стричь бу́дем стричь бу́дете стричь бу́дут стричь	постригу́ пострижёшь пострижёт пострижём пострижёте постригу́т
прошедшее время		СОСЛАГАТЕЛЬНОЕ НАКЛОНЕНИЕ	
я, ты, он — стриг	постри́г	стриг бы	постри́г бы
я, ты, она́ — стри́гла	постри́гла	стри́гла бы	постри́гла бы
оно́ — стри́гло	постри́гло	стри́гло бы	постри́гло бы
мы, вы, они́ — стри́гли	постри́гли	стри́гли бы	постри́гли бы
ПРИЧАСТИЯ		ПОВЕЛИТЕЛЬНОЕ НАКЛОНЕНИЕ	
действительные		стриги́ стриги́те	постриги́ постриги́те
наст. стригу́щий	—		
прош. стри́гший	постри́гший		
страдательные		ДЕЕПРИЧАСТИЯ	
наст. —	—	—	—
прош. —	постри́женный	—	постри́гши
кр. ф. —	постри́жен, -а, -о, -ы		

Table No. 89

МОЧЬ — ПОМО́ЧЬ

несовершенный вид	*совершенный вид*	*несовершенный вид*	*совершенный вид*
ИЗЪЯВИТЕЛЬНОЕ НАКЛОНЕНИЕ			
настоящее время		*будущее сложное*	*будущее простое*
я могу́ ты мо́жешь он мо́жет мы мо́жем вы мо́жете они́ мо́гут	—	бу́ду мочь бу́дешь мочь бу́дет мочь бу́дем мочь бу́дете мочь бу́дут мочь	помогу́ помо́жешь помо́жет помо́жем помо́жете помо́гут
прошедшее время		СОСЛАГАТЕЛЬНОЕ НАКЛОНЕНИЕ	
я, ты, он } мог	помо́г	мог бы	помо́г бы
я, ты, она́ } могла́	помогла́	могла́ бы	помогла́ бы
оно́ могло́	помогло́	могло́ бы	помогло́ бы
мы, вы, они́ } могли́	помогли́	могли́ бы	помогли́ бы
ПРИЧАСТИЯ		ПОВЕЛИТЕЛЬНОЕ НАКЛОНЕНИЕ	
действительные		—	помоги́ помоги́те
наст. мо́гущий *прош.* мо́гший	— помо́гший		
страдательные		ДЕЕПРИЧАСТИЯ	
наст. — *прош.* — *кр. ф.* —	— — —	— —	— —

Table No. 90

ЖЕЧЬ — ЗАЖЕ́ЧЬ

несовершенный вид	*совершенный вид*	*несовершенный вид*	*совершенный вид*
ИЗЪЯВИТЕЛЬНОЕ НАКЛОНЕНИЕ			
настоящее время		*будущее сложное*	*будущее простое*
я жгу ты жжёшь он жжёт мы жжём вы жжёте они́ жгут	—	бу́ду жечь бу́дешь жечь бу́дет жечь бу́дем жечь бу́дете жечь бу́дут жечь	зажгу́ зажжёшь зажжёт зажжём зажжёте зажгу́т
прошедшее время		**СОСЛАГАТЕЛЬНОЕ НАКЛОНЕНИЕ**	
я, ты, он } жёг	зажёг	жёг бы	зажёг бы
я, ты, она́ } жгла	зажгла́	жгла бы	зажгла́ бы
оно́ жгло	зажгло́	жгло бы	зажгло́ бы
мы, вы, они́ } жгли	зажгли́	жгли бы	зажгли́ бы
ПРИЧАСТИЯ		**ПОВЕЛИТЕЛЬНОЕ НАКЛОНЕНИЕ**	
действительные		жги жги́те	зажги́ зажги́те
наст. жгу́щий	—		
прош. жёгший	зажёгший		
страдательные		**ДЕЕПРИЧАСТИЯ**	
наст. —	—	—	—
прош. —	зажжённый	—	зажёгши
кр. ф. —	зажж|ён, -ена́, -ено́, -ены́		

ЛЕЧЬ

совершенный вид	
ИЗЪЯВИТЕЛЬНОЕ НАКЛОНЕНИЕ	
настоящее время	*будущее простое*
—	я ля́гу ты ля́жешь он ля́жет мы ля́жем вы ля́жете они́ ля́гут
прошедшее время	**СОСЛАГАТЕЛЬНОЕ НАКЛОНЕНИЕ**
я, ты, он } лёг	лёг бы
я, ты, она́ } легла́	легла́ бы
оно́ легло́	легло́ бы
мы, вы, они́ } легли́	легли́ бы
ПРИЧАСТИЯ	**ПОВЕЛИТЕЛЬНОЕ НАКЛОНЕНИЕ**
действительные	ляг ля́гте
наст. — *прош.* лёгший	
страдательные	**ДЕЕПРИЧАСТИЯ**
наст. — *прош.* — *кр. ф.* —	— —

IRREGULAR VERBS

Е́ХАТЬ — ПОЕ́ХАТЬ

несовершенный вид	*совершенный вид*	*несовершенный вид*	*совершенный вид*
ИЗЪЯВИТЕЛЬНОЕ НАКЛОНЕНИЕ			
настоящее время		*будущее сложное*	*будущее простое*
я е́ду	—	бу́ду е́хать	пое́ду
ты е́дешь		бу́дешь е́хать	пое́дешь
он е́дет		бу́дет е́хать	пое́дет
мы е́дем		бу́дем е́хать	пое́дем
вы е́дете		бу́дете е́хать	пое́дете
они́ е́дут		бу́дут е́хать	пое́дут

прошедшее время		СОСЛАГАТЕЛЬНОЕ НАКЛОНЕНИЕ	
я, ты, он } е́хал	пое́хал	е́хал бы	пое́хал бы
я, ты, она́ } е́хала	пое́хала	е́хала бы	пое́хала бы
оно́ е́хало	пое́хало	е́хало бы	пое́хало бы
мы, вы, они́ } е́хали	пое́хали	е́хали бы	пое́хали бы

ПРИЧАСТИЯ

	несовершенный вид	*совершенный вид*
действительные		
наст.	е́дущий	—
прош.	е́хавший	пое́хавший
страдательные		
наст.	—	—
прош.	—	—
кр. ф.	—	—

ПОВЕЛИТЕЛЬНОЕ НАКЛОНЕНИЕ

поезжа́й
поезжа́йте

ДЕЕПРИЧАСТИЯ

несовершенный вид	*совершенный вид*
—	—
—	пое́хав

БЫТЬ — ЗАБЫТЬ

несовершенный вид	*совершенный вид*	*несовершенный вид*	*совершенный вид*
ИЗЪЯВИТЕЛЬНОЕ НАКЛОНЕНИЕ			
настоящее время		*будущее сложное*	*будущее простое*
The same form for all persons and numbers есть.	—	я бу́ду ты бу́дешь он бу́дет мы бу́дем вы бу́дете они́ бу́дут	забу́ду забу́дешь забу́дет забу́дем забу́дете забу́дут
прошедшее время		**СОСЛАГАТЕЛЬНОЕ НАКЛОНЕНИЕ**	
я, ты, он — был	забы́л	был бы	забы́л бы
я, ты, она́ — была́	забы́ла	была́ бы	забы́ла бы
оно́ — бы́ло	забы́ло	бы́ло бы	забы́ло бы
мы, вы, они́ — бы́ли	забы́ли	бы́ли бы	забы́ли бы
ПРИЧАСТИЯ		**ПОВЕЛИТЕЛЬНОЕ НАКЛОНЕНИЕ**	
действительные		будь бу́дьте	забу́дь забу́дьте
наст. —	—		
прош. бы́вший	забы́вший		
страдательные		**ДЕЕПРИЧАСТИЯ**	
наст. —	—	—	—
прош. —	забы́тый	—	забы́в
кр. ф. —	забы́т, -а, -о, -ы		

ИДТИ́ — ПРОЙТИ́

несовершенный вид	*совершенный вид*	*несовершенный вид*	*совершенный вид*
ИЗЪЯВИТЕЛЬНОЕ НАКЛОНЕНИЕ			
настоящее время		*будущее сложное*	*будущее простое*
я иду́ ты идёшь он идёт мы идём вы идёте они́ иду́т	—	бу́ду идти́ бу́дешь идти́ бу́дет идти́ бу́дем идти́ бу́дете идти́ бу́дут идти́	пройду́ пройдёшь пройдёт пройдём пройдёте пройду́т
прошедшее время		**СОСЛАГАТЕЛЬНОЕ НАКЛОНЕНИЕ**	
я, ты, он } шёл	прошёл	шёл бы	прошёл бы
я, ты, она́ } шла	прошла́	шла бы	прошла́ бы
оно́ шло	прошло́	шло бы	прошло́ бы
мы, вы, они́ } шли	прошли́	шли бы	прошли́ бы
ПРИЧАСТИЯ		**ПОВЕЛИТЕЛЬНОЕ НАКЛОНЕНИЕ**	
действительные		иди́ иди́те	пройди́ пройди́те
наст. иду́щий	—		
прош. ше́дший	проше́дший		
страдательные		**ДЕЕПРИЧАСТИЯ**	
наст. —	—	идя́	—
прош. —	про́йденный	—	пройдя́
кр. ф. —	про́йден, -а, -о, -ы		

ЛГАТЬ — ОБОЛГА́ТЬ

несовершенный вид	*совершенный вид*	*несовершенный вид*	*совершенный вид*
ИЗЪЯВИТЕЛЬНОЕ НАКЛОНЕНИЕ			
настоящее время		*будущее сложное*	*будущее простое*
я лгу ты лжёшь он лжёт мы лжём вы лжёте они́ лгут	—	бу́ду лгать бу́дешь лгать бу́дет лгать бу́дем лгать бу́дете лгать бу́дут лгать	оболгу́ оболжёшь оболжёт оболжём оболжёте оболгу́т
прошедшее время		**СОСЛАГАТЕЛЬНОЕ НАКЛОНЕНИЕ**	
я, ты, он } лгал	оболга́л	лгал бы	оболга́л бы
я, ты, она́ } лгала́	оболгала́	лгала́ бы	оболгала́ бы
оно́ лга́ло	оболга́ло	лга́ло бы	оболга́ло бы
мы, вы, они́ } лга́ли	оболга́ли	лга́ли бы	оболга́ли бы
ПРИЧАСТИЯ		**ПОВЕЛИТЕЛЬНОЕ НАКЛОНЕНИЕ**	
действительные		лги лги́те	оболги́ оболги́те
наст. лгу́щий	—		
прош. лга́вший	оболга́вший		
страдательные		**ДЕЕПРИЧАСТИЯ**	
наст —	—	—	
прош. —	обо́лганный	—	оболга́в
кр.ф. —	обо́лган, -а, -о, -ы		

БЕЖА́ТЬ — ПОБЕЖА́ТЬ

несовершенный вид	*совершенный вид*	*несовершенный вид*	*совершенный вид*
ИЗЪЯВИТЕЛЬНОЕ НАКЛОНЕНИЕ			
настоящее время		*будущее сложное*	*будущее простое*
я бегу́ ты бежи́шь он бежи́т мы бежи́м вы бежи́те они́ бегу́т	—	бу́ду бежа́ть бу́дешь бежа́ть бу́дет бежа́ть бу́дем бежа́ть бу́дете бежа́ть бу́дут бежа́ть	побегу́ побежи́шь побежи́т побежи́м побежи́те побегу́т
прошедшее время		СОСЛАГАТЕЛЬНОЕ НАКЛОНЕНИЕ	
я, ты, он } бежа́л	побежа́л	бежа́л бы	побежа́л бы
я, ты, она́ } бежа́ла	побежа́ла	бежа́ла бы	побежа́ла бы
оно́ бежа́ло	побежа́ло	бежа́ло бы	побежа́ло бы
мы, вы, они́ } бежа́ли	побежа́ли	бежа́ли бы	побежа́ли бы
ПРИЧАСТИЯ		ПОВЕЛИТЕЛЬНОЕ НАКЛОНЕНИЕ	
действительные		беги́ беги́те	побеги́ побеги́те
наст. бегу́щий	—		
прош. бежа́вший	побежа́вший		
страдательные		ДЕЕПРИЧАСТИЯ	
наст. —	—	—	—
прош. —	—	—	побежа́в
кр. ф. —	—		

ХОТЕ́ТЬ — ЗАХОТЕ́ТЬ

несовершенный вид	*совершенный вид*	*несовершенный вид*	*совершенный вид*
ИЗЪЯВИТЕЛЬНОЕ НАКЛОНЕНИЕ			
настоящее время		*будущее сложное*	*будущее простое*
я хочу́ ты хо́чешь он хо́чет мы хоти́м вы хоти́те они́ хотя́т	—	бу́ду хоте́ть бу́дешь хоте́ть бу́дет хоте́ть бу́дем хоте́ть бу́дете хоте́ть бу́дут хоте́ть	захочу́ захо́чешь захо́чет захоти́м захоти́те захотя́т
прошедшее время		**СОСЛАГАТЕЛЬНОЕ НАКЛОНЕНИЕ**	
я, ты, он } хоте́л	захоте́л	хоте́л бы	захоте́л бы
я, ты, она́ } хоте́ла	захоте́ла	хоте́ла бы	захоте́ла бы
оно́ хоте́ло	захоте́ло	хоте́ло бы	захоте́ло бы
мы, вы, они́ } хоте́ли	захоте́ли	хоте́ли бы	захоте́ли бы

ПРИЧАСТИЯ		
действительные		
наст.	—	—
прош.	хоте́вший	захоте́вший
страдательные		
наст.	—	—
прош.	—	—
кр. ф.	—	—

ПОВЕЛИТЕЛЬНОЕ НАКЛОНЕНИЕ	
—	

ДЕЕПРИЧАСТИЯ	
—	—
—	захоте́в

ДАТЬ

совершенный вид	
ИЗЪЯВИТЕЛЬНОЕ НАКЛОНЕНИЕ	
настоящее время	*будущее простое*
—	я дам ты дашь он даст мы дади́м вы дади́те они́ даду́т
прошедшее время	**СОСЛАГАТЕЛЬНОЕ НАКЛОНЕНИЕ**
я, ты, он } да́л(ся)	да́л(ся) бы
я, ты, она́ } дала́(сь)	дала́(сь) бы
оно́ да́ло дало́сь	да́ло бы дало́сь бы
мы, вы, они́ } да́ли дали́сь	да́ли бы дали́сь бы
ПРИЧАСТИЯ	**ПОВЕЛИТЕЛЬНОЕ НАКЛОНЕНИЕ**
действительные	дай да́йте
наст. — *прош.* да́вший	
страдательные	**ДЕЕПРИЧАСТИЯ**
наст. — *прош.* да́нный *кр. ф.* дан, -а́, -о́, -ы́	— дав

ЕСТЬ—СЪЕСТЬ

несовершенный вид		*совершенный вид*	*несовершенный вид*	*совершенный вид*
ИЗЪЯВИТЕЛЬНОЕ НАКЛОНЕНИЕ				
настоящее время			*будущее сложное*	*будущее простое*
я ем ты ешь он ест мы еди́м вы еди́те они́ едя́т		—	бу́ду есть бу́дешь есть бу́дет есть бу́дем есть бу́дете есть бу́дут есть	съем съешь съест съеди́м съеди́те съедя́т
прошедшее время			**СОСЛАГАТЕЛЬНОЕ НАКЛОНЕНИЕ**	
я, ты, он	ел	съел	ел бы	съел бы
я, ты, она́	е́ла	съе́ла	е́ла бы	съе́ла бы
оно́	е́ло	съе́ло	е́ло бы	съе́ло бы
мы, вы, они́	е́ли	съе́ли	е́ли бы	съе́ли бы
ПРИЧАСТИЯ			**ПОВЕЛИТЕЛЬНОЕ НАКЛОНЕНИЕ**	
действительные			ешь е́шьте	съешь съе́шьте
наст.	—	—		
прош.	е́вший	съе́вший		
страдательные			**ДЕЕПРИЧАСТИЯ**	
наст.	—	—	—	—
прош.	—	съе́денный	—	съев
кр. ф.	—	съе́ден, -а, -о, -ы		

Table No. 100

СТЕЛИ́ТЬ — ПОСТЕЛИ́ТЬ[1]

несовершенный вид	*совершенный вид*	*несовершенный вид*	*совершенный вид*
ИЗЪЯВИТЕЛЬНОЕ НАКЛОНЕНИЕ			
настоящее время		*будущее сложное*	*будущее простое*
я стелю́ ты сте́лешь он сте́лет мы сте́лем вы сте́лете они́ сте́лют	—	бу́ду стели́ть бу́дешь стели́ть бу́дет стели́ть бу́дем стели́ть бу́дете стели́ть бу́дут стели́ть	постелю́ посте́лешь посте́лет посте́лем посте́лете посте́лют
прошедшее время		**СОСЛАГАТЕЛЬНОЕ НАКЛОНЕНИЕ**	
я, ты, он } стели́л	постели́л	стели́л бы	постели́л бы
я, ты, она́ } стели́ла	постели́ла	стели́ла бы	постели́ла бы
оно́ стели́ло	постели́ло	стели́ло бы	постели́ло бы
мы, вы, они́ } стели́ли	постели́ли	стели́ли бы	постели́ли бы
ПРИЧАСТИЯ		**ПОВЕЛИТЕЛЬНОЕ НАКЛОНЕНИЕ**	
действительные		стели́ стели́те	постели́ постели́те
наст. сте́лющий	—		
прош. стели́вший	постели́вший		
страдательные		**ДЕЕПРИЧАСТИЯ**	
наст. —	—	стеля́	—
прош. —	посте́ленный	—	постели́в
кр. ф. —	посте́лен, -а, -о, -ы		

[1] This type of verb belongs to Group III.

Table No. 101

VERBS WITH THE PARTICLE *-ся*

Verbs with the particle *-ся* are conjugated in the same way as verbs without *-ся*. This table gives but a pattern of changes which *-ся* undergoes in various verb forms.

ПРОЩА́ТЬСЯ — ПРОСТИ́ТЬСЯ

несовершенный вид	*совершенный вид*	*несовершенный вид*	*совершенный вид*
ИЗЪЯВИТЕЛЬНОЕ НАКЛОНЕНИЕ			
настоящее время		*будущее сложное*	*будущее простое*
я проща́юсь ты проща́ешься он проща́ется мы проща́емся вы проща́етесь они́ проща́ются	—	бу́ду проща́ться бу́дешь проща́ться бу́дет проща́ться бу́дем проща́ться бу́дете проща́ться бу́дут проща́ться	прощу́сь прости́шься прости́тся прости́мся прости́тесь простя́тся
прошедшее время		СОСЛАГАТЕЛЬНОЕ НАКЛОНЕНИЕ	
я, ты, он } проща́лся	прости́лся	проща́лся бы	прости́лся бы
я, ты, она́ } проща́лась	прости́лась	проща́лась бы	прости́лась бы
оно́ проща́лось	прости́лось	проща́лось бы	прости́лось бы
мы, вы, они́ } проща́лись	прости́лись	проща́лись бы	прости́лись бы
ПРИЧАСТИЯ		ПОВЕЛИТЕЛЬНОЕ НАКЛОНЕНИЕ	
действительные		проща́йся проща́йтесь	прости́сь прости́тесь
наст. проща́ющийся	—		
прош. проща́вшийся	прости́вшийся		
страдательные		ДЕЕПРИЧАСТИЯ	
наст. —	—	проща́ясь	—
прош. —	—	—	прости́вшись
кр. ф. —	—		

ALPHABETICAL LIST OF COMMON VERBS

This List includes all the commonest verbs. Each verb has a number of labels.

I. The aspect (imperfective or perfective) of each verb is shown. If the verbs of an aspect pair come one after the other in alphabetic order, they are bracketed together. Example:

{То́пать *нес.*
{То́пнуть *сов.*

If the verbs of an aspect pair do not come one after the other in alphabetic order, they are given twice in the List, the second verb of a pair being indented.

Довезти́ *сов.*
  довози́ть *нес.*
Дове́рить *нес.*

. . . .

Довози́ть *нес.*
  довезти́ *сов.*

If the perfective verb of an aspect pair differs from its imperfective counterpart by a prefix this prefix is printed in bold-face type; to obtain the imperfective verb, the prefix must be dropped.

Написа́ть *сов.*

In such cases, the imperfective verb will be found in its alphabetic place.

Verbs used as both imperfective and perfective are labelled *нес.*, *сов.*

Атакова́ть *нес.*, *сов.*, *п.*

II. Verbs which may have the reflexive form are followed by the particle *-ся* in parentheses.

Воспи́тывать(ся)

III. Transitive verbs are labelled *п.*

Де́лать *нес.*, *п.*

Verbs which may have the reflexive form are generally transitive, and in this case the label *п.* is dispensed with, the particle *-ся* in parentheses clearly showing that they are transitive.

Развяза́ть(ся) *сов.*
Развя́зывать(ся) *нес.*

This means that the verbs *развяза́ть* and *развя́зывать* are transitive and, consequently, they may have participles passive. Transitive verbs which do not have participles passive are marked *.

Обволо́чь*(ся) *сов.*, $3^{е}$ *л.*
Проспряга́ть* *сов.*, *п.*

This means that no participles passive can be formed from the transitive verbs *обволо́чь* and *проспрягáть*.

If a verb having no *-ся* is intransitive, this is stated in a footnote.

IV. For Group II and III verbs with an interchange of consonants at the end of the stem, the interchanging consonants are given.

Кра́сить(ся) *нес.*, **с : ш**

V. Verbs used only in the third person are labelled *3ᵉ л.*

Разбры́згаться *сов.*, *3ᵉ л.*

VI. The number after the labels refers to the table giving the pattern according to which the verb is conjugated.

Разме́рить *сов.*, *п.* 9

This means that all the forms of the verb *разме́рить* are obtained in the same manner as those of the verb *поджáрить* given in Table No. 9.

Some verbs have two numbers, which means that they may follow either of two conjugation patterns.

Блесте́ть *нес.*, **ст : щ** 27, 52

VII. All perfective verbs with the prefix *вы-* have fixed stress on this prefix, all the forms being obtained in the same manner as those of verbs without this prefix. Therefore, perfective verbs ending in *-ить* and having interchanging consonants belong to the same pattern as imperfective verbs without the prefix *вы-*, although they differ in the type of stress.

VIII. Verbs with peculiarities other than those dealt with in the table, are provided with explanations in footnotes.

Main explanations:

1. The verb prefixes *в-*, *вз-*, *о-*, *об-*, *от-*, *раз-*, *с-*, *под-* may take or drop vowels or take consonants in some of the verb forms. In the footnotes, those forms are given in which the prefixes are different from those of the infinitive, the first person singular alone being supplied for the present/simple future, since the prefix for all the other persons is the same as for the first person singular.

обже́чь: обожгу́, обожги́, обожжённый

This means that the simple future, the imperative and the participle passive have the prefix *обо-*.

2. A number of verbs having the suffix *-ева-* in the infinitive take the suffix *-ю-* in the present/simple future. The first person singular of such verbs is given.

клева́ть: клюю́

Abbreviations used in the List

нес. — несовершенный вид
сов. — совершенный вид
п. — переходный
3ᵉ л. — третье лицо
безл. — безличный

А, а

Абони́ровать(ся) *нес., сов.* 54
Абстраги́ровать(ся) *нес.,сов.* 54
Аванси́ровать *нес., сов., п.* 54
Автоматизи́ровать(ся) *нес., сов.* 54
Агити́ровать *нес., п.* 54
  сагити́ровать *сов., п.* 54
Администри́ровать *нес.* 54
Адресова́ть(ся) *нес., сов.* 53
Акклиматизи́ровать(ся) *нес., сов.* 54
Аккомпани́ровать *нес.* 54
Аккредитова́ть *нес., сов., п.* 53
Активизи́ровать(ся) *нес., сов.* 54
Акценти́ровать *нес., сов.* 54
Але́ть(ся) *нес., 3ᵉ л.* 3
Американизи́ровать *нес., сов., п.* 54
Амнисти́ровать *нес., сов., п.* 54
Амортизи́ровать *нес., сов., п.* 54
Ампути́ровать *нес., сов., п.* 54
Анализи́ровать *нес., сов., п.* 54
  проанализи́ровать *сов., п.* 54
Анатоми́ровать *нес., сов., п.* 54
Ангажи́ровать *нес., сов., п.* 54
Аннекси́ровать *нес., сов., п.* 54
Анноти́ровать *нес., сов., п.* 54
Аннули́ровать *нес., сов., п.* 54
Анонси́ровать *нес., сов., п.* 54
Апелли́ровать *нес., сов.* 54
Аплоди́ровать *нес.* 54
Апроби́ровать *нес., сов., п.* 54
Аргументи́ровать *нес., сов., п.* 54
Арендова́ть *нес., сов., п.* 53
{Арестова́ть *сов., п.* 53
{Аресто́вывать *нес., п.* 1
Арка́нить *нес., п.* 9
  заарка́нить *сов., п.* 9
Арта́читься *нес.* 9
  заарта́читься *сов.* 9
Ассигнова́ть *нес., сов., п.* 53
Ассимили́ровать(ся) *нес., сов.* 54
Ассоции́ровать(ся) *нес., сов.* 54
Асфальти́ровать *нес., сов., п.* 54
  заасфальти́ровать *сов., п.* 54
Атакова́ть *нес., сов., п.* 53
Атрофи́роваться *нес., сов., 3ᵉ л.* 54
Аттестова́ть *нес., сов., п.* 53
{Ау́кать*(ся) *нес.* 1
{Ау́кнуть *сов.* 40
Ау́кнуться *сов., 3ᵉ л.* 40
{Ахать *нес.* 1
{Ахнуть *сов.* 40

Б, б

{Баба́хать*(ся) *нес.* 1
{Баба́хнуть*(ся) *сов.* 40
Багрове́ть *нес.* 3
  побагрове́ть *сов.* 3
Бази́ровать(ся) *нес.* 54
Балагу́рить *нес.* 9
Баламу́тить *нес., п.*, т : ч 10
  взбаламу́тить *сов., п.*, т : ч 10
Баланси́ровать *нес.* 54
  сбаланси́ровать *сов.* 54
Баллоти́роваться *нес.* 54

Балова́ть *нес., п.* 53
избалова́ть *сов., п.* 53
Балова́ться *нес.* 53
Бальзами́ровать *нес., п.* 54
забальзами́ровать *сов., п.* 54
набальзами́ровать *сов., п.* 54
Бараба́нить *нес.* 9
Бара́хтаться *нес.* 1
Баррикади́ровать(ся) *нес.* 54
забаррикади́ровать(ся) *сов.* 54
Баси́ть *нес.*, **с : ш** 14
Бастова́ть *нес.* 53
забастова́ть *сов.* 53
Батра́чить *нес.* 9
Баю́кать *нес., п.* 1
убаю́кать *сов., п.* 1
Бе́гать *нес.* 1
Бедне́ть *нес.* 3
обедне́ть *сов.* 3
Бедоку́рить *нес.* 9
набедоку́рить *сов.* 9
Бе́дствовать *нес.* 54
Бежа́ть *нес.* 96
Безде́йствовать *нес.* 54
Безде́льничать *нес.* 1
Безмо́лвствовать *нес.* 54
Безобра́зничать *нес.* 1
набезобра́зничать *сов.* 1
Безу́мствовать *нес.* 54
Беле́ть *нес.* 3
побеле́ть *сов.* 3
Беле́ться *нес.*, $3^е$ *л.* 3
Бели́ть *нес., п.* 13, 16
побели́ть[1] *сов., п.* 13, 16
Береди́ть *нес., п.*, **д : ж** 14
разбереди́ть *сов., п.*, **д : ж** 14
Бере́менеть *нес.* 3
забере́менеть *сов.* 3
Бере́чь(ся) *нес.* 88
Бесе́довать *нес.* 54
побесе́довать *сов.* 54
Беси́ть(ся) *нес.*, **с : ш** 17
взбеси́ть[2](ся) *сов.*, **с : ш** 17
Бесchallenge

Беснова́ться *нес.* 53
Беспоко́ить[3](ся) *нес.* 19
побеспоко́ить(ся) *сов.* 19
Бесче́стить *нес., п.*, **ст : щ** 10
обесче́стить *сов., п.*, **ст : щ** 10
Бесчи́нствовать *нес.* 54
Бетони́ровать *нес., п.* 54
забетони́ровать *сов., п.* 54
Бинтова́ть(ся) *нес.* 53
забинтова́ть(ся) *сов.* 53
Биси́ровать *нес., сов.* 54
Бить *нес., п.* 66
поби́ть *сов., п.* 66
Би́ть(ся) *нес.* 66
разби́ть(ся)[4] *сов.* 66
Бичева́ть *нес., п.* 53
Благоволи́ть *нес.* 13
Благогове́ть *нес.* 3
Благодари́ть *нес., п.* 13
поблагодари́ть *сов., п.* 13
Благоде́нствовать *нес.* 54
Благоду́шествовать *нес.* 54
Благоприя́тствовать *нес.* 54
Благослови́ть *сов., п.*, **в : вл** 15
Благословля́ть *нес., п.* 2
Благоустра́ивать *нес., п.* 1
Благоустро́ить *сов., п.* 19
Благоуха́ть *нес.* 1
Блаже́нствовать *нес.* 54
Бледне́ть *нес.* 3
побледне́ть *сов.* 3
Блёкнуть *нес.* 43
поблёкнуть *сов.* 43
Блесну́ть *сов.* 39
Блесте́ть *нес.*, **ст : щ** 27, 52
Бли́зиться *нес.*, $3^е$ *л.* 10
Блиста́ть *нес.* 1
Блоки́ровать *нес., сов., п.* 54
Блужда́ть *нес.* 1
Блюсти́ *нес., п.* 79
соблюсти́ *сов., п.* 79
Богате́ть *нес.* 3
разбогате́ть *сов.* 3

---

[1] побелённый
[2] взбешённый
[3] беспоко́имый
[4] разобью́(сь)

Боготвори́ть[1] *нес., п.*	13
Богоху́льствовать *нес.*	54
Бода́ть(ся) *нес.*	1
забода́ть *сов., п.*	1
Боднýть* *сов., п.*	39
Бодри́ться *нес.*	13
Бо́дрствовать *нес.*	54
Божи́ться *нес.*	13
побожи́ться *сов.*	13
Бойкоти́ровать *нес., п.*	54
Боле́ть[2] *нес.*	3
Боле́ть[3] *нес., 3^е л.*	25
Болта́ть(ся) *нес.*	1
Бомбардирова́ть *нес., п.*	53
Бомби́ть *нес., п.,* б : бл	15
Бормота́ть *нес., п.,* т : ч	48
Борозди́ть *нес., п.,* д : ж	14
изборозди́ть[4] *сов., п.,* д : ж : жд	14
Борони́ть *нес., п.*	13
взборони́ть *сов., п.*	13
заборони́ть *сов., п.*	13
Боронова́ть *нес., п.*	53
Боро́ться *нес.*	38
Боя́ться *нес.*	20
Брави́ровать *нес.*	54
Бра́жничать *нес.*	1
Бракова́ть *нес., п.*	53
забракова́ть *сов., п.*	53
Брани́ть *нес., п.*	13
вы́бранить *сов., п.*	13
Брани́ться *нес.*	13
побрани́ться *сов.*	13
Брата́ться *нес.*	1
побрата́ться *сов.*	1
Бра́ть(ся) *нес.*	69
взя́ть(ся) *сов.*	77
Бре́дить *нес.,* д : ж	10
Бре́згать *нес.*	1
побре́згать *сов.*	1
побре́зговать *сов.*	54
Бре́зжить[5](ся) *нес., 3^е л.*	12
Бренча́ть *нес.*	22
Брести́ *нес.*	79
Бреха́ть *нес.,* х : ш	46
Бри́ть(ся) *нес.*	63
побри́ть(ся) *сов.*	63
Броди́ть *нес.,* д : ж	17
Бродя́жничать *нес.*	1
Брони́ровать *нес., п.*	54
заброни́ровать *сов., п.*	54
{Броса́ть(ся) *нес.*	1
{Бро́сить(ся) *сов.,* с : ш	10
Брошюрова́ть *нес., п.*	53
сброшюрова́ть *сов., п.*	53
{Бры́згать*(ся) *нес.*	1
{Бры́знуть *сов.*	40
{Брыка́ть[5](ся) *нес.*	1
{Брыкнýть[5](ся) *сов.*	39
Брюзжа́ть *нес.*	22
{Бря́кать[5](ся) *нес.*	1
{Бря́кнуть[5](ся) *сов.*	40
Бряца́ть *нес.*	1
Бубни́ть *нес.*	13
Буди́ть *нес., п.,* д : ж	17
разбуди́ть *сов., п.,* д : ж	17
Будора́жить(ся) *нес.*	9
взбудора́жить(ся) *сов.*	9
Бузи́ть[6] *нес.*	14
Бу́йствовать *нес.*	54
Букси́ровать *нес., п.*	54
{Бултыха́ть*(ся) *нес.*	1
{Булты́хнуть*(ся) *сов.*	39
{Бу́лькать *нес.*	1
{Бу́лькнуть *сов.*	40
Бунтова́ть *нес.*	53
Бура́вить *нес., п.,* в : вл	11
пробура́вить *сов., п.,* в : вл	11
Буре́ть *нес., 3^е л.*	3
побуре́ть *сов., 3^е л.*	3
Бури́ть *нес., п.*	13
пробури́ть *сов., п.*	13
{Бу́ркать *нес., п.*	1
{Бу́ркнуть* *сов., п.*	40

---

[1] боготвори́мый
[2] of a person
[3] of parts of body
[4] изборождённый
[5] Intransitive.
[6] 1st person singular not used.

Бурла́чить *нес.* 9
Бурли́ть *нес.* 13
Бурча́ть *нес.* 22
{Бу́хать*(ся) *нес.* 1
{Бу́хнуть*(ся) *сов.* 43
Бушева́ть *нес.* 53
Буя́нить *нес.* 9
Быва́ть *нес.* 1
Бытова́ть *нес.*, *3^е л.* 53
Быть *нес.* 93

В, в

Ва́жничать *нес.* 1
Вала́ндаться *нес.* 1
Вали́ть(ся) *нес.* 16
повали́ть(ся) *сов.* 16
свали́ть(ся) *сов.* 16
Вальси́ровать *нес.* 54
Валя́ть[1] *нес.*, *п.* 2
Валя́ть *нес.*, *п.* 2
сваля́ть *сов.*, *п.* 2
Валя́ться *нес.* 2
Вари́ть(ся) *нес.* 16
свари́ть(ся) *сов.* 16
Варьи́ровать *нес.*, *п.* 54
Варьи́роваться *нес.*, *3^е л.* 54
Вая́ть *нес.*, *п.* 2
извая́ть *сов.*, *п.* 2
{Вбега́ть *нес.* 1
{Вбежа́ть *сов.* 96
{Вбива́ть *нес.*, *п.* 1
{Вбить[2] *сов.*, *п.* 66
Вбира́ть *нес.*, *п.* 1
вобра́ть[3] *сов.*, *п.* 69
{Вва́ливаться *нес.* 1
{Ввали́ться *сов.* 16
Ввезти́ *сов.*, *п.* 6
ввози́ть *нес.*, *п.*, **з : ж** 17
{Вверга́ть(ся) *нес.* 1
{Вве́ргнуть(ся) *сов.* 44
Вве́рить(ся) *сов.* 9
вверя́ть(ся) *нес.* 2
{Ввернуть *сов.*, *п.* 39
{Ввёртывать *нес.*, *п.* 1
Вверя́ть(ся) *нес.* 2
вве́рить(ся) *сов.* 9
Ввести́ *сов.*, *п.* 79
вводи́ть[4] *нес.*, *п.*, **д : ж** 17
{Ввинти́ть *сов.*, *п.*, **т : ч** 14
{Вви́нчивать *нес.*, *п.* 1
Вводи́ть[4] *нес.*, *п.*, **д : ж** 17
ввести́ *сов.*, *п.* 79
Ввози́ть[5] *нес.*, *п.*, **з : ж** 17
ввезти́ *сов.*, *п.* 6
{Ввяза́ть(ся) *сов.*, **з : ж** 46
{Ввя́зывать(ся) *нес.* 1
Вгиба́ть(ся) *нес.* 1
вогну́ть(ся) *сов.* 39
{Вгляде́ться *сов.*, **д : ж** 27
{Вгля́дываться *нес.* 1
Вгоня́ть *нес.*, *п.* 2
вогна́ть[6] *сов.*, *п.* 72
{Вгрыза́ться *нес.* 1
{Вгры́зться *сов.* 7
Вдава́ться *нес.* 55
вда́ться *сов.* 98
{Вдави́ть *сов.*, *п.*, **в : вл** 18
{Вда́вливать *нес.*, *п.* 1
Вда́лбливать *нес.*, *п.* 1
вдолби́ть *сов.*, *п.*, **б : бл** 15
Вда́ться *сов.* 98
вдава́ться *нес.* 55
{Вдвига́ть *нес.*, *п.* 1
{Вдви́нуть *сов.*, *п.* 41
Вдева́ть *нес.*, *п.* 1
вдеть *сов.*, *п.* 57
{Вде́лать *сов.*, *п.* 1
{Вде́лывать *нес.*, *п.* 1
{Вдёргивать *нес.*, *п.* 1
{Вдёрнуть *сов.*, *п.* 40

---

[1] to turn over, to roll
[2] вобью
[3] вберу́; вбери́
[4] вводи́мый
[5] ввози́мый
[6] вгоню́; вгони́

Вдеть *сов.*, *п.* 57
вдева́ть *нес.*, *п.* 1
Вдове́ть *нес.* 3
овдове́ть *сов.* 3
Вдолби́ть *сов.*, *п.*, **б : бл** 15
вда́лбливать *нес.*, *п.* 1
{Вдохнови́ть(ся) *сов.*, **в : вл** 15
{Вдохновля́ть(ся) *нес.* 2
Вдохну́ть *сов.*, *п.* 39
вдыха́ть *нес.*, *п.* 1
Вдува́ть *нес.*, *п.* 1
вду́нуть *сов.*, *п.* 41
вдуть *сов.*, *п.* 4
{Вду́маться *сов.* 1
{Вду́мываться *нес.* 1
Вду́нуть *сов.*, *п.* 41
вдува́ть *нес.*, *п.* 1
вдуть *сов.*, *п.* 4
Вдуть *сов.*, *п.* 4
вдува́ть *нес.*, *п.* 1
вду́нуть *сов.*, *п.* 41
Вдыха́ть *нес.*, *п.* 1
вдохну́ть* *сов.*, *п.* 39
Ве́дать *нес.* 1
Везти́ *нес.*, *п.* 6
Везти́ *нес.*, *безл.* 6
повезти́ *сов.*, *безл.* 6
Векова́ть[1] *нес.* —
Веле́ть[2] *сов.*, *нес.* 25
Великоду́шничать *нес.* 1
Велича́ть *нес.*, *п.* 1
Вентили́ровать *нес.*, *п.* 54
провентили́ровать *сов.*, *п.* 54
Венча́ть(ся) *нес.* 1
обвенча́ть(ся) *сов.* 1
повенча́ть(ся) *сов.* 1
Вербова́ть *нес.*, *п.* 53
завербова́ть *сов.*, *п.* 53
Верещáть *нес.* 22
Ве́рить *нес.* 9
пове́рить *сов.* 9
Ве́риться *нес.*, *безл.* 9

Верну́ть(ся) *сов.* 39
возвраща́ть(ся) *нес.* 1
Ве́ровать *нес.* 54
Верте́ть(ся) *нес.*, **т : ч** 31
Верхово́дить *нес.*, **д : ж** 10
Верши́ть *нес.*, *п.* 13
Весели́ть(ся) *нес.* 13
развесели́ть(ся) *сов.* 13
Ве́сить[3] *нес.*, **с : ш** 10
Вести́ *нес.*, *п.* 79
Вести́сь *нес.*, *3е л.* 79
Ветви́ться *нес.*, *3е л.* 15
Ветша́ть *нес.* 1
обветша́ть *сов.* 1
Вечере́ть *нес.*, *безл.* 3
Ве́шать *нес.*, *п.* 1
све́шать *сов.*, *п.* 1
Ве́шать(ся) *нес.* 1
пове́сить(ся) *сов.*, **с : ш** 10
Ве́ять *нес.*, *п.* 35
пове́ять *сов.*, *п.* 35
прове́ять *сов.*, *п.* 35
{Вжива́ться *нес.* 1
{Вжи́ться *сов.* 59
Взаимоде́йствовать *нес.* 54
Взба́дривать(ся) *нес.* 1
взбодри́ть(ся) *сов.* 13
{Взбаламу́тить *сов.*, *п.*, **т : ч** 10
{Взбаламу́чивать *нес.*, *п.* 1
Взба́лтывать *нес.*, *п.* 1
взболта́ть *сов.*, *п.* 1
{Взбега́ть *нес.* 1
{Взбежа́ть *сов.* 96
Взбелени́ть*(ся) *сов.* 13
Взбеси́ть[4](ся) *сов.*, **с : ш** 17
Взбива́ть *нес.*, *п.* 1
взбить[5] *сов.*, *п.* 66
Взбира́ться *нес.* 1
взобра́ться[6] *сов.* 69
Взбить[5] *сов.*, *п.* 66
взбива́ть *нес.*, *п.* 1

---

[1] Only infinitive used.
[2] Perfective in past tense only.
[3] Imperative not used.
[4] взбешённый
[5] взобью́
[6] взберу́сь; взбери́сь

Взбодри́ть(ся) *сов.* 13
взба́дривать(ся) *нес.* 1
Взболта́ть *сов., п.* 1
взба́лтывать *нес., п.* 1
Взборони́ть *сов., п.* 13
{Взбреда́ть *нес.* 1
{Взбрести́ *сов.* 79
{Взбудора́живать(ся) *нес.* 1
{Взбудора́жить(ся) *сов.* 9
Взбунтова́ть(ся) *сов.* 53
{Взбуха́ть *нес.* 1
{Взбу́хнуть *сов.* 43
{Взва́ливать *нес., п.* 1
{Взвали́ть *сов., п.* 16
Взве́сить(ся) *сов.,* **с : ш** 10
взве́шивать(ся) *нес.* 1
Взвести́ *сов., п.* 79
взводи́ть[1] *нес., п.,* **д : ж** 17
Взве́шивать(ся) *нес.* 1
взве́сить(ся) *сов.,* **с : ш** 10
Взвива́ть(ся) *нес.* 1
взви́ть(ся)[2] *сов.* 66
{Взви́згивать *нес.* 1
{Взви́згнуть *сов.* 40
{Взвинти́ть[3] *сов., п.,* **т : ч** 14
{Взви́нчивать *нес., п.* 1
Взви́ть(ся)[4] *сов.* 66
взвива́ть(ся) *нес.* 1
Взвихри́ться *сов., 3[е] л.* 13
Взводи́ть[1] *нес., п.,* **д : ж** 17
взвести́ *сов., п.* 79
Взволнова́ть(ся) *сов.* 53
Взвыть *сов.* 64
{Взгля́дывать *нес.* 1
{Взгляну́ть *сов.* 42
Взгреть *сов., п.* 3
{Взгроможда́ть(ся) *нес.* 1
{Взгромозди́ть[5](ся) *сов.,* **д : ж : жд** 14
Взгрустну́ть *сов.* 39
Взгрустну́ться *сов., безл.* 39
{Вздёргивать *нес., п.* 1
{Вздёрнуть *сов., п.* 40

Вздо́рить *нес.* 9
повздо́рить *сов.* 9
Вздохну́ть *сов.* 39
Вздыха́ть *нес.* 1
Вздра́гивать *нес.* 1
вздро́гнуть *сов.* 40
Вздремну́ть *сов.* 39
Вздро́гнуть *сов.* 40
вздра́гивать *нес.* 1
Вздува́ть *нес., п.* 1
вздуть *сов., п.* 4
Вздува́ться *нес., 3[е] л.* 1
взду́ться *сов., 3[е] л.* 4
Взду́мать *сов.* 1
Взду́маться *сов., безл.* 1
Вздуть *сов., п.* 4
вздува́ть *нес., п.* 1
Взду́ться *сов., 3[е] л.* 4
вздува́ться *нес., 3[е] л.* 1
Вздыха́ть *нес.* 1
вздохну́ть *сов.* 39
Взима́ть *нес., п.* 1
Взира́ть *нес.* 1
Взла́мывать *нес., п.* 1
взлома́ть *сов., п.* 1
Взлеле́ять *сов., п.* 35
{Взлета́ть *нес.* 1
{Взлете́ть *сов.,* **т : ч** 27
Взлома́ть *сов., п.* 1
взла́мывать *нес., п.* 1
Взлохма́тить(ся) *сов.,* **т : ч** 10
{Взма́хивать *нес.* 1
{Взмахну́ть *сов.* 39
{Взметну́ть(ся) *сов.* 39
{Взмётывать(ся) *нес.* 1
Взмоли́ться *сов.* 16
Взмыва́ть *нес.* 1
взмыть *сов.* 64
{Взмы́ливать *нес., п.* 1
{Взмы́лить *сов., п.* 9
Взмыть *сов.* 64
взмыва́ть *нес.* 1

---

[1] **взводи́мый**
[2] **взовью́(сь)**
[3] **взви́нченный**
[4] **взовью́(сь)**
[5] **взгромождённый**

{Взнузда́ть *сов.*, *п.* 1
{Взну́здывать *нес.*, *п.* 1
Взобра́ться[1] *сов.* 69
взбира́ться *нес.* 1
Взойти́ *сов.* 94
восходи́ть *нес.*, д : ж 17
всходи́ть *нес.*, д : ж 17
Взорва́ть(ся) *сов.* 32
взрыва́ть(ся) *нес.* 1
{Взрасти́ть *сов.*, *п.*, ст : щ 14
{Взра́щивать *нес.*, *п.* 1
Взреве́ть *сов.* 36
Взросле́ть *нес.* 3
повзросле́ть *сов.* 3
Взрыва́ть(ся) *нес.* 1
взорва́ть(ся) *сов.* 32
{Взрыва́ть *нес.*, *п.* 1
{Взрыть *сов.*, *п.* 64
{Взрыхли́ть *сов.*, *п.* 13
{Взрыхля́ть *нес.*, *п.* 2
Взъеда́ться *нес.* 1
взъе́сться *сов.* 99
Взъерепе́ниться *сов.* 9
Взъеро́шить *сов.*, *п.* 9
Взъе́сться *сов.* 99
взъеда́ться *нес.* 1
Взыва́ть *нес.* 1
воззва́ть *сов.* 71
Взыгра́ть *сов.* 1
{Взыска́ть *сов.*, *п.*, ск : щ 48
{Взы́скивать *нес.*, *п.* 1
Взя́ть(ся) *сов.* 77
бра́ть(ся) *нес.* 69
Вибри́ровать *нес.*, *3е л.* 54
Ви́деть[2](ся) *нес.*, д : ж 28
уви́деть(ся) *сов.*, д : ж 28
Видне́ться *нес.*, *3е л.* 3
{Видоизмени́ть(ся) *сов.* 13, 16
{Видоизменя́ть(ся) *нес.* 2
Визжа́ть *нес.* 22
Визи́ровать *нес.*, *п.* 54
завизи́ровать *сов.*, *п.* 54
{Вильну́ть *сов.* 39
{Виля́ть *нес.* 2

Вини́ть *нес.*, *п.* 13
Висе́ть *нес.*, с : ш 27
Ви́снуть *нес.* 44
пови́снуть *сов.* 44
Вита́ть *нес.* 1
Вити́йствовать *нес.* 54
Ви́ть(ся) *нес.* 66
свить[3] *сов.*, *п.* 66
Вихля́ть(ся) *нес.* 2
Вихри́ться *нес.*, *3е л.* 13
Вка́лывать *нес.*, *п.* 1
вколо́ть *сов.*, *п.* 33
Вка́пывать *нес.*, *п.* 1
вкопа́ть *сов.*, *п.* 1
{Вкати́ть(ся) *сов.*, т : ч 17
{Вка́тывать(ся) *нес.* 1
Вкла́дывать *нес.*, *п.* 1
вложи́ть *сов.*, *п.* 16
{Вкле́ивать *нес.*, *п.* 1
{Вкле́ить *сов.*, *п.* 19
{Вкли́нивать(ся) *нес.* 1
{Вклини́ть(ся) *сов.* 9
{Включа́ть(ся) *нес.* 1
{Включи́ть(ся) *сов.* 13
{Вкола́чивать *нес.*, *п.* 1
{Вколоти́ть *сов.*, *п.*, т : ч 17
Вколо́ть *сов.*, *п.* 38
вка́лывать *нес.*, *п.* 1
Вкопа́ть *сов.*, *п.* 1
вка́пывать *нес.*, *п.* 1
{Вкра́дываться *нес.* 1
{Вкра́сться *сов.* 78
{Вкра́пить(ся) *сов.*, п : пл 15
{Вкрапля́ть(ся) *нес.* 2
{Вкрути́ть *сов.*, *п.*, т : ч 17
{Вкру́чивать *нес.*, *п.* 1
{Вкуси́ть *сов.*, *п.*, с : ш 7
{Вкуша́ть *нес.*, *п.* 1
Владе́ть *нес.* 3
Влады́чествовать *нес.* 54
Влажне́ть *нес.*, *3е л.* 3
повлажне́ть *сов.*, *3е л.* 3
Вла́мываться *нес.* 1
вломи́ться *сов.*, м : мл 18

---
[1] взберу́сь; взбери́сь
[2] ви́димый
[3] совью

Вла́ствовать *нес.* 54
Влачи́ть[1] *нес., п.* 13
{Влеза́ть *нес.* 1
{Влезть *сов.* 8
{Влепи́ть* *сов., п.*, п : пл 18
{Влепля́ть *нес., п.* 2
{Влета́ть *нес.* 1
{Влете́ть *сов.*, т : ч 27
Вле́чь(ся) *нес.* 86
Влива́ть(ся) *нес.* 1
  вли́ть(ся)[2] *сов.* 66
{Влипа́ть *нес.* 1
{Вли́пнуть *сов.* 43
Вли́ть(ся)[2] *сов.* 66
  влива́ть(ся) *нес.* 1
Влия́ть *нес.* 2
  повлия́ть *сов.* 2
Вложи́ть *сов., п.* 16
  вкла́дывать *нес., п.* 1
Вломи́ться *сов.*, м : мл 18
  вла́мываться *нес.* 1
{Влюби́ть(ся)[3] *сов.*, б : бл 18
{Влюбля́ть(ся) *нес.* 2
{Вма́зать *сов., п.*, з : ж 47
{Вма́зывать *нес., п.* 1
{Вмени́ть *сов., п.* 13
{Вменя́ть *нес., п.* 2
{Вмерза́ть *нес.* 1
{Вмёрзнуть *сов.* 43
Вмести́ть(ся) *сов.*, ст : щ 14
  вмеща́ть(ся) *нес.* 1
{Вмета́ть *сов., п.* 1
{Вмётывать *нес., п.* 1
{Вмеша́ть(ся) *сов.* 1
{Вме́шивать(ся) *нес.* 1
Вмеща́ть(ся) *нес.* 1
  вмести́ть(ся) *сов.*, ст : щ 14

Вмина́ть *нес., п.* 1
  вмять[4] *сов., п.* 60
{Вмурова́ть *сов., п.* 53
{Вмуро́вывать *нес., п.* 1
Вмять[4] *сов., п.* 60
  вмина́ть *нес., п.* 1
{Внедри́ть(ся) *сов.* 13
{Внедря́ть(ся) *нес.* 2
Внести́(сь) *сов.* 6
  вноси́ть[5](ся) *нес.*, с : ш 17
{Вника́ть *нес.* 1
{Вни́кнуть *сов.* 43
Внима́ть *нес.* 1
  внять[6] *сов.* 74
Вноси́ть[5](ся) *нес.*, с : ш 17
  внести́(сь) *сов.* 6
{Внуша́ть *нес., п.* 1
{Внуши́ть *сов., п.* 13
Внять[6] *сов.* 74
  внима́ть *нес.* 1
Вобра́ть[7] *сов., п.* 69
  вбира́ть *нес., п.* 1
{Вовлека́ть *нес., п.* 1
{Вовле́чь *сов., п.* 86
Вогна́ть[8] *сов., п.* 72
  вгоня́ть *нес., п.* 2
Вогну́ть(ся) *сов.* 39
  вгиба́ть(ся) *нес.* 1
{Водвори́ть(ся) *сов.* 13
{Водворя́ть(ся) *нес.* 2
Води́ть[9](ся) *нес.*, д : ж 17
{Водружа́ть *нес., п.* 1
{Водрузи́ть *сов., п.*, з : ж 14
Воева́ть[10] *нес.* 53
Военизи́ровать *нес.* 54
{Возбуди́ть[11](ся) *сов.*, д : ж : жд 14
{Возбужда́ть(ся) *нес.* 1

---

[1] влачи́мый
[2] волью́(сь)
[3] влюблённый
[4] вомну́; вомни́
[5] вноси́мый
[6] Future not used.
[7] вберу́; вбери́
[8] вгоню́; вгони́
[9] води́мый
[10] вою́ю
[11] возбуждённый

Возвели́чивать *нес., п.* 1
Возвели́чить *сов., п.* 9
Возвести́ *сов., п.* 79
  возводи́ть[1] *нес., п.*, д : ж 17
Возвести́ть *сов., п.*, ст : щ 14
Возвеща́ть *нес., п.* 1
Возводи́ть[1] *нес., п.*, д : ж 17
  возвести́ *сов., п.* 79
Возврати́ть(ся) *сов.*, т : щ 14
Возвраща́ть(ся) *нес.* 1
Возвы́сить(ся) *сов.*, с : ш 10
Возвыша́ть(ся) *нес.* 1
Возгла́вить *сов., п.*, в : вл 11
Возглавля́ть *нес., п.* 2
Возгора́ться *нес.* 1
  возгоре́ться *сов.* 25
Возгорди́ться *сов.*, д : ж 14
Возгоре́ться *сов.* 25
  возгора́ться *нес.* 1
Воздава́ть *нес., п.* 55
Возда́ть *сов., п.* 98
Воздвига́ть *нес., п.* 1
Воздви́гнуть *сов., п.* 43
Воздева́ть *нес., п.* 1
  возде́ть *сов., п.* 57
Возде́йствовать *нес., сов.* 54
Возде́лать *сов., п.* 1
Возде́лывать *нес., п.* 1
Воздержа́ться *сов.* 23
Возде́рживаться *нес.* 1
Возде́ть *сов., п.* 57
  воздева́ть *нес., п.* 1
Воззва́ть *сов.* 71
  взыва́ть *нес.* 1
Воззри́ться *сов.* 13
Вози́ть(ся) *нес.*, з : ж 17
Возлага́ть *нес., п.* 1
  возложи́ть *сов., п.* 16
Возлежа́ть *нес.* 22
Возликова́ть *сов.* 53
Возложи́ть *сов., п.* 16
  возлага́ть *нес., п.* 1

Возмести́ть *сов., п.*, ст : щ 14
Возмеща́ть *нес., п.* 1
Возмужа́ть *сов.* 1
Возмути́ть(ся) *сов.*, т : щ 14
Возмуща́ть(ся) *нес.* 1
Вознагради́ть[2] *сов., п.*, д : ж : жд 14
Вознагражда́ть *нес., п.* 1
Намере́ваться
Возначе́риваться *нес.* 1
Возначе́риться *сов.* 9
Вознегодова́ть *сов.* 53
Возненави́деть *сов., п.*, д : ж 28
Вознести́(сь) *сов.* 6
  возноси́ть[3](ся) *нес.*, с : ш 17
Возника́ть *нес., 3е л.* 1
Возни́кнуть *сов., 3е л.* 43
Возноси́ть(ся) *нес.*, с : ш 17
  вознести́(сь) *сов.* 6
Возоблада́ть *нес., 3е л.* 1
Возобнови́ть *сов., п.*, в : вл 15
Возобновля́ть *нес., п.* 2
Возобнови́ться *сов., 3е л.* 15
Возобновля́ться *нес., 3е л.* 2
Возомни́ть *сов.* 13
Возра́доваться *сов.* 54
Возража́ть *нес.* 1
Возрази́ть *сов.*, з : ж 14
Возраста́ть *нес., 3е л.* 1
Возрасти́ *сов., 3е л.* 84
Возроди́ть[4](ся) *сов.*, д : ж : жд 14
Возрожда́ть(ся) *нес.* 1
Возыме́ть *сов.* 3
Войти́ *сов.* 94
  входи́ть *нес.*, д : ж 17
Волнова́ть(ся) *нес.* 53
  взволнова́ть(ся) *сов.* 53
Волочи́ть(ся) *нес.* 16
Воло́чь(ся) *нес.* 86
Во́льничать *нес.* 1
Вонза́ть *нес., п.* 1
Вонзи́ть[5] *сов., п.*, з : ж 14
Вонза́ться *нес., 3е л.* 1
Вонзи́ться *сов., 3е л.* 14

[1] возводи́мый
[2] вознаграждённый
[3] возноси́мый
[4] возрождённый
[5] вонзённый

Воображáть *нес., п.* 1
Вообрази́ть *сов., п.*, **з : ж** 14
Воодушеви́ть(ся) *сов.*, **в : вл** 15
Воодушевля́ть(ся) *нес.* 2
Вооружáть(ся) *нес.* 1
Вооружи́ть(ся) *сов.* 13
Вопи́ть *нес.*, **п : пл** 15
Воплоти́ть(ся) *сов.*, **т : щ** 14
Воплощáть(ся) *нес.* 1
Ворвáться *сов.* 32
врывáться *нес.* 1
Ворковáть *нес.* 53
Воровáть *нес., п.* 53
Ворожи́ть *нес.* 13
Вороши́ть *нес., п.* 13
развороши́ть *сов., п.* 13
Ворчáть *нес.* 22
Воскли́кнуть *сов.* 40
Восклицáть *нес.* 1
Воскресáть *нес.* 1
воскрéснуть *сов.* 43
Воскреси́ть *сов., п.*, **с : ш** 14
воскрешáть *нес., п.* 1
Воскрéснуть *сов.* 43
воскресáть *нес.* 1
Воскрешáть *нес., п.* 1
воскреси́ть *сов., п.*, **с : ш** 14
Воспали́ться *сов., 3е л.* 13
Воспаля́ться *нес., 3е л.* 2
Воспевáть *нес., п.* 1
Воспéть *сов., п.* 65
Воспитáть *сов., п.* 1
Воспи́тывать *нес., п.* 1
Воспи́тываться *нес.* 1
Воспламени́ться *сов., 3е л.* 13
Воспламеня́ться *нес., 3е л.* 2
Воспóлнить *сов., п.* 12
Восполня́ть *нес., п.* 2
Воспóльзоваться *сов.* 54
Воспрепя́тствовать *сов.* 54
Воспрети́ть *сов., п.*, **т : щ** 14
Воспрещáть *нес., п.* 1
Воспринимáть *нес., п.* 1
Восприня́ть *сов., п.* 75
Воспроизвести́ *сов., п.* 79
Воспроизводи́ть[1] *нес., п.*, **д : ж** 17
Воспроти́виться *сов.*, **в : вл** 11
Воспря́нуть *сов.* 45, 41
Воспылáть *сов.* 1
Восседáть *нес.* 1
Вослáвить *сов., п.*, **в : вл** 11
Восславля́ть *нес., п.* 2
Воссоедини́ть(ся) *сов.* 13
Воссоединя́ть(ся) *нес.* 2
Воссоздавáть *нес., п.* 55
Воссоздáть *сов., п.* 98
Восставáть *нес.* 55
восстáть *сов.* 56
Восстанáвливать(ся) *нес.* 1
Восстанови́ть(ся) *сов.*, **в : вл** 18
Восстáть *сов.* 56
восставáть *нес.* 55
Восторгáться *нес.* 1
Восторжествовáть *сов.* 53
Восхвали́ть[2] *сов., п.* 16
Восхваля́ть *нес., п.* 2
Восхити́ть(ся) *сов.*, **т : щ** 14
Восхищáть(ся) *нес.* 1
Восходи́ть *нес., 3е л.*, **д : ж** 17
взойти́ *сов., 3е л.* 94
Воткнýть *сов., п.* 39
втыкáть *нес., п.* 1
Воцари́ться *сов., 3е л.* 13
Воцаря́ться *нес., 3е л.* 2
Впадáть *нес.* 1
Впасть *сов.* 78
Впивáть *нес., п.* 1
Впивáться *нес.* 1
впи́ться[3] *сов.* 66
Вписáть *сов., п.*, **с : ш** 46
Впи́сывать *нес., п.* 1
Впитáть *сов., п.* 1
Впи́тывать *нес., п.* 1

---

[1] воспроизводи́мый
[2] восхвалённый
[3] вопьюсь

Впи́ться [1] *сов.* 66
впива́ться *нес.* 1
Впи́хивать *нес.*, *п.* 1
Впихну́ть *сов.*, *п.* 39
Вплести́ *сов.*, *п.* 80
Вплета́ть *нес.*, *п.* 1
Вплыва́ть *нес.* 1
Вплыть *сов.* 59
Вполза́ть *нес.* 1
Вползти́ *сов.* 6
Впорхну́ть *сов.* 39
Впра́вить *сов.*, *п.*, **в : вл** 11
Вправля́ть *нес.*, *п.* 2
Впры́гивать *нес.* 1
Впры́гнуть *сов.* 40
Впры́скивать *нес.*, *п.* 1
Впры́снуть *сов.*, *п.* 40
Впряга́ть(ся) *нес.* 1
Впря́чь(ся) *сов.* 88
Впуска́ть *нес.*, *п.* 1
Впусти́ть *сов.*, *п.*, **ст : щ** 17
Впу́тать(ся) *сов.* 1
Впу́тывать(ся) *нес.* 1
Враждова́ть *нес.* 53
Вразуми́ть *сов.*, *п.*, **м : мл** 15
Вразумля́ть *нес.*, *п.* 2
Враста́ть *нес.*, *3е л.* 1
Врасти́ *сов.*, *3е л.* 84
Врать *нес.* 32
навра́ть *сов.* 32
соврать *сов.* 32
Враща́ть(ся) *нес.* 1
Вреди́ть *нес.*, **д : ж** 14
повреди́ть [2] *сов.*, *п.*, **д : ж : жд** 14
Вреза́ть(ся) *нес.* 1
Вре́зать(ся) *сов.*, **з : ж** 49
Вруба́ть(ся) *нес.* 1
Вруби́ть(ся) *сов.*, **б : бл** 18
Вруча́ть *нес.*, *п.* 1
Вручи́ть *сов.*, *п.* 13
Врыва́ть *нес.*, *п.* 1
Врыть *сов.*, *п.* 64

Врыва́ться *нес.* 1
ворва́ться *сов.* 32
Врыть *сов.*, *п.* 64
врыва́ть *нес.*, *п.* 1
Всади́ть *сов.*, *п.*, **д : ж** 17
Вса́живать *нес.*, *п.* 1
Вса́сывать *нес.*, *п.* 1
всоса́ть [3] *сов.*, *п.* 32
Вса́сываться *нес.*, *3е л.* 1
всоса́ться [4] *сов.*, *3е л.* 32
Всели́ть(ся) *сов.* 13
Вселя́ть(ся) *нес.* 2
Вска́кивать *нес.* 1
вскочи́ть *сов.* 16
Вска́пывать *нес.*, *п.* 1
вскопа́ть *сов.*, *п.* 1
Вскара́бкаться *сов.* 1
Вска́рмливать *нес.*, *п.* 1
вскорми́ть [5] *сов.*, *п.*, **м : мл** 18
Вски́дывать *нес.*, *п.* 1
Вски́нуть *сов.*, *п.* 41
Вскипа́ть *нес.* 1
Вскипе́ть *сов.*, **п : пл** 26
Вскипе́ть *сов.*, **п : пл** 26
Вскипяти́ть *сов.*, *п.*, **т : ч** 14
Всклоко́чивать *нес.*, *п.* 1
Всклоко́чить *сов.*, *п.* 9
Всколыхну́ть* *сов.*, *п.* 39
Всколыхну́ться *сов.*, *3е л.* 39
Вскопа́ть *сов.*, *п.* 1
вска́пывать *нес.*, *п.* 1
Вскорми́ть [5] *сов.*, *п.*, **м : мл** 18
вска́рмливать *нес.*, *п.* 1
Вскочи́ть *сов.* 16
вска́кивать *нес.* 1
Вскри́кивать *нес.* 1
Вскри́кнуть *сов.* 40
Вскрича́ть *сов.* 22
Вскружи́ть* *сов.*, *п.* 13, 16
Вскружи́ться *сов.*, *3е л.* 13, 16
Вскрыва́ть *нес.*, *п.* 1
Вскрыть *сов.*, *п.* 64

---

[1] вопью́сь
[2] повреждённый
[3] всоса́л, всоса́ла
[4] всоса́лся, всоса́лась
[5] вскóрмленный

Вскрыва́ться *нес.*, 3^e *л.*	1
Вскры́ться *сов.*, 3^e *л.*	64
Вслу́шаться *сов.*	1
Вслу́шиваться *нес.*	1
Всма́триваться *нес.*	1
Всмотре́ться *сов.*	29
Всо́вывать *нес.*, *п.*	1
всу́нуть *сов.*, *п.*	41
Всоса́ть[1] *сов.*, *п.*	32
вса́сывать *нес.*, *п.*	1
Всоса́ться[2] *сов.*, 3^e *л.*	32
вса́сываться *нес.*, 3^e *л.*	1
Вспа́ивать *нес.*, *п.*	1
вспои́ть *сов.*, *п.*	13
Вспа́рывать *нес.*, *п.*	1
вспоро́ть *сов.*, *п.*	38
Вспаха́ть *сов.*, *п.*, **х : ш**	46
Вспе́нивать *нес.*, *п.*	1
Вспе́нить *сов.*, *п.*	9
Вспе́ниваться *нес.*, 3^e *л.*	1
Вспе́ниться *сов.*, 3^e *л.*	9
Всплакну́ть *сов.*	39
Всплёскивать *нес.*	1
Всплесну́ть *сов.*	39
Всплыва́ть *нес.*	1
Всплыть *сов.*	59
Вспои́ть *сов.*, *п.*	13
вспа́ивать *нес.*, *п.*	1
Всполоши́ть(ся) *сов.*	13
Вспомина́ть *нес.*, *п.*	1
вспо́мнить* *сов.*, *п.*	12
Вспомина́ться *нес.*, 3^e *л.*	1
вспо́мниться *сов.*, 3^e *л.*	12
Вспомяну́ть *сов.*, *п.*	42
Вспоро́ть *сов.*, *п.*	38
вспа́рывать *нес.*, *п.*	1
Вспорхну́ть *сов.*	39
Вспоте́ть *сов.*	3
Вспры́гивать *нес.*	1
Вспры́гнуть *сов.*	40
Вспры́скивать *нес.*, *п.*	1
Вспры́снуть *сов.*, *п.*	40
Вспу́гивать *нес.*, *п.*	1
Вспугну́ть *сов.*, *п.*	39
Вспуха́ть *нес.*, 3^e *л.*	1
Вспу́хнуть[3] *сов.*, 3^e *л.*	43
Вспыли́ть *сов.*	13
Вспы́хивать *нес.*	1
Вспы́хнуть *сов.*	40
Встава́ть *нес.*	55
встать *сов.*	56
Вста́вить *сов.*, *п.*, **в : вл**	11
Вставля́ть *нес.*, *п.*	2
Встать *сов.*	56
встава́ть *нес.*	55
Встра́ивать *нес.*, *п.*	1
встро́ить *сов.*, *п.*	19
Встрево́жить *сов.*, *п.*	9
Встрепену́ться *сов.*	39
Встре́тить(ся) *сов.*, **т : ч**	10
Встреча́ть(ся) *нес.*	1
Встро́ить *сов.*, *п.*	1
встра́ивать *нес.*, *п.*	19
Встря́хивать(ся) *нес.*	1
Встряхну́ть*(ся) *сов.*	39
Вступа́ть[4](ся) *нес.*	1
Вступи́ть[4](ся) *сов.*, **п : пл**	18
Всу́нуть *сов.*, *п.*	41
всо́вывать *нес.*, *п.*	1
Всу́чивать *нес.*, *п.*	1
Всучи́ть *сов.*, *п.*	13
Всхли́пнуть *сов.*	40
Всхли́пывать *нес.*	1
Всходи́ть *нес.*, **д : ж**	17
взойти́ *сов.*	94
Всхрапну́ть *сов.*	39
Всхра́пывать *нес.*	1
Всыпа́ть *нес.*, *п.*	1
Всы́пать *сов.*, *п.*, **п : пл**	50
Вта́лкивать *нес.*, *п.*	1
втолкну́ть *сов.*, *п.*	39
Вта́птывать *нес.*, *п.*	1
втопта́ть *сов.*, *п.*, **т : ч**	48
Вта́скивать(ся) *нес.*	1
Втащи́ть(ся) *сов.*	16
Втека́ть *нес.*, 3^e*л.*	1
втечь *сов.*, 3^e*л.*	86
Втемя́шиться *сов.*, 3^e*л.*	9

[1] всоса́л, всоса́ла
[2] всоса́лся, всоса́лась
[3] вспу́хший & вспу́хнувший
[4] Intransitive.

Втере́ть[1](ся) *сов.* 68
втира́ть(ся) *нес.* 1
{Втеса́ться *сов.*, **с:ш** 46
{Втёсываться *нес.* 1
Втечь *сов.*, $3^{е}$ *л.* 86
втека́ть *нес.*, $3^{е}$ *л.* 1
Втира́ть(ся) *нес.* 1
втере́ть[1](ся) *сов.* 68
{Вти́скать(ся) *сов.* 1
{Вти́скивать(ся) *нес.* 1
{Вти́снуть(ся) *сов.* 40
Втолкну́ть *сов.*, *п.* 39
вта́лкивать *нес.*, *п.* 1
{Втолкова́ть *сов.*, *п.* 53
{Втолко́вывать *нес.*, *п.* 1
Втопта́ть *сов.*, *п.*, **т : ч** 48
вта́птывать *нес.*, *п.* 1
{Вторга́ться *нес.* 1
{Вто́ргнуться *сов.* 43
{Втрави́ть *сов.*, *п.*, **в:вл** 18
{Втра́вливать *нес.*, *п.* 1
Втыка́ть *нес.*, *п.* 1
воткну́ть *сов.*, *п.* 39
{Втя́гивать(ся) *нес.* 1
{Втяну́ть(ся) *сов.* 42
Вульгаризи́ровать *нес.*, *сов.*, *п.* 54
Входи́ть *нес.*, **д:ж** 17
войти́ *сов.* 94
Вцепи́ться *сов.*, **п:пл** 18
{Вчита́ться *сов.* 1
{Вчи́тываться *нес.* 1
{Вшива́ть *нес.*, *п.* 1
{Вшить[2] *сов.*, *п.* 66
Въеда́ться *нес.* 1
въе́сться *сов.* 99
Въезжа́ть *нес.* 1
въе́хать *сов.* 92
Въе́сться *сов.* 99
въеда́ться *нес.* 1
Въе́хать *сов.* 92
въезжа́ть *нес.* 1
Выба́лтывать *нес.*, *п.* 1
вы́болтать *сов.*, *п.* 1

{Выбега́ть *нес.* 1
{Вы́бежать *сов.* 96
Вы́белить *сов.*, *п.* 12
Выбива́ть(ся) *нес.* 1
вы́бить(ся) *сов.* 66
Выбира́ть(ся) *нес.* 1
вы́брать(ся) *сов.* 69
Вы́болтать *сов.*, *п.* 1
выба́лтывать *нес.*, *п.* 1
Вы́бранить *сов.*, *п.* 13
Выбра́сывать(ся) *нес.* 1
вы́бросить(ся) *сов.*, **с:ш** 10
Вы́брать(ся) *сов.* 69
выбира́ть(ся) *нес.* 1
{Выбрива́ть *нес.*, *п.* 1
{Вы́брить *сов.*, *п.* 63
Вы́бросить(ся) *сов.*, **с:ш** 10
выбра́сывать(ся) *нес.* 1
{Выбыва́ть *нес.* 1
{Вы́быть *сов.* 93
{Выва́ливать(ся) *нес.* 1
{Вы́валить(ся) *сов.* 12
{Вы́валять(ся) *сов.* 2
{Выва́ривать *нес.*, *п.* 1
{Вы́варить *сов.*, *п.* 12
{Вы́ведать *сов.*, *п.* 1
{Выве́дывать *нес.*, *п.* 1
Вы́везти *сов.*, *п.* 6
вывози́ть[3] *нес.*, *п.*, **з : ж** 17
Вы́верить *сов.*, *п.* 12
выверя́ть *нес.*, *п.* 2
Вы́вернуть *сов.*, *п.* 40
вывора́чивать *нес.*, *п.* 1
Вы́вернуть(ся) *сов.* 40
вывёртывать(ся) *нес.* 1
Вы́вернуться *сов.*, $3^{е}$ *л.* 40
вывора́чиваться *нес.*, $3^{е}$ *л.* 1
Вывёртывать(ся) *нес.* 1
вы́вернуть(ся) *сов.* 40
Выверя́ть *нес.*, *п.* 2
вы́верить *сов.*, *п.* 12
Вы́весить *сов.*, *п.*, **с : ш** 10
выве́шивать *нес.*, *п.* 1

[1] вотру́; вотри́
[2] вошью́
[3] вывози́мый

Вы́вести *сов.*, *п.* 79
выводи́ть[1] *нес.*, *п.*, д : ж 17
Вы́вестись *сов.*, 3^e *л.* 79
выводи́ться *нес.*, 3^e *л.* 17
Выве́тривать *нес.*, *п.* 1
Вы́ветрить *сов.*, *п.* 12
Выве́триваться *нес.*, 3^e *л.* 1
Вы́ветриться *сов.*, 3^e *л.* 12
Выве́шивать *нес.*, *п.* 1
вы́весить *сов.*, *п.*, с : ш 10
Вы́винтить[2] *сов.*, *п.*, т : ч 10
Выви́нчивать *нес.*, *п.* 1
Вы́вихнуть *сов.*, *п.* 40
Вы́вихнуться *сов.*, 3^e *л.* 40
Выводи́ть[1] *нес.*, *п.*, д : ж 17
вывести *сов.*, *п.* 79
Выводи́ться *нес.*, 3^e *л.* 17
вы́вестись *сов.*, 3^e *л.* 79
Вывози́ть[3] *нес.*, *п.*, з : ж 17
вы́везти *нес.*, *п.* 6
Выволо́кивать *нес.*, *п.* 1
Вы́волочь *сов.*, *п.* 86
Вывора́чивать *нес.*, *п.* 1
вы́вернуть *сов.*, *п.* 40
Вывора́чиваться *нес.*, 3^e *л.* 1
вы́вернуться *сов.*, 3^e *л.* 40
Вы́гадать *сов.*, *п.* 1
Выга́дывать *нес.*, *п.* 1
Выгиба́ть(ся) *нес.* 1
вы́гнуть(ся) *сов.* 40
Вы́гладить[4] *сов.*, *п.*, д : ж 10
Вы́глядеть *нес.*, д : ж 27
Выгля́дывать *нес.* 1
Вы́глянуть *сов.* 40
Вы́гнать *сов.*, *п.* 72
выгоня́ть *нес.*, *п.* 2
Вы́гнуть(ся) *сов.* 40
выгиба́ть(ся) *нес.* 1
Выгова́ривать *нес.* 1
Вы́говорить *сов.* 12
Вы́говориться *сов.* 12
Выгоня́ть *нес.*, *п.* 2
вы́гнать *сов.*, *п.* 72

Выгора́ть *нес.*, 3^e *л.* 1
вы́гореть *сов.*, 3^e *л.* 25
Выгора́живать *нес.*, *п.* 1
вы́городить *сов.*, *п.*, д : ж 17
Вы́гореть *сов.*, 3^e *л.* 25
выгора́ть *нес.*, 3^e *л.* 1
Вы́городить *сов.*, *п.*, д : ж 17
выгора́живать *нес.*, *п.* 1
Вы́гравировать *сов.*, *п.* 54
Выгреба́ть *нес.*, *п.* 1
Вы́грести *сов.*, *п.* 82
Выгружа́ть(ся) *нес.* 1
Вы́грузить(ся) *сов.*, з : ж 14
Выгрыза́ть *нес.*, *п.* 1
Вы́грызть *сов.*, *п.* 7
Выдава́ть *нес.*, *п.* 55
вы́дать *сов.*, *п.* 98
Выдава́ться *нес.*, 3^e *л.* 55
вы́даться *сов.*, 3^e *л.* 98
Вы́давить *сов.*, *п.*, в : вл 18
Выда́вливать *нес.*, *п.* 1
Выда́лбливать *нес.*, *п.* 1
вы́долбить *сов.*, *п.*, б : бл 15
Вы́дать *сов.*, *п.* 98
выдава́ть *нес.*, *п.* 55
Вы́даться *сов.*, 3^e *л.* 98
выдава́ться *нес.*, 3^e *л.* 55
Выдвига́ть(ся) *нес.* 1
Вы́двинуть(ся) *сов.* 40
Вы́делать *сов.*, *п.* 1
выде́лывать *нес.*, *п.* 1
Вы́делить(ся) *сов.* 12
выделя́ть(ся) *нес.* 2
Выде́лывать *нес.*, *п.* 1
вы́делать *сов.*, *п.* 1
Выделя́ть(ся) *нес.* 2
вы́делить(ся) *сов.* 12
Выдёргивать *нес.*, *п.* 1
вы́дернуть *сов.*, *п.* 40
Вы́держать *сов.*, *п.* 23
Выде́рживать *нес.*, *п.* 1
Вы́дернуть *сов.*, *п.* 40
выдёргивать *нес.*, *п.* 1

[1] выводи́мый
[2] вы́винти
[3] вывози́мый
[4] вы́глади

Выдира́ть *нес., п.* 1
вы́драть *сов., п.* 69
Вы́долбить *сов., п.*, б : бл 15
выда́лбливать *нес., п.* 1
Вы́дохнуть*(ся) *сов.* 40
выдыха́ть(ся) *нес.* 1
Вы́драть *сов., п.* 69
выдира́ть *нес., п.* 1
Вы́дрессировать *сов., п.* 54
Выдува́ть *нес., п.* 1
вы́дуть *сов., п.* 4
{Вы́думать *сов., п.* 1
{Выду́мывать *нес., п.* 1
Вы́дуть *сов., п.* 4
выдува́ть *нес., п.* 1
Выдыха́ть(ся) *нес.* 1
вы́дохнуть*(ся) *сов.* 40
Выеда́ть *нес., п.* 1
вы́есть *сов., п.* 99
{Выезжа́ть *нес.* 1
{Вы́ехать *сов.* 92
Вы́есть *сов., п.* 99
выеда́ть *нес., п.* 1
Вы́жать *сов., п.* 62
выжима́ть *нес., п.* 1
Вы́ждать *сов., п.* 32
выжида́ть *нес., п.* 1
Вы́жечь *сов., п.* 90
выжига́ть *нес., п.* 1
Выжива́ть *нес.* 1
вы́жить *сов.* 59
Выжига́ть *нес., п.* 1
вы́жечь *сов., п.* 90
Выжида́ть *нес., п.* 1
вы́ждать *сов., п.* 32
Выжима́ть *нес., п.* 1
вы́жать *сов., п.* 62
Вы́жить *сов.* 59
выжива́ть *нес.* 1
Вы́звать(ся) *сов.* 71
вызыва́ть(ся) *нес.* 1
{Вы́зволить *сов., п.* 12
{Вызволя́ть *нес., п.* 2
{Выздора́вливать *нес.* 1
{Вы́здороветь *сов.* 3

{Вызнава́ть *нес., п.* 55
{Вы́знать *сов., п.* 1
Вы́золотить *сов., п.*, т : ч 14
{Вызрева́ть *нес.*, *3^е^ л.* 1
{Вы́зреть *сов.*, *3^е^ л.* 3
Вы́зубрить *сов., п.* 12
Вызыва́ть(ся) *нес.* 1
вы́звать(ся) *сов.* 71
{Вы́играть *сов., п.* 1
{Выи́грывать *нес., п.* 1
{Вы́искать(ся) *сов.*, ск : щ 48
{Выи́скивать(ся) *нес.* 1
Вы́йти *сов.* 94
выходи́ть *нес.*, д : ж 17
{Вы́казать *сов., п.*, з : ж 46
{Выка́зывать *нес., п.* 1
Выка́лывать *нес., п.* 1
вы́колоть *сов., п.* 38
Выка́пывать *нес., п.* 1
вы́копать *сов., п.* 1
{Вы́карабкаться *сов.* 1
{Выкара́бкиваться *нес.* 1
Выка́рмливать *нес., п.* 1
вы́кормить *сов., п.*, м : мл 18
{Вы́катить(ся) *сов.*, т : ч 17
{Выка́тывать(ся) *нес.* 1
{Вы́качать *сов., п.* 1
{Выка́чивать *нес., п.* 1
{Выки́дывать *нес., п.* 1
{Вы́кинуть *сов., п.* 41
{Выки́дываться *нес.*, *3^е^ л.* 1
{Вы́кинуться *сов.*, *3^е^ л.* 41
{Выкипа́ть *нес.*, *3^е^ л.* 1
{Вы́кипеть *сов.*, *3^е^ л.* 30
Выкла́дывать *нес., п.* 1
вы́ложить *сов., п.* 12
{Вы́клевать[1] *сов., п.* 54
{Выклёвывать *нес., п.* 1
{Выключа́ть(ся) *нес.* 1
{Вы́ключить(ся) *сов.* 12
Вы́клянчить *сов., п.* 12
{Вы́ковать *сов., п.* 54
{Выко́вывать *нес., п.* 1

---

[1] вы́клюю

Выковы́ривать *нес., п.* 1
Вы́ковырнуть *сов., п.* 40
Вы́ковырять* *сов., п.* 2
Выкола́чивать *нес., п.* 1
Вы́колотить *сов., п.*, т : ч 17
Вы́колоть *сов., п.* 38
выка́лывать *нес., п.* 1
Вы́копать *сов., п.* 1
выка́пывать *нес., п.* 1
Вы́кормить *сов., п.*, м : мл 18
выка́рмливать *нес., п.* 1
Вы́корчевать *сов., п.* 54
Выкорчёвывать *нес., п.* 1
Выкра́дывать *нес., п.* 1
вы́красть *сов., п.* 78
Выкра́ивать *нес., п.* 1
вы́кроить *сов., п.* 12
Вы́красить(ся) *сов.*, с : ш 10
Вы́красть *сов., п.* 78
выкра́дывать *нес., п.* 1
Выкри́кивать *нес., п.* 1
Вы́крикнуть *сов., п.* 40
Вы́кристаллизоваться *сов., $3^{е}$ л.* 54
Вы́лакать *сов., п.* 1
Вы́кроить *сов., п.* 12
выкра́ивать *нес., п.* 1
Вы́крошиться *сов., $3^{е}$ л.* 12
Вы́крутить(ся) *сов.*, т : ч 17
Выкру́чивать(ся) *нес.* 1
Вы́купать(ся) *сов.* 1
Выкупа́ть *нес., п.* 1
Вы́купить *сов., п.*, п : пл 18
Выку́ривать *нес., п.* 1
Вы́курить *сов., п.* 12
Выла́вливать *нес., п.* 1
вы́ловить *сов., п.*, в : вл 18
Вы́лакать *сов., п.* 1
Выла́мывать *нес., п.* 1
вы́ломать *сов., п.* 1
Вы́лежать(ся) *сов.* 22
Вылеза́ть *нес.* 1
Вы́лезть *сов.* 8
Вы́лепить *сов., п.*, п : пл 18
Вылета́ть *нес.* 1
Вы́лететь *сов.*, т : ч 27
Выле́чивать(ся) *нес.* 1
Вы́лечить(ся) *сов.* 12
Вылива́ть *нес., п.* 1
вы́лить *сов., п.* 66
Вылива́ться *нес., $3^{е}$ л.* 1
вы́литься *сов., $3^{е}$ л.* 66
Вы́лизать *сов., п.*, з : ж 46
Выли́зывать *нес., п.* 1
Вы́линять *сов., $3^{е}$ л.* 2
Вы́лить *сов., п.* 66
вылива́ть *нес., п.* 1
Вы́литься *сов., $3^{е}$ л.* 66
вылива́ться *нес., $3^{е}$ л.* 1
Вы́ловить *сов., п.*, в : вл 18
выла́вливать *нес., п.* 1
Вы́ложить *сов., п.* 12
выкла́дывать *нес., п.* 1
Вы́ломать *сов., п.* 1
выла́мывать *нес., п.* 1
Вы́лупиться *сов., $3^{е}$ л.* 18
Вылу́пливаться *нес., $3^{е}$ л.* 1
Вы́мазать *сов., п.*, з : ж 49
выма́зывать *нес., п.* 1
Вы́мазаться *сов.*, з : ж 49
Выма́зывать *нес., п.* 1
вы́мазать *сов., п.*, з : ж 49
Выма́ливать *нес., п.* 1
вы́молить *сов., п.* 12
Выма́нивать *нес., п.* 1
Вы́манить* *сов., п.* 12
Вы́марать *сов., п.* 1
выма́рывать *нес., п.* 1
Выма́тывать *нес., п.* 1
вы́мотать *сов., п.* 1
Вы́махать *сов.* 1
Выма́чивать *нес., п.* 1
вы́мочить *сов., п.* 12
Выме́нивать *нес., п.* 1
Вы́менять *сов., п.* 2
Вы́мереть *сов., $3^{е}$ л.* 68
вымира́ть *нес., $3^{е}$ л.* 1
Вымерза́ть *нес., $3^{е}$ л.* 1
Вы́мерзнуть *сов., $3^{е}$ л.* 43
Вы́мерить *сов., п.* 9
Вымеря́ть *нес., п.* 2
Вы́месить *сов., п.*, с : ш 17
выме́шивать *нес., п.* 1
Вы́мести *сов., п.* 80
вымета́ть *нес., п.* 1

Вы́местить[1] *сов.*, *п.*, ст : щ	14
вымеща́ть *нес.*, *п.*	1
Вымета́ть *нес.*, *п.*	1
вы́мести *сов.*, *п.*	80
Вы́мешать *сов.*, *п.*	1
Выме́шивать *нес.*, *п.*	1
Выме́шивать *нес.*, *п.*	1
вы́месить *сов.*, *п.*, с : ш	17
Вымеща́ть *нес.*, *п.*	1
вы́местить[1] *сов.*, *п.*, ст : щ	14
Вымира́ть *нес.*, *3е л.*	1
вы́мереть *сов.*, *3е л.*	68
Вымога́ть *нес.*, *п.*	1
Вымока́ть *нес.*	1
Вы́мокнуть *сов.*	43
Вы́молвить[2] *сов.*, *п.*, в : вл	11
Вы́молить *сов.*, *п.*	12
выма́ливать *нес.*, *п.*	1
Вы́морить *сов.*, *п.*	12
Вы́мостить *сов.*, *п.*, ст : щ	14
Вы́мотать *сов.*, *п.*	1
выма́тывать *нес.*, *п.*	1
Вы́мочить *сов.*, *п.*	12
выма́чивать *нес.*, *п.*	1
Вы́мочиться *сов.*	12
Вымý́чивать *нес.*, *п.*	1
Вы́мучить *сов.*, *п.*	12
Вы́муштровать *сов.*, *п.*	54
Вы́мыть(ся) *сов.*	64
Вына́шивать *нес.*, *п.*	1
вы́носить *сов.*, *п.*, с : ш	17
Вы́нести(сь) *сов.*	6
выноси́ть[3](ся) *нес.*, с : ш	17
Вынима́ть *нес.*, *п.*	1
вы́нуть *сов.*, *п.*	41
Выноси́ть *сов.*, *п.*, с : ш	17
вына́шивать *нес.*, *п.*	1
Выноси́ть[3](ся) *нес.*, с : ш	17
вы́нести(сь) *сов.*	6
Вы́нудить[4] *сов.*, *п.*, д : ж : жд	10
Вынужда́ть *нес.*, *п.*	1
Вы́нуть *сов.*, *п.*	41
вынима́ть *нес.*, *п.*	1
Вы́нырнуть *сов.*	40
Вы́нянчить *сов.*, *п.*	12
Выпада́ть *нес.*	1
вы́пасть *сов.*	78
Выпа́ливать *нес.*, *п.*	1
Вы́палить *сов.*, *п.*	12
Выпа́ривать *нес.*, *п.*	1
Вы́парить *сов.*, *п.*	9, 12
Выпа́риваться *нес.*, *3е л.*	1
Вы́париться *сов.*, *3е л.*	9,12
Выпа́рхивать *нес.*	1
вы́порхнуть *сов.*	40
Выпа́рывать *нес.*, *п.*	1
вы́пороть *сов.*, *п.*	38
Вы́пасть *сов.*	78
выпада́ть *нес.*	1
Вы́пачкать(ся) *сов.*	1
Выпека́ть *нес.*, *п.*	1
вы́печь *сов.*, *п.*	86
Вы́переть *сов.*, *3е л.*	68
выпира́ть *нес.*, *3е л.*	1
Вы́пестовать *сов.*, *п.*	54
Вы́печь *сов.*, *п.*	86
выпека́ть *нес.*, *п.*	1
Выпива́ть *нес.*, *п.*	1
вы́пить *сов.*, *п.*	66
Выпи́ливать *нес.*, *п.*	1
Вы́пилить *сов.*, *п.*	12
Выпира́ть *нес.*, *3е л.*	1
вы́переть *сов.*, *3е л.*	68
Вы́писать(ся) *сов.*, с : ш	46
Выпи́сывать(ся) *нес.*	1
Вы́пить *сов.*, *п.*	66
выпива́ть *нес.*, *п.*	1
Выпи́хивать *нес.*, *п.*	1
Вы́пихнуть *сов.*, *п.*	40
Вы́плавить *сов.*, *п.*, в : вл	11
Выплавля́ть *нес.*, *п.*	2
Вы́плакать(ся) *сов.*, к : ч	47
Выпла́кивать *нес.*, *п.*	1
Вы́платить *сов.*, *п.*, т : ч	17
Выпла́чивать *нес.*, *п.*	1

[1] вы́мести
[2] вы́молви
[3] выноси́мый
[4] вы́нужденный; вы́нуди

Выплёвывать *нес.*, *п.* 1
    вы́плюнуть *сов.*, *п.* 41
Вы́плескать *сов.*, *п.* 48
    выплёскивать *нес.*, *п.* 1
Вы́плескаться *сов.*, *3е л.*, **ск : щ** 48
    выплёскиваться *нес.*, *3е л.* 1
Выплёскивать *нес.*, *п.* 1
    вы́плеснуть *сов.*, *п.* 40
    вы́плескать *сов.*, *п.*, **ск : щ** 48
Выплёскиваться *нес.*, *3е л.* 1
    вы́плескаться *сов.*, *3е л.*, **ск : щ** 48
Вы́плеснуться *сов.*, *3е л.* 40
Вы́плести *сов.*, *п.* 80
Выплета́ть *нес.*, *п.* 1
Выплыва́ть *нес.* 1
Вы́плыть *сов.* 59
Вы́плюнуть *сов.*, *п.* 41
    выплёвывать *нес.*, *п.* 1
Выпля́сывать *нес.* 1
Выполза́ть *нес.* 1
Вы́ползти *сов.* 6
Вы́полнить *сов.*, *п.* 12
Выполня́ть *нес.*, *п.* 2
Вы́полоскать *сов.*, *п.*, **ск : щ** 48
Вы́полоть *сов.*, *п.* 38
Вы́пороть[1] *сов.*, *п.* 38
    выпа́рывать *нес.*, *п.* 1
Вы́пороть[2] *сов.*, *п.* 38
Вы́порхнуть *сов.* 40
    выпа́рхивать *нес.* 1
Вы́потрошить *сов.*, *п.* 12
Вы́править(ся) *сов.*, **в : вл** 11
Выправля́ть(ся) *нес.* 2
Выпра́шивать *нес.*, *п.* 1
    вы́просить *сов.*, *п.*, **с : ш** 17
Выпрова́живать *нес.*, *п.* 1
Вы́проводить *сов.*, *п.*, **д : ж** 17
Вы́просить *сов.*, *п.*, **с : ш** 17
    выпра́шивать *нес.*, *п.* 1
Выпры́гивать *нес.* 1
Вы́прыгнуть *сов.* 40
Выпряга́ть(ся) *нес.* 1
    вы́прячь(ся) *сов.* 88
Вы́прямить(ся) *сов.*, **м : мл** 15
Выпрямля́ть(ся) *нес.* 2
Вы́прячь(ся) *сов.* 88
    выпряга́ть(ся) *нес.* 1
Выпуска́ть *нес.*, *п.* 1
Вы́пустить *сов.*, *п.*, **ст : щ** 17
Вы́путать(ся) *сов.* 1
Выпу́тывать(ся) *нес.* 1
Вы́пучить *сов.*, *п.* 12
Вы́пытать *сов.*, *п.* 1
Выпы́тывать *нес.*, *п.* 1
Вы́пятить[3] *сов.*, *п.*, **т : ч** 10
Выпя́чивать *нес.*, *п.* 1
Выраба́тывать *нес.*, *п.* 1
    вы́работать *сов.*, *п.* 1
Выраба́тываться *нес.*, *3е л.* 1
Вы́работаться *сов.*, *3е л.* 1
Выра́внивать(ся) *нес.* 1
    вы́ровнять(ся) *сов.* 2
Выража́ть(ся) *нес.* 1
Вы́разить[4](ся) *сов.*, **з : ж** 10
Выраста́ть *нес.* 1
Вы́расти *сов.* 84
Вы́растить *сов.*, *п.*, **ст : щ** 14
Выра́щивать *нес.*, *п.* 1
Вы́рвать[5](ся) *сов.* 32
    вырыва́ть(ся) *нес.* 1
Вы́рвать[6] *сов.*, *безл.* 32
Выреза́ть *нес.*, *п.* 1
Вы́резать *сов.*, *п.*, **з : ж** 49
Вырисо́вывать *нес.*, *п.* 1
Вырисо́вываться *нес.*, *3е л.* 1
Вы́ровнять(ся) *сов.* 2
    выра́внивать(ся) *нес.* 1
Вы́родиться *сов.*, *3е л.* 14
Вырожда́ться *нес.*, *3е л.* 1
Вы́ронить *сов.*, *п.* 12

---

[1] to rip up, to unstitch
[2] to flog
[3] вы́пяти
[4] вы́рази
[5] to tear out, to pull out
[6] to vomit

Выруба́ть *нес., п.* 1
Вы́рубить *сов., п.*, б : бл 18
Вы́ругать *сов., п.* 1
Вы́ругаться *сов.* 1
Вы́рулить *сов.* 12
Выруча́ть *нес., п.* 1
Вы́ручить *сов., п.* 12
Вырыва́ть(ся) *нес.* 1
    вы́рвать(ся) *сов.* 32
Вырыва́ть[1] *нес., п.* 1
Вы́рыть *сов., п.* 64
Вы́рядить(ся) *сов.*, д : ж 17
Вы́садить(ся) *сов.*, д : ж 17
Выса́живать(ся) *нес.* 1
Выса́сывать *нес., п.* 1
    вы́сосать *сов., п.* 32
Вы́сватать *сов., п.* 1
Высве́рливать *нес., п.* 1
Вы́сверлить *сов., п.* 12
Высви́стывать *нес., п.* 1
Вы́свободить[2](ся) *сов.*, д : ж : жд 14
Высвобожда́ть(ся) *нес.* 1
Высева́ть *нес., п.* 1
    вы́сеять *сов., п.* 35
Высека́ть *нес., п.* 1
    вы́сечь *сов., п.* 86
Вы́селить(ся) *сов.* 12
Выселя́ть(ся) *нес.* 2
Вы́серебрить *сов., п.* 12
Вы́сечь[3] *сов., п.* 86
    высека́ть *нес., п.* 1
Вы́сечь[4] *сов., п.* 86
Вы́сеять *сов., п.* 35
    высева́ть *нес., п.* 1
Вы́сидеть *сов., п.*, д : ж 27
Выси́живать *нес., п.* 1
Вы́ситься *нес.*, $3^{е}$ *л.* 10
Выска́бливать *нес., п.* 1
    вы́скоблить *сов., п.* 12
Вы́сказать(ся) *сов.*, з : ж 46
Выска́зывать(ся) *нес.* 1
Выска́кивать *нес.* 1
    вы́скочить *сов.* 12
Выска́льзывать *нес.* 1
    вы́скользнуть *сов.* 40
Вы́скоблить *сов., п.* 12
    выска́бливать *нес., п.* 1
Вы́скользнуть *сов.* 40
    выска́льзывать *нес.* 1
Вы́скочить *сов.* 12
    выска́кивать *нес.* 1
Выскреба́ть *нес., п.* 1
Вы́скрести *сов., п.* 82
Вы́слать *сов., п.* 73
    высыла́ть *нес., п.* 1
Вы́следить *сов., п.*, д : ж 14
Высле́живать *нес., п.* 1
Выслу́живать*(ся) *нес.* 1
Вы́служить(ся) *сов.* 12
Вы́слушать *сов., п.* 1
Выслу́шивать *нес., п.* 1
Высма́тривать *нес., п.* 1
    вы́смотреть *сов., п.* 29
Высме́ивать *нес., п.* 1
Вы́смеять *сов., п.* 35
Вы́сморкать(ся) *сов.* 1
Вы́смотреть *сов., п.* 29
    высма́тривать *нес., п.* 1
Высо́вывать(ся) *нес.* 1
    вы́сунуть(ся) *сов.* 41
Вы́сосать *сов., п.* 32
    выса́сывать *нес., п.* 1
Вы́сохнуть *сов.* 43
    высыха́ть *нес.* 1
Вы́спаться *сов.*, п : пл 24
    высыпа́ться *нес.* 1
Выспра́шивать *нес., п.* 1
Вы́спросить *сов., п.*, с : ш 17
Вы́ставить(ся) *сов.*, в : вл 11
Выставля́ть(ся) *нес.* 2
Выста́ивать *нес.* 1
    вы́стоять[5] *сов.* 20
Выста́иваться *нес.*, $3^{е}$ *л.* 1
    вы́стояться *сов.*, $3^{е}$ *л.* 20

---

[1] to dig out, to uproot
[2] вы́свобожденный
[3] to carve
[4] to flog
[5] вы́стои & вы́стой

Вы́стегать *сов.*, *п.* 1
Выстила́ть *нес.*, *п.* 1
вы́стлать *сов.*, *п.* 70
Вы́стирать *сов.*, *п.* 1
Вы́стлать *сов.*, *п.* 70
выстила́ть *нес.*, *п.* 1
Вы́стоять[1] *сов.* 20
выста́ивать *нес.* 1
Вы́стояться *сов.*, 3^e *л.* 20
выста́иваться *нес.*, 3^e *л.* 1
Вы́страдать *сов.*, *п.* 1
Выстра́ивать(ся) *нес.* 1
вы́строить(ся) *сов.* 19
Вы́стрелить *сов.* 12
Выстрига́ть *нес.*, *п.* 1
Вы́стричь *сов.*, *п.* 88
Вы́строгать *сов.*, *п.* 1
Вы́строить(ся) *сов.* 19
выстра́ивать(ся) *нес.* 1
Вы́строчить *сов.*, *п.* 12
Вы́студить *сов.*, *п.*, **д : ж** 17
Вы́стукать *сов.*, *п.* 1
Высту́кивать *нес.*, *п.* 1
Выступа́ть *нес.* 1
Вы́ступить *сов.*, **п : пл** 18
Вы́сунуть(ся) *сов.* 41
высо́вывать(ся) *нес.* 1
Вы́сушить(ся) *сов.* 12
Вы́считать *сов.*, *п.* 1
Высчи́тывать *нес.*, *п.* 1
Высыла́ть *нес.*, *п.* 1
вы́слать *сов.*, *п.* 73
Высыпа́ть *нес.*, *п.* 1
Вы́сыпать *сов.*, *п.*, **п : пл** 50
Высыпа́ться *нес.*, 3^e *л.* 1
Вы́сыпаться *сов.*, 3^e *л.*, **п : пл** 50
Высыпа́ться *нес.* 1
вы́спаться *сов.*, **п : пл** 24
Высыха́ть *нес.* 1
вы́сохнуть *сов.* 43
Выта́лкивать *нес.*, *п.* 1
вы́толкать *сов.*, *п.* 1
вы́толкнуть *сов.*, *п.* 40
Вытанцо́вываться *нес.*, 3^e *л.* 1
Выта́пливать *нес.*, *п.* 1
вы́топить *сов.*, *п.*, **п : пл** 18

Выта́птывать *нес.*, *п.* 1
вы́топтать *сов.*, *п.*, **т : ч** 48
Вы́таращить(ся) *сов.* 12
Выта́скивать *нес.*, *п.* 1
Вы́тащить *сов.*, *п.* 12
Вы́твердить *сов.*, *п.*, **д : ж** 14
Вытворя́ть *нес.*, *п.* 2
Вытека́ть *нес.*, 3^e *л.* 1
вы́течь *сов.*, 3^e *л.* 86
Вы́тереть(ся) *сов.* 68
вытира́ть(ся) *нес.* 1
Вы́терпеть *сов.*, *п.*, **п : пл** 30
Вы́тесать *сов.*, *п.*, **с : ш** 46
вытёсывать *нес.*, *п.* 1
Вы́теснить *сов.*, *п.* 12
Вытесня́ть *нес.*, *п.* 2
Вытёсывать *нес.*, *п.* 1
вы́тесать *сов.*, *п.*, **с : ш** 46
Вы́течь *сов.*, 3^e *л.* 86
вытека́ть *нес.*, 3^e *л.* 1
Вытира́ть(ся) *нес.* 1
вы́тереть(ся) *сов.* 68
Вы́ткать *сов.*, *п.* 32
Вы́толкать *сов.*, *п.* 1
выта́лкивать *нес.*, *п.* 1
Вы́толкнуть *сов.*, *п.* 40
выта́лкивать *нес.*, *п.* 1
Вы́топить *сов.*, *п.*, **п : пл** 18
выта́пливать *нес.*, *п.* 1
Вы́топтать *сов.*, *п.*, **т : ч** 48
выта́птывать *нес.*, *п.* 1
Вы́торговать *сов.*, *п.* 54
Выторго́вывать *нес.*, *п.* 1
Вы́точить *сов.*, *п.* 12
Вы́травить *сов.*, *п.*, **в : вл** 18
Вы́требовать *сов.*, *п.* 54
Вы́трезвить(ся) *сов.*, **в : вл** 15
Вытрезвля́ть(ся) *нес.* 2
Вы́трясти *сов.*, *п.* 6
Вытря́хивать *нес.*, *п.* 1
Вы́тряхнуть *сов.*, *п.* 40
Выть *нес.* 64
Вытя́гивать(ся) *нес.* 1
Вы́тянуть(ся) *сов.* 40
Вы́удить *сов.*, *п.*, **д : ж** 17
Выу́живать *нес.*, *п.* 1

[1] вы́стои & вы́стой

Вы́утюжить[1] *сов.*, *п.* 12
Выу́чивать(ся) *нес.* 1
Вы́учить(ся) *сов.* 12
Выха́живать *нес.*, *п.* 1
вы́ходить *сов.*, *п.*, д : ж 17
Вы́хватить *сов.*, *п.*, т : ч 17
Выхва́тывать *нес.*, *п.* 1
Выхлопа́тывать *нес.*, *п.* 1
Вы́хлопотать *сов.*, *п.*, т : ч 48
Выходи́ть *нес.*, д : ж 17
вы́йти *сов.* 94
Вы́ходить *сов.*, *п.*, д : ж 17
выха́живать *нес.*, *п.* 1
Выхола́щивать *нес.*, *п.* 1
вы́холостить *сов.*, *п.*, ст : щ 14
Вы́холить *сов.*, *п.* 12
Вы́холостить *сов.*, *п.*, ст : щ 14
выхола́щивать *нес.*, *п.* 1
Вы́царапать *сов.*, *п.* 1
Выцара́пывать *нес.*, *п.* 1
Вы́цвести *сов.* 80
Выцвета́ть *нес.* 1
Вы́цедить *сов.*, *п.*, д : ж 17
Выце́живать *нес.*, *п.* 1
Вычёркивать *нес.*, *п.* 1
Вы́черкнуть *сов.*, *п.* 40
Вы́черпать *сов.*, *п.* 1
Выче́рпывать *нес.*, *п.* 1
Вы́чертить *сов.*, *п.*, т : ч 17
Выче́рчивать *нес.*, *п.* 1
Вы́чесать *сов.*, *п.*, с : ш 46
Вычёсывать *нес.*, *п.* 1
Вы́честь *сов.*, *п.* 83
вычита́ть *нес.*, *п.* 1
Вы́числить *сов.*, *п.* 12
Вычисля́ть *нес.*, *п.* 2
Вы́чистить[2] *сов.*, *п.*, ст : щ 10
вычища́ть *нес.*, *п.* 1
Вы́читать *сов.*, *п.* 1
вычи́тывать *нес.*, *п.* 1
Вычита́ть *нес.*, *п.* 1
вы́честь *сов.*, *п.* 83
Вычи́тывать *нес.*, *п.* 1
вы́читать *сов.*, *п.* 1

Вычища́ть *нес.*, *п.* 1
вы́чистить[2] *сов.*, *п.*, ст : щ 10
Вышта́гивать *нес.* 1
Вышвы́ривать *нес.*, *п.* 1
Вы́швырнуть *сов.*, *п.* 40
Вышиба́ть *нес.*, *п.* 1
Вы́шибить *сов.*, *п.* 37
Вышива́ть *нес.*, *п.* 1
Вы́шить *сов.*, *п.* 66
Вы́школить *сов.*, *п.* 12
Вы́шутить *сов.*, *п.*, т : ч 17
Вышу́чивать *нес.*, *п.* 1
Вы́щипать *сов.*, *п.*, п : пл 51
Выщи́пывать *нес.*, *п.* 1
Вы́явить *сов.*, *п.*, в : вл 18
Выявля́ть *сов.*, *п.* 2
Вы́явиться *сов.*, *3^е^ л.* 18
Выявля́ться *нес.*, *3^е^ л.* 2
Вы́яснить *сов.*, *п.* 12
Выясня́ть *нес.*, *п.* 2
Вы́ясниться *сов.*, *3^е^ л.* 12
Выясня́ться *нес.*, *3^е^ л.* 2
Вью́чить *нес.*, *п.* 9
навью́чить *сов.*, *п.* 9
Вяза́ть *нес.*, *п.*, з : ж 46
связа́ть *сов.*, *п.*, з : ж 46
Вяза́ться *нес.*, *3^е^ л.*, з : ж 46
Вя́знуть *нес.* 43
завя́знуть *сов.* 43
увя́знуть *сов.* 43
Вя́лить *нес.*, *п.* 9
провя́лить *сов.*, *п.* 9
Вя́литься *нес.*, *3^е^ л.* 9
провя́литься *сов.*, *3^е^ л.* 9
Вя́нуть *нес.* 45
завя́нуть *сов.* 45
увя́нуть *сов.* 45

Г, г

Га́вкать *нес.* 1
Га́вкнуть *сов.* 40
Гада́ть *нес.* 1
погада́ть *сов.* 1

---

[1] вы́утюжь & вы́утюжи
[2] вы́чисти

Га́дить *нес.*, д : ж 10
  нага́дить *сов.*, д : ж 10
Газифици́ровать *нес.*, *сов.*, *п.* 54
Галде́ть[1] *нес.*, д : ж 27
Гаранти́ровать *нес.*, *сов.*, *п.* 54
{Га́ркать *нес.* 1
{Га́ркнуть *сов.* 40
Гармони́ровать *нес.* 54
Гарцева́ть *нес.* 53
Гаси́ть *нес.*, *п.*, с : ш 17
  погаси́ть *сов.*, *п.*, с : ш 17
Га́снуть *нес.*, *3е л.* 43
  пога́снуть *сов.*, *3е л.* 43
  уга́снуть *сов.*, *3е л.* 43
Гастроли́ровать *нес.* 54
Германизи́ровать *нес.*, *сов.*, *п.* 54
Ги́бнуть *нес.* 43
  поги́бнуть *сов.* 43
{Ги́кать *нес.* 1
{Ги́кнуть *сов.* 40
Гипнотизи́ровать *нес.*, *п.* 54
  загипнотизи́ровать *сов.*, *п.* 54
Главе́нствовать *нес.* 54
Гла́дить *нес.*, *п.*, д : ж 10
  вы́гладить[2] *сов.*, *п.*, д : ж 10
  погла́дить *сов.*, *п.*, д : ж 10
Глазе́ть *нес.* 3
Гласи́ть *нес.*, *3е л.* 14
Глода́ть *нес.*, *п.*, д : ж 46
Глота́ть *нес.*, *п.* 1
Гло́хнуть *нес.* 43
  огло́хнуть *сов.* 43
Глуми́ться *нес.*, м : мл 15
Глупе́ть *нес.* 3
  поглупе́ть *сов.* 3
Глупи́ть *нес.*, п : пл 15
  сглупи́ть *сов.*, п : пл 15
Глуши́ть *нес.*, *п.* 13,16
Гляде́ть(ся) *нес.*, д : ж 27
  погляде́ть(ся) *сов.*, д : ж 27
Гля́нуть *сов.* 41
Гна́ть(ся) *нес.* 72
Гнезди́ться *нес.*, *3е л.* 14
Гнести́ *нес.*, *п.* 80
Гнить *нес.* 5
  сгнить *сов.* 5
Гнои́ть *нес.*, *п.* 13
  сгнои́ть *сов.*, *п.* 13
Гнои́ться *нес.*, *3е л.* 13
Гнуса́вить *нес.*, в : вл 11
Гнуси́ть *нес.*, с : ш 14
Гну́ть(ся) *нес.* 39
  согну́ть(ся) *сов.* 39
Гнуша́ться *нес.* 1
  погнуша́ться *сов.* 1
Гова́ривать[3] *нес.* 1
Говори́ть *нес.*, *п.* 13
  сказа́ть *сов.*, *п.*, з : ж 46
Говори́ться[4] *нес.* 13
Гогота́ть *нес.*, т : ч 48
Годи́ться *нес.*, д : ж 14
Голода́ть *нес.* 1
Голоси́ть *нес.*, с : ш 14
Голосова́ть *нес.* 53
  проголосова́ть *сов.* 53
Голубе́ть *нес.*, *3е л.* 3
  поголубе́ть *сов.*, *3е л.* 3
Голу́бить *нес.*, *п.*, б : бл 11
  приголу́бить *сов.*, *п.*, б : бл 11
Гоня́ть(ся) *нес.* 2
Го́рбить(ся) *нес.*, б : бл 11
  сго́рбить(ся) *сов.*, б : бл 11
Горди́ться *нес.*, д : ж 14
Горева́ть[5] *нес.* 53
Горе́ть *нес.* 25
  сгоре́ть *сов.* 25
Го́ркнуть *нес.*, *3е л.* 43
  прого́ркнуть *сов.*, *3е л.* 43
Горла́нить *нес.* 9
Городи́ть *нес.*, д : ж 17
Горчи́ть *нес.*, *3е л.* 13
Горячи́ться *нес.* 13
Госпо́дствовать *нес.* 54
Гости́ть *нес.*, ст : щ 14

[1] 1st person singular not used.
[2] вы́глади
[3] Only past tense of indicative mood used.
[4] Only 3rd person singular used.
[5] горюю

Гото́вить(ся) *нес.*, в : вл 11
 приготовить(ся) *сов.*, в : вл 11
 подгото́вить(ся) *сов.*, в : вл 11
Гра́бить *нес.*, *п.*, б : бл 11
 огра́бить *сов.*, *п.*, б : бл 11
Гравирова́ть *нес.*, *п.* 53
 вы́гравировать *сов.*, *п.* 54
Грани́чить *нес.*, *3е л.* 9
Грасси́ровать *нес.* 54
Графи́ть *нес.*, *п.*, ф : фл 15
 разграфи́ть *сов.*, *п.*, ф:фл 15
Гре́зить *нес.*, з : ж 10
Гре́зиться *нес.*, з : ж 10
 пригре́зиться *сов.*, з : ж 10
Греме́ть *нес.*, м : мл 26
Грести́ *нес.*, *п.* 82
Гре́ть(ся) *нес.* 3
Греши́ть[1] *нес.* 13
 погреши́ть *сов.* 13
Греши́ть[2] *нес.* 13
 согреши́ть *сов.* 13
Грима́сничать *нес.* 1
Гримирова́ть(ся) *нес.* 53
 загримирова́ть(ся) *сов.* 53
 нагримирова́ть(ся) *сов.* 53
Грози́ть[3](ся) *нес.*, з : ж 14
 погрози́ть(ся) *сов.*, з : ж 14
Громи́ть *нес.*, *п.*, м : мл 15
 разгроми́ть[4] *сов.*, *п.*, м : мл 15
Громозди́ть *нес.*, *п.*, д : ж 14
 нагромозди́ть[5] *сов.*, *п.*, д : ж : жд 14
Громозди́ться *нес.*, *3е л.* 14
 нагромозди́ться *сов.*, *3е л.* 14
Громыха́ть *нес.* 1
Громыхну́ть *сов.* 39
Гро́хать(ся) *нес.* 1
Гро́хнуть(ся) *сов.* 40
Грохота́ть *нес.*, т : ч 48
Грубе́ть *нес.* 3
 загрубе́ть *сов.* 3
 огрубе́ть *сов.* 3
Груби́ть *нес.*, б : бл 15
 нагруби́ть *сов.*, б : бл 15
Грубия́нить *нес.* 9
Грузи́ть[6](ся) *нес.*, з : ж 14,17
 нагрузи́ть(ся) *сов.*, з : ж 14,17
Грузи́ть[7] *нес.*, *п.*, з : ж 14,17
 погрузи́ть *сов.*, *п.*, з : ж 14,17
Грузне́ть *нес.* 3
 погрузне́ть *сов.* 3
Группирова́ть(ся) *нес.* 53
 сгруппирова́ть(ся) *сов.* 53
Грусти́ть *нес.*, ст : щ 14
Грызть *нес.*, *п.* 7
 разгры́зть *сов.*, *п.* 7
Гры́зться *нес.* 7
Грязни́ть(ся) *нес.* 13
 загрязни́ть(ся) *сов.* 13
 нагрязни́ть *сов.*, *п.* 13
Гря́нуть(ся) *нес.* 41
Губи́ть *нес.*, *п.*, б : бл 18
 погуби́ть *сов.*, *п.*, б : бл 18
Гуде́ть *нес.*, д : ж 27
Гульну́ть *сов.* 39
Гуля́ть *нес.* 2
 погуля́ть *сов.* 2
Густе́ть *нес.*, *3е л.* 3
 загусте́ть *сов.*, *3е л.* 3

Д, д

Дава́ть *нес.*, *п.* 55
 дать *сов.*, *п.* 98
Дава́ться *нес.*, *3е л.* 55
 да́ться *сов.*, *3е л.* 98
Дави́ть *нес.*, *п.*, в : вл 18
 раздави́ть *сов.*, *п.*, в : вл 18
 задави́ть *сов.*, *п.*, в : вл 18
Дави́ться *нес.*, в : вл 18
 подави́ться *сов.*, в : вл 18
Дари́ть *нес.*, *п.* 16
 подари́ть *сов.*, *п.* 16
Дармое́дничать *нес.* 1

[1] to commit an offence (*in general*), to sin
[2] to commit an offence against God, to sin
[3] Intransitive.
[4] разгро́мленный
[5] нагромождённый
[6] to load (*as in* грузи́ть ба́ржу 'to load a barge')
[7] to load, to stow as a load (*as in* грузи́ть на ба́ржу 'to load on a barge')

Дарова́ть *нес., п.* 53
Дати́ровать *нес., п.* 54
Дать *сов., п.* 98
  дава́ть *нес., п.* 55
Да́ться *сов., 3е л.* 98
  дава́ться *нес., 3е л.* 55
Дви́гать(ся) *нес.* 1
Дви́нуть(ся) *сов.* 41
Двои́ться *нес., 3е л. и безл.* 13
Двуру́шничать *нес.* 1
Дебати́ровать *нес., п.* 54
Дебоши́рить *нес.* 9
  надебоши́рить *сов.* 9
Дебюти́ровать *нес.* 54
Дева́ть(ся)[1] *нес., сов.* 1
  де́ть(ся)[2] *сов.* 57
Дегради́ровать *нес., сов.* 54
Дегусти́ровать *нес., п.* 54
Дежу́рить *нес.* 9
Дезерти́ровать *нес., сов.* 54
Дезинфици́ровать *нес., сов., п.* 54
Дезинформи́ровать *нес., сов., п.* 54
Дезорганизова́ть *нес., сов., п.* 53
Дезориенти́ровать *нес., сов., п.* 54
Де́йствовать *нес.* 54
  поде́йствовать *сов.* 54
Деклами́ровать *нес., п.* 54
  продеклами́ровать *сов., п.* 54
Деклари́ровать *нес., сов., п.* 54
Декори́ровать *нес., сов., п.* 54
Декрети́ровать *нес., сов., п.* 54
Де́лать(ся) *нес.* 1
  сде́лать(ся) *сов.* 1
Делика́тничать *нес.* 1
Дели́ть(ся) *нес.* 16
  подели́ть[3](ся) *сов.* 16
  раздели́ть[3](ся) *сов.* 16
Демилитаризова́ть *нес., сов., п.* 53
Демобилизова́ть(ся) *нес., сов.* 53
Демонстри́ровать *нес., п.* 54
  продемонстри́ровать *сов., п.* 54
Демонти́ровать *нес., сов., п.* 54
Деморализова́ть *нес., сов., п.* 53
Денационализи́ровать *нес., сов., п.* 54
Деревене́ть *нес.* 3
  одеревене́ть *сов.* 3
Дёргать(ся) *нес.* 1
  дёрнуть*(ся) *сов.* 40
Держа́ть(ся) *нес.* 23
Дерза́ть *нес.* 1
  дерзну́ть *сов.* 39
Дерзи́ть[4] *нес.* 14
  надерзи́ть[4] *сов.* 14
Дерзну́ть *сов.* 39
  дерза́ть *нес.* 1
Дёрнуть*(ся) *сов.* 40
  дёргать(ся) *нес.* 1
Детализи́ровать *нес., сов., п.* 54
Де́ть(ся)[2] *сов.* 57
  дева́ть(ся) *нес.* 1
Дефили́ровать *нес.* 54
Деформи́ровать *нес., сов., п.* 54
Деформи́роваться *нес., сов., 3е л.* 54
Децентрализова́ть *нес., сов., п.* 53
Дешеве́ть *нес., 3е л.* 3
  подешеве́ть *сов., 3е л.* 3
Дешифрова́ть *нес., сов., п.* 53
Диви́ть(ся) *нес.*, **в : вл** 15
  подиви́ть*(ся) *сов.*, **в : вл** 15
Дикта́торствовать *нес.* 54
Диктова́ть *нес., п.* 53
  продиктова́ть *сов., п.* 53
Дире́кторствовать *нес.* 54
Дирижи́ровать *нес.* 54
Дисгармони́ровать *нес.* 54
Дисквалифици́ровать(ся) *нес., сов.* 54

---

[1] Perfective in past tense only.
[2] No participle passive or verbal adverb.
[3] поделённый, разделённый
[4] 1st person singular not used.

Дискредити́ровать *нес.*, *сов.*, *п.* 54
Дискримини́ровать *нес.*, *сов.*, *п.* 54
Дискусси́ровать *нес.*, *п.* 54
Дискути́ровать *нес.*, *п.* 54
Дисциплини́ровать *нес.*, *сов.*, *п.* 54
Дифференци́ровать *нес.*, *сов.*, *п.* 54
Дича́ть *нес.* 1
  одича́ть *сов.* 1
Дичи́ться *нес.* 13
Дли́ться *нес.*, *3ᵉ л.* 13
  продли́ться *сов.*, *3ᵉ л.* 13
{Доба́вить *сов.*, *п.*, в : вл 11
{Добавля́ть *нес.*, *п.* 2
{Добега́ть *нес.* 1
{Добежа́ть *сов.* 96
Добива́ть(ся) *нес.* 1
  доби́ть(ся) *сов.* 66
Добира́ть(ся) *нес.* 1
  добра́ть(ся) *сов.* 69
Доби́ть(ся) *сов.* 66
  добива́ть(ся) *нес.* 1
Добра́сывать *нес.*, *п.* 1
  добро́сить *сов.*, *п.*, с : ш 10
Добра́ть(ся) *сов.* 69
  добира́ть(ся) *нес.* 1
Добре́ть *нес.* 3
  подобре́ть *сов.* 3
Добро́сить *сов.*, *п.*, с : ш 10
  добра́сывать *нес.*, *п.* 1
Добуди́ться *сов.*, д : ж 17
{Добыва́ть *нес.*, *п.* 1
{Добы́ть *сов.*, *п.* 93
Довезти́ *сов.*, *п.* 6
  довози́ть *нес.*, *п.*, з : ж 17
Дове́рить(ся) *сов.* 9
  доверя́ть(ся) *нес.* 2
{Доверша́ть *нес.*, *п.* 1
{Доверши́ть *сов.*, *п.* 3
Доверя́ть(ся) *нес.* 2
  дове́рить(ся) *сов.* 9
Довести́ *сов.*, *п.* 79
  доводи́ть *нес.*, *п.*, д : ж 17
Довести́сь *сов.*, *безл.* 79
Доводи́ть *нес.*, *п.*, д : ж 17
  довести́ *сов.*, *п.* 79
Довоева́ться[1] *сов.* 53
Довози́ть *нес.*, *п.*, з : ж 17
  довезти́ *сов.*, *п.* 6
Доволо́чь *сов.*, *п.* 86
Дово́льствоваться *нес.* 54
{Догада́ться *сов.* 1
{Дога́дываться *нес.* 1
Догляде́ть *сов.*, *п.*, д : ж 27
Догна́ть* *сов.*, *п.* 72
  догоня́ть *нес.*, *п.* 2
{Догова́ривать(ся) *нес.* 1
{Договори́ть(ся) *сов.* 13
Догоня́ть *нес.*, *п.* 2
  догна́ть *сов.*, *п.* 72
{Догора́ть *нес.* 1
{Догоре́ть *сов.* 25
{Догружа́ть *нес.*, *п.* 1
{Догрузи́ть *сов.*, *п.*, з : ж 14 17
{Додава́ть *нес.*, *п.* 55
{Дода́ть *сов.*, *п.* 98
{Доде́лать *сов.*, *п.* 1
{Доде́лывать *нес.*, *п.* 1
{Доду́маться *сов.* 1
{Доду́мываться *нес.* 1
Доеда́ть *нес.*, *п.* 1
  дое́сть *сов.*, *п.* 99
Доезжа́ть *нес.* 1
  дое́хать *сов.* 92
Дое́сть *сов.*, *п.* 99
  доеда́ть *нес.*, *п.* 1
Дое́хать *сов.* 92
  доезжа́ть *нес.* 1
{Дожда́ться *сов.* 32
{Дожида́ться *нес.* 1
{Дожива́ть *нес.*, *п.* 1
{Дожи́ть *сов.*, *п.* 59
Дозва́ниваться *нес.* 1
  дозвони́ться *сов.* 13
Дозва́ться *сов.* 71
{Дозво́лить *сов.*, *п.* 9
{Дозволя́ть *нес.*, *п.* 2
Дозвони́ться *сов.* 13
  дозва́ниваться *нес.* 1

[1] довоюсь

Дознава́ться *нес.* 55
Дозна́ться *сов.* 1
Дозрева́ть *нес.*, $3^{е}$ *л.* 1
Дозре́ть *сов.*, $3^{е}$ *л.* 3
Доигра́ть *сов.*, *п.* 1
Дои́грывать *нес.*, *п.* 1
Доигра́ться *сов.* 1
Доиска́ться *сов.*, ск : щ 48
Дои́скиваться *нес.* 1
Дои́ть *нес.*, *п.* 13, 16
подои́ть *сов.*, *п.* 13, 16
Дои́ться *нес.*, $3^{е}$ *л.* 13, 16
Дойти́ *сов.* 94
доходи́ть *нес.*, д : ж 17
Доказа́ть *сов.*, *п.*, з : ж 46
Дока́зывать *нес.*, *п.* 1
Дока́нчивать *нес.*, *п.* 1
доко́нчить *сов.*, *п.* 12
Дока́пываться *нес.* 1
докопа́ться *сов.* 1
Докати́ть(ся) *сов.*, т : ч 17
Дока́тывать(ся) *нес.* 1
Докла́дывать(ся) *нес.* 1
доложи́ть(ся) *сов.* 16
Докона́ть *сов.*, *п.* 1
Доко́нчить *сов.*, *п.* 12
дока́нчивать *нес.*, *п.* 1
Докопа́ться *сов.* 1
дока́пываться *нес.* 1
Докрича́ться *сов.* 22
Докуча́ть *нес.* 1
Долби́ть *нес.*, *п.*, б : бл 15
продолби́ть *сов.*, *п.*, б : бл 15
Долета́ть *нес.* 1
Долете́ть *сов.*, т : ч 27
Долива́ть *нес.*, *п.* 1
Доли́ть *сов.*, *п.* 66
Доложи́ть(ся) *сов.* 16
докла́дывать(ся) *нес.* 1
Домини́ровать *нес.* 54
Домовни́чать *нес.* 1
Домога́ться *нес.* 1
Домча́ть(ся) *сов.* 22
Дона́шивать *нес.*, *п.* 1
доноси́ть *сов.*, *п.*, с : ш 17

Донести́(сь) *сов.* 6
доноси́ть[1](ся) *нес.*, с : ш 17
Донима́ть *нес.*, *п.* 1
доня́ть *сов.*, *п.* 76
Донкихо́тствовать *нес.* 54
Доноси́ть *сов.*, *п.*, с : ш 17
дона́шивать *нес.*, *п.* 1
Доноси́ть[1](ся) *нес.*, с : ш 17
донести́(сь) *сов.* 6
Доня́ть *сов.*, *п.* 76
донима́ть *нес.*, *п.* 1
Допека́ть *нес.*, *п.* 1
допе́чь *сов.*, *п.* 86
Допеча́тать *сов.*, *п.* 1
Допеча́тывать *нес.*, *п.* 1
Допе́чь *сов.*, *п.* 86
допека́ть *нес.*, *п.* 1
Допива́ть(ся) *нес.* 1
допи́ть(ся) *сов.* 66
Дописа́ть(ся) *сов.*, с : ш 46
Допи́сывать(ся) *нес.* 1
Допи́ть(ся) *сов.* 66
допива́ть(ся) *нес.* 1
Доплати́ть *сов.*, *п.*, т : ч 17
Допла́чивать *нес.*, *п.* 1
Доплести́сь *сов.* 80
Доплыва́ть *нес.* 1
Доплы́ть *сов.* 59
Допо́лнить *сов.*, *п.* 12
Дополня́ть *нес.*, *п.* 2
Допра́шивать(ся) *нес.* 1
Допроси́ть(ся) *сов.*, с : ш 17
Допуска́ть *нес.*, *п.* 1
Допусти́ть *сов.*, *п.*, ст : щ 17
Допыта́ться *сов.* 1
Допы́тываться *нес.* 1
Дораба́тывать(ся) *нес.* 1
Дорабо́тать(ся) *сов.* 1
Дороста́ть *нес.* 1
Дорасти́ *сов.* 84
Дорва́ться *сов.* 32
дорыва́ться *нес.* 1
Дорисова́ть *сов.*, *п.* 53
Дорисо́вывать *нес.*, *п.* 1
Дорожа́ть *нес.*, $3^{е}$ *л.* 1
подорожа́ть *сов.*, $3^{е}$ *л.* 1

[1] доноси́мый

Дорожи́ть *нес.* 13
Дорыва́ться *нес.* 1
дорва́ться *сов.* 32
Досади́ть *сов.*, **д : ж** 14
досажда́ть *нес.* 1
Доса́довать *нес.* 54
Досажда́ть *нес.* 1
досади́ть *сов.*, **д : ж** 14
{Досказа́ть *сов.*, *п.*, **з : ж** 46
{Доска́зывать *нес.*, *п.* 1
{Доскака́ть *сов.*, **к : ч** 48
{Доска́кивать *нес.* 1
Досла́ть *сов.*, *п.* 73
досыла́ть *нес.*, *п.* 1
{Дослу́живаться *нес.* 1
{Дослужи́ться *сов.* 16
{Дослу́шать *сов.*, *п.* 1
{Дослу́шивать *нес.*, *п.* 1
Доспа́ть *сов.*, *п.*, **п : пл** 24
досыпа́ть *нес.* 1
Достава́ть(ся) *нес.* 55
доста́ть(ся) *сов.* 56
{Доста́вить *сов.*, *п.*, **в : вл** 11
{Доставля́ть *нес.*, *п.* 2
Доста́ть(ся) *сов.* 56
достава́ть(ся) *нес.* 55
{Достига́ть *нес.* 1
{Дости́гнуть *сов.* 43
{Дости́чь[1] *сов.* 43
Достуча́ться *сов.* 22
Досыла́ть *нес.*, *п.* 1
досла́ть *сов.*, *п.* 73
Досыпа́ть *нес.*, *п.* 1
доспа́ть *сов.*, *п.*, **п : пл** 24
{Досыпа́ть *нес.*, *п.* 1
{Досы́пать *сов.*, *п.*, **п : пл** 50
{Дота́скивать *нес.*, *п.* 1
{Дотащи́ть *сов.*, *п.* 16
Дотащи́ться *сов.* 16
{Дотра́гиваться *нес.* 1
{Дотро́нуться *сов.* 41

{Дотя́гивать(ся) *нес.* 1
{Дотяну́ть(ся) *сов.* 42
{Доу́чивать(ся) *нес.* 1
{Доучи́ть(ся) *сов.* 16
Доха́живать *нес.* 1
Дохну́ть *сов.* 39
Доходи́ть *нес.*, **д : ж** 17
дойти́ *сов.* 94
Дразни́ть[2] *нес.*, *п.* 16
Драматизи́ровать *нес.*, *сов.*, *п.* 54
Драпирова́ть(ся) *нес.* 53
задрапирова́ть(ся) *сов.* 53
Дра́ться *нес.* 69
подра́ться *сов.* 69
Дребезжа́ть *нес.*, *3ᵉ л.* 22
Дре́йфить *нес.*, **ф : фл** 11
сдре́йфить *сов.*, **ф : фл** 11
Дрема́ть *нес.*, **м : мл** 51
Дрема́ться *нес.*, *безл.*,**м : мл** 51
Дрессирова́ть *нес.*, *п.* 53
вы́дрессировать *сов.*, *п.* 54
Дроби́ть[3] *нес.*, *п.*, **б : бл** 15
раздроби́ть[4] *сов.*, *п.*, **б : бл** 15
Дроби́ться *нес.*, *3ᵉ л.* 15
раздроби́ться *нес.*, *3ᵉ л.* 15
Дро́гнуть[5] *нес.* 43
Дро́гнуть[6] *сов.* 40
Дрожа́ть *нес.* 22
Дружи́ть *нес.* 16
{Дры́гать *нес.* 1
{Дры́гнуть *сов.* 40
Дряхле́ть *нес.* 3
одряхле́ть *сов.* 3
Дубли́ровать *нес.*, *п.* 54
Дуде́ть[7] *нес.* 27
Ду́мать *нес.* 1
поду́мать *сов.* 1
Ду́маться *нес.*, *безл.* 1
Ду́нуть *сов.* 41
дуть *нес.* 4

---

[1] All forms obtained in same way as from дости́гнуть.
[2] дразни́мый
[3] дроби́мый
[4] раздро́бленный & раздроблённый
[5] to be chilled; to shiver
[6] to shake; to flinch
[7] 1st person singular not used.

Дура́чить *нес.*, *п.* 9
  одура́чить *сов.*, *п.* 9
Дура́читься *нес.* 9
Дуре́ть *нес.* 3
  одуре́ть *сов.* 3
Дури́ть *нес.* 13
Дурма́нить *нес.*, *п.* 9
  одурма́нить *сов.*, *п.* 9
Дурне́ть *нес.* 3
  подурне́ть *сов.* 3
Дуть *нес.* 4
  ду́нуть *сов.* 41
Ду́ться *нес.* 4
Души́ть[1] *нес.*, *п.* 16
  задуши́ть *сов.*, *п.* 16
Души́ть(ся) *нес.* 16
  надуши́ть(ся) *сов.* 16
Дыми́ть *нес.*, **м : мл** 15
  надыми́ть *сов.*, **м : мл** 15
Дыми́ться *нес.*, *3е л.* 15
Дыхну́ть *сов.* 39
Дыша́ть *нес.* 23
Дыша́ться *нес.*, *безл.* 23

Е, е

Европеизи́ровать(ся) *нес.*, *сов.* 54
Егози́ть *нес.*, **з : ж** 14
Единобо́рствовать *нес.* 54
Ёжиться *нес.* 9
  съёжиться *сов.* 9
Ездить *нес.*, **д : ж** 10
Ело́зить *нес.*, **з : ж** 10
Ерепе́ниться *нес.* 9
  взъерепе́ниться *сов.* 9
Ёрзать *нес.* 1
Ерши́ться *нес.* 13
Есть *нес.*, *п.* 99
  съесть *сов.*, *п.* 99
Ехать *нес.* 92
Ехи́дничать *нес.* 1
  съехи́дничать *сов.* 1

Ж, ж

Жа́дничать *нес.* 1
  пожа́дничать *сов.* 1
Жа́ждать *нес.* 3
Жале́ть *нес.*, *п.* 3
  пожале́ть *сов.*, *п.* 3
Жа́лить *нес.*, *п.* 9
  ужа́лить *сов.*, *п.* 9
Жа́ловаться *нес.* 54
  пожа́ловаться *сов.* 54
Жа́рить(ся) *нес.* 9
  зажа́рить(ся) *сов.* 9
  изжа́рить(ся) *сов.* 9
Жать *нес.*, *п.* 60
  сжать[3] *сов.*, *п.* 60
Жа́ть(ся) *нес.* 62
  сжа́ть(ся)[2] *сов.* 62
Ждать *нес.*, *п.* 32
Жева́ть[4] *нес.*, *п.* 53
Жела́ть *нес.*, *п.* 1
  пожела́ть *сов.*, *п.* 1
Желте́ть *нес.* 3
  пожелте́ть *сов.* 3
Желте́ться *нес.*, *3е л.* 3
Жема́ниться *нес.* 9
Жени́ть(ся) *нес.* 16
  пожени́ть(ся) *сов.* 16
Жереби́ться *нес.*, *3е л.* 15
  ожереби́ться *сов.*, *3е л.* 15
Же́ртвовать *нес.*, *п.* 54
  поже́ртвовать *сов.*, *п.* 54
Жестикули́ровать *нес.* 54
Жечь *нес.*, *п.* 90
Же́чься *нес.*, *3е л.* 90
Жи́литься *нес.* 9
Жире́ть *нес.* 3
  ожире́ть *сов.* 3
  разжире́ть *сов.* 3
Жить *нес.* 59
Жи́ться *нес.*, *3е л.* 59
Жму́риться *нес.* 9
  зажму́риться *сов.* 9
Жонгли́ровать *нес.* 54

---

[1] души́мый
[2] сожму́(сь); сожми́(сь)
[3] сожну́; сожни́
[4] жую́, жуёшь

Жрать *нес., п.* 32
сожрáть *сов., п.* 32
Жужжáть *нес.* 22
Жýльничать *нес.* 1
сжýльничать *сов.* 1
Журúть *нес., п.* 13
Журчáть *нес.,* $3^{е}$ *л.* 22

З, з

Заарка́нить *сов., п.* 9
Заартáчиться *сов.* 9
Заасфальтúровать *сов., п.* 54
Забавля́ть(ся) *нес.* 2
Забаллотúровать *сов., п.* 54
Забальзамúровать *сов., п.* 54
Забаррикадúровать(ся) *сов.* 54
Забастовáть *сов.* 53
Забегáть *нес.* 1
забежáть *сов.* 96
Забéгаться *нес.* 1
Забежáть *сов.* 96
забегáть *нес.* 1
{Забéливать *нес., п.* 1
{Забелúть *сов., п.* 13, 16
Заберéменеть *сов.* 3
Забеспокóиться *сов.* 19
Забетонúровать *сов., п.* 54
Забивáть(ся) *нес.* 1
забúть(ся) *сов.* 66
Забинтовáть(ся) *сов.* 53
Забирáть(ся) *нес.* 1
забрáть(ся) *сов.* 69
Забúть(ся) *сов.* 66
забивáть(ся) *нес.* 1
Заблагорассýдиться *сов., безл.* 10
Заблестéть *сов.,* ст : щ 27, 52
Заблудúться *сов.,* д : ж 17
Заблуждáться *нес.* 1
Забодáть *сов., п.* 1
Заболáчиваться *нес.,* $3^{е}$ *л.* 1
заболóтиться *сов.,* $3^{е}$ *л.* 10
{Заболевáть *нес.* 1
{Заболéть *сов.* 3

Заболéть *сов.,* $3^{е}$ *л.* 25
Заболóтиться *сов.,* $3^{е}$ *л.* 10
заболáчиваться *нес.,* $3^{е}$ *л.* 1
Заборонúть *сов., п.* 13
Забóтиться *нес.,* т : ч 10
позабóтиться *сов.,* т : ч 10
Забраковáть *сов., п.* 53
Забрáсывать[1] *нес., п.* 1
забросáть *сов., п.* 1
Забрáсывать[2] *нес., п.* 1
забрóсить *сов., п.,* с : ш 10
Забрáть(ся) *сов.* 69
забирáть(ся) *нес.* 1
Забредáть *нес.* 1
забрестú *сов.* 79
Забрéзжить *сов.,* $3^{е}$ *л.* 12
Забрестú *сов.* 79
забредáть *нес.* 1
{Забривáть *нес., п.* 1
{Забрúть *сов., п.* 63
Забронúровать *сов., п.* 54
Забросáть *сов., п.* 1
забрáсывать[1] *нес., п.* 1
Забрóсить *сов., п.,* с : ш 10
забрáсывать[2] *нес., п.* 1
{Забрызгать *сов., п.* 1
{Забрызгивать *нес., п.* 1
{Забывáть(ся) *нес.* 1
{Забы́ть(ся) *сов.* 93
Завáжничать *сов.* 1
{Завáливать(ся) *нес.* 1
{Завалúть(ся) *сов.* 16
Заваля́ться *сов.,* $3^{е}$ *л.* 2
{Завáривать *нес., п.* 1
{Заварúть *сов., п.* 16
{Завáриваться *нес.,* $3^{е}$ *л.* 1
{Заварúться *сов.,* $3^{е}$ *л.* 16
Завéдовать *нес.* 54
Завезтú *сов., п.* 6
завозúть *нес., п.,* з : ж 17
Завербовáть *сов., п.* 53
Завéрить *сов., п.* 9
заверя́ть *нес., п.* 2
Завернýть(ся) *сов.* 39
завёртывать(ся) *нес.* 1

[1] to cover, to fill (with)
[2] to throw far away

Завора́чивать(ся) *нес.* 1
Заверте́ть(ся) *сов.*, т : ч 31
Завёртывать(ся) *нес.* 1
заверну́ть(ся) *сов.* 39
{Заверша́ть *нес.*, *п.* 1
{Заверши́ть *сов.*, *п.* 13
{Заверша́ться *нес.*, *3^е л.* 1
{Заверши́ться *сов.*, *3^е л.* 13
Заверя́ть *нес.*, *п.* 2
заве́рить *сов.*, *п.* 9
Заве́сить(ся) *сов.*, с : ш 10
заве́шивать(ся) *нес.* 1
Завести́ *сов.*, *п.* 79
заводи́ть *нес.*, *п.*, д : ж 17
Завести́сь *сов.*, *3^е л.* 79
заводи́ться *нес.*, *3^е л.* 17
{Заве́шать *сов.*, *п.* 1
{Заве́шивать *нес.*, *п.* 1
Заве́шивать(ся) *нес.* 1
заве́сить(ся) *сов.*, с : ш 10
Завеща́ть *нес.*, *сов.*, *п.* 1
Завива́ть(ся) *нес.* 1
зави́ть(ся) *сов.* 66
Зави́довать *нес.* 54
позави́довать *сов.* 54
Завизи́ровать *сов.*, *п.* 54
{Завинти́ть[1] *сов.*, *п.*, т : ч 14
{Зави́нчивать *нес.*, *п.* 1
Завира́ться *нес.* 1
завра́ться *сов.* 32
Зави́сеть *нес.*, с : ш 28
Зави́ть(ся) *сов.* 66
завива́ть(ся) *нес.* 1
{Завладева́ть *нес.* 1
{Завладе́ть *сов.* 3
{Завлека́ть *нес.*, *п.* 1
{Завле́чь *сов.*, *п.* 86
Заводи́ть[2] *нес.*, *п.*, д : ж 17
завести́ *сов.*, *п.* 79
Заводи́ться *нес.*, *3^е л.* 17
завести́сь *сов.*, *3^е л.* 79
{Завоева́ть[3] *сов.*, *п.* 53
{Завоёвывать *нес.*, *п.* 1

Завози́ть *нес.*, *п.*, з : ж 17
завезти́ *сов.*, *п.* 6
Завола́кивать *нес.*, *п.* 1
заволо́чь *сов.*, *п.* 86
Завола́киваться *нес.*, *3^е л.* 1
заволо́чься *сов.*, *3^е л.* 86
Заволнова́ться *сов.* 53
Заволо́чь *сов.*, *п.* 86
завола́кивать *нес.*, *п.* 1
Заволо́чься *сов.*, *3^е л.* 86
завола́киваться *нес.*, *3^е л.* 1
Завопи́ть *сов.*, п : пл 15
Завора́чивать(ся) *нес.* 1
заверну́ть(ся) *сов.* 39
Заворожи́ть *сов.*, *п.* 13
Завра́ться *сов.* 32
завира́ться *нес.* 1
За́втракать *нес.* 1
поза́втракать *сов.* 1
Завуали́ровать *сов.*, *п.* 54
Завыва́ть *нес.* 1
{Завы́сить *сов.*, *п.*, с : ш 10
{Завыша́ть *нес.*, *п.* 1
Завы́ть *сов.* 64
Завяза́ть *сов.*, *п.*, з : ж 46
завя́зывать *нес.*, *п.* 1
Завяза́ться *сов.*, *3^е л.*, з : ж 46
завя́зываться *нес.*, *3^е л.* 1
Завя́знуть *сов.* 43
Завя́зывать *нес.*, *п.* 1
завяза́ть *сов.*, *п.*, з : ж 46
Завя́зываться *нес.*, *3^е л.* 1
завяза́ться *сов.*, *3^е л.* 46
Завя́нуть *сов.* 45
{Загада́ть *сов.*, *п.* 1
{Зага́дывать *нес.*, *п.* 1
{Зага́дить *сов.*, *п.*, д : ж 10
{Зага́живать *нес.*, *п.* 1
Загиба́ть *нес.*, *п.* 1
загну́ть *сов.*, *п.* 39
Загиба́ться *нес.*, *3^е л.* 1
загну́ться *сов.*, *3^е л.* 39
Загипнотизи́ровать *сов.*, *п.* 54

---

[1] зави́нченный
[2] заводи́мый
[3] завою́ю

Загла́дить *сов.*, *п.*, д : ж	10
Загла́живать *нес.*, *п.*	1
Загло́хнуть *сов.*	43
Заглуша́ть *нес.*, *п.*	1
Заглуши́ть *сов.*, *п.*	13
Загляде́ться *сов.*, д : ж	27
загля́дываться *нес.*	1
Загля́дывать *нес.*	1
Загляну́ть *сов.*	42
Загна́ть *сов.*, *п.*	72
загоня́ть *нес.*, *п.*	2
Загнива́ть *нес.*, *3е л.*	1
Загни́ть *сов.*, *3е л.*	5
Загнои́ться *сов.*, *3е л.*	13
Загну́ть *сов.*, *п.*	39
загиба́ть *нес.*, *п.*	1
Загну́ться *сов.*, *3е л.*	39
загиба́ться *нес.*, *3е л.*	1
Загова́ривать(ся) *нес.*	1
Заговори́ть(ся) *сов.*	13
Загоня́ть *нес.*, *п.*	2
загна́ть *сов.*, *п.*	72
Загора́живать(ся) *нес.*	1
загороди́ть(ся) *сов.*, д : ж	14, 17
Загора́ть(ся) *нес.*	1
Загоре́ть(ся) *сов.*	25
Загорди́ться *сов.*, д : ж	14
Загороди́ть(ся) *сов.*, д : ж	14, 17
загора́живать(ся) *нес.*	1
Загости́ться *сов.*, ст : щ	14
Загота́вливать *нес.*, *п.*	1
Загото́вить *сов.*, *п.*, в : вл	11
Заготовля́ть *нес.*, *п.*	2
Заграба́стать *сов.*, *п.*	1
Заграба́стывать *нес.*, *п.*	1
Загради́ть[1] *сов.*, *п.*, д:ж:жд	14
Загражда́ть *нес.*, *п.*	1
Загреба́ть *нес.*, *п.*	1
загрести́ *сов.*, *п.*	82
Загреме́ть *сов.*, м : мл	26
Загрести́ *сов.*, *п.*	82
загреба́ть *нес.*, *п.*	1
Загримирова́ть(ся) *сов.*	53
Загроможда́ть *нес.*, *п.*	1
Загромозди́ть[2] *сов.*, *п.*, д : ж : жд	14
Загрубе́ть *сов.*	3
Загружа́ть *нес.*, *п.*	1
Загрузи́ть *сов.*, *п.*, з : ж	14, 17
Загрусти́ть *сов.*, ст : щ	14
Загры́зть *сов.*, *п.*	7
Загрязни́ть *сов.*, *п.*	13
Загрязня́ть *нес.*, *п.*	2
Загрязни́ться *сов.*, *3е л.*	13
Загрязня́ться *нес.*, *3е л.*	2
Загуби́ть *сов.*, *п.*, б : бл	18
Загуля́ть[3](ся) *сов.*	2
Загусте́ть *сов.*, *3е л.*	3
Зада́бривать *нес.*, *п.*	1
задо́брить *сов.*, *п.*	12
Задава́ть(ся) *нес.*	55
зада́ть(ся) *сов.*	98
Задави́ть *сов.*, *п.*, в : вл	18
Зада́ривать *нес.*, *п.*	1
Задари́ть *сов.*, *п.*	13, 16
Зада́ть(ся) *сов.*	98
задава́ть(ся) *нес.*	55
Задви́гаться *сов.*	1
Задвига́ть *нес.*, *п.*	1
Задви́нуть *сов.*, *п.*	41
Задева́ть *нес.*, *п.*	1
заде́ть *сов.*, *п.*	57
Заде́лать *сов.*, *п.*	1
Заде́лывать *нес.*, *п.*	1
Задержа́ть(ся) *сов.*	23
Заде́рживать(ся) *нес.*	1
Задёргать(ся) *сов.*	1
Задёргивать *нес.*, *п.*	1
Задёрнуть *сов.*, *п.*	40
Задёргиваться *нес.*, *3е л.*	1
Задёрнуться *сов.*, *3е л.*	40
Заде́ть *сов.*, *п.*	57
задева́ть *нес.*, *п.*	1
Задира́ть *нес.*, *п.*	1
задра́ть *сов.*, *п.*	69
Задира́ться *нес.*	1
задра́ться *сов.*, *3е л.*	69

[1] заграждённый
[2] загромождённый
[3] Intransitive.

Задóбрить *сов.*, *п.*	12
задáбривать *нес.*, *п.*	1
Задолжáть *сов.*, *п.*	1
Задохнýться *сов.*	39
задыхáться *нес.*	1
Задразнúть *сов.*, *п.*	16
Задрапировáть(ся) *сов.*	53
Задрáть *сов.*, *п.*	69
задирáть *нес.*, *п.*	1
Задрáться *сов.*, $3^е$ *л.*	69
задирáться *нес.*	1
Задремáть *сов.*, **м : мл**	51
Задрожáть *сов.*	22
Задувáть *нес.*, *п.*	1
задýть *сов.*, *п.*	4
{ Задýмать(ся) *сов.*	1
{ Задýмывать(ся) *нес.*	1
Задýть *сов.*, *п.*	4
задувáть *нес.*, *п.*	1
Задушúть *сов.*, *п.*	16
Задымúть *сов.*, **м : мл**	15
Задымúться *сов.*, $3^е$ *л.*	15
Задыхáться *нес.*	1
задохнýться *сов.*	39
Задышáть *сов.*	23
Заедáть *нес.*, *п.*	1
заéсть *сов.*, *п.*	99
Заéздить[1] *сов.*, *п.*, **д : ж**	10
Заезжáть *нес.*	1
заéхать *сов.*	92
Заéсть *сов.*, *п.*	99
заедáть *нес.*, *п.*	1
Заéхать *сов.*	92
заезжáть *нес.*	1
Зажáрить(ся) *сов.*	9
Зажáть *сов.*, *п.*	62
зажимáть *нес.*, *п.*	1
Заждáться *сов.*	32
{ Зажéчь(ся) *сов.*	90
{ Зажигáть(ся) *нес.*	1
Заживáть *нес.*, $3^е$ *л.*	1
зажúть *сов.*, $3^е$ *л.*	59
{ Зажúливать *нес.*, *п.*	1
{ Зажúлить *сов.*, *п.*	9
Зажимáть *нес.*, *п.*	1
зажáть *сов.*, *п.*	62
Зажúть *сов.*, $3^е$ *л.*	59
заживáть *нес.*, $3^е$ *л.*	1
Зажúться *сов.*, $3^е$ *л.*	59
Зажмýрить(ся) *сов.*	9
Зажурчáть *сов.*, $3^е$ *л.*	22
Зазвáть *сов.*, *п.*	71
зазывáть *нес.*, *п.*	1
Зазвенéть *сов.*	25
Зазвонúть *сов.*	13
Зазевáться *сов.*	1
Зазеленéть *сов.*, $3^е$ *л.*	3
Зазеленúть *сов.*, *п.*	13
{ Заземлúть *сов.*, *п.*	13
{ Заземлять *нес.*, *п.*	2
{ Заземлúться *сов.*, $3^е$ *л.*	13
{ Заземляться *нес.*, $3^е$ *л.*	2
Зазимовáть *сов.*	53
{ Зазнавáться *нес.*	55
{ Зазнáться *сов.*	1
Зазубрúть[2] *сов.*, *п.*	13, 16
Зазывáть *нес.*, *п.*	1
зазвáть *сов.*, *п.*	71
{ Заигрáть(ся) *сов.*	1
{ Заúгрывать(ся) *нес.*	1
{ Заикáться *нес.*	1
{ Заикнýться *сов.*	39
Заúмствовать *нес.*	54
позаúмствовать *сов.*	54
Заúмствоваться *нес.*, $3^е$ *л.*	54
Заúндеветь *сов.*	3
{ Заинтересовáть(ся) *сов.*	53
{ Заинтересóвывать(ся) *нес.*	1
Заинтриговáть *сов.*, *п.*	53
Заúскивать *нес.*	1
Зайтú *сов.*	94
заходúть *нес.*, **д : ж**	17
Зайтúсь *сов.*, $3^е$ *л.*	94
заходúться *нес.*, $3^е$ *л.*	17
{ Закабалúть(ся) *сов.*	13
{ Закабалять(ся) *нес.*	2
{ Заказáть *сов.*, *п.*, **з : ж**	46
{ Закáзывать *нес.*, *п.*	1

[1] заéзди
[2] зазýбренный

Verb	Table
Зака́иваться *нес.*	1
зака́яться *сов.*	35
Зака́ливать(ся) *нес.*	1
Закали́ть(ся) *сов.*	13
закаля́ть(ся) *нес.*	2
Зака́лывать(ся) *нес.*	1
заколо́ть(ся) *сов.*	38
Закаля́ть(ся) *нес.*	2
зака́ливать(ся) *нес.*	1
закали́ть(ся) *сов.*	13
Зака́нчивать *нес.*, *п.*	1
зако́нчить *сов.*, *п.*	12
Зака́нчиваться *нес.*, *3е л.*	1
зако́нчиться *сов.*, *3е л.*	12
Зака́пать(ся) *сов.*	1
Зака́пывать(ся) *нес.*	1
закопа́ть(ся) *сов.*	1
Зака́рмливать *нес.*, *п.*	1
закорми́ть *сов.*, *п.*, м : мл	18
Заката́ть *сов.*, *п.*	1
зака́тывать *нес.*, *п.*	1
Закати́ть(ся) *сов.*, т : ч	17
зака́тывать(ся) *нес.*	1
Зака́тывать *нес.*, *п.*	7
заката́ть *сов.*, *п.*	1
Зака́тывать(ся) *нес.*	1
закати́ть(ся), *сов.*, т : ч	17
Зака́шлять[1](ся) *сов.*	2
Зака́яться *сов.*	35
зака́иваться *нес.*	1
Заква́сить *сов.*, *п.*, с : ш	10
Заква́шивать *нес.*, *п.*	1
Закида́ть *сов.*, *п.*	1
Заки́дывать *нес.*, *п.*	1
Заки́нуть *сов.*, *п.*	41
Закипа́ть *нес.*, *3е л.*	1
Закипе́ть *сов.*, *3е л.*	26
Закиса́ть *нес.*, *3е л.*	1
Заки́снуть *сов.*, *3е л.*	43
Закла́дывать *нес.*, *п.*	1
заложи́ть *сов.*, *п.*	16
Заклева́ть[2] *сов.*, *п.*	53
Заклёвывать *нес.*, *п.*	1
Закле́ивать *нес.*, *п.*	1
Закле́ить *сов.*, *п.*	19
Заклейми́ть[3] *сов.*, *п.*, м : мл	15
Заклепа́ть *сов.*, *п.*	1
Заклёпывать *нес.*, *п.*	1
Заклина́ть *нес.*, *п.*	1
Заклуби́ться *сов.*, *3е л.*	15
Заключа́ть *нес.*, *п.*	1
заключи́ть *сов.*, *п.*	13
Заключа́ться *нес.*, *3е л.*	1
Заключи́ть *сов.*, *п.*	13
заключа́ть *нес.*, *п.*	1
Закля́сться[4] *сов.*	81
Закова́ть[5] *сов.*, *п.*	53
Зако́вывать *нес.*, *п.*	1
Закола́чивать *нес.*, *п.*	1
заколоти́ть *сов.*, *п.*, т : ч	17
Заколдова́ть *сов.*, *п.*	53
Заколдо́вывать *нес.*, *п.*	1
Заколоти́ть *сов.*, *п.*, т : ч	17
закола́чивать *нес.*, *п.*	1
Заколо́ть(ся) *сов.*	38
зака́лывать(ся) *нес.*	1
Законопа́тить *сов.*, *п.*, т : ч	10
Законсерви́ровать *сов.*, *п.*	54
Законспекти́ровать *сов.*, *п.*	54
Законспири́ровать *сов.*, *п.*	54
Законтрактова́ть *сов.*, *п.*	53
Зако́нчить *сов.*, *п.*	12
зака́нчивать *нес.*, *п.*	1
Зако́нчиться *сов.*, *3е л.*	12
зака́нчиваться *нес.*, *3е л.*	1
Закопа́ть(ся) *сов.*	1
зака́пывать(ся) *нес.*	1
Закопоши́ться *сов.*	13
Закопте́ть *сов.*, *3е л.*	7
Закопти́ть *сов.*, *п.*, т : ч	14
Закопти́ться *сов.*, т : ч	14
Закорми́ть *сов.*, *п.*, м : мл	18
зака́рмливать *нес.*, *п.*	1
Закосне́ть *сов.*	3
Закочене́ть *сов.*	3

[1] Intransitive.
[2] заклюю, заклюёшь
[3] заклеймённый
[4] Only past tense used.
[5] закую, закуёшь

Закра́дываться *нес.* 1
  закра́сться *сов.* 78

Закра́ивать *нес.*, *п.* 1
  закрои́ть *сов.*, *п.* 13

Закра́сить *сов.*, *п.*, с : ш 10
  закра́шивать *нес.*, *п.* 1

Закрасне́ть[1](ся) *сов.* 3

Закра́сться *сов.* 78
  закра́дываться *нес.* 1

Закра́шивать *нес.*, *п.* 1
  закра́сить *сов.*, *п.*, с : ш 10

{Закрепи́ть(ся) *сов.*, п : пл 15
{Закрепля́ть(ся) *нес.* 2

{Закрепости́ть *сов.*, *п.*, ст : щ 14
{Закрепоща́ть *нес.*, *п.* 1

Закристаллизова́ть(ся) *сов.*, 3^e *л.* 53

Закрича́ть *сов.* 22

Закрои́ть *сов.*, *п.* 13
  закра́ивать *нес.*, *п.* 1

{Закругли́ть(ся) *сов.* 13
{Закругля́ть(ся) *нес.* 2

Закружи́ть(ся) *сов.* 13, 16

{Закрути́ть *сов.*, *п.*, т : ч 17
{Закру́чивать *нес.*, *п.* 1

{Закрути́ться *сов.*, 3^e *л.* 17
{Закру́чиваться *нес.*, 3^e *л.* 1

{Закрыва́ть(ся) *нес.* 1
{Закры́ть(ся) *сов.* 64

{Закупа́ть *нес.*, *п.* 1
{Закупи́ть *сов.*, *п.*, п : пл 18

{Заку́поривать *нес.*, *п.* 1
{Заку́порить *сов.*, *п.* 12

{Заку́пориваться *нес.*, 3^e *л.* 1
{Заку́пориться *сов.*, 3^e *л.* 12

{Заку́ривать *нес.*, *п.* 1
{Закури́ть *сов.*, *п.* 16

Закури́ться *сов.*, 3^e *л.* 16

Закуса́ть *сов.*, *п.* 1

{Закуси́ть *сов.*, *п.*, с : ш 17
{Заку́сывать *нес.*, *п.* 1

{Заку́тать(ся) *сов.* 1
{Заку́тывать(ся) *нес.* 1

Зала́дить *сов.*, д : ж 10

Зала́мывать *нес.*, *п.* 1
  заломи́ть *сов.*, *п.*, м : мл 18

Заласка́ть *сов.*, *п.* 1

Залега́ть *нес.* 1
  зале́чь *сов.* 91

Заледене́ть *сов.* 3

{Залежа́ться *сов.* 22
{Залёживаться *нес.* 1

{Залеза́ть *нес.* 1
{Зале́зть *сов.* 8

{Залепи́ть *сов.*, *п.*, п : пл 18
{Залепля́ть *нес.*, *п.* 2

{Залета́ть *нес.* 1
{Залете́ть *сов.*, т : ч 27

{Зале́чивать *нес.*, *п.* 1
{Залечи́ть *сов.*, *п.* 16

{Зале́чиваться *нес.*, 3^e *л.* 1
{Залечи́ться *сов.*, 3^e *л.* 16

Зале́чь *сов.* 91
  залега́ть *нес.* 1

{Залива́ть(ся) *нес.* 1
{Зали́ть(ся) *сов.* 66

{Зализа́ть *сов.*, *п.*, з : ж 46
{Зали́зывать *нес.*, *п.* 1

Заложи́ть *сов.*, *п.* 16
  закла́дывать *нес.*, *п.* 1

Заломи́ть *сов.*, *п.*, м : мл 18
  зала́мывать *нес.*, *п.* 1

Залосни́ться *сов.*, 3^e *л.* 13

{Залуча́ть *нес.*, *п.* 1
{Залучи́ть *сов.*, *п.* 13, 16

Залюбова́ться *сов.* 53

{Заля́пать *сов.*, *п.* 1
{Заля́пывать *нес.*, *п.* 1

Зама́зать *сов.*, *п.*, з : ж 49
  зама́зывать *нес.*, *п.* 1

Зама́зать(ся) *сов.*, з : ж 49

Зама́зывать *нес.*, *п.* 1
  зама́зать *сов.*, *п.*, з : ж 49

Зама́ливать *нес.*, *п.* 1
  замоли́ть[2] *сов.*, *п.* 16

Зама́лчивать *нес.*, *п.* 1
  замолча́ть *сов.*, *п.* 22

{Зама́нивать *нес.*, *п.* 1
{Замани́ть[3] *сов.*, *п.* 16

---

[1] Intransitive.
[2] замолённый
[3] зама́ненный & заманённый

Замариновá‌ть *сов., п.*	53
Замаскировáть(ся) *сов.*	53
Замáтывать(ся) *нес.*	1
замотáть(ся) *сов.*	1
Замахáть *сов.*, **х : ш**	46
Замáхиваться *нес.*	1
Замахнýться *сов.*	39
Замáчивать *нес., п.*	1
замочúть *сов., п.*	16
Замéдлить *сов., п.*	12
Замедлять *нес., п.*	2
Замéдлиться *сов., $3^е$ л.*	12
Замедляться *нес., $3^е$ л.*	2
Заменúть[1] *сов., п.*	16
Заменять *нес., п.*	2
Замерéть *сов.*	68
замирáть *нес.*	1
Замерзáть *нес.*	1
Замёрзнуть[2] *сов.*	43
Замесúть *сов., п.*, **с : ш**	17
замéшивать *нес., п.*	1
Заместú *сов., п.*	80
заметáть *нес., п.*	1
Заместúть *сов., п.*, **ст : щ**	14
замещáть *нес., п.*	1
Заметáть *нес., п.*	1
заместú *сов., п.*	80
Заметáть *нес., п.*, **т : ч**	48
заместú *сов., п.*	80
Заметáться *сов.*, **т : ч**	48
Замéтить *сов., п.*, **т : ч**	10
Замечáть *нес., п.*	1
Замечáться *нес., $3^е$ л.*	1
Замечтáться *сов.*	1
Замешáть(ся) *сов.*	1
замéшивать[3]**(ся)** *нес.*	1
Замéшивать[4] *нес., п.*	1
замесúть *сов., п.*, **с : ш**	17
Замéшивать[3]**(ся)** *нес.*	1
замешáть(ся) *сов.*	1
Замéшкаться *сов.*	1
Замещáть *нес., п.*	1
заместúть *сов., п.*, **ст : щ**	14
Заминáть(ся) *нес.*	1
замять(ся) *сов.*	60
Заминúровать *сов., п.*	54
Замирáть *нес.*	1
замерéть *сов.*	68
Замкнýться *сов.*	39
замыкáться *нес.*	1
Замóлвить[5] *сов., п.*, **в : вл**	11
Замолúть[6] *сов., п.*	16
замáливать *нес., п.*	1
Замолкáть *нес.*	1
Замóлкнуть *сов.*	43
Замолчáть *сов., п.*	22
замáлчивать *нес., п.*	1
Заморáживать *нес., п.*	1
Заморóзить *сов., п.*, **з : ж**	10
Заморúть *сов., п.*	13
Замотáть(ся) *сов.*	1
замáтывать(ся) *нес.*	1
Замочúть *сов., п.*	16
замáчивать *нес., п.*	1
Замуровáть *сов., п.*	53
Замурóвывать *нес., п.*	1
Замусóлить *сов., п.*	9
Замýсорить *сов., п.*	12
Замýсориться *сов., $3^е$ л.*	12
Замутúть *сов., п.*, **т : ч**	14, 17
Замутúться *сов., $3^е$ л.*	14, 17
Замýчить(ся) *сов.*	9
Замывáть *нес., п.*	1
замы́ть *сов., п.*	64
Замы́згать *сов., п.*	1
Замыкáться *нес.*	1
замкнýться *сов.*	39
Замы́слить[7] *сов., п.*	12
замышлять *нес., п.*	2
Замы́ть *сов., п.*	64
замывáть *нес., п.*	1

[1] заменённый
[2] замёрзнувший & замёрзший
[3] to involve (*somebody in something*)
[4] to knead
[5] замóлви
[6] замолённый
[7] замы́шленный

Замышля́ть *нес.*, *п.* 2
замы́слить[1] *сов.*, *п.* 12
Замя́ть(ся) *сов.* 60
замина́ть(ся) *нес.* 1
{Занаве́сить(ся) *сов.*, с : ш 10
{Занаве́шивать(ся) *нес.* 1
Зана́шивать *нес.*, *п.* 1
заноси́ть *сов.*, *п.*, с : ш 17
Зана́шиваться *нес.*, *3е л.* 1
заноси́ться *сов.*, *3е л.* 17
Занеме́ть *сов.* 3
Занемо́чь *сов.* 89
Занести́(сь) *сов.* 6
заноси́ть[2](ся) *нес.*, с : ш 17
{Занижа́ть *нес.*, *п.* 1
{Зани́зить *сов.*, *п.*, з : ж 10
Занима́ть(ся) *нес.* 1
заня́ть(ся) *сов.* 76
Занози́ть* *сов.*, *п.*, з : ж 14
Заноси́ть *сов.*, *п.*, с : ш 17
зана́шивать *нес.*, *п.* 1
Заноси́ться *сов.*, *3е л.* 17
зана́шиваться *нес.*, *3е л.* 1
Заноси́ть[2](ся) *нес.*, с : ш 17
занести́(сь) *сов.* 6
Заночева́ть *сов.* 53
Заны́ть *сов.* 64
Заня́ть(ся) *сов.* 76
занима́ть(ся) *нес.* 1
Заостри́ть *сов.*, *п.* 13
заостря́ть *нес.*, *п.* 2
Заостри́ться *сов.*, *3е л.* 13
заостря́ться *нес.*, *3е л.* 2
Запада́ть *нес.*, *3е л.* 1
запа́сть *сов.*, *3е л.* 78
Запа́здывать *нес.* 1
запозда́ть *сов.* 1
Запа́ивать *нес.*, *п.* 1
запая́ть *сов.*, *п.* 2
{Запакова́ть *сов.*, *п.* 53
{Запако́вывать *нес.*, *п.* 1
Запа́костить[3] *сов.*, *п.*, ст : щ 10
Запали́ть *сов.*, *п.* 13

Запа́мятовать *сов.*, *п.* 54
Запаникова́ть *сов.* 53
{Запа́ривать(ся) *нес.* 1
{Запа́рить(ся) *сов.* 9
Запарши́веть *сов.* 3
Запа́рывать *нес.*, *п.* 1
запоро́ть *сов.*, *п.* 38
{Запаса́ть(ся) *нес.* 1
{Запасти́(сь) *сов.* 6
Запа́сть *сов.*, *3е л.* 78
запада́ть *нес.*, *3е л.* 1
Запатентова́ть *сов.*, *п.* 53
{Запаха́ть *сов.*, *п.*, х : ш 46
{Запа́хивать *нес.*, *п.* 1
{Запа́хивать(ся) *нес.* 1
{Запахну́ть(ся) *сов.* 39
Запа́хнуть *сов.* 43
Запа́чкать(ся) *сов.* 1
Запая́ть *сов.*, *п.* 2
запа́ивать *нес.*, *п.* 1
Запева́ть *нес.*, *п.* 1
запе́ть *сов.*, *п.* 65
Запека́ть *нес.*, *п.* 1
запе́чь *сов.*, *п.* 86
Запека́ться *нес.*, *3е л.* 1
запе́чься *сов.*, *3е л.* 86
Запелена́ть *сов.*, *п.* 1
Запеленгова́ть *сов.*, *п.* 53
Запе́ниться *сов.*, *3е л.* 9
Запере́ть[4](ся) *сов.* 68
запира́ть(ся) *нес.* 1
Запестре́ть *сов.*, *3е л.* 3
Запе́ть *сов.*, *п.* 65
запева́ть *нес.*, *п.* 1
Запеча́тать *сов.*, *п.* 1
запеча́тывать *нес.*, *п.* 1
{Запечатлева́ть(ся) *нес.* 1
{Запечатле́ть[5](ся) *сов.* 3
Запеча́тывать *нес.*, *п.* 1
запеча́тать *сов.*, *п.* 1
Запе́чь *сов.*, *п.* 86
запека́ть *нес.*, *п.* 1

---

[1] замы́шленный
[2] заноси́мый
[3] запа́кости
[4] за́пертый
[5] запечатлённый

Запе́чься *сов.*, 3е *л.* 86
  запека́ться *нес.*, 3е *л.* 1
Запива́ть *нес.*, *п.* 1
  запи́ть *сов.*, *п.* 66
Запина́ться *нес.* 1
  запну́ться *сов.* 39
Запира́ть(ся) *нес.* 1
  запере́ть[1](ся) *сов.* 68
Записа́ть(ся) *сов.*, с : ш 46
Запи́сывать(ся) *нес.* 1
Запи́ть *сов.*, *п.* 66
  запива́ть *нес.*, *п.* 1
Запиха́ть *сов.*, *п.* 1
Запи́хивать *нес.*, *п.* 1
Запихну́ть *сов.*, *п.* 39
Запла́кать *сов.*, к : ч 47
Заплани́ровать *сов.*, *п.* 54
Заплати́ть *сов.*, *п.*, т : ч 17
Заплева́ть[2] *сов.*, *п.* 53
Заплёвывать *нес.*, *п.* 1
Заплеска́ть *сов.*, *п.*, ск : щ 1,48
Запле́сневеть *сов.* 3
Заплести́ *сов.*, *п.* 80
  заплета́ть *нес.*, *п.* 1
Заплести́сь *сов.*, 3е *л.* 80
  заплета́ться *нес.*, 3е *л.* 1
Запломбирова́ть *сов.*, *п.* 53
Заплыва́ть *нес.* 1
Заплы́ть *сов.* 59
Запну́ться *сов.* 39
  запина́ться *нес.* 1
Запода́зривать *нес.*, *п.* 1
Заподо́зрить *сов.*, *п.* 12
Запозда́ть *сов.* 1
  запа́здывать *нес.* 1
Заползáть *нес.* 1
Заползти́ *сов.* 6
Запо́лнить *сов.*, *п.* 12
Заполня́ть *нес.*, *п.* 2
Запо́лниться *сов.*, 3е *л.* 12
Заполня́ться *нес.*, 3е *л.* 2
Заполони́ть *сов.*, *п.* 13
Заполоня́ть *нес.*, *п.* 2
Заполони́ться *сов.*, 3е *л.* 13
Заполоня́ться *нес.*, 3е *л.* 2
Заполучи́ть *сов.*, *п.* 16
Запомина́ть(ся) *нес.* 1
Запо́мнить*(ся) *сов.* 12
Запоро́ть *сов.*, *п.* 38
  запа́рывать *нес.*, *п.* 1
Запороши́ть *сов.*, *п.*, 3е *л.* 13
Запоте́ть *сов.* 3
Запра́вить(ся) *сов.*, в : вл 11
Заправля́ть(ся) *нес.* 2
Запра́шивать *нес.*, *п.* 1
  запроси́ть *сов.*, *п.*, с : ш 17
Запрети́ть *сов.*, *п.*, т : щ 14
Запреща́ть *нес.*, *п.* 1
Заприхо́довать *сов.*, *п.* 54
Запроекти́ровать *сов.*, *п.* 54
Запроки́дывать(ся) *нес.* 1
Запроки́нуть(ся) *сов.* 41
Запроси́ть *сов.*, *п.*, с : ш 17
  запра́шивать *нес.*, *п.* 1
Запротестова́ть *сов.* 53
Запротоколи́ровать *сов.*, *п.* 54
Запруди́ть *сов.*, *п.*, д : ж 14,17
Запру́живать *нес.*, *п.* 1
Запряга́ть *нес.*, *п.* 1
  запря́чь *сов.*, *п.* 88
Запря́тать(ся) *сов.*, т : ч 47
Запря́тывать(ся) *нес.* 1
Запря́чь *сов.*, *п.* 88
  запряга́ть *нес.*, *п.* 1
Запуга́ть *сов.*, *п.* 1
Запу́гивать *нес.*, *п.* 1
Запу́дривать *нес.*, *п.* 1
Запу́дрить *сов.*, *п.* 12
Запуска́ть *нес.*, *п.* 1
Запусти́ть *сов.*, *п.*, ст : щ 17
Запу́тать(ся) *сов.* 1
Запу́тывать(ся) *нес.* 1
Запыла́ть *сов.* 1
Запыли́ть(ся) *сов.* 13
Запыха́ться *сов.* 1
Запыхте́ть *сов.*, т : ч 27
Запятна́ть *сов.*, *п.* 1
Зараба́тывать(ся) *нес.* 1
Зарабо́тать(ся) *сов.* 1

[1] за́пертый
[2] заплюю́, заплюёшь

Зара́внивать *нес.*, *п.* 1
заровня́ть *сов.*, *п.* 2
Заража́ть(ся) *нес.* 1
Зарази́ть(ся) *сов.*, **з : ж** 14
Зарапортова́ться *сов.* 53
Зарасти́ *сов.* 84
Зараста́ть *нес.* 1
Зарва́ться *сов.* 32
зарыва́ться *нес.* 1
Зарде́ться *сов.* 3
Зареве́ть *сов.* 36
Зарегистри́ровать(ся) *сов.* 54
Заре́зать(ся) *сов.*, **з : ж** 49
Зарезерви́ровать *сов.*, *п.* 54
Зарека́ться *нес.* 1
заре́чься *сов.* 86
Зарекомендова́ть *сов.*, *п.* 53
Заре́чься *сов.* 86
зарека́ться *нес.* 1
Заржа́веть *сов.*, $3^е$ *л.* 3
Зарисова́ть *сов.*, *п.* 53
Зарисо́вывать *нес.*, *п.* 1
За́риться *нес.* 9
поза́риться *сов.* 9
Заровня́ть *сов.*, *п.* 2
зара́внивать *нес.*, *п.* 1
Зароди́ться *сов.*, $3^е$ *л.* 14
Зарожда́ться *нес.*, $3^е$ *л.* 1
Зарони́ть *сов.*, *п.* 16
Заруба́ть *нес.*, *п.* 1
Заруби́ть *сов.*, *п.*, **б : бл** 18
Зарубцева́ться *сов.*, $3^е$ *л.* 53
Зарубцо́вываться *нес.*, $3^е$ *л.* 1
Заруми́нить(ся) *сов.* 9
Заруча́ться *нес.* 1
Заручи́ться *сов.* 13
Зарыва́ть(ся) *нес.* 1
зары́ть(ся) *сов.* 64
Зарыва́ться *нес.* 1
зарва́ться *сов.* 32
Зарыда́ть *сов.* 1
Зары́ть(ся) *сов.* 64
зарыва́ть(ся) *нес.* 1
Зарябить *сов.*, $3^е$ *л. и безл.* 15
Заряди́ть(ся) *сов.*, **д : ж** 14,17
Заряжа́ть(ся) *нес.* 1
Засади́ть *сов.*, *п.*, **д : ж** 17
Заса́живать *нес.*, *п.* 1

Заса́живаться *нес.* 1
засе́сть *сов.* 85
Заса́ливать(ся) *нес.* 1
заса́лить(ся) *сов.* 9
Заса́ливать *нес.*, *п.* 1
засоли́ть *сов.*, *п.* 13, 16
Заса́лить(ся) *сов.* 9
заса́ливать(ся) *нес.* 1
Заса́сывать *нес.*, *п.* 1
засоса́ть *сов.*, *п.* 32
Заса́харивать *нес.*, *п.* 1
Заса́харить *сов.*, *п.* 12
Заса́хариваться *нес.*, $3^е$ *л.* 1
Заса́хариться *сов.*, $3^е$ *л.* 12
Засверка́ть *сов.*, $3^е$ *л.* 1
Засвети́ть *сов.*, *п.*, **т : ч** 17
Засвети́ться *сов.*, $3^е$ *л.* 17
Засвиде́тельствовать *сов.*, *п.* 54
Засева́ть *нес.*, *п.* 1
засе́ять *сов.*, *п.* 35
Заседа́ть *нес.* 1
Засека́ть *нес.*, *п.* 1
засе́чь *сов.*, *п.* 86
Засекре́тить *сов.*, *п.*, **т : ч** 10
Засекре́чивать *нес.*, *п.* 1
Засели́ть *сов.*, *п.* 13
Заселя́ть *нес.*, *п.* 2
Засе́сть *сов.* 85
заса́живаться *нес.* 1
Засе́чь *сов.*, *п.* 86
засека́ть *нес.*, *п.* 1
Засе́ять *сов.*, *п.* 35
засева́ть *нес.*, *п.* 1
Засиде́ть *сов.*, *п.*, $3^е$ *л.*, **д : ж** 27
Заси́живать *нес.*, *п.*, $3^е$ *л.* 1
Засиде́ться *сов.*, **д : ж** 27
Заси́живаться *нес.* 1
Засилосова́ть *сов.*, *п.* 53
Заси́нивать *нес.*, *п.* 1
Засини́ть *сов.*, *п.* 13
Засия́ть *сов.* 2
Заска́кивать *нес.* 1
заскочи́ть *сов.* 16
Заскирдова́ть *сов.*, *п.* 53
Заскочи́ть *сов.* 16
заска́кивать *нес.* 1
Заскрежета́ть *сов.*, **т : щ** 48

Заскуча́ть *сов.* 1
Засла́ть *сов.*, *п.* 73
засыла́ть *нес.*, *п.* 1
{Заследи́ть[1] *сов.*, *п.*, д : ж 14
{Засле́живать *нес.*, *п.* 1
{Заслони́ть(ся) *сов.* 13, 16
{Заслоня́ть(ся) *нес.* 2
{Заслу́живать *нес.*, *п.* 1
{Заслужи́ть *сов.*, *п.* 16
{Заслу́шать(ся) *сов.* 1
{Заслу́шивать(ся) *нес.* 1
Заслы́шать[2] *сов.*, *п.* 21
Засма́триваться *нес.* 1
засмотре́ться *сов.* 29
{Засме́ивать *нес.*, *п.* 1
{Засмея́ть *сов.*, *п.* 32
Засмея́ться *сов.* 32
Засмоли́ть *сов.*, *п.* 13
Засмотре́ться *сов.* 29
засма́триваться *нес.* 1
Засну́ть *сов.* 39
засыпа́ть *нес.* 1
Засня́ть *сов.*, *п.* 74
Засо́вывать *нес.*, *п.* 1
засу́нуть *сов.*, *п.* 41
Засоли́ть *сов.*, *п.* 13, 16
заса́ливать *нес.*, *п.* 1
{Засори́ть *сов.*, *п.* 13
{Засоря́ть *нес.*, *п.* 2
{Засори́ться *сов.*, *3^е л.* 13
{Засоря́ться *нес.*, *3^е л.* 2
Засоса́ть *сов.*, *п.* 32
заса́сывать *нес.*, *п.* 1
Засо́хнуть *сов.* 43
засыха́ть *нес.* 1
Заспа́ть(ся) *сов.*, п : пл 24
Заспеши́ть *сов.* 13
{Заспиртова́ть *сов.*, *п.* 53
{Заспирто́вывать *нес.*, *п.* 1
Заспо́рить[3](ся) *сов.* 9
Засрами́ть *сов.*, *п.*, м : мл 15

Застава́ть *нес.*, *п.* 55
заста́ть *сов.*, *п.* 56
{Заста́вить *сов.*, *п.*, в : вл 11
{Заставля́ть *нес.*, *п.* 2
Заста́иваться *нес.* 1
застоя́ться *сов.* 20
Заста́ть *сов.*, *п.* 56
застава́ть *нес.*, *п.* 55
{Застёгивать(ся) *нес.* 1
{Застегну́ть(ся) *сов.* 39
{Застекли́ть *сов.*, *п.* 13
{Застекля́ть *нес.*, *п.* 2
Застели́ть *сов.*, *п.* 100
застила́ть *нес.*, *п.* 1
застла́ть *сов.*, *п.* 70
Застенографи́ровать *сов.*, *п.* 54
Застесня́ться *сов.* 2
{Застига́ть *нес.*, *п.* 1
{Засти́гнуть[4] *сов.*, *п.* 43
засти́чь[5] *сов.* 43
{Застила́ть *нес.*, *п.* 1
{Застели́ть *сов.*, *п.* 100
застла́ть *сов.*, *п.* 70
Застила́ться *нес.*, *3^е л.* 1
застла́ться *сов.*, *3^е л.* 70
{Застира́ть *сов.*, *п.* 1
{Засти́рывать *нес.*, *п.* 1
Засти́чь[5] *сов.* 43
застига́ть *нес.*, *п.* 1
засти́гнуть *сов.*, *п.* 43
Застла́ть *сов.*, *п.* 70
застели́ть *сов.*, *п.* 100
застила́ть *нес.*, *п.* 1
Застла́ться *сов.*, *3^е л.* 70
застила́ться *нес.*, *3^е л.* 1
Застона́ть *сов.* 34
Засто́порить(ся) *сов.*, *3^е л.* 12
Застоя́ться *сов.* 20
заста́иваться *нес.* 1
Застра́гивать *нес.*, *п.* 1
застрога́ть *сов.*, *п.* 1
Застра́ивать *нес.*, *п.* 1
застро́ить *сов.*, *п.* 19

---

[1] засле́женный
[2] Imperative not used.
[3] Intransitive.
[4] засти́гнутый
[5] All forms obtained in same way as from засти́гнуть.

Застра́иваться *нес.*, *3ᵉ л.* 1
  застро́иться *сов.*, *3ᵉ л.* 19
Застрахова́ть(ся) *сов.* 53
Застра́чивать *нес.*, *п.* 1
  застрочи́ть[1] *сов.*, *п.* 13, 16
Застрева́ть *нес.* 1
  застря́ть *сов.* 56
Застрели́ть(ся) *сов.* 16
Застрога́ть *сов.*, *п.* 1
  застра́гивать *нес.*, *п.* 1
Застро́ить *сов.*, *п.* 19
  застра́ивать *нес.*, *п.* 1
Застро́иться *сов.*, *3ᵉ л.* 19
  застра́иваться *нес.*, *3ᵉ л.* 1
Застрочи́ть[1] *сов.*, *п.* 13, 16
  застра́чивать *нес.*, *п.* 1
Застря́ть *сов.* 56
  застрева́ть *нес.* 1
{Застуди́ть *сов.*, *п.*, **д : ж** 17
{Засту́живать *нес.*, *п.* 1
{Заступа́ть(ся) *нес.* 1
{Заступи́ть*(ся) *сов.*, **п : пл** 18
Застыва́ть *нес.* 1
  засты́ть *сов.* 58
Застыди́ть(ся) *сов.*, **д : ж** 14
Засты́ть *сов.* 58
  застыва́ть *нес.* 1
Засуди́ть *сов.*, *п.*, **д : ж** 17
Засуети́ться *сов.*, **т : ч** 14
Засу́нуть *сов.*, *п.* 41
  засо́вывать *нес.*, *п.* 1
{Засу́чивать *нес.*, *п.* 1
{Засучи́ть *сов.*, *п.* 16
{Засу́шивать *нес.*, *п.* 1
{Засуши́ть *сов.*, *п.* 16
{Засчита́ть *сов.*, *п.* 1
{Засчи́тывать *нес.*, *п.* 1
Засыла́ть *нес.*, *п.* 1
  засла́ть *сов.*, *п.* 73
{Засыпа́ть(ся) *нес.* 1
{Засы́пать(ся) *сов.*, **п : пл** 50
Засыпа́ть *нес.* 1
  засну́ть *сов.* 39

Засыха́ть *нес.* 1
  засо́хнуть *сов.* 43
{Зата́ивать *нес.*, *п.* 1
{Затаи́ть *сов.*, *п.* 13
Зата́лкивать *нес.*, *п.* 1
  затолкну́ть *сов.*, *п.* 39
Зата́пливать *нес.*, *п.* 1
  затопи́ть *сов.*, *п.*, **п : пл** 18
Зата́пливаться *нес.*, *3ᵉ л.* 1
Зата́птывать *нес.*, *п.* 1
  затопта́ть(ся) *сов.*, **т : ч** 48
Затаска́ть *сов.*, *п.* 1
  зата́скивать[2] *нес.*, *п.* 1
Затаска́ться *сов.*, *3ᵉ л.* 1
  зата́скиваться *нес.*, *3ᵉ л.* 1
Зата́скивать[3] *нес.*, *п.* 1
  затащи́ть *сов.*, *п.* 16
Зата́скивать[2] *нес.*, *п.* 1
  затаска́ть *сов.*, *п.* 1
Зата́скиваться *нес.*, *3ᵉ л.* 1
  затаска́ться *сов.*, *3ᵉ л.* 1
Зата́чивать *нес.*, *п.* 1
  заточи́ть *сов.*, *п.* 16
Затащи́ть *сов.*, *п.* 16
  зата́скивать[3] *нес.*, *п.* 1
Затверде́ть *сов.* 3
Затверди́ть[4] *сов.*, *п.*, **д : ж** 14
{Затвори́ть(ся) *сов.* 16
{Затворя́ть(ся) *нес.* 2
Затева́ть *нес.*, *п.* 1
  зате́ять *сов.*, *п.* 35
Затева́ться *нес.*, *3ᵉ л.* 1
  зате́яться *сов.*, *3ᵉ л.* 35
Затере́ть(ся) *сов.* 68
  затира́ть(ся) *нес.* 1
Зате́ять *сов.*, *п.* 35
  затева́ть *нес.*, *п.* 1
Зате́яться *сов.*, *3ᵉ л.* 35
  затева́ться *нес.*, *3ᵉ л.* 1
Затира́ть(ся) *нес.* 1
  затере́ть(ся) *сов.* 68
{Зати́скивать *нес.*, *п.* 1
{Зати́снуть *сов.*, *п.* 40

---

[1] застро́ченный
[2] to soil, to wear out
[3] (a) to drag (*to some place*); (b) to get (*somebody*) to come (*to some place*)
[4] затвержённый & затве́рженный

{Зати́ха́ть *нес.* 1
{Зати́хнуть *сов.* 43
Затка́ть *сов., п.* 32
Заткну́ть *сов., п.* 39
затыка́ть *нес., п.* 1
{Затмева́ть *нес., п.* 1
{Затми́ть*[1] *сов., п.* 15
Затолкну́ть *сов., п.* 39
зата́лкивать *нес., п.* 1
Затону́ть *сов.* 42
Затопи́ть *сов., п.,* п : пл 18
зата́пливать *нес., п.* 1
{Затопи́ть *сов., п.,* п : пл 18
{Затопля́ть *нес., п.* 2
Затопта́ть(ся) *сов.,* т : ч 48
зата́птывать *нес., п.* 1
Затормози́ть(ся) *сов.,* з : ж 14
Затормоши́ть *сов., п.* 13
Затороპи́ться *сов.,* п : пл 18
Затоскова́ть *сов.* 53
{Затача́ть *нес., п.* 1
{Заточи́ть *сов., п.* 16
Заточи́ть *сов., п.* 13
зата́чивать *нес., п.* 1
Затошни́ть *сов., безл.* 13
Затрави́ть *сов., п.,* в : вл 18
Затра́гивать *нес., п.* 1
затро́нуть *сов., п.* 41
{Затра́тить *сов., п.,* т : ч 10
{Затра́чивать *нес., п.* 1
Затре́бовать *сов., п.* 54
Затрепа́ть *сов., п.,* п : пл 51
Затрепета́ть *сов.,* т : щ 48
Затреща́ть *сов.* 22
Затро́нуть *сов., п.* 41
затра́гивать *нес., п.* 1
{Затрудни́ть(ся) *сов.* 13
{Затрудня́ть(ся) *нес.* 2
Затрясти́сь *сов.* 6
Затума́нить *сов., п.* 9
Затума́ниться *сов., 3ᵉ л.* 9
Затупи́ть *сов., п.,* п : пл 18
Затупи́ться *сов., 3ᵉ л.* 18
{Затуха́ть *нес., 3ᵉ л.* 1
{Зату́хнуть *сов., 3ᵉ л.* 43
{Затушева́ть *сов., п.* 53
{Затушёвывать *нес., п.* 1
Затуши́ть *сов., п.* 16
Затыка́ть *нес., п.* 1
заткну́ть *сов., п.* 39
{Затя́гивать(ся) *нес.* 1
{Затяну́ть(ся) *сов.* 42
Заупря́миться *сов.,* м : мл 11
{Заутю́живать *нес., п.* 1
{Заутю́жить *сов., п.* 9
{Зау́чивать(ся) *нес.* 1
{Заучи́ть(ся) *сов.* 16
Зафарширова́ть *сов., п.* 53
Зафикси́ровать *сов., п.* 54
Заха́живать *нес.* 1
Заха́ять* *сов., п.* 35
{Захва́ливать *нес., п.* 1
{Захвали́ть *сов., п.* 16
Захва́рывать *нес.* 1
захвора́ть *сов.* 1
Захвата́ть *сов., п.* 1
{Захвати́ть *сов., п.,* т : ч 17
{Захва́тывать *нес., п.* 1
Захвора́ть *сов.* 1
захва́рывать *нес.* 1
Захире́ть *сов.* 3
{Захлами́ть *сов., п.,* м : мл 15
{Захламля́ть *нес., п.* 2
{Захлебну́ться *сов.* 39
{Захлёбываться *нес.* 1
Захлеста́ть[2] *сов., п.,* ст : щ 48
захлёстывать *нес., п.* 1
{Захлестну́ть *сов., п.* 39
{Захлёстывать *нес., п.* 1
Захло́пать *сов.* 1
{Захло́пнуть *сов., п.* 40
{Захло́пывать *нес., п.* 1
{Захло́пнуться *сов., 3ᵉ л.* 40
{Захло́пываться *нес., 3ᵉ л.* 1
Захлопота́ться *сов.,* т : ч 48
Захмеле́ть *сов.* 3
Заходи́ть *нес.,* д : ж 17
зайти́ *сов.* 94
Заходи́ться *нес., 3ᵉ л.* 17
зайти́сь *сов., 3ᵉ л.* 94

---

[1] 1st person singular not used.
[2] захлёстанный

Захорони́ть *сов., п.*	16
Захоте́ть *сов.*	97
Захоте́ться *сов., безл.*	97
Заца́пать *сов., п.*	1
{ Зацвести́ *сов.*	80
{ Зацвета́ть *нес.*	1
Зацелова́ть *сов., п.*	53
Зацементи́ровать *сов., п.*	54
Зацепи́ть(ся) *сов.*, **п : пл**	18
{ Зачарова́ть *сов., п.*	53
{ Зачаро́вывать *нес., п.*	1
Зача́ть *сов., п.*	61
Зача́хнуть *сов.*	43
Зачерви́веть *сов., 3е л.*	3
{ Зачёркивать *нес., п.*	1
{ Зачеркну́ть *сов., п.*	39
Зачерни́ть *сов., п.*	13
{ Зачерпну́ть *сов., п.*	39
{ Заче́рпывать *нес., п.*	1
Зачерстве́ть *сов.*	3
{ Зачерти́ть *сов., п.*, **т : ч**	17
{ Заче́рчивать *нес., п.*	1
Зачеса́ть *сов., п.*, **с : ш**	46
зачёсывать *нес., п.*	1
Заче́сть *сов., п.*	83
зачи́тывать *нес., п.*	1
Заче́сться *сов., 3е л.*	83
зачи́тываться *нес., 3е л.*	1
Зачёсывать *нес., п.*	1
зачеса́ть *сов., п.*, **с : ш**	46
Зачехли́ть *сов., п.*	13
Зачини́ть *сов., п.*	16
{ Зачи́слить(ся) *сов.*	12
{ Зачисля́ть(ся) *нес.*	2
{ Зачита́ть(ся) *сов.*	1
{ Зачи́тывать(ся) *нес.*	1
Зачи́тывать *нес., п.*	1
заче́сть *сов., п.*	83
Зачи́тываться *нес., 3е л.*	1
заче́сться *сов., 3е л.*	83
Зашага́ть *сов.*	1
{ Зaша́ркать *сов., п.*	1
{ Зaша́ркивать *нес., п.*	1
{ Зашвы́ривать *нес., п.*	1
{ Зашвырну́ть *сов., п.*	39
Зашвыря́ть *сов., п.*	2
Зашевели́ть[1](ся) *сов.*	13
{ Зашиба́ть *нес., п.*	1
{ Зашиби́ть(ся) *сов.*	37
{ Зашива́ть *нес., п.*	1
{ Заши́ть *сов., п.*	66
Зашифрова́ть *сов., п.*	53
Зашнурова́ть(ся) *сов.*	53
Зашпаклева́ть[2] *сов., п.*	53
{ Зашпи́ливать(ся) *нес.*	1
{ Зашпи́лить(ся) *сов.*	9
Зашто́пать *сов., п.*	1
Заштрихова́ть *сов., п.*	53
{ Заштукату́ривать *нес., п.*	1
{ Заштукату́рить *сов., п.*	9
Защекота́ть *сов., п.*, **т : ч**	48
Защёлкать *сов.*	1
{ Защёлкивать *нес., п.*	1
{ Защёлкнуть *сов., п.*	40
{ Защёлкиваться *нес., 3е л.*	1
{ Защёлкнуться *сов., 3е л.*	40
{ Защеми́ть *сов., п.*, **м : мл**	15
{ Защемля́ть *нес., п.*	2
{ Защипа́ть *сов., п.*, **п : пл**	51
{ Защипну́ть *сов., п.*	39
{ Защи́пывать *нес., п.*	1
{ Защити́ть(ся) *сов.*, **т : щ**	14
{ Защища́ть(ся) *нес.*	1
{ Заяви́ть[3](ся) *сов.*, **в : вл**	18
{ Заявля́ть(ся) *нес.*	2
Зва́ть(ся) *нес.*	71
позва́ть *сов., п.*	71
Звене́ть *нес.*	25
Звере́ть *нес.*	3
озвере́ть *сов.*	3
Зве́рствовать *нес.*	54
Звони́ть[1](ся) *нес.*	13
позвони́ть[1](ся) *сов.*	13
Звуча́ть *нес., 3е л.*	22
{ Звя́кать *нес.*	1
{ Звя́кнуть *сов.*	40

---

[1] Intransitive.
[2] зашпаклю́ю
[3] зая́вленный

Verb	Type
Здоро́ваться *нес.*	1
поздоро́ваться *сов.*	1
Здорове́ть *нес.*	3
поздорове́ть *сов.*	3
Здра́вствовать *нес.*	54
Зева́ть *нес.*	1
прозева́ть* *сов., п.*	1
{ Зева́ть *нес.*	1
{ Зевну́ть *сов.*	39
Зелене́ть *нес.*	3
позелене́ть *сов.*	3
зазелене́ть *сов., 3е л.*	3
Зи́ждиться[1] *нес.*	1
Зимова́ть *нес.*	53
перезимова́ть *сов.*	53
прозимова́ть *сов.*	53
Зия́ть *нес., 3е л.*	2
Зли́ть(ся) *нес.*	13
обозли́ть(ся) *сов.*	13
разозли́ть(ся) *сов.*	13
Зло́бствовать *нес.*	54
Зло̀пыха́ть *нес.*	1
Злора́дствовать *нес.*	54
Злосло́вить *нес.*, **в : вл**	11
{ Злоупотреби́ть *сов.*, **б : бл**	15
{ Злоупотребля́ть *нес.*	2
Змеи́ться *нес., 3е л.*	13
Знава́ть[2] *нес., п.*	—
Знако́мить(ся) *нес.*, **м : мл**	11
ознако́мить(ся) *сов.*, **м : мл**	11
познако́мить*(ся) *сов.*, **м : мл**	11
Знаменова́ть *нес., п.*	53
Знать *нес., п.*	1
Зна́чить *нес., п.*	9
Зна́читься[2] *нес.*	—
Зноби́ть *нес., безл.*	15
Золоти́ть *нес., п.*, **т : ч**	14
позолоти́ть[3] *сов., п.*, **т : ч**	14
Золоти́ться *нес., 3е л.*	14
Зонди́ровать *нес., п.*	54
Зреть *нес.*	3
созре́ть *сов.*	3
Зреть *нес., п.*	25
узре́ть *сов., п.*	25
Зубоска́лить *нес.*	9
Зубри́ть *нес., п.*	13
зазубри́ть[4] *сов., п.*	13
вы́зубрить *сов., п.*	12
Зубри́ться *нес., 3е л.*	13
Зуде́ть *нес.*, **д : ж**	14
Зя́бнуть *нес.*	43
озя́бнуть *сов.*	43

И, и

Verb	Type
Игнори́ровать *нес., сов., п.*	54
Игра́ть *нес., п.*	1
сыгра́ть *сов., п.*	1
Идеализи́ровать *нес., п.*	54
Идти́ *нес.*	94
{ Изба́вить(ся) *сов.*, **в : вл**	11
{ Избавля́ть(ся) *нес.*	2
Избалова́ть(ся) *сов.*	53
Избега́ть *нес.*	1
Избе́гаться *сов.*	1
Избе́гнуть[5] *сов.*	43
Избежа́ть *сов.*	96
{ Избива́ть *нес., п.*	1
{ Изби́ть[6] *сов., п.*	66
Избира́ть *нес., п.*	1
избра́ть *сов., п.*	69
Изболе́ться *сов., 3е л.*	3
Изборозди́ть[7] *сов., п.*, **д : ж : жд**	14
Избра́ть *сов., п.*	69
избира́ть *нес., п.*	1
Изваля́ть(ся) *сов.*	2
Изваа́ять *сов., п.*	2
{ Изве́дать *сов., п.*	1
{ Изве́дывать *нес., п.*	1

---

[1] Used only in forms зи́ждется & зи́ждутся.
[2] Only past tense used.
[3] позоло́ченный
[4] зазу́бренный
[5] избе́гнутый
[6] изобью́
[7] изборождённый

Изверга́ть(ся) *нес.*	1
Изве́ргнуть(ся) *сов.*	43
Изве́риться *сов.*	9
Изверну́ться *сов.*	39
извора́чиваться *нес.*	1
Извести́(сь) *сов.*	79
изводи́ть(ся) *нес.*, **д : ж**	17
Извести́ть *сов.*, *п.*, **ст : щ**	14
Извеща́ть *нес.*, *п.*	1
Извива́ть(ся) *нес.*	1
Извини́ть(ся) *сов.*	13
Извиня́ть(ся) *нес.*	2
Извлека́ть *нес.*, *п.*	1
Извле́чь *сов.*, *п.*	86
Изводи́ть(ся) *нес.*, **д : ж**	17
извести́(сь) *сов.*	79
Изво́лить *нес.*	9
Извора́чиваться *нес.*	1
изверну́ться *сов.*	39
Изврати́ть *сов.*, *п.*, **т : щ**	14
Извраща́ть *нес.*, *п.*	1
Изга́дить *сов.*, *п.*, **д : ж**	10
Изгиба́ть(ся) *нес.*	1
изогну́ть(ся) *сов.*	39
Изгла́дить *сов.*, *п.*, **д : ж**	10
Изгла́живать *нес.*, *п.*	1
Изгла́диться *сов.*, *3е л.*	10
Изгла́живаться *нес.*, *3е л.*	1
Изгна́ть *сов.*, *п.*	72
изгоня́ть *нес.*, *п.*	2
Изголода́ться *сов.*	1
Изгоня́ть *нес.*, *п.*	2
изгна́ть *сов.*, *п.*	72
Изгото́вить *сов.*, *п.*, **в : вл**	11
Изготовля́ть *нес.*, *п.*	2
Изгры́зть *сов.*, *п.*	7
Издава́ть *нес.*, *п.*	55
Изда́ть *сов.*, *п.*	98
Изжа́рить(ся) *сов.*	9
Изма́зать(ся) *сов.*, **з : ж**	49
Измельча́ть *нес.*, *п.*	1
Измельчи́ть *сов.*, *п.*	13
Изму́чить(ся) *сов.*	9
Изmя́ть[1] *сов.*, *п.*	60
Измя́ться[2] *сов.*, *3е л.*	60
Изнаси́ловать *сов.*, *п.*	54
Изна́шивать *нес.*, *п.*	1
износи́ть *сов.*, *п.*, **с : ш**	17
Изна́шиваться *нес.*, *3е л.*	1
износи́ться *сов.*, *3е л.*	17
Изне́живаться *нес.*	1
Изне́житься *сов.*	9
Изнемога́ть *нес.*	1
Изнемо́чь *сов.*	89
Изне́рвничаться *сов.*	1
Изничто́жить *сов.*, *п.*	9
Износи́ть *сов.*, *п.*, **с : ш**	17
изна́шивать *нес.*, *п.*	1
Износи́ться *сов.*, *3е л.*	17
изна́шиваться *нес.*, *3е л.*	1
Изнури́ть(ся) *сов.*	13
Изнуря́ть(ся) *нес.*	2
Изныва́ть *нес.*	1
Изны́ть *сов.*, *3е л.*	64
Изоби́ловать *нес.*, *3е л.*	54
Изоблича́ть *нес.*, *п.*	1
Изобличи́ть *сов.*, *п.*	13
Изобража́ть *нес.*, *п.*	1
Изобрази́ть *сов.*, *п.*, **з : ж**	14
Изобража́ться *нес.*, *3е л.*	1
Изобрази́ться *сов.*, *3е л.*	14
Изобрести́ *сов.*, *п.*	80
Изобрета́ть *нес.*, *п.*	1
Изовра́ться *сов.*	32
Изогну́ть(ся) *сов.*	39
изгиба́ть(ся) *нес.*	1
Изодра́ть *сов.*, *п.*	69
Изодра́ться *сов.*, *3е л.*	69
Изойти́ *сов.*	94
исходи́ть *нес.*, **д : ж**	17
Изолга́ться *сов.*	95
Изоли́ровать(ся) *сов.*	54
Изорва́ть *сов.*, *п.*	32
Изорва́ться *сов.*, *3е л.*	32
Изощри́ть(ся) *сов.*	13
Изощря́ть(ся) *нес.*	2
Изра́нить *сов.*, *п.*	9
Израсхо́довать(ся) *сов.*	54

[1] изомну́; изомни́

[2] изомнётся

Изре́зать *сов.*, *п.*, **з : ж** 49
Изре́зывать *нес.*, *п.* 1
Изрека́ть *нес.*, *п.* 1
Изре́чь *сов.*, *п.* 86
Изрешети́ть[1] *сов.*, *п.*, **т : ч** 14
Изруби́ть *сов.*, *п.*, **б : бл** 18
Изруга́ть *сов.*, *п.* 1
Изры́ть *сов.*, *п.* 64
Изуве́рствовать *нес.* 54
Изуве́чить(ся) *сов.* 9
Изукра́сить *сов.*, *п.*, **с : ш** 10
Изукра́шивать *нес.*, *п.* 1
Изуми́ть(ся) *сов.*, **м : мл** 15
Изумля́ть(ся) *нес.* 2
Изуро́довать(ся) *сов.* 54
Изуча́ть *нес.*, *п.* 1
Изучи́ть *сов.*, *п.* 16
Изъеда́ть *нес.*, *п.* 1
Изъе́сть *сов.*, *п.* 99
Изъе́здить[2] *сов.*, *п.*, **д : ж** 10
Изъяви́ть *сов.*, *п.*, **в : вл** 18
Изъявля́ть *нес.*, *п.* 2
Изъясни́ть(ся) *сов.* 13
Изъясня́ть(ся) *нес.* 2
Изъя́ть[3] *сов.*, *п.* 74
Изыма́ть *нес.*, *п.* 1
Изыска́ть *сов.*, *п.*, **ск : щ** 48
Изы́скивать *нес.*, *п.* 1
Ика́ть *нес.* 1
икну́ть *сов.* 39
Ика́ться *нес.*, *безл.* 1
Икну́ть *сов.* 39
ика́ть *нес.* 1
Иллюмини́ровать *нес.*, *сов.*, *п.* 54
Иллюстри́ровать *нес.*, *сов.*, *п.* 54
проиллюстри́ровать *сов.*, *п.* 54
Именова́ть(ся) *нес.* 53
наименова́ть *сов.*, *п.* 53
Име́ть *нес.*, *п.* 3
Име́ться *нес.*, *3е л.* 3
Имити́ровать *нес.*, *п.* 54
Иммигри́ровать *нес.*, *сов.* 54
Импони́ровать *нес.* 54
Импорти́ровать *нес.*, *сов.*, *п.* 54
Импровизи́ровать *нес.*, *п.* 54
сымпровизи́ровать *сов.*, *п.* 54
Инвентаризи́ровать *нес.*, *сов.*, *п.* 54
Индеветь *нес.*, *3е л.* 3
заи́ндеветь *сов.*, *3е л.* 3
Индивидуализи́ровать *нес.*, *сов.*, *п.* 54
Индустриализи́ровать *нес.*, *сов.*, *п.* 54
Инкримини́ровать *нес.*, *сов.*, *п.* 54
Инкрусти́ровать *нес.*, *сов.*, *п.* 54
Инспекти́ровать *нес.*, *п.* 54
Инструкти́ровать *нес.*, *п.* 54
проинструкти́ровать *сов.*, *п.* 54
Инсцени́ровать *нес.*, *сов.*, *п.* 54
Интегри́ровать *нес.*, *сов.*, *п.* 54
Интенсифици́ровать *нес.*, *сов.*, *п.* 54
Интервьюировать *нес.*, *сов.*, *п.* 54
Интересова́ть(ся) *нес.* 53
Интерни́ровать *нес.*, *сов.*, *п.* 54
Интерпрети́ровать *нес.*, *сов.*, *п.* 54
Инти́мничать *нес.* 1
Интригова́ть *нес.*, *п.* 53
заинтригова́ть *сов.*, *п.* 53
Информи́ровать(ся) *нес.* 54
проинформи́ровать(ся) *сов.* 54
Иронизи́ровать *нес.* 54
Искажа́ть *нес.*, *п.* 1
Искази́ть *сов.*, *п.*, **з : ж** 14
Искажа́ться *нес.*, *3е л.* 1
Искази́ться *сов.*, *3е л.* 14
Искале́чить(ся) *сов.* 9
Иска́лывать(ся) *нес.* 1
исколо́ть(ся) *сов.* 38
Иска́пать *сов.*, *п.* 1
Иска́пывать *нес.*, *п.* 1

[1] изреше́ченный & изрешечённый
[2] изъе́зди
[3] изыму́, изы́мешь; изъя́л, изъя́ла

Иска́ть *нес.*, *п.*, **ск : щ** 48
Исклева́ть[1] *сов.*, *п.* 53
Исклёвывать *нес.*, *п.* 1
Исключа́ть *нес.*, *п.* 1
Исключи́ть *сов.*, *п.* 13
Исковеркать *сов.*, *п.* 1
Исколеси́ть *сов.*, *п.*, **с : ш** 14
Исколоти́ть *сов.*, *п.*, **т : ч** 17
Исколо́ть(ся) *сов.* 38
  иска́лывать(ся) *нес.* 1
Иско́мкать *сов.*, *п.* 1
Ископа́ть *сов.*, *п.* 1
Искорёжить(ся) *сов.* 9
Искорени́ть *сов.*, *п.* 13
Искореня́ть *нес.*, *п.* 2
Искорени́ться *сов.*, $3^е$ *л.* 13
Искореня́ться *нес.*, $3^е$ *л.* 2
Искриви́ть(ся) *сов.*, **в : вл** 15
Искривля́ть(ся) *нес.* 2
Искри́ть[2](ся) *нес.*, $3^е$ *л.* 13
Искромса́ть *сов.*, *п.* 1
Искроши́ть *сов.*, *п.* 16
Искроши́ться *сов.*, $3^е$ *л.* 16
Искупа́ть *нес.*, *п.* 1
  искупи́ть *сов.*, *п.*, **п : пл** 18
Искупа́ть(ся) *сов.* 1
Искупи́ть *сов.*, *п.*, **п : пл** 18
  искупа́ть *нес.*, *п.* 1
Искуса́ть *сов.*, *п.* 1
Иску́сывать *нес.*, *п.* 1
Искуша́ть *нес.*, *п.* 1
Испа́костить[3] *сов.*, *п.*, **ст : щ** 10
Испари́ть(ся) *сов.* 13
Испаря́ть(ся) *нес.* 2
Испа́чкать(ся) *сов.* 1
Испепели́ть *сов.*, *п.* 13
Испепеля́ть *нес.*, *п.* 2
Испепели́ться *сов.*, $3^е$ *л.* 13
Испепеля́ться *нес.*, $3^е$ *л.* 2
Испе́чь(ся) *сов.* 86
Испещри́ть *сов.*, *п.* 13
Испещря́ть *нес.*, *п.* 2

Исписа́ть(ся) *сов.*, **с : ш** 46
Испи́сывать(ся) *нес.* 1
Испи́ть[4] *сов.*, *п.* 66
Испове́дать(ся) *сов.* 1
Испове́довать(ся) *нес.*, *сов.* 54
Испо́дличаться *сов.* 1
Испо́лзать *сов.*, *п.* 1
Испо́лнить *сов.*, *п.* 12
Исполня́ть *нес.*, *п.* 2
Испо́лниться *сов.*, $3^е$ *л.* 12
Исполня́ться *нес.*, $3^е$ *л.* 2
Исполосова́ть *сов.*, *п.* 53
Испо́льзовать *сов.*, *п.* 54
Испо́ртить(ся)[5] *сов.*, **т : ч** 10
Испоха́бить *сов.*, *п.*, **б : бл** 11
Испо́шлить *сов.*, *п.* 12
Испра́вить(ся) *сов.*, **в : вл** 11
Исправля́ть(ся) *нес.* 2
Испра́шивать *нес.*, *п.* 1
  испроси́ть *сов.*, *п.*, **с : ш** 17
Испро́бовать *сов.*, *п.* 54
Испуга́ть(ся) *сов.* 1
Испуска́ть *нес.*, *п.* 1
Испусти́ть *сов.*, *п.*, **ст : щ** 17
Испыта́ть *сов.*, *п.* 1
Испы́тывать *нес.*, *п.* 1
Иссека́ть *нес.*, *п.* 1
Иссе́чь *сов.*, *п.* 86
Иссле́довать *нес.*, *сов.*, *п.* 54
Иссо́хнуть *сов.* 43
Исстега́ть *сов.*, *п.* 1
Исстёгивать *нес.*, *п.* 1
Исстрада́ться *сов.* 1
Исстре́ливать *нес.*, *п.* 1
Исстреля́ть *сов.*, *п.* 2
Иссуши́ть *сов.*, *п.* 16
Иссяка́ть *нес.*, $3^е$ *л.* 1
Исся́кнуть *сов.*, $3^е$ *л.* 43
Истаска́ть(ся) *сов.* 1
Иста́скивать(ся) *нес.* 1
Иста́чивать *нес.*, *п.* 1
  источи́ть *сов.*, *п.* 16

---

[1] исклюю́, исклюёшь
[2] Intransitive.
[3] испа́кости
[4] изопью́
[5] испо́рти(сь) & испо́рть(ся)

Иста́ять *сов.* 35
Истека́ть *нес.* 1
истечь *сов.* 86
Истере́ть[1] *сов.*, *п.* 68
истира́ть *нес.*, *п.* 1
Истере́ться[1] *сов.*, $3^{е}$ *л.* 68
истира́ться *нес.*, $3^{е}$ *л.* 1
Истерза́ть(ся) *сов.* 1
Исте́чь *сов.* 86
истека́ть *нес.* 1
Истира́ть *нес.*, *п.* 1
истере́ть[1] *сов.*, *п.* 68
Истира́ться *нес.*, $3^{е}$ *л.* 1
истере́ться[1] *сов.*, $3^{е}$ *л.* 68
Истлева́ть *нес.* 1
Истле́ть *сов.* 3
Истолкова́ть *сов.*, *п.* 53
Истолко́вывать *нес.*, *п.* 1
Истоло́чь *сов.*, *п.* 87
Истоми́ть(ся) *сов.*, м : мл 15
Истопи́ть *сов.*, *п.*, п : пл 18
Истопи́ться *сов.*, $3^{е}$ *л.* 18
Истопта́ть *сов.*, *п.*, т : ч 48
Исторга́ть *нес.*, *п.* 1
Исто́ргнуть[2] *сов.*, *п.* 43
Истоскова́ться *сов.* 53
Источа́ть *нес.*, *п.* 1
Источи́ть *сов.*, *п.* 16
Источи́ть *сов.*, *п.* 16
иста́чивать *нес.*, *п.* 1
Истоща́ть(ся) *нес.* 1
Истощи́ть(ся) *сов.* 13
Истра́тить(ся) *сов.*, т : ч 10
Истреби́ть *сов.*, *п.*, б : бл 15
Истребля́ть *нес.*, *п.* 2
Истрепа́ть(ся) *сов.*, п : пл 51
Истре́скаться *сов.*, $3^{е}$ *л.* 1
Иструхля́веть *сов.*, $3^{е}$ *л.* 3
Иступи́ть *сов.*, *п.*, п : пл 18
Иступи́ться *сов.*, $3^{е}$ *л.* 18
Исты́кать *сов.*, *п.* 1
Исты́кивать *нес.*, *п.* 1
Истяза́ть *нес.*, *п.* 1

Исхлеста́ть *сов.*, *п.*, ст : щ 48
Исхлёстывать *нес.*, *п.* 1
Исхлопа́тывать *нес.*, *п.* 1
Исхлопота́ть *сов.*, *п.*, т : ч 48
Исходи́ть *нес.*, д : ж 17
изойти́[3] *сов.* 94
Исцара́пать *сов.*, *п.* 1
Исцара́пывать *нес.*, *п.* 1
Исцели́ть(ся) *сов.* 13
Исцеля́ть(ся) *нес.* 2
Исча́хнуть *сов.* 43
Исчеза́ть *нес.* 1
Исче́знуть *сов.* 43
Исчерка́ть *сов.*, *п.* 1
Исчёркивать *нес.*, *п.* 1
Исчерпа́ть *сов.*, *п.* 1
Исче́рпывать *нес.*, *п.* 1
Исчерпа́ться *сов.*, $3^{е}$ *л.* 1
Исче́рпываться *нес.*, $3^{е}$ *л.* 1
Исчерти́ть *сов.*, *п.*, т : ч 17
Исче́рчивать *нес.*, *п.* 1
Исчи́ркать *сов.*, *п.* 1
Исчи́слить *сов.*, *п.* 12
Исчисля́ть *нес.*, *п.* 2
Исчи́слиться *сов.*, $3^{е}$ *л.* 12
Исчисля́ться *нес.*, $3^{е}$ *л.* 2
Исша́ркать *сов.*, *п.* 1
Иша́чить *нес.* 9

К, к

Ка́верзничать *нес.* 1
нака́верзничать *сов.* 1
Кади́ть *нес.*, д : ж 14
Каза́ться *нес.*, з : ж 46
показа́ться *сов.*, з : ж 46
Казни́ть(ся) *нес.*, *сов.* 13
Каламбу́рить *нес.* 9
скаламбу́рить *сов.* 9
Кале́чить(ся) *нес.* 9
искале́чить(ся) *сов.* 9
покале́чить(ся) *сов.* 9
Кали́ть *нес.*, *п.* 13

---

[1] изотру́(сь); изотри́(сь)
[2] исто́ргнутый & исто́рженный
[3] изоше́дший

Калькули́ровать *нес.*, *п.* 54
  скалькули́ровать *сов.*, *п.* 54
Камене́ть *нес.* 3
  окамене́ть *сов.* 3
Кани́телиться *нес.* 9
Канонизи́ровать *нес.*, *сов.*, *п.* 54
Кантова́ть *нес.*, *п.* 53
  окантова́ть *сов.*, *п.* 53
Ка́нуть *сов.*, $3^е$ *л.* 41
Каню́чить *нес.* 9
Ка́пать *нес.*, *п.* 1
  нака́пать *сов.*, *п.* 1
Ка́пнуть *сов.*, *п.* 40
Капитули́ровать *нес.*, *сов.* 54
Капри́зничать *нес.* 1
Кара́бкаться *нес.* 1
  вскара́бкаться *сов.* 1
Кара́ть *нес.*, *п.* 1
  покара́ть *сов.*, *п.* 1
Карау́лить *нес.*, *п.* 9
{Ка́ркать *нес.* 1
{Ка́ркнуть *сов.* 40
Карта́вить *нес.*, **в : вл** 11
Картографи́ровать *нес.*, *п.* 54
Каса́ться *нес.* 1
  косну́ться *сов.* 39
Кастри́ровать *нес.*, *сов.*, *п.* 54
Ката́ть(ся) *нес.*, **т : ч** 1
Кати́ть(ся) *нес.*, **т : ч** 17
Катну́ть* *сов.* 39
{Кача́ть(ся) *нес.* 1
{Качну́ть*(ся) *сов.* 39
{Ка́шлянуть *сов.* 40
{Ка́шлять *нес.* 2
Ка́яться *нес.* 35
  пока́яться *сов.* 35
{Ква́кать *нес.* 1
{Ква́кнуть *сов.* 40
Квалифици́ровать *нес.*, *сов.*, *п.* 54
Ква́сить *нес.*, *п.*, **с : ш** 10
  заква́сить *сов.*, *п.*, **с : ш** 10
Квохта́ть *нес.*, $3^е$ *л.*, **т : ч** 48
Кейфова́ть *нес.* 53

{Кива́ть *нес.* 1
{Кивну́ть *сов.* 39
{Кида́ть(ся) *нес.* 1
{Ки́нуть(ся) *сов.* 41
Кипе́ть *нес.*, **п : пл** 26
  вскипе́ть *сов.*, **п : пл** 26
Кипяти́ть(ся) *нес.*, **т : ч** 14
  вскипяти́ть *сов.*, *п.*, **т : ч** 14
Кисли́ть *нес.*, $3^е$ *л.* 13
Ки́снуть *нес.* 44
  проки́снуть *сов.* 44
Кичи́ться *нес.* 13
Кише́ть *нес.* 25
Кла́няться *нес.* 2
  поклони́ться *сов.* 16
Классифици́ровать *нес.*, *п.* 54
  расклассифици́ровать *сов.*, *п.* 54
Класть *нес.*, *п.* 78
  положи́ть *сов.*, *п.* 16
Кла́сться *нес.*, $3^е$ *л.* 78
Клева́ть[1] *нес.*, *п.* 53
  клю́нуть* *сов.*, *п.* 41
Клева́ться[2] *нес.*, $3^е$ *л.* 53
Клевета́ть *нес.*, **т : щ** 48
  наклевета́ть *сов.*, **т : щ** 48
Кле́ить *нес.*, *п.* 19
  скле́ить *сов.*, *п.* 19
Кле́иться *нес.*, $3^е$ *л.* 19
  скле́иться *сов.*, $3^е$ *л.* 19
Клейми́ть *нес.*, *п.*, **м : мл** 15
  заклейми́ть[3] *сов.*, *п.*, **м : мл** 15
Клекота́ть *нес.*, $3^е$ *л.*, **т : ч** 48
Клепа́ть *нес.*, **п : пл** 51
  наклепа́ть *сов.*, **п : пл** 51
{Кли́кать *нес.*, *п.*, **к : ч** 47
{Кли́кнуть* *сов.*, *п.* 40
Клокота́ть *нес.*, $3^е$ *л.*, **т : ч** 48
Клони́ть(ся) *нес.* 16
Клохта́ть *нес.*, $3^е$ *л.*, **т : ч** 48
Клуби́ться *нес.*, $3^е$ *л.* 15
Клю́нуть* *сов.*, *п.* 41
  клева́ть[1] *нес.*, *п.* 53
Клянчить *нес.*, *п.* 12
  вы́клянчить *сов.*, *п.* 12

---
[1] клюю, клюёшь
[2] клюётся
[3] заклеймённый

Клясть *нес., п.* 81
Кля́сться *нес.* 81
покля́сться *сов.* 81
Кля́узничать *нес.* 1
накля́узничать *сов.* 1
Кова́ть[1] *нес., п.* 53
подкова́ть[1] *сов., п.* 53
Кове́ркать *нес., п.* 1
искове́ркать *сов., п.* 1
Ковыля́ть *нес.* 2
{Ковырну́ть* *сов., п.* 39
{Ковыря́ть(ся) *нес.* 2
{Козырну́ть *сов.* 39
{Козыря́ть *нес.* 2
Ко́кать *нес., п.* 1
ко́кнуть* *сов., п.* 40
Коке́тничать *нес.* 1
Колдова́ть *нес.* 53
Колеба́ть(ся) *нес.*, б : бл 50
поколеба́ть[2](ся) *сов.*, б : бл 50
Колеси́ть *нес.*, с : ш 14
Колесова́ть *нес., сов., п.* 53
Коллективизи́ровать *нес., сов., п.* 54
Коллекциони́ровать *нес., п.* 54
Колобро́дить *нес.*, д : ж 10
Колонизова́ть *нес., сов., п.* 53
Колоси́ться *нес., 3^е л.* 14
Колоти́ть(ся) *нес.*, т : ч 17
поколоти́ть *сов., п.*, т : ч 17
Коло́ть(ся) *нес.* 38
расколо́ть(ся) *сов.* 38
Коло́ться *нес., 3^е л.* 38
Колошма́тить *нес., п.*, т : ч 10
отколошма́тить *сов., п.*, т : ч 10
{Колупа́ть *нес., п.* 1
{Колупну́ть* *сов., п.* 39
{Колыха́ть *нес., п.*, х : ш 47
{Колыхну́ть* *сов., п.* 39
{Колыха́ться *нес., 3^е л.*, х : ш 47
{Колыхну́ться *сов., 3^е л.* 39
Кольну́ть* *сов., п.* 39
Командирова́ть *нес., сов., п.* 53
Кома́ндовать *нес.* 54
скома́ндовать *сов.* 54
Комбини́ровать *нес., п.* 54
скомбини́ровать *сов., п.* 54
Ко́мкать *нес., п.* 1
ско́мкать *сов., п.* 1
Комменти́ровать *нес., п.* 54
прокомменти́ровать *сов., п.* 54
Компенси́ровать *нес., сов., п.* 54
Компили́ровать *нес., п.* 54
скомпили́ровать *сов., п.* 54
Комплектова́ть *нес., п.* 53
укомплектова́ть *сов., п.* 53
Компонова́ть *нес., п.* 53
скомпонова́ть *сов., п.* 53
Компости́ровать *нес., п.* 54
прокомпости́ровать *сов., п.* 54
Компромети́ровать *нес., п.* 54
скомпромети́ровать *сов., п.* 54
Конвои́ровать *нес., п.* 54
Конкретизи́ровать *нес., сов., п.* 54
Конкури́ровать *нес.* 54
Коново́дить *нес.*, д : ж 10
Конопа́тить *нес., п.*, т : ч 10
законопа́тить *сов., п.*, т : ч 10
Консерви́ровать *нес., п.* 54
законсерви́ровать *сов., п.* 54
Конспекти́ровать *нес., п.* 54
законспекти́ровать *сов., п.* 54
проконспекти́ровать *сов., п.* 54
Конспири́ровать *нес., п.* 54
законспири́ровать *сов., п.* 54
Констати́ровать *нес., п.* 54
Конструи́ровать *нес., п.* 54
сконструи́ровать *сов., п.* 54
Консульти́ровать(ся) *нес.* 54
проконсульти́ровать(ся) *сов.* 54
Контрактова́ть *нес., п.* 53
законтрактова́ть *сов., п.* 53
Контрасти́ровать *нес.* 54
Контратакова́ть *нес., сов., п.* 53
Контроли́ровать *нес., п.* 54
проконтроли́ровать *сов., п.* 54
Конту́зить *сов., п.*, з : ж 10

---

[1] кую́, куёшь
[2] поколе́бленный

Конфискова́ть *нес.*, *сов.*, *п.*	53
Конфликтова́ть *нес.*	53
Конфу́зить(ся) *нес.*, з : ж	10
сконфу́зить(ся) *сов.*, з : ж	10
Концентри́ровать *нес.*, *п.*	54
сконцентри́ровать *сов.*, *п.*	54
Концентри́роваться *нес.*, 3^e *л.*	54
сконцентри́роваться *сов.*, 3^e *л.*	54
Конча́ть *нес.*, *п.*	1
Ко́нчить *сов.*, *п.*	12
Конча́ться *нес.*, 3^e *л.*	1
Ко́нчиться *сов.*, 3^e *л.*	12
Коопери́ровать *нес.*, *сов.*, *п.*	54
Коопти́ровать *нес.*, *сов.*, *п.*	54
Координи́ровать *нес.*, *п.*	54
Копа́ть(ся) *нес.*	1
копну́ть*(ся) *сов.*	39
Копи́ровать *нес.*, *п.*	54
скопи́ровать *сов.*, *п.*	54
Копи́ть *нес.*, *п.*, п : пл	18
накопи́ть *сов.*, *п.*, п : пл	18
Копи́ться *нес.*, 3^e *л.*	18
накопи́ться *сов.*, 3^e *л.*	18
Копну́ть*(ся) *сов.*	39
копа́ть(ся) *нес.*	1
Копоши́ться *нес.*	13
Копте́ть *нес.*, 3^e *л.*	27
закопте́ть *сов.*, 3^e *л.*	27
Копти́ть *нес.*, *п.*, т : ч	14
закопти́ть *сов.*, *п.*, т : ч	14
накопти́ть *сов.*, *п.*, т : ч	14
Корёжиться *нес.*	9
скорёжиться *сов.*	9
Корени́ться *нес.*, 3^e *л.*	13
Кори́ть *нес.*, *п.*	13
Корми́ть *нес.*, *п.*, м : мл	18
накорми́ть *сов.*, *п.*, м : мл	18
Корми́ть(ся) *нес.*, м : мл	18
прокорми́ть(ся) *сов.*, м : мл	18
Коро́бить *нес.*, *п.*, б : бл	11
покоро́бить *сов.*, *п.*, б : бл	11
Коро́биться *нес.*, 3^e *л.*	11
покоро́биться *сов.*, 3^e *л.*	11
Коронова́ть(ся) *нес.*, *сов.*	53
Корота́ть *нес.*, *п.*	1
скорота́ть *сов.*, *п.*	1
Корпе́ть *нес.*, п : пл	26
Корректи́ровать *нес.*, *п.*	54
прокорректи́ровать *сов.*, *п.*	54
Корчева́ть *нес.*, *п.*	53
Ко́рчить(ся) *нес.*	12
ско́рчить(ся) *сов.*	12
Коси́ть[1] *нес.*, *п.*, с : ш	17
скоси́ть *сов.*, *п.*, с : ш	17
Коси́ть[2](ся) *нес.*, с : ш	14
скоси́ть(ся) *сов.*, с : ш	14
Косне́ть *нес.*	3
закосне́ть *сов.*	3
Косну́ться *сов.*	39
каса́ться *нес.*	1
Костене́ть *нес.*	3
окостене́ть *сов.*	3
Костюмирова́ть(ся) *нес.*, *сов.*	53
Коти́роваться *нес.*, 3^e *л.*	54
Коти́ться *нес.*, 3^e *л.*	14
окоти́ться *сов.*, 3^e *л.*	14
Кочева́ть *нес.*	53
Кочене́ть *нес.*	3
закочене́ть *сов.*	3
окочене́ть *сов.*	3
Кощу́нствовать *нес.*	54
Кра́сить(ся) *нес.*, с : ш	10
вы́красить(ся) *сов.*, с : ш	10
окра́сить(ся) *сов.*, с : ш	10
покра́сить(ся) *сов.*, с : ш	10
Красне́ть *нес.*	3
покрасне́ть *сов.*	3
Красне́ться *нес.*, 3^e *л.*	3
Красова́ться *нес.*	53
Красть *нес.*, *п.*	78
укра́сть *сов.*, *п.*	78
Кра́сться *нес.*	78
Крахма́лить *нес.*, *п.*	9
накрахма́лить *сов.*, *п.*	9
Кредитова́ть(ся) *нес.*, *сов.*	53
Крейси́ровать *нес.*	54

[1] to mow
[2] to squint

Крени́ть *нес.*, *п.* 13
  накрени́ть *сов.*, *п.* 13
Крени́ться *нес.*, *3е л.* 13
  накрени́ться *сов.*, *3е л.* 13
Крепи́ть(ся) *нес.*, **п : пл** 15
Кре́пнуть *нес.* 44
  окре́пнуть *сов.* 44
Крепча́ть *нес.*, *3е л.* 1
Крести́ть *нес.*, *п.*, **ст : щ** 17
  окрести́ть[1] *сов.*, *п.*, **ст : щ** 17
Крести́ть(ся) *нес.*, **ст : щ** 17
  перекрести́ть[2](ся) *сов.*, **ст : щ** 17
Кресть́янствовать *нес.* 54
Криве́ть *нес.* 3
  окриве́ть *сов.* 3
Криви́ть(ся) *нес.*, **в : вл** 15
  покриви́ть(ся) *сов.*, **в : вл** 15
  скриви́ть(ся) *сов.*, **в : вл** 15
Кривля́ться *нес.* 2
Кри́кнуть *сов.* 40
Кристаллизова́ть *нес.*, *сов.*, *п.* 53
  закристаллизова́ть *сов.*, *п.* 53
Кристаллизова́ться *нес.*, *сов.*, *3е л.* 53
  закристаллизова́ться *сов.*, *3е л.* 53
  вы́кристаллизоваться *сов.*, *3е л.* 54
Критика́нствовать *нес.* 54
Критикова́ть *нес.*, *п.* 53
Крича́ть *нес.* 22
Кровоточи́ть *нес.*, *3е л.* 13
Крои́ть *нес.*, *п.* 13
  скрои́ть *сов.*, *п.* 13
Кромса́ть *нес.*, *п.* 1
  искромса́ть *сов.*, *п.* 1
Кропи́ть *нес.*, *п.*, **п : пл** 15
  окропи́ть *сов.*, *п.*, **п : пл** 15
Крохобо́рствовать *нес.* 54
Кроши́ть *нес.*, *п.* 16
  искроши́ть *сов.*, *п.* 16
  накроши́ть *сов.*, *п.* 16
  раскроши́ть *сов.*, *п.* 16

Кроши́ться *нес.*, *3е л.* 16
  искроши́ться *сов.*, *3е л.* 16
  накроши́ться *сов.*, *3е л.* 16
  раскроши́ться *сов.*, *3е л.* 16
Кругле́ть *нес.* 3
  округле́ть *сов.* 3
  покругле́ть *сов.* 3
Кружи́ть(ся) *нес.* 13, 16
Крупне́ть *нес.* 3
  покрупне́ть *сов.* 3
Крути́ть *нес.*, *п.*, **т : ч** 17
  закрути́ть *сов.*, *п.*, **т : ч** 17
  скрути́ть *сов.*, *п.*, **т : ч** 17
Крути́ться *нес.*, **т : ч** 17
Кручи́ниться *нес.* 9
Круши́ть *нес.*, *п.* 13
Крыть *нес.*, *п.* 64
Кры́ться *нес.*, *3е л.* 64
{Кря́кать *нес.* 1
{Кря́кнуть *сов.* 40
Кряхте́ть *нес.*, **т : ч** 27
{Кувырка́ться *нес.* 1
{Кувырну́ться *сов.* 39
Куда́хтать[3] *нес.*, **т : ч** 47
Кудря́виться *нес.*, *3е л.* 11
Кукаре́кать *нес.* 1
Кукова́ть *нес.* 53
Культиви́ровать *нес.* 54
Куме́кать *нес.* 1
Купа́ть(ся) *нес.* 1
  вы́купать(ся) *сов.* 1
  искупа́ть(ся) *сов.* 1
Купи́ть *сов.*, *п.*, **п : пл** 18
  покупа́ть *нес.*, *п.* 1
Кура́житься *нес.* 9
Кури́ть *нес.*, *п.* 16
Кури́ться *нес.*, *3е л.* 16
Куроле́сить *нес.*, **с : ш** 10
  накуроле́сить *сов.*, **с : ш** 10
Курси́ровать *нес.* 54
Курча́виться *нес.*, *3е л.* 11
{Куса́ть(ся) *нес.* 1
{Кусну́ть* *сов.*, *п.* 39
Куста́рничать *нес.* 1

---

[1] окрещённый
[2] перекрещённый
[3] куда́хча & куда́хтая

Ку́тать(ся) *нес.* 1
 заку́тать(ся) *сов.* 1
{Кути́ть *нес.*, т : ч 17
{Кутну́ть *сов.* 39
Ку́шать *нес.* 1
 поку́шать *сов.* 1
 ску́шать *сов.* 1

Л, л

Лави́ровать *нес.* 54
Ла́дить *нес.*, д : ж 10
 пола́дить *сов.*, д : ж 10
Ла́диться *нес.*, $3^{е}$ *л.* 10
Ла́зать *нес.* 1
Ла́зить *нес.*, з : ж 10
Лака́ть *нес.*, *п.* 1
 вы́лакать *сов.*, *п.* 1
Лаке́йствовать *нес.* 54
Лакирова́ть *нес.*, *п.* 53
 отлакирова́ть *сов.*, *п.* 53
Ла́комиться[1] *нес.*, м : мл 11
 пола́комиться[1] *сов.*, м : мл 11
Ласка́ть(ся) *нес.* 1
 приласка́ть(ся) *сов.* 1
Ла́ститься *нес.*, ст : щ 10
Лгать *нес.* 95
 солга́ть *сов.* 95
Лезть *нес.* 8
Леле́ять *нес.*, *п.* 35
Лени́ться *нес.* 16
Лентя́йничать *нес.* 1
Лепета́ть *нес.*, *п.*, т : ч 48
Лепи́ть *нес.*, *п.*, п : пл 18
Лета́ть *нес.* 1
Лете́ть *нес.*, т : ч 27
Лечи́ть(ся) *нес.* 16
Лечь *сов.* 91
 ложи́ться *нес.* 13
Либера́льничать *нес.* 1
Лиди́ровать *нес.*, *сов.* 54
{Лиза́ть *нес.*, *п.*, з : ж 46
{Лизну́ть *сов.*, *п.* 39
Ликвиди́ровать *нес.*, *сов.*, *п.* 54
Ликвиди́роваться *нес.*, *сов.*, $3^{е}$ *л.* 54
Ликова́ть *нес.* 53
 возликова́ть *сов.* 53
Лимити́ровать *нес.*, *сов.*, *п.* 54
Линова́ть *нес.*, *п.* 53
 налинова́ть *сов.*, *п.* 53
Линчева́ть *нес.*, *сов.*, *п.* 53
Линя́ть *нес.*, $3^{е}$ *л.* 2
 вы́линять *сов.*, $3^{е}$ *л.* 2
 полиня́ть *сов.*, $3^{е}$ *л.* 2
Ли́пнуть *нес.* 44
Листа́ть *нес.*, *п.* 1
Лить *нес.*, *п.* 66
Ли́ться *нес.*, $3^{е}$ *л.* 66
Лихора́дить *нес.*, *безл.* 10
Лицезре́ть *нес.*, *п.* 25
Лицеме́рить *нес.* 9
{Лиша́ть(ся) *нес.* 1
{Лиши́ть(ся) *сов.* 13
Лобза́ть *нес.*, *п.* 1
Лоботря́сничать *нес.* 1
Лобыза́ть *нес.*, *п.* 1
Лови́ть *нес.*, *п.*, в : вл 18
 пойма́ть *сов.*, *п.* 1
Ловчи́ть *нес.* 13
 словчи́ть *сов.* 13
Ло́дырничать *нес.* 1
Ложи́ться *нес.* 13
 лечь *сов.* 91
Лома́ть *нес.*, *п.* 1
 полома́ть *сов.*, *п.* 1
 слома́ть *сов.*, *п.* 1
Лома́ться *нес.*, $3^{е}$ *л.* 1
 полома́ться *сов.*, $3^{е}$ *л.* 1
 слома́ться *сов.*, $3^{е}$ *л.* 1
Лома́ться *нес.* 1
Ломи́ть(ся) *нес.*, м : мл 18
Ло́пнуть *сов.* 40
Лопота́ть *нес.*, *п.*, т : ч 48
Лосни́ться *нес.* 13
Лохма́тить(ся) *нес.*, т : ч 10
 взлохма́тить(ся) *сов.*, т : ч 10
Луди́ть *нес.*, *п.*, д : ж 14
Лука́вить *нес.*, в : вл 11
 слука́вить *сов.*, в : вл 11
Лупи́ть *нес.*, *п.*, п : пл 18
 облупи́ть *сов.*, *п.*, п : пл 18

[1] ла́комись, пола́комись

Лупи́ть *нес.*, *п.*, п : пл 18
  отлупи́ть *сов.*, *п.*, п : пл 18
Лупи́ться *нес.*, $3^{е}$ *л.* 18
  облупи́ться *сов.*, $3^{е}$ *л.* 18
Лучи́ться *нес.*, $3^{е}$ *л.* 13
Лысе́ть *нес.* 3
  облысе́ть *сов.* 3
  полысе́ть *сов.* 3
Льнуть *нес.* 39
  прильну́ть *сов.* 39
Льсти́ть[1](ся) *нес.*, ст : щ 14
  польсти́ть[1](ся) *сов.*, ст : щ 14
Любе́зничать *нес.* 1
Люби́ть *нес.*, *п.*, б : бл 18
  полюби́ть* *сов.*, *п.*, б : бл 18
Любова́ться *нес.* 53
  полюбова́ться *сов.* 53
Любопы́тствовать *нес.* 54
  полюбопы́тствовать *сов.* 54
Лютова́ть *нес.* 53
{Ляга́ть(ся) *нес.* 1
{Лягну́ть(ся) *сов.* 39
{Ля́згать *нес.* 1
{Ля́згнуть *сов.* 40
Ля́пать *нес.*, *п.* 1
  наля́пать *сов.*, *п.* 1
Ля́пнуть *сов.*, *п.* 40

М, м

Ма́зать *нес.*, з : ж 49
  прома́зать *сов.*, з : ж 49
Ма́зать(ся) *нес.*, з : ж 49
  зама́зать(ся) *сов.*, з : ж 49
  изма́зать(ся) *сов.*, з : ж 49
  нама́зать(ся) *сов.*, з : ж 49
  пома́зать(ся) *сов.*, з : ж 49
Мазну́ть* *сов.*, *п.* 39
{Мака́ть *нес.*, *п.* 1
{Макну́ть* *сов.*, *п.* 39
Малева́ть[2] *нес.*, *п.* 53
  намалева́ть[2] *сов.*, *п.* 53
Малоду́шничать *нес.* 1
  смалоду́шничать *сов.* 1
Маневри́ровать *нес.* 54
  сманеври́ровать *сов.* 54
Мане́жить *нес.*, *п.* 9
Мане́рничать *нес.* 1
Манипули́ровать *нес.* 54
Мани́ть *нес.*, *п.* 16
  помани́ть* *сов.*, *п.* 16
Манифести́ровать *нес.* 54
Манки́ровать *нес.* 54
Маринова́ть *нес.*, *п.* 53
  замаринова́ть *сов.*, *п.* 53
Мародёрствовать *нес.* 54
Марширова́ть *нес.* 53
Маскирова́ть(ся) *нес.* 53
  замаскирова́ть(ся) *сов.* 53
Ма́слить *нес.*, *п.* 12
  пома́слить *сов.*, *п.* 12
Ма́слиться *нес.*, $3^{е}$ *л.* 12
Масси́ровать *нес.*, *сов.*, *п.* 54
Мастери́ть *нес.*, *п.* 13
  смастери́ть *сов.*, *п.* 13
Материализова́ть(ся) *нес.*, *сов.* 53
{Маха́ть *нес.*, х : ш 46
{Махну́ть *сов.* 39
Машинизи́ровать *нес.*, *сов.*, *п.* 54
Ма́яться *нес.* 35
Мая́чить *нес.* 9
Меблирова́ть *нес.*, *сов.*, *п.* 53
Ме́длить *нес.* 12
Меле́ть *нес.*, $3^{е}$ *л.* 3
  обмеле́ть *сов.*, $3^{е}$ *л.* 3
Мели́ть *нес.*, *п.* 13
  намели́ть *сов.*, *п.* 13
{Мелька́ть *нес.* 1
{Мелькну́ть *сов.* 39
Мельча́ть *нес.* 1
  измельча́ть *сов.* 1
Мельчи́ть *нес.*, *п.* 13
  измельчи́ть *сов.*, *п.* 13
  размельчи́ть *сов.*, *п.* 13
Меня́ть(ся) *нес.* 2
  поменя́ть(ся) *сов.* 2

---

[1] This verb is intransitive; it may have an object in the dative; it has a participle passive польщённый.
[2] малю́ю; намалю́ю

Мере́ть *нес.*, *3е л.* 68
Мере́щиться[1] *нес.* 9
  помере́щиться[1] *сов.* 9
Мёрзнуть[2] *нес.* 43
  замёрзнуть[2] *сов.* 43
Ме́рить(ся) *нес.* 9
  поме́рить(ся) *сов.* 9
Ме́ркнуть *нес.*, *3е л.* 43
  поме́ркнуть *сов.*, *3е л.* 43
Мертве́ть *нес.* 3
  омертве́ть *сов.* 3
  помертве́ть *сов.* 3
Мертви́ть *нес.*, **в : вл** 15
Мерца́ть *нес.*, *3е л.* 1
Меси́ть *нес.*, *п.*, **с : ш** 17
Мести́ *нес.*, *п.* 80
Мета́ть[3](ся) *нес.*, **т : ч** 48
  метну́ть*(ся) *сов.* 39
Мета́ть[4] *нес.*, *п.* 1
Ме́тить(ся) *нес.*, **т : ч** 10
  наме́тить(ся) *сов.*, **т : ч** 10
Метну́ть*(ся) *сов.*, 39
  мета́ть[3](ся) *нес.*, **т : ч** 48
Механизи́ровать *нес.*, *сов.*, *п.* 54
Мечта́ть *нес.* 1
Меша́ть(ся) *нес.* 1
  помеша́ть(ся) *сов.* 1
  смеша́ть(ся) *сов.* 1
Ме́шкать *нес.* 1
{Мига́ть *нес.* 1
{Мигну́ть *сов.* 39
Мигри́ровать *нес.* 54
Милитаризова́ть *нес.*, *сов.*, *п.* 53
Ми́ловать *нес.*, *п.* 54
  поми́ловать *сов.*, *п.* 54
Милова́ть(ся) *нес.* 53
Минда́льничать *нес.* 1
Мини́ровать *нес.*, *сов.*, *п.* 54
  замини́ровать *сов.*, *п.* 54
Минова́ть *сов.*, *п.* 53
Мину́ть[5] *сов.*, *3е л.* 41
Мири́ть(ся) *нес.* 13
  помири́ть(ся) *сов.* 13
Мистифици́ровать *нес.*, *сов.*, *п.* 54
Митингова́ть *нес.* 53
Млеть *нес.* 3
Мнить *нес.* 13
Мно́жить *нес.*, *п.* 9
  помно́жить *сов.*, *п.* 9
Мно́житься *нес.*, *3е л.* 9
Мобилизова́ть(ся) *нес.*, *сов.* 53
Модели́ровать *нес.*, *сов.*, *п.* 54
Модернизи́ровать *нес.*, *сов.*, *п.* 54
Модифици́ровать *нес.*, *сов.*, *п.* 54
Мо́дничать *нес.* 1
Мозо́лить *нес.*, *п.* 9
  намозо́лить *сов.*, *п.* 9
Мо́кнуть *нес.* 44
Мо́лвить[6] *сов.*, *п.*, **в : вл** 11
Моли́ть *нес.*, *п.* 16
Моли́ться *нес.* 16
  помоли́ться *сов.* 16
Мо́лкнуть *нес.* 43
Молоде́ть *нес.* 3
  помолоде́ть *сов.* 3
Молоди́ть(ся) *нес.*, **д : ж** 14
Молоти́ть *нес.*, *п.*, **т : ч** 17
Моло́ть *нес.*, *п.* 67
  смоло́ть *сов.*, *п.* 67
Молча́ть *нес.* 22
Монополизи́ровать *нес.*, *сов.*, *п.* 54
Монти́ровать *нес.*, *п.* 54
  смонти́ровать *сов.*, *п.* 54
{Морга́ть *нес.* 1
{Моргну́ть *сов.* 39
Мори́ть *нес.*, *п.* 13

---

[1] Imperative rarely used.
[2] мёрзнувший & замёрзнувший; мёрзший & замёрзший
[3] to throw, to fling
[4] to baste; to spawn (*only used in phrase* мета́ть икру́)
[5] ми́нул & мину́л
[6] мо́лви

Моро́зить *нес.*, *п.*, **з : ж** 10
заморо́зить *сов.*, *п.*, **з : ж** 10
Мороси́ть *нес.*, *3е л.* 14
Моро́чить *нес.*, *п.* 9
Морщи́нить(ся) *нес.*, *3е л.* 9
Мо́рщить(ся) *нес.* 12
смо́рщить(ся) *сов.* 12
помо́рщить(ся) *сов.* 12
Морщи́ть *нес.*, *3е л.* 13
Мота́ть(ся) *нес.* 1
Мотиви́ровать *нес.*, *п.* 54
Моты́жить *нес.*, *п.* 9
Мочи́ть *нес.*, *п.* 16
намочи́ть *сов.*, *п.* 16
Мочь *нес.* 89
смочь *сов.* 89
Моше́нничать *нес.* 1
смоше́нничать *сов.* 1
Мрачне́ть *нес.* 3
помрачне́ть *сов.* 3
Мстить *нес.*, **ст : щ** 14
отомсти́ть *сов.*, **ст : щ** 14
Мудри́ть *нес.* 13
намудри́ть *сов.* 13
Му́дрствовать *нес.* 54
Мужа́ть[1](ся) *нес.* 1
Муниципализи́ровать *нес.*, *сов.*, *п.* 54
Мурлы́кать *нес.*, *п.*, **к : ч** 1, 47
Мусо́лить *нес.*, *п.* 9
замусо́лить *сов.*, *п.* 9
намусо́лить *сов.*, *п.* 9
Му́сорить *нес.* 12
наму́сорить *сов.* 12
Мусси́ровать *нес.*, *п.* 54
Мути́ть *нес.*, *п.*, **т : ч** 14
Мути́ться *нес.*, *3е л.* 14
помути́ться *сов.*, *3е л.* 14
Мутне́ть *нес.*, *3е л.* 3
помутне́ть *сов.*, *3е л.* 3
Му́чить(ся) *нес.* 9
заму́чить(ся) *сов.* 9
изму́чить(ся) *сов.* 9

Муштрова́ть *нес.*, *п.* 53
вы́муштровать *сов.*, *п.* 54
Мча́ть(ся) *нес.* 22
Мы́кать(ся) *нес.* 1
Мы́лить(ся) *нес.* 9
намы́лить(ся) *сов.* 9
Мы́слить *нес.* 12
Мы́слиться *нес.*, *3е л.* 12
Мыта́рить(ся) *нес.* 9
Мы́ть(ся) *нес.* 64
вы́мыть(ся) *сов.* 64
Мыча́ть *нес.* 22
Мя́кнуть *нес.* 43
Мя́млить *нес.*, *п.* 12
Мять *нес.*, *п.* 60
измя́ть[2] *сов.*, *п.* 60
смять[3] *сов.*, *п.* 60
Мя́ться *нес.*, *3е л.* 60
измя́ться[4] *сов.*, *3е л.* 60
смя́ться[5] *сов.*, *3е л.* 60
{Мяу́кать *нес.* 1
{Мяу́кнуть *сов.* 40

Н, н

{Наба́вить *сов.*, *п.*, **в : вл** 11
{Набавля́ть *нес.*, *п.* 2
Набаламу́тить *сов.*, **т : ч** 10
Набалова́ть(ся) *сов.* 53
Наба́лтывать *нес.*, *п.* 1
наболта́ть *сов.*, *п.* 1
Набальзами́ровать *сов.*, *п.* 54
Набе́гать(ся) *сов.* 1
{Набега́ть *нес.* 1
{Набежа́ть *сов.* 96
Набедоку́рить *сов.* 9
Набезобра́зничать *сов.* 1
Набели́ть(ся) *сов.* 13, 16
Набива́ть(ся) *нес.* 1
наби́ть(ся) *сов.* 66
Набира́ть(ся) *нес.* 1
набра́ть(ся) *сов.* 69

---

[1] Intransitive.
[2] изомну́; изомни́
[3] сомну́; сомни́
[4] изомнётся
[5] сомнётся

Entry	No.
Наби́ть(ся) *сов.*	66
набива́ть(ся) *нес.*	1
Наблюда́ть *нес., п.*	1
Наблюда́ться *нес.*, $3^{е}$ *л.*	1
Наболе́ть *сов.*, $3^{е}$ *л.*	3
Наболта́ть *сов., п.*	1
наба́лтывать *нес., п.*	1
Набра́сывать[1](ся) *нес.*	1
набро́сить(ся) *сов.*, **с : ш**	10
Набра́сывать[2] *нес., п.*	1
наброса́ть *сов., п.*	1
Набра́ть(ся) *сов.*	69
набира́ть(ся) *нес.*	1
Набрести́ *сов.*	79
Наброса́ть *сов., п.*	1
набра́сывать[2] *нес., п.*	1
Набро́сить(ся) *сов.*, **с : ш**	10
набра́сывать[1](ся) *нес.*	1
Набры́згать *сов., п.*	1
Набуха́ть *нес.*, $3^{е}$ *л.*	1
Набу́хнуть *сов.*, $3^{е}$ *л.*	43
Набуя́нить *сов.*	9
Нава́ливать(ся) *нес.*	1
Навали́ть(ся) *сов.*	16
Наваля́ть(ся) *сов.*	2
Нава́ривать *нес., п.*	1
Навари́ть *сов., п.*	16
Навева́ть *нес., п.*	1
наве́ять *сов., п.*	35
Наве́даться *сов.*	1
Наве́дываться *нес.*	1
Навезти́ *сов., п.*	6
Наве́ивать *нес., п.*	1
наве́ять *сов., п.*	35
Навербова́ть *сов., п.*	53
Наверну́ть *сов., п.*	39
навёртывать *нес., п.*	1
Наверну́ться *сов.*, $3^{е}$ *л.*	39
навёртываться *нес.*, $3^{е}$ *л.*	1
Наверста́ть *сов., п.*	1
Навёрстывать *нес., п.*	1
Наверте́ть *сов., п.*, **т : ч**	31
Навёртывать *нес., п.*	1
Навёртывать *нес., п.*	1
наверну́ть *сов., п.*	39
Навёртываться *нес.*, $3^{е}$ *л.*	1
наверну́ться *сов.*, $3^{е}$ *л.*	39
Наве́рчивать *нес., п.*	1
Наве́сить *сов., п.*, **с : ш**	10
наве́шивать *нес., п.*	1
Навести́ *сов., п.*	79
наводи́ть *нес., п.*, **д : ж**	17
Навести́ть *сов., п.*, **ст : щ**	14
навеща́ть *нес., п.*	1
Наве́шать *сов., п.*	1
Наве́шивать *нес., п.*	1
наве́сить *сов., п.*, **с : ш**	10
Навеща́ть *нес., п.*	1
навести́ть *сов., п.*, **ст : щ**	14
Наве́ять *сов., п.*	35
навева́ть *нес., п.*	1
наве́ивать *нес., п.*	1
Навива́ть *нес., п.*	1
нави́ть *сов., п.*	66
Навинти́ть[3] *сов., п.*, **т : ч**	14
Нави́нчивать *нес., п.*	1
Нависа́ть *нес.*, $3^{е}$ *л.*	1
Нави́снуть *сов.*, $3^{е}$ *л.*	43
Нави́ть *сов., п.*	66
навива́ть *нес., п.*	1
Навлека́ть *нес., п.*	1
Навле́чь *сов., п.*	86
Наводи́ть *нес., п.*, **д : ж**	17
навести́ *сов., п.*	79
Наводни́ть *сов., п.*	13
Наводня́ть *нес., п.*	2
Навоева́ться[4] *сов.*	53
Навози́ть *сов., п.*, **з : ж**	17
Навола́кивать *нес., п.*	1
Наволо́чь *сов., п.*	86
Навора́чивать *нес., п.*	1
навороти́ть *сов., п.*, **т : ч**	17
Наворова́ть *сов., п.*	53
Наворо́вывать *нес., п.*	1
Наворожи́ть *сов., п.*	13

---

[1] to throw on, to slip on

[2] (a) to throw a (large) quantity of; (b) to outline, to sketch, to draft

[3] **нави́нченный**

[4] **навоюю́сь**

Навороти́ть *сов.*, *п.*, **т : ч** 17
наворáчивать *нес.*, *п.* 1
Навостри́ть(ся) *сов.* 13
Наврáть *сов.*, *п.* 32
Навреди́ть *сов.*, **д : ж** 14
Навью́чивать(ся) *нес.* 1
Навью́чить(ся) *сов.* 9
Навязáть(ся) *сов.*, **з : ж** 46
навя́зывать(ся) *нес.* 1
Навязáть *нес.*, *3ᵉ л.* 1
Навя́знуть *сов.*, *3ᵉ л.* 43
Навя́зывать(ся) *нес.* 1
навязáть(ся) *сов.*, **з : ж** 46
Нагадáть *сов.*, *п.* 1
Нагáдить *сов.*, **д : ж** 10
Нагибáть(ся) *нес.* 1
нагну́ть(ся) *сов.* 39
Наглáдить *сов.*, *п.*, **д : ж** 16
Наглáживать *нес.*, *п.* 1
Нагле́ть *нес.* 3
обнагле́ть *сов.* 3
Наглотáться *сов.* 1
Наглуши́ть *сов.*, *п.* 13
Нагляде́ться *сов.*, **д : ж** 27
Нагнáть *сов.*, *п.* 72
нагоня́ть *нес.*, *п.* 2
Нагнести́ *сов.*, *п.* 80
Нагнетáть *нес.*, *п.* 1
Нагнои́ться *сов.*, *3ᵉ л.* 13
Нагну́ть(ся) *сов.* 39
нагибáть(ся) *нес.* 1
Наговáривать *нес.*, *п.* 1
Наговори́ть *сов.*, *п.* 13
Наговори́ться *сов.* 13
Наголодáться *сов.* 1
Нагоня́ть *нес.*, *п.* 2
нагнáть *сов.*, *п.* 72
Нагорáживать *нес.*, *п.* 1
нагороди́ть *сов.*, *п.*, **д : ж** 17
Нагорáть *нес.*, *3ᵉ л.* 1
Нагоре́ть *сов.*, *3ᵉ л.* 25
Нагороди́ть *сов.*, *п.*, **д : ж** 17
нагорáживать *нес.*, *п.* 1

Наготáвливать *нес.*, *п.* 1
Наготóвить *сов.*, *п.*, **в : вл** 11
Наготóвиться *сов.*, **в : вл** 11
Награ́бить *сов.*, *п.*, **б : бл** 11
Награвировáть *сов.*, *п.* 53
Награди́ть[1] *сов.*, *п.*, **д : ж : жд** 14
Награждáть *нес.*, *п.* 1
Награ́фи́ть *сов.*, *п.*, **ф : фл** 15
Нагребáть *нес.*, *п.* 1
нагрести́ *сов.*, *п.* 82
Нагревáть(ся) *нес.* 1
нагре́ть(ся) *сов.* 3
Нагрести́ *сов.*, *п.* 82
нагребáть *нес.*, *п.* 1
Нагре́ть(ся) *сов.* 3
нагревáть(ся) *нес.* 1
Нагреши́ть *сов.* 13
Нагримировáть *сов.*, *п.* 53
Нагромождáть *нес.*, *п.* 1
Нагромозди́ть[2] *сов.*, *п.*, **д : ж : жд** 14
Нагромождáться *нес.*, *3ᵉ л.* 1
Нагромозди́ться *сов.*, *3ᵉ л.* 14
Нагруби́ть *сов.*, **б : бл** 15
Нагружáть *нес.*, *п.* 1
Нагрузи́ть *сов.*, *п.*, **з : ж** 14, 17
Нагрызáть *нес.*, *п.* 1
Нагры́зть *сов.*, *п.* 7
Нагрязни́ть *сов.*, *п.* 13
Нагря́нуть *сов.* 41
Нагу́ливать *нес.*, *п.* 1
Нагуля́ть *сов.*, *п.* 2
Нагуля́ться *сов.* 2
Надавáть *сов.*, *п.* 55
Надави́ть *сов.*, *п.*, **в : вл** 18
Надáвливать *нес.*, *п.* 1
Надáивать *нес.*, *п.* 1
надои́ть[3] *сов.*, *п.* 13, 16
Надáривать *нес.*, *п.* 1
Надари́ть *сов.*, *п.* 16
Надбáвить *сов.*, *п.*, **в : вл** 11
Надбавля́ть *нес.*, *п.* 2
Надбивáть *нес.*, *п.* 1
Надби́ть[4] *сов.*, *п.* 66

---

[1] награждённый
[2] нагромождённый
[3] надóенный
[4] надобью́

{Надвига́ть(ся) *нес.* 1
{Надви́нуть(ся) *сов.* 41
{Надвяза́ть *сов.*, *п.*, **з : ж** 46
{Надвя́зывать *нес.*, *п.* 1
{Наддава́ть *нес.*, *п.* 55
{Надда́ть *сов.*, *п.* 98
Надебоши́рить *сов.* 9
Надева́ть *нес.*, *п.* 1
  наде́ть *сов.*, *п.* 57
Наде́лать *сов.*, *п.* 1
{Надели́ть *сов.*, *п.* 13
{Наделя́ть *нес.*, *п.* 2
{Надёргать *сов.*, *п.* 1
{Надёргивать[1] *нес.*, *п.* 1
{Надёргивать[2] *нес.*, *п.* 1
{Надёрнуть* *сов.*, *п.* 40
Надерзи́ть[3] *сов.* 14
Наде́ть *сов.*, *п.* 57
  надева́ть *нес.*, *п.* 1
Наде́яться *нес.* 35
  понаде́яться *сов.* 35
Надзира́ть *нес.*, *п.* 1
Надиви́ться *сов.*, **в : вл** 15
Надира́ть *нес.*, *п.* 1
  надра́ть *сов.*, *п.* 69
{Надка́лывать *нес.*, *п.* 1
{Надколо́ть *сов.*, *п.* 38
{Надкуси́ть *сов.*, *п.*, **с : ш** 17
{Надку́сывать *нес.*, *п.* 1
Надла́мывать *нес.*, *п.* 1
  надломи́ть *сов.*, *п.*, **м : мл** 18
Надла́мываться *нес.*, *3[е] л.* 1
  надломи́ться *сов.*, *3[е] л.* 18
{Надоеда́ть *нес.* 1
{Надое́сть *сов.* 99
Надои́ть[4] *сов.*, *п.* 13, 16
  нада́ивать *нес.*, *п.* 1
Надорва́ть(ся) *сов.* 32
  надрыва́ть(ся) *нес.* 1
Надоу́мить *сов.*, *п.*, **м : мл** 11

Надпа́рывать *нес.*, *п.* 1
  надпоро́ть *сов.*, *п.* 38
{Надпи́ливать *нес.*, *п.* 1
{Надпили́ть *сов.*, *п.* 16
{Надписа́ть *сов.*, *п.*, **с : ш** 46
{Надпи́сывать *нес.*, *п.* 1
Надпоро́ть *сов.*, *п.* 38
  надпа́рывать *нес.*, *п.* 1
Надра́ть *сов.*, *п.* 69
  надира́ть *нес.*, *п.* 1
{Надре́зать *сов.*, *п.*, **з : ж** 49
{Надреза́ть *нес.*, *п.* 1
Надруга́ться *сов.* 1
Надрыва́ть(ся) *нес.* 1
  надорва́ть(ся) *сов.* 32
Надры́згать *сов.*, *п.* 1
{Надсади́ть(ся) *сов.*, **д : ж** 17
{Надса́живать(ся) *нес.* 1
Надсма́тривать *нес.* 1
{Надста́вить *сов.*, *п.*, **в : вл** 11
{Надставля́ть *нес.*, *п.* 2
{Надстра́ивать *нес.*, *п.* 1
{Надстро́ить *сов.*, *п.* 19
Надтре́снуть *сов.*, *3[е] л.* 40
Надува́ть(ся) *нес.* 1
  наду́ть(ся) *сов.* 4
Наду́мать *сов.*, *п.* 1
Наду́ть(ся) *сов.* 4
  надува́ть(ся) *нес.* 1
Надуши́ть(ся) *сов.* 16
Надыми́ть *сов.*, **м : мл** 15
Надыша́ть[5](ся) *сов.* 23
Наеда́ть(ся) *нес.* 1
  нае́сть(ся) *сов.* 99
Нае́здить(ся)[6] *сов.*, **д : ж** 10
Наезжа́ть *нес.* 1
Нае́сть(ся) *сов.* 99
  наеда́ть(ся) *нес.* 1
Нае́хать *сов.* 92
Нажа́ловаться *сов.* 54

---

[1] (a) to pluck out (*a quantity of*); (b) to quote right and left
[2] to pull over
[3] 1st person singular not used.
[4] надо́енный
[5] Intransitive.
[6] нае́зди(сь)

{Нажáривать *нес.*, *п.* 1
{Нажáрить *сов.*, *п.* 9
Нажáриться *сов.* 9
Нажáть *сов.*, *п.* 62
нажимáть *нес.*, *п.* 1
Нажáть *сов.*, *п.* 60
нажинáть *нес.*, *п.* 1
Нажéчь *сов.*, *п.* 90
нажигáть *нес.*, *п.* 1
Наживáть(ся) *нес.* 1
нажи́ть(ся) *сов.* 59
{Наживи́ть *сов.*, *п.*, в : вл 15
{Наживля́ть *нес.*, *п.* 2
Нажигáть *нес.*, *п.* 1
нажéчь *сов.*, *п.* 90
Нажимáть *нес.*, *п.* 1
нажáть *сов.*, *п.* 62
Нажинáть *нес.*, *п.* 1
нажáть *сов.*, *п.* 60
Нажи́ть(ся) *сов.* 59
наживáть(ся) *нес.* 1
Назвáнивать *нес.* 1
Назвáть(ся) *сов.* 71
называ́ть(ся) *нес.* 1
{Назначáть *нес.*, *п.* 1
{Назнáчить *сов.*, *п.* 9
{Назревáть *нес.*, $3^{е}$ *л.* 1
{Назрéть *сов.*, $3^{е}$ *л.* 3
Называ́ть(ся) *нес.* 1
назвáть(ся) *сов.* 71
Наи́вничать *нес.* 1
Наигрáть(ся) *сов.* 1
Наименовáть *сов.*, *п.* 53
Найти́[1](сь) *сов.* 94
находи́ть(ся) *нес.*, д : ж 17
Накáверзничать *сов.* 1
{Наказáть *сов.*, *п.*, з : ж 46
{Накáзывать *нес.*, *п.* 1
{Накáливать(ся) *нес.* 1
{Накали́ть(ся) *сов.* 13
Накáлывать(ся) *нес.* 1
наколóть(ся) *сов.* 38
Наканифóлить *сов.*, *п.* 9
Накáпать *сов.*, *п.* 1
Накáпливать *нес.*, *п.* 1
накопи́ть *сов.*, *п.*, п : пл 18
Накáпливаться *нес.*, $3^{е}$ *л.* 1
накопи́ться *сов.*, $3^{е}$ *л.* 18
Накáпывать *нес.*, *п.* 1
накопáть *сов.*, *п.* 1
{Накатáть(ся) *сов.* 1
{Накáтывать(ся) *нес.* 1
{Накати́ть(ся) *сов.*, т : ч 17
{Накáтывать(ся) *нес.* 1
{Накачáть *сов.*, *п.* 1
{Накáчивать *нес.*, *п.* 1
{Наквáсить *сов.*, *п.*, с : ш 10
{Наквáшивать *нес.*, *п.* 1
{Накидáть *сов.*, *п.* 1
{Наки́дывать *нес.*, *п.* 1
{Наки́дывать(ся) *нес.* 1
{Наки́нуть(ся) *сов.* 41
{Накипáть *нес.*, $3^{е}$ *л.* 1
{Накипéть *сов.*, $3^{е}$ *л.* 26
Наклáдывать *нес.*, *п.* 1
наложи́ть *сов.*, *п.* 16
Наклеветáть *сов.*, т : щ 48
Наклёвываться *нес.*, $3^{е}$ *л.* 1
{Наклéивать *нес.*, *п.* 1
{Наклéить *сов.*, *п.* 19
Наклепáть *сов.* 1
{Накликáть *нес.*, *п.* 1
{Накли́кать *сов.*, *п.*, к : ч 47
{Наклони́ть[2](ся) *сов.* 16
{Наклоня́ть(ся) *нес.* 2
Наклю́каться *сов.* 1
Накля́узничать *сов.* 1
Наковáть[3] *сов.*, *п.* 53
Наколáчивать *нес.*, *п.* 1
наколоти́ть *сов.*, *п.*, т : ч 17
Наколдовáть *сов.*, *п.* 53
Наколоти́ть *сов.*, *п.*, т : ч 17
наколáчивать *нес.*, *п.* 1
Наколóть(ся) *сов.* 38
накáлывать(ся) *нес.* 1
Накопáть *сов.*, *п.* 1
накáпывать *нес.*, *п.* 1

---

[1] нáйденный
[2] наклонённый
[3] накую́, накуёшь

Накопи́ть *сов.*, *п.*, п : пл 18
накáпливать *нес.*, *п.* 1
Накопи́ться *сов.*, 3е *л.* 18
накáпливаться *нес.*, 3е *л.* 1
Накопти́ть *сов.*, *п.*, т : ч 14
Накорми́ть *сов.*, *п.*, м : мл 16
Накрáпывать *нес.*, 3е *л.* 1
Накрáсить(ся) *сов.*, с : ш 10
Накрáсть *сов.*, *п.* 78
Накрахмáлить *сов.*, *п.* 9
Накрени́ть *сов.*, *п.* 13
Накрени́ться *сов.*, 3е *л.* 13
Накричáть *сов.* 22
Накромсáть *сов.*, *п.* 1
Накроши́ть *сов.*, *п.* 16
Накроши́ться *сов.*, 3е *л.* 16
Накрути́ть *сов.*, *п.*, т : ч 17
Накру́чивать *нес.*, *п.* 1
Накрывáть(ся) *нес.* 1
Накры́ть(ся) *сов.* 64
Накупáть *нес.*, *п.* 1
Накупи́ть *сов.*, *п.*, п : пл 18
Накури́ть(ся) *сов.* 16
Накуролéсить *сов.*, с : ш 10
Накусáть *сов.*, *п.* 1
Наку́тать *сов.*, *п.* 1
Наку́тывать *нес.*, *п.* 1
Налáвливать *нес.*, *п.* 1
налови́ть *сов.*, *п.*, в : вл 18
Налагáть *нес.*, *п.* 1
наложи́ть *сов.*, *п.* 16
Налáдить *сов.*, *п.*, д : ж 10
Налáживать *нес.*, *п.* 1
Налáдиться *сов.*, 3е *л.* 10
Налáживаться *нес.*, 3е *л.* 1
Налакáться *сов.* 1
Налгáть *сов.* 95
Налегáть *нес.* 1
налéчь *сов.* 91
Належáть(ся) *сов.* 22
Налезáть *нес.*, 3е *л.* 1
Налéзть *сов.*, 3е *л.* 8
Налепи́ть *сов.*, *п.*, п : пл 18
Налеплять *нес.*, *п.* 2
Налетáть *сов.*, *п.* 1
Налетáть *нес.* 1
Налетéть *сов.*, т : ч 27
Налéчь *сов.* 91
налегáть *нес.* 1
Наливáть(ся) *нес.* 1
нали́ть(ся) *сов.* 66
Нализáться *сов.*, з : ж 46
Налиновáть *сов.*, *п.* 53
Налипáть *нес.*, 3е *л.* 1
Нали́пнуть *сов.*, 3е *л.* 43
Нали́ть(ся) *сов.* 66
наливáть(ся) *нес.* 1
Нали́чествовать *нес.*, 3е *л.* 54
Налови́ть *сов.*, *п.*, в : вл 18
налáвливать *нес.*, *п.* 1
Наловчи́ться *сов.* 13
Наложи́ть *сов.*, *п.* 16
наклáдывать *нес.*, *п.* 1
Наложи́ть *сов.*, *п.* 16
налагáть *нес.*, *п.* 1
Наломáть *сов.*, *п.* 1
Налюбовáться *сов.* 53
Наля́пать *сов.*, *п.* 1
Намагни́тить *сов.*, *п.*, т : ч 10
Намагни́чивать *нес.*, *п.* 1
Намáзать(ся) *сов.*, з : ж 49
Намáзать *сов.*, *п.*, з : ж 49
Намáзывать *нес.*, *п.* 1
Намалевáть[1] *сов.*, *п.* 53
Намáлывать *нес.*, *п.* 1
намолóть *сов.*, *п.* 67
Намариновáть *сов.*, *п.* 53
Намáслить *сов.*, *п.* 12
Намáтывать *нес.*, *п.* 1
намотáть *сов.*, *п.* 1
Намáтываться *нес.*, 3е *л.* 1
намотáться *сов.*, 3е *л.* 1
Намáяться *сов.* 35
Намекáть *нес.* 1
Намекну́ть *сов.* 39
Намели́ть *сов.*, *п.* 13
Наменя́ть *сов.*, *п.* 2
Намеревáться *нес.* 1
Намерзáть *нес.*, 3е *л.* 1
Намёрзнуть *сов.*, 3е *л.* 43

[1] намалю́ю

Намёрзнуться *сов.* 43
Наме́рить *сов., п.* 9
Намеси́ть *сов., п.,* с : ш 17
Намести́ *сов., п.* 80
Намета́ть[1] *нес., п.* 1
Намета́ть[2] *сов., п.,* т : ч 48
намётывать *нес., п.* 1
Наме́тить *сов., п.,* т : ч 10
намеча́ть *нес., п.* 1
Наме́титься *сов., 3е л.* 10
намеча́ться *нес., 3е л.* 1
Намётывать *нес., п.* 1
намета́ть[2] *сов., п.,* т : ч 48
Намеча́ть *нес., п.* 1
наме́тить *сов., п.,* т : ч 10
Намеча́ться *нес., 3е л.* 1
наме́титься *сов., 3е л.* 10
Намеша́ть *сов., п.* 1
Наме́шивать *нес., п.* 1
Намина́ть *нес., п.* 1
намя́ть *сов., п.* 60
Намозо́лить *сов., п.* 9
Намока́ть *нес.* 1
Намо́кнуть *сов.* 43
Намола́чивать *нес., п.* 1
Намолоти́ть *сов., п.,* т : ч 17
Намоло́ть *сов., п.* 67
нама́лывать *нес., п.* 1
Намолча́ться *сов.* 22
Намо́рщить(ся) *сов.* 12
Намота́ть *сов., п.* 1
нама́тывать *нес., п.* 1
Намота́ться *сов., 3е л.* 1
нама́тываться *нес., 3е л.* 1
Намочи́ть(ся) *сов.* 16
нама́чиваться *нес.* 1
Намудри́ть *сов.* 13
Намусо́лить *сов., п.* 9
Наму́сорить *сов.* 12
Намути́ть* *сов., п.,* т : ч 14
Наму́читься *сов.* 9
Намыва́ть *нес., п.* 1
намы́ть *сов., п.* 64
Намы́каться *сов.* 1

Намы́ливать(ся) *нес.* 1
Намы́лить(ся) *сов.* 9
Намы́ть *сов., п.* 64
намыва́ть *нес., п.* 1
Намы́ться *сов.* 64
Намека́ть *нес., 3е л.* 1
Намекну́ть *сов., 3е л.* 39
Намя́ть *сов., п.* 60
намина́ть *нес., п.* 1
Нана́шивать *нес., п.* 1
наноси́ть *сов., п.* 17
Нанести́ *сов., п.* 6
наноси́ть *нес., п.,* с : ш 17
Нaниза́ть *сов., п.,* з : ж 46
Нани́зывать *нес., п.* 1
Нанима́ть(ся) *нес.* 1
наня́ть(ся) *сов.* 76
Наноси́ть *сов., п.,* с : ш 17
нана́шивать *нес., п.* 1
Наноси́ть *нес., п.,* с : ш 17
нанести́ *сов., п.* 6
Наноси́ться *сов., 3е л.* 17
Нанюхаться *сов.* 1
Наня́ть(ся) *сов.* 76
нанима́ть(ся) *нес.* 1
Наобеща́ть *сов., п.* 1
Наора́ть *сов.* 32
Напа́дать *сов., 3е л.* 1
Напада́ть *нес.* 1
напа́сть *сов.* 78
Напа́ивать *нес., п.* 1
напои́ть *сов., п.* 13
Напа́костить[3] *сов.,* ст : щ 10
Напа́рить *сов., п.* 9
Напа́рывать(ся) *нес.* 1
напоро́ть(ся) *сов.* 38
Напаса́ть *нес., п.* 1
Напасти́(сь) *сов.* 6
Напа́сть *сов.* 78
напада́ть *нес.* 1
Напаха́ть *сов., п.,* х : ш 46
Напа́чкать(ся) *сов.* 1
Напая́ть *сов., п.* 2
Напева́ть *нес., п.* 1

---

[1] to sweep together (*a quantity of*)
[2] to baste
[3] напа́кости

Напека́ть *нес.*, *п.* 1
напе́чь *сов.*, *п.* 86
Напере́ть *сов.* 68
напира́ть *нес.* 1
Наперчи́ть *сов.*, *п.* 12
Напе́ть(ся) *сов.* 65
Напеча́тать(ся) *сов.* 1
Напе́чь *сов.*, *п.* 86
напека́ть *нес.*, *п.* 1
Напива́ться *нес.* 1
напи́ться *сов.* 66
Напили́ть *сов.*, *п.* 16
Напира́ть *нес.* 1
напере́ть *сов.* 68
Написа́ть *сов.*, *п.*, с : ш 46
Напита́ть *сов.*, *п.* 1
Напита́ться *сов.*, $3^е$ *л.* 1
Напи́ться *сов.* 66
напива́ться *нес.* 1
Напи́тывать(ся) *нес.*, $3^е$ *л.* 1
{Напиха́ть *сов.*, *п.* 1
{Напи́хивать *нес.*, *п.* 1
Напи́чкать(ся) *сов.* 1
Напла́вать(ся) *сов.* 1
Напла́кать(ся) *сов.*, к : ч 47
{Напластова́ться *сов.*, $3^е$ *л.* 53
{Напласто́вываться *нес.*, $3^е$ *л.* 1
Наплева́ть[1] *сов.* 53
Наплеска́ть *сов.*, *п.*, ск : щ 48
{Наплести́ *сов.*, *п.* 80
{Наплета́ть *нес.*, *п.* 1
Наплоди́ть* *сов.*, *п.*, д : ж 14
Наплоди́ться *сов.*, $3^е$ *л.* 14
{Наплыва́ть *нес.* 1
{Наплы́ть *сов.* 59
Напои́ть *сов.*, *п.* 13
напа́ивать *нес.*, *п.* 1
{Наполза́ть *нес.* 1
{Наползти́ *сов.* 6
Наполирова́ть *сов.*, *п.* 53
{Напо́лнить *сов.*, *п.* 12
{Наполня́ть *нес.*, *п.* 2
{Напо́лниться *сов.*, $3^е$ *л.* 12
{Наполня́ться *нес.*, $3^е$ *л.* 2

{Напомина́ть *нес.*, *п.* 1
{Напо́мнить* *сов.*, *п.* 12
Напоро́ть(ся) *сов.* 38
напа́рывать(ся) *нес.* 1
Напороши́ть *сов.*, *безл.* 13
Напорта́чить *сов.* 9
Напо́ртить[2] *сов.*, *п.*, т : ч 10
{Напра́вить(ся) *сов.*, в : вл 11
{Направля́ть(ся) *нес.* 2
Напрактикова́ться *сов.* 53
Напра́шиваться *нес.* 1
напроси́ться *сов.*, с : ш 17
Напрока́зничать *сов.* 1
Напроро́чить *сов.*, *п.* 9
Напроси́ться *сов.*, с : ш 17
напра́шиваться *нес.* 1
Напружи́нить(ся) *сов.* 9
Напры́скать *сов.*, *п.* 1
{Напряга́ть(ся) *нес.* 1
{Напря́чь(ся) *сов.* 88
Напуга́ть(ся) *сов.* 1
Напу́дрить(ся) *сов.* 12
{Напуска́ть(ся) *нес.* 1
{Напусти́ть(ся) *сов.*, ст : щ 17
Напу́тать *сов.*, *п.* 1
Напу́тствовать *нес.*, *сов.* 54
Напы́житься *сов.* 9
Напыли́ть *сов.* 13
{Напя́ливать *нес.*, *п.* 1
{Напя́лить *сов.*, *п.* 9
Нарабо́тать(ся) *сов.* 1
Нара́доваться *сов.* 54
{Нараста́ть *нес.*, $3^е$ *л.* 1
{Нарасти́ *сов.*, $3^е$ *л.* 84
{Нарасти́ть *сов.*, *п.*, ст : щ 14
{Нара́щивать *нес.*, *п.* 1
Нарва́ть *сов.*, $3^е$ *л. или безл.* 32
Нарва́ть(ся) *сов.* 32
нарыва́ть(ся) *нес.* 1
{Нареза́ть *нес.*, *п.* 1
{Наре́зать *сов.*, *п.*, з : ж 49
Нарисова́ть *сов.*, *п.* 53
Народи́ть[3] *сов.*, *п.*, д : ж : жд 14

[1] наплюю́, наплюёшь
[2] напо́рти & напо́рть
[3] нарождённый

13–773

Народи́ться *сов.*, 3^e *л.* 14
нарожда́ться *нес.*, 3^e *л.* 1
Нарожа́ть *сов.*, *п.* 1
Нарожда́ться *нес.*, 3^e *л.* 1
народи́ться *сов.*, 3^e *л.* 14
Наруба́ть *нес.*, *п.* 1
Наруби́ть *сов.*, *п.*, б : бл 18
Нарумя́нить(ся) *сов.* 9
Наруша́ть *нес.*, *п.* 1
Нару́шить *сов.*, *п.* 9
Наруша́ться *нес.*, 3^e *л.* 1
Нару́шиться *сов.*, 3^e *л.* 9
Нарыва́ть *нес.*, 3^e *л.* 1
Нарыва́ть *нес.*, *п.* 1
нары́ть *сов.*, *п.* 64
Нарыва́ть(ся) *нес.* 1
нарва́ть(ся) *сов.* 32
Нары́ть *сов.*, *п.* 64
нарыва́ть *нес.*, *п.* 1
Наряди́ть(ся) *сов.*, д : ж 17
Наряжа́ть(ся) *нес.* 1
Насади́ть[1] *сов.*, *п.*, д : ж 17
Насажа́ть *сов.*, *п.* 1
Насажда́ть *нес.*, *п.* 1
Наса́живать *нес.*, *п.* 1
Наса́живаться *нес.* 1
насе́сть *сов.* 85
Наса́ливать *нес.*, *п.* 1
насоли́ть *сов.*, *п.* 13, 16
Наса́сывать(ся) *нес.* 1
насоса́ть(ся)[2] *сов.* 32
Насви́стывать *нес.*, *п.* 1
Наседа́ть *нес.* 1
насе́сть *сов.* 85
Насе́ивать *нес.*, *п.* 1
насе́ять *сов.*, *п.* 35
Насека́ть *нес.*, *п.* 1
насе́чь *сов.*, *п.* 86
Насели́ть *сов.*, *п.* 13
Населя́ть *нес.*, *п.* 2
Насе́сть *сов.* 85
наса́живаться *нес.* 1
Насе́сть *сов.* 85
наседа́ть *нес.* 1
Насе́чь *сов.*, *п.* 86
насека́ть *нес.*, *п.* 1
Насе́ять *сов.*, *п.* 35
насе́ивать *нес.*, *п.* 1
Насиде́ть(ся) *сов.*, д : ж 27
Наси́живать(ся) *нес.* 1
Наси́ловать *нес.*, *п.* 54
изнаси́ловать *сов.*, *п.* 54
Наска́бливать *нес.*, *п.* 1
наскобли́ть *сов.*, *п.* 13
Наскаа́ть *сов.*, *п.*, з : ж 46
Наска́кивать *нес.* 1
наскочи́ть *сов.* 16
Наскобли́ть *сов.*, *п.* 13
наска́бливать *нес.*, *п.* 1
Наскочи́ть *сов.* 16
наска́кивать *нес.* 1
Наскреба́ть *нес.*, *п.* 1
Наскрести́ *сов.*, *п.* 82
Наску́чить *сов.* 9
Наслади́ться *сов.*, д : ж 14
Наслажда́ться *нес.* 1
Насла́иваться *нес.*, 3^e *л.* 1
наслои́ться *сов.*, 3^e *л.* 13
Насла́ть *сов.*, *п.* 73
насыла́ть *нес.*, *п.* 1
Наследи́ть *сов.*, *п.*, д : ж 14
Насле́довать *нес.*, *п.* 54
унасле́довать *сов.*, *п.* 54
Наслои́ться *сов.*, 3^e *л.* 13
насла́иваться *нес.*, 3^e *л.* 1
Наслужи́ться *сов.* 16
Наслу́шаться *сов.* 1
Наслы́шаться[3] *сов.* 21
Насмеха́ться *нес.* 1
Насмеши́ть* *сов.*, *п.* 13
Насмея́ться *сов.* 35
Насмотре́ться *сов.* 29
Насова́ть[4] *сов.*, *п.* 53
Насове́товать *сов.*, *п.* 54
Насоли́ть *сов.*, *п.* 13, 16
наса́ливать *нес.*, *п.* 1
Насори́ть* *сов.*, *п.* 13

[1] наса́женный
[2] насоса́л(ся), насоса́ла(сь)
[3] Imperative not used.
[4] насую́, насуёшь

Entry	Table
Насоса́ть(ся)[1] *сов.*	32
насасывать(ся) *нес.*	1
Насочини́ть *сов., п.*	13
Насочиня́ть *сов., п.*	2
Насочи́ться *сов.,* $3^е$ *л.*	13
Наспиртова́ться *сов.*	53
Насплётничать *сов.*	1
Настава́ть[2] *нес.,* $3^е$ *л.*	55
наста́ть *сов.,* $3^е$ *л.*	56
Наста́вить *сов., п.,* **в : вл**	11
Наставля́ть *нес., п.*	2
Наста́ивать(ся) *нес.*	1
настоя́ть(ся) *сов.*	20
Наста́ть *сов.,* $3^е$ *л.*	56
настава́ть[2] *нес.,* $3^е$ *л.*	55
Настега́ть *сов., п.*	1
Настели́ть *сов., п.*	100
настила́ть *нес., п.*	1
настла́ть *сов., п.*	70
Настига́ть *нес., п.*	1
Насти́гнуть *сов., п.*	43
Настила́ть *нес., п.*	1
настели́ть *сов., п.*	100
настла́ть *сов., п.*	70
Настира́ть *сов., п.*	1
Насти́чь *сов., п.*	43
настига́ть *нес., п.*	1
насти́гнуть *сов., п.*	43
Настла́ть *сов., п.*	70
настели́ть *сов., п.*	100
настила́ть *нес., п.*	1
Настора́живать(ся) *нес.*	1
Насторожи́ть(ся) *сов.*	13
Настоя́ть(ся) *сов.*	20
наста́ивать(ся) *нес.*	1
Настра́гивать *нес., п.*	1
настрога́ть *сов., п.*	1
Настрада́ться *сов.*	1
Настра́ивать(ся) *нес.*	1
настро́ить(ся) *сов.*	19
Настра́чивать *нес., п.*	1
настрочи́ть *сов., п.*	13, 16
Настре́ливать *нес., п.*	1
Настреля́ть *сов., п.*	2
Настрига́ть *нес., п.*	1
Настри́чь *сов., п.*	88
Настрога́ть *сов., п.*	1
настра́гивать *нес., п.*	1
Настро́ить(ся) *сов.*	19
настра́ивать(ся) *нес.*	1
Настропали́ть *сов., п.*	13
Настрочи́ть *сов., п.*	13, 16
настра́чивать *нес., п.*	1
Настря́пать *сов., п.*	1
Насту́кать *сов., п.*	1
Насту́кивать *нес., п.*	1
Наступа́ть[3] *нес.*	1
наступи́ть *сов.,* **п : пл**	18
Наступа́ть[4] *нес.*	1
Наступи́ть *сов.,* **п : пл**	18
наступа́ть[3] *нес.*	1
Насу́пить(ся) *сов.,* **п : пл**	11
Насу́шивать *нес., п.*	1
Насуши́ть *сов., п.*	16
Насчита́ть *сов., п.*	1
Насчи́тывать *нес., п.*	1
Насчи́тываться *нес.,* $3^е$ *л.*	1
Насыла́ть *нес., п.*	1
насла́ть *сов., п.*	73
Насыпа́ть *нес., п.*	1
Насы́пать *сов., п.,* **п : пл**	50
Насыпа́ться *нес.,* $3^е$ *л.*	1
Насы́паться *сов.,* $3^е$ *л.,* **п : пл**	50
Насы́тить(ся) *сов.,* **т : щ**	10
Насыща́ть(ся) *нес.*	1
Ната́лкивать(ся) *нес.*	1
натолкну́ть*(ся) *сов.*	39
Ната́пливать *нес., п.*	1
натопи́ть *сов., п.,* **п : пл**	18
Ната́птывать *нес., п.*	1
натопта́ть *сов., п.,* **т : ч**	48
Натаска́ть *сов., п.*	1
Ната́скивать *нес., п.*	1
Натащи́ть *сов., п.*	16
Натвори́ть* *сов., п.*	13
Натека́ть *нес.,* $3^е$ *л.*	1
нате́чь *сов.,* $3^е$ *л.*	86
Натереби́ть *сов.,* **б : бл**	15

[1] насоса́л(ся), насоса́ла(сь)
[2] Verbal adverb not used.
[3] (a) to tread *(on something)*; (b) to begin; to come
[4] to go into the attack

Натере́ть(ся) *сов.* 68
натира́ть(ся) *нес.* 1
Натерпе́ться *сов.*, п : пл 30
Натеса́ть *сов.*, *п.*, с : ш 46
Нате́чь *сов.*, *3е л.* 86
натека́ть *нес.*, *3е л.* 1
Нате́шиться *сов.* 9
Натира́ть(ся) *нес.* 1
натере́ть(ся) *сов.* 68
Нати́скать *сов.*, *п.* 1
Нати́скивать *нес.*, *п.* 1
Натка́ть *сов.*, *п.* 32
Наткну́ть(ся) *сов.* 39
натыка́ть(ся) *нес.* 1
Натолкну́ть*(ся) *сов.* 39
ната́лкивать(ся) *нес.* 1
Натоло́чь *сов.*, *п.* 87
Натопи́ть *сов.*, *п.*, п : пл 18
ната́пливать *нес.*, *п.* 1
Натопта́ть *сов.*, *п.*, т : ч 48
ната́птывать *нес.*, *п.* 1
Наторгова́ть *сов.* 53
Наточи́ть *сов.*, *п.* 16
Натрави́ть *сов.*, *п.*, в : вл 18
Натра́вливать *нес.*, *п.* 1
Натренирова́ть(ся) *сов.* 53
Натруди́ть *сов.*, *п.*, д : ж 13, 17
натру́живать* *нес.*, *п.* 1
Натруди́ться *сов.*, д : ж 13, 17
Натру́живать* *нес.*, *п.* 1
натруди́ть *сов.*,*п.*, д : ж 13,17
Натрясти́(сь) *сов.* 6
Нату́живаться *нес.* 1
Нату́житься *сов.* 9
Натурализова́ть(ся) *нес.*, *сов.* 53
Натыка́ть[1](ся) *нес.* 1
наткну́ть*(ся) *сов.* 39
Натыка́ть[2] *нес.*, *п.* 1
Наты́кать *сов.*, *п.* 1
Натя́гивать *нес.*, *п.* 1
Натяну́ть *сов.*, *п.* 42
Натя́гиваться *нес.*, *3е л.* 1
Натяну́ться *сов.*, *3е л.* 42

Науди́ть *сов.*, *п.*, д : ж 17
Нау́ськать *сов.*, *п.* 1
Нау́ськивать *нес.*, *п.* 1
Научи́ть(ся) *сов.* 16
Нау́шничать *нес.* 1
Нафабрикова́ть *сов.*, *п.* 53
Нафа́брить *сов.*, *п.* 12
Наха́льничать *нес.* 1
Нахами́ть *сов.*, м : мл 15
Наха́пать *сов.*, *п.* 1
Наха́ркать *сов.* 1
Нахва́ливать *нес.*, *п.* 1
Нахвали́ть *сов.*, *п.* 16
Нахвали́ться *сов.* 16
Нахва́стать(ся) *сов.* 1
Нахвата́ть(ся) *сов.* 1
Нахва́тывать(ся) *нес.* 1
Нахлеба́ться *сов.* 1
Нахлеста́ть(ся) *сов.*, ст : щ 48
нахлёстывать(ся) *нес.* 1
Нахлобу́чивать *нес.*, *п.* 1
Нахлобу́чить *сов.*, *п.* 9
Нахлы́нуть *сов.*, *3е л.* 41
Нахму́риваться *нес.* 1
Нахму́рить(ся) *сов.* 9
Находи́ть(ся) *нес.*, д : ж 17
найти́[3](сь) *сов.* 94
Нахо́хлить(ся) *сов.* 12
Нахохота́ться *сов.*, т : ч 48
Нацара́пать *сов.*, *п.* 1
Нацеди́ть *сов.*, *п.*, д : ж 17
Наце́живать *нес.*, *п.* 1
Нацеди́ться *сов.*, *3е л.* 17
Наце́живаться *нес.*, *3е л.* 1
Наце́ливать *нес.*, *п.* 1
Наце́лить *сов.*, *п.* 9
Наце́литься *сов.* 9
Нацепи́ть *сов.*, *п.*, п : пл 18
Нацепля́ть *нес.*, *п.* 2
Национализи́ровать *нес.*, *сов.*, *п.* 54
Начади́ть *сов.*, д : ж 14
Нача́ть *сов.*, *п.* 61
начина́ть *нес.*, *п.* 1

[1] to stick in
[2] to stick in *(a quantity)*
[3] на́йденный

Нача́ться *сов.*, *3е л.* 61
начина́ться *нес.*, *3е л.* 1
Начека́нивать* *нес.*, *п.* 1
Начека́нить* *сов.*, *п.* 9
Начерка́ть* *сов.*, *п.* 1
Начерни́ть *сов.*, *п.* 13
Начерпа́ть *сов.*, *п.* 1
Наче́рпывать *нес.*, *п.* 1
Начерта́ть *сов.*, *п.* 1
Начерти́ть *сов.*, *п.*, т : ч 17
Начеса́ть *сов.*, *п.*, с : ш 46
начёсывать *нес.*, *п.* 1
Наче́сть *сов.*, *п.* 83
Начёсывать *нес.*, *п.* 1
начеса́ть *сов.*, *п.*, с : ш 46
Начина́ть *нес.*, *п.* 1
нача́ть *сов.*, *п.* 61
Начина́ться *нес.*, *3е л.* 1
нача́ться *сов.*, *3е л.* 61
Начини́ть* *сов.*, *п.* 16
Начини́ть *сов.*, *п.* 13
Начиня́ть *нес.*, *п.* 2
Начи́ркать *сов.*, *п.* 1
Начи́слить *сов.*, *п.* 12
Начисля́ть *нес.*, *п.* 2
Начи́стить(ся)[1] *сов.*, ст : щ 10
начища́ть(ся) *нес.* 1
Начита́ть *сов.*, *п.* 1
начи́тывать *нес.*, *п.* 1
Начита́ться *сов.* 1
начи́тываться *нес.* 1
Начиха́ть *сов.* 1
Начища́ть(ся) *нес.* 1
начи́стить(ся)[1] *сов.*, ст : щ 10
Начуди́ть[2] *сов.* 14
Нашали́ть *сов.* 13
Наша́ривать* *нес.*, *п.* 1
Наша́рить* *сов.*, *п.* 9
Нашвы́ривать* *нес.*, *п.* 1
Нашвыря́ть* *сов.*, *п.* 2
Нашепта́ть *сов.*, *п.*, т : ч 48
Нашёптывать *нес.*, *п.* 1
Нашива́ть *нес.*, *п.* 1
наши́ть *сов.*, *п.* 66
Нашинкова́ть *сов.*, *п.* 53
Наши́ть *сов.*, *п.* 66
нашива́ть *нес.*, *п.* 1
Нашко́дить[2] *сов.* 10
Нашлёпать *сов.*, *п.* 1
Нашпигова́ть *сов.*, *п.* 53
Нашпиго́вывать *нес.*, *п.* 1
Нашпи́ливать *нес.*, *п.* 1
Нашпи́лить *сов.*, *п.* 9
Нашуме́ть *сов.*, м : мл 26
Нащёлкать *сов.*, *п.* 1
Нащепа́ть *сов.*, *п.*, п : пл 51
Нащипа́ть *сов.*, *п.*, п : пл 51
Нащу́пать *сов.*, *п.* 1
Нащу́пывать *нес.*, *п.* 1
Наэконо́мить *сов.*, м : мл 11
Наэлектризова́ть *сов.*, *п.* 53
Ная́бедничать *сов.* 1
Небре́жничать *нес.* 1
Невзви́деть *сов.*, *п.*, д : ж 28
Невзлюби́ть* *сов.*, *п.*, б : бл 18
Нево́лить *нес.*, *п.* 9
принево́лить *сов.*, *п.* 9
Негодова́ть *нес.* 53
Недогляде́ть *сов.*, *п.*, д : ж 27
Недолюбливать *нес.*, *п.* 1
Недомога́ть *нес.* 1
Недосмотре́ть *сов.*, *п.* 29
Недоспа́ть *сов.*, п : пл 24
недосыпа́ть *нес.* 1
Недостава́ть *нес.*, *безл.* 55
Недоста́ть *сов.*, *безл.* 56
Недосчита́ться *сов.* 1
Недосчи́тываться *нес.* 1
Недосыпа́ть *нес.* 1
недоспа́ть *сов.*, п : пл 24
Недоумева́ть *нес.* 1
Не́жить(ся) *нес.* 9
Не́жничать *нес.* 1
Нездоро́виться *нес.*, *безл.* 11
Неи́стовствовать *нес.* 54
Нейти́ *нес.* 94
Нейтрализова́ть *нес.*, *сов.*, *п.* 53
Неме́ть *нес.* 3
онеме́ть *сов.* 3

---

[1] начи́сти(сь)
[2] 1st person singular not used.

Ненави́деть *нес.*, *п.*, д : ж	28
Нерви́ровать *нес.*, *п.*	54
Не́рвничать *нес.*	1
Нерести́ться *нес.*, 3^e *л.*	14
Несдоброва́ть[1] *сов.*	—
Нести́(сь) *нес.*	6
Нести́(сь) *нес.*, 3^e *л.*	6
снести́(сь) *сов.*, 3^e *л.*	6
Нивели́ровать *нес.*, *сов.*, *п.*	54
Нивели́роваться *нес.*, *сов.*, 3^e *л.*	54
Низверга́ть(ся) *нес.*	1
Низве́ргнуть(ся) *сов.*	44
Низвести́ *сов.*, *п.*	79
Низводи́ть *нес.*, *п.*, д : ж	17
Низкопокло́нничать *нес.*	1
Низлага́ть *нес.*, *п.*	1
Низложи́ть *сов.*, *п.*	16
Низойти́ *сов.*	94
нисходи́ть *нес.*, д : ж	17
Никелирова́ть *нес.*, *п.*	53
отникелирова́ть *сов.*, *п.*	53
Ни́кнуть *нес.*	44
пони́кнуть *сов.*	44
сни́кнуть *сов.*	44
Ниспада́ть *нес.*, 3^e *л.*	1
Ниспроверга́ть *нес.*, *п.*	1
Ниспрове́ргнуть[2] *сов.*, *п.*	44
Нисходи́ть *нес.*, д : ж	17
низойти́ *сов.*	94
Нища́ть *нес.*	1
обнища́ть *сов.*	1
Ни́щенствовать *нес.*	54
Нокаути́ровать *нес.*, *сов.*, *п.*	54
Нормализова́ть *нес.*, *сов.*, *п.*	53
Нормализова́ться *нес.*, *сов.*, 3^e *л.*	53
Нормирова́ть *нес.*, *сов.*, *п.*	53
Норови́ть *нес.*, в : вл	15
Носи́ть(ся) *нес.*, с : ш	17
Ночева́ть *нес.*	53
переночева́ть *сов.*	53
Нра́виться *нес.*, в : вл	11
понра́виться *сов.*, в : вл	11
Нужда́ться *нес.*	1
Ну́кать *нес.*	1
Нумерова́ть *нес.*, *п.*	53
пронумерова́ть *сов.*, *п.*	53
Нырну́ть *сов.*	39
Ныря́ть *нес.*	2
Ныть *нес.*	64
Ню́хать* *нес.*, *п.*	1
поню́хать* *сов.*, *п.*	1
Нюхну́ть* *сов.*, *п.*	39
Ня́нчить(ся) *нес.*	12

О, о

Оба́биться *сов.*, б : бл	11
Обагри́ть(ся) *сов.*	13
Обагря́ть(ся) *нес.*	2
Обалдева́ть *нес.*	1
Обалде́ть *сов.*	3
Обанкро́титься *сов.*, т : ч	10
Обва́ливать[3] *нес.*, *п.*	1
Обвали́ть *сов.*, *п.*	16
Обва́ливать[4] *нес.*, *п.*	1
Обваля́ть *сов.*, *п.*	2
Обва́ливаться *нес.*, 3^e *л.*	1
Обвали́ться *сов.*, 3^e *л.*	16
Обва́ривать(ся) *нес.*	1
Обвари́ть(ся) *сов.*	16
Обвева́ть *нес.*, *п.*	1
обве́ять *сов.*, *п.*	35
Обвенча́ть(ся) *сов.*	1
Оберну́ть *сов.*, *п.*	39
обвёртывать *нес.*, *п.*	1
Оберте́ть *сов.*, *п.*, т : ч	31
Обвёртывать *нес.*, *п.*	1
оберну́ть *сов.*, *п.*	39

---

[1] Only infinitive used.
[2] ниспрове́ргнутый & ниспрове́рженный
[3] to make *(something)* fall, crumble
[4] to roll

Обве́рчивать(ся) *нес.* 1
Обве́сить(ся) *сов.*, с : ш 10
  обве́шивать(ся) *нес.* 1
Обвести́ *сов.*, *п.* 79
  обводи́ть[1] *нес.*, *п.*, д : ж 17
Обве́треть *сов.*, *3^е^ л.* 3
{Обве́тривать *нес.*, *п.* 1
{Обве́трить *сов.*, *п.* 12
{Обве́триваться *нес.*, *3^е^ л.* 1
{Обве́триться *сов.*, *3^е^ л.* 12
Обветша́ть *сов.* 1
Обве́шать(ся) *сов.* 1
Обве́шивать(ся) *нес.* 1
  обве́сить(ся) *сов.*, с : ш 10
Обве́ять *сов.*, *п.* 35
  обвева́ть *нес.*, *п.* 1
{Обвива́ть *нес.*, *п.* 1
{Обви́ть[2] *сов.*, *п.* 66
{Обвива́ться *нес.*, *3^е^ л.* 1
{Обви́ться[3] *сов.*, *3^е^ л.* 66
{Обвини́ть *сов.*, *п.* 13
{Обвиня́ть *нес.*, *п.* 2
{Обвиса́ть *нес.*, *3^е^ л.* 1
{Обви́снуть *сов.*, *3^е^ л.* 43
Обводи́ть[1] *нес.*, *п.*, д : ж 17
  обвести́ *сов.*, *п.* 79
{Обвола́кивать(ся) *нес.*, *3^е^ л.* 1
{Обволо́чь*(ся) *сов.*, *3^е^ л.* 86
Обвора́живать *нес.*, *п.* 1
  обворожи́ть *сов.*, *п.* 13
{Обворова́ть *сов.*, *п.* 53
{Обворо́вывать *нес.*, *п.* 1
Обворожи́ть *сов.*, *п.* 13
  обвора́живать *нес.*, *п.* 1
{Обвыка́ть *нес.* 1
{Обвы́кнуть *сов.* 43
{Обвяза́ть(ся) *сов.*, з : ж 46
{Обвя́зывать(ся) *нес.* 1
{Обгла́дывать *нес.*, *п.* 1
{Обглода́ть *сов.*, *п.*, д : ж 46

Обгоня́ть *нес.*, *п.* 2
  обогна́ть[4] *сов.*, *п.* 72
{Обгора́ть *нес.* 1
{Обгоре́ть *сов.* 25
{Обгрыза́ть *нес.*, *п.* 1
{Обгры́зть *сов.*, *п.* 7
{Обдава́ть(ся) *нес.* 55
{Обда́ть(ся) *сов.* 98
Обде́лать *сов.*, *п.* 1
  обде́лывать *нес.*, *п.* 1
Обдели́ть[5] *сов.*, *п.* 16
  обделя́ть *нес.*, *п.* 2
Обде́лывать *нес.*, *п.* 1
  обде́лать *сов.*, *п.* 1
Обделя́ть *нес.*, *п.* 2
  обдели́ть *сов.*, *п.* 16
{Обдёргивать *нес.*, *п.* 1
{Обдёрнуть* *сов.*, *п.* 40
Обдира́ть *нес.*, *п.* 1
  ободра́ть[6] *сов.*, *п.* 69
Обдува́ть *нес.*, *п.* 1
  обду́ть *сов.*, *п.* 4
{Обду́мать *сов.*, *п.* 1
{Обду́мывать *нес.*, *п.* 1
{Обдури́ть *сов.*, *п.* 13
{Обдуря́ть *нес.*, *п.* 2
Обду́ть *сов.*, *п.* 4
  обдува́ть *нес.*, *п.* 1
{Обега́ть *нес.*, *п.* 1
{Обе́гать *сов.*, *п.* 1
Обега́ть *нес.*, *п.* 1
  обежа́ть *сов.*, *п.* 96
Обе́дать *нес.* 1
  пообе́дать *сов.* 1
Обедне́ть *сов.* 3
{Обедни́ть *сов.*, *п.* 13
{Обедня́ть *нес.*, *п.* 2
Обежа́ть *сов.*, *п.* 96
  обега́ть *нес.*, *п.* 1
{Обезбо́ливать *нес.*, *п.* 1
{Обезбо́лить *сов.*, *п.* 9

---

[1] обводи́мый
[2] обовью́
[3] обовьётся
[4] обгоню́; обгони́
[5] обделённый
[6] обдеру́; обдери́

{Обезвре́дить *сов.*, *п.*, **д : ж** 10
{Обезвре́живать *нес.*, *п.* 1
{Обезгла́вить *сов.*, *п.*, **в : вл** 11
{Обезгла́вливать *нес.*, *п.* 1
{Обездо́ливать *нес.*, *п.* 1
{Обездо́лить *сов.*, *п.* 9
{Обезжи́ривать *нес.*, *п.* 1
{Обезжи́рить *сов.*, *п.* 9
{Обеззара́живать *нес.*, *п.* 1
{Обеззара́зить *сов.*, *п.*, **з : ж** 10
{Обезли́чивать(ся) *нес.* 1
{Обезли́чить(ся) *сов.* 9
Обезлю́деть *сов.*, *3е л.* 3
{Обезобра́живать(ся) *нес.* 1
{Обезобра́зить(ся) *сов.*,
з : ж 10
Обезопа́ситься *сов.*, **с : ш** 10
{Обезору́живать *нес.*, *п.* 1
{Обезору́жить *сов.*, *п.* 9
Обезу́меть *сов.* 3
Обезья́нничать *нес.* 1
собезья́нничать *сов.* 1
{Обели́ть *сов.*, *п.* 13
{Обеля́ть *нес.*, *п.* 2
Оберега́ть(ся) *нес.* 1
Оберну́ть(ся) *сов.* 39
обора́чивать(ся) *нес.* 1
Обёртывать(ся) *нес.* 1
{Обескро́вить *сов.*, *п.*, **в : вл** 11
{Обескро́вливать *нес.*, *п.* 1
{Обескура́живать *нес.*, *п.* 1
{Обескура́жить *сов.*, *п.* 9
Обеспа́мятеть *сов.* 3
{Обеспе́чивать(ся) *нес.* 1
{Обеспе́чить(ся) *сов.* 9
Обесси́леть[1] *нес.* 3
{Обесси́ливать *нес.*, *п.* 1
{Обесси́лить *сов.*, *п.* 9
Обесcла́вить *сов.*, *п.*, **в : вл** 11
Обессме́ртить*(ся) *сов.*,
т : ч 10

{Обессмы́сливать *нес.*, *п.* 1
{Обессмы́слить *сов.*, *п.* 12
{Обесцве́тить(ся) *сов.*, **т : ч** 10
{Обесцве́чивать(ся) *нес.* 1
{Обесце́нивать *нес.*, *п.* 1
{Обесце́нить *сов.*, *п.* 9
{Обесце́ниваться *нес.*, *3е л.* 1
{Обесце́ниться *сов.*, *3е л.* 9
Обесче́стить *сов.*, *п.*, **ст : щ** 10
Обеща́ть *нес.*, *п.* 1
пообеща́ть *сов.*, *п.* 1
Обжа́ловать *сов.*, *п.* 54
{Обжа́ривать *нес.*, *п.* 1
{Обжа́рить *сов.*, *п.* 9
{Обжа́риваться *нес.*, *3е л.* 1
{Обжа́риться *сов.*, *3е л.* 9
Обжа́ть[2] *сов.*, *п.* 62
обжима́ть *нес.*, *п.* 1
Обжа́ть[3] *сов.*, *п.* 60
обжина́ть *нес.*, *п.* 1
Обже́чь(ся)[4] *сов.* 90
обжига́ть(ся) *нес.* 1
Обжива́ть(ся) *нес.* 1
обжи́ть(ся) *сов.* 59
Обжига́ть(ся) *нес.* 1
обже́чь(ся)[4] *сов.* 90
Обжима́ть *нес.*, *п.* 1
обжа́ть[2] *сов.*, *п.* 62
Обжина́ть *нес.*, *п.* 1
обжа́ть[3] *сов.*, *п.* 60
Обжи́ть(ся) *сов.* 59
обжива́ть(ся) *нес.* 1
{Обжу́ливать *нес.*, *п.* 1
{Обжу́лить *сов.*, *п.* 9
{Обзавести́сь *сов.* 79
{Обзаводи́ться *нес.*, **д : ж** 17
Обзвони́ть* *сов.*, *п.* 13
Обзира́ть *нес.*, *п.* 1
обозре́ть *сов.*, *п.* 25
Обзыва́ть *нес.*, *п.* 1
обозва́ть[5] *сов.*, *п.* 71

---

[1] Imperative not used.
[2] обожму́; обожми́
[3] обожну́; обожни́
[4] обожгу́(сь); обожги́(сь); обожжённый
[5] обзову́; обзови́

Оби́ва́ть *нес.*, *п.* 1
  оби́ть[1] *сов.*, *п.* 66
Обива́ться *нес.*, *3е л.* 1
  оби́ться[2] *сов.*, *3е л.* 66
{Оби́деть(ся) *сов.*, д : ж 28
{Обижа́ть(ся) *нес.* 1
Обира́ть *нес.*, *п.* 1
  обобра́ть[3] *сов.*, *п.* 69
Обита́ть *нес.* 1
Оби́ть[1] *сов.*, *п.* 66
  обива́ть *нес.*, *п.* 1
Оби́ться[2] *сов.*, *3е л.* 66
  обива́ться *нес.*, *3е л.* 1
Обка́лывать *нес.*, *п.* 1
  обколо́ть *сов.*, *п.* 38
{Обка́пать *сов.*, *п.* 1
{Обка́пывать[4] *нес.*, *п.* 1
Обка́пывать[5] *нес.*, *п.* 1
  обкопа́ть *сов.*, *п.* 1
Обка́рмливать *нес.*, *п.* 1
  обкорми́ть *сов.*, *п.*, м : мл 18
{Обката́ть *сов.*, *п.* 1
{Обка́тывать *нес.*, *п.* 1
Обка́шивать *нес.*, *п.* 1
  обкоси́ть *сов.*, *п.*, с : ш 17
{Обкида́ть *сов.*, *п.* 1
{Обки́дывать *нес.*, *п.* 1
Обкла́дывать(ся) *нес.* 1
  обложи́ть(ся) *сов.* 16
{Обкле́ивать *нес.*, *п.* 1
{Обкле́ить *сов.*, *п.* 19
Обколо́ть *сов.*, *п.* 38
  обка́лывать *нес.*, *п.* 1
Обкопа́ть *сов.*, *п.* 1
  обка́пывать[5] *нес.*, *п.* 1
Обкорми́ть *сов.*, *п.*, м : мл 18
  обка́рмливать *нес.*, *п.* 1
Обкорна́ть *сов.*, *п.* 1
Обкоси́ть *сов.*, *п.*, с : ш 17
  обка́шивать *нес.*, *п.* 1
Обкра́дывать *нес.*, *п.* 1
  обокра́сть[6] *сов.*, *п.* 78

{Обку́ривать *нес.*, *п.* 1
{Обкури́ть *сов.*, *п.* 16
{Обкуса́ть *сов.*, *п.* 1
{Обку́сывать *нес.*, *п.* 1
Облага́ть *нес.*, *п.* 1
  обложи́ть *сов.*, *п.* 16
Облагоде́тельствовать *сов.*, *п.* 54
{Облагора́живать *нес.*, *п.* 1
{Облагоро́дить *сов.*, *п.*, д : ж 10
Облада́ть *нес.* 1
Обла́зить* *сов.*, *п.*, з : ж 10
Обла́мывать *нес.*, *п.* 1
  обломи́ть *сов.*, *п.*, м : мл 18
  облома́ть *сов.*, *п.* 1
Обла́мываться *нес.*, *3е л.* 1
  обломи́ться *сов.*, *3е л.* 18
{Обла́пить *сов.*, *п.*, п : пл 11
{Обла́пливать *нес.*, *п.* 1
{Облапо́шивать *нес.*, *п.* 1
{Облапо́шить *сов.*, *п.* 9
Обласка́ть *сов.*, *п.* 1
{Облача́ть(ся) *нес.* 1
{Облачи́ть(ся) *сов.* 13
Обла́ять *сов.*, *п.* 35
Облега́ть *нес.*, *3е л.* 1
  обле́чь *сов.*, *3е л.* 91
{Облегча́ть(ся) *нес.* 1
{Облегчи́ть(ся) *сов.* 13
Обледене́ть *сов.* 3
{Облеза́ть *нес.*, *3е л.* 1
{Обле́зть *сов.*, *3е л.* 8
Облека́ть(ся) *нес.* 1
  обле́чь(ся) *сов.* 86
Облени́ться *сов.* 16
{Облепи́ть *сов.*, *п.*, п : пл 18
{Облепля́ть *нес.*, *п.* 2
Облета́ть *сов.*, *п.* 1
{Облета́ть *нес.*, *п.* 1
{Облете́ть *сов.*, *п.*, т : ч 27
Обле́чь *сов.*, *3е л.* 91
  облега́ть *нес.*, *3е л.* 1

---

[1] обобью́
[2] обобьётся
[3] оберу́; обери́
[4] to bespot
[5] to dig *(the earth)* round *(something)*
[6] обкраду́; обкради́; обкра́денный

Обле́чь(ся) *сов.* 86
    облека́ть(ся) *нес.* 1
Облива́ть(ся) *нес.* 1
    обли́ть(ся)[1] *сов.* 66
{Облиза́ть(ся) *сов.*, з : ж 46
{Обли́зывать(ся) *нес.* 1
Облиня́ть *сов.* 2
{Облипа́ть *нес.* 1
{Обли́пнуть *сов.* 43
Обли́ть(ся)[1] *сов.* 66
    облива́ть(ся) *нес.* 1
{Облицева́ть *сов.*, *п.* 53
{Облицо́вывать *нес.*, *п.* 1
{Облича́ть *нес.*, *п.* 1
{Обличи́ть *сов.*, *п.* 13
Облобыза́ть(ся) *сов.* 1
Обложи́ть *сов.*, *п.* 16
    облага́ть *нес.*, *п.* 1
Обложи́ть(ся) *сов.* 16
    обкла́дывать(ся) *нес.* 1
{Облока́чивать(ся) *нес.* 1
{Облокоти́ть(ся) *сов.*, т : ч 14,17
Облома́ть *сов.*, *п.* 1
    обла́мывать *нес.*, *п.* 1
Облома́ться *сов.*, *3е л.* 1
Обломи́ть *сов.*, *п.*, м : мл 18
    обла́мывать *нес.*, *п.* 1
Обломи́ться *сов.*, *3е л.* 18
    обла́мываться *нес.*, *3е л.* 1
    облома́ться *сов.*, *3е л.* 1
Облупи́ть *сов.*, *п.*, п : пл 18
Облупи́ться *сов.*, *3е л.* 18
{Облуча́ть *нес.*, *п.* 1
{Облучи́ть *сов.*, *п.* 13
Облысе́ть *сов.* 3
{Облюбова́ть *сов.*, *п.* 53
{Облюбо́вывать *нес.*, *п.* 1
{Обма́зать(ся) *сов.*, з : ж 49
{Обма́зывать(ся) *нес.* 1

{Обма́кивать *нес.*, *п.* 1
{Обмакну́ть* *сов.*, *п.* 39
{Обману́ть(ся) *сов.* 42
{Обма́нывать(ся) *нес.* 1
Обмара́ть(ся) *сов.* 1
Обма́тывать(ся) *нес.* 1
    обмота́ть(ся) *сов.* 1
{Обма́хивать(ся) *нес.* 1
{Обмахну́ть*(ся) *сов.* 39
Обмеле́ть *сов.*, *3е л.* 3
{Обме́нивать(ся) *нес.* 1
{Обмени́ть[2](ся) *сов.* 16
{Обменя́ть(ся) *сов.* 2
Обмере́ть[3] *сов.* 68
    обмира́ть *нес.* 1
{Обмерза́ть *нес.*, *3е л.* 1
{Обмёрзнуть *сов.*, *3е л.* 43
{Обме́ривать(ся) *нес.* 1
{Обме́рить(ся) *сов.* 9
{Обмести́ *сов.*, *п.* 80
{Обмета́ть[4] *нес.*, *п.* 1
{Обмета́ть[5] *сов.*, *п.*, т : ч 1, 48
{Обмётывать *нес.*, *п.* 1
Обмина́ть *нес.*, *п.* 1
    обмя́ть[6] *сов.*, *п.* 60
Обмина́ться *нес.*, *3е л.* 1
    обмя́ться[7] *сов.*, *3е л.* 60
Обмира́ть *нес.* 1
    обмере́ть *сов.* 68
{Обмозгова́ть *сов.*, *п.* 53
{Обмозго́вывать *нес.*, *п.* 1
Обмола́чивать *нес.*, *п.* 1
    обмолоти́ть *сов.*, *п.*, т : ч 17
Обмо́лвиться[8] *сов.*, в : вл 11
Обмолоти́ть *сов.*, *п.*, т : ч 17
    обмола́чивать *нес.*, *п.* 1
{Обмора́живать *нес.*, *п.* 1
{Обморо́зить *сов.*, *п.*, з : ж 10
Обморо́чить *сов.*, *п.* 9

---

[1] оболью́(сь)
[2] обменённый
[3] обомру́; обомри́
[4] to sweep off, to dust
[5] (a) to overstitch; (b) *impers.* to break out *(in a rash)*
[6] обомну́; обомни́
[7] обомнётся
[8] обмо́лвись

Обмота́ть(ся) *сов.* 1
обма́тывать(ся) *нес.* 1
Обмочи́ть(ся) *сов.* 16
Обмундирова́ть *сов., п.* 53
Обмундиро́вывать *нес., п.* 1
Обмурова́ть *сов., п.* 53
Обмусо́лить(ся) *сов.* 9
Обмыва́ть(ся) *нес.* 1
Обмы́ть(ся) *сов.* 64
Обмяка́ть *нес.* 1
Обмя́кнуть *сов.* 43
Обмя́ть[1] *сов., п.* 60
обмина́ть *нес., п.* 1
Обмя́ться[2] *сов., $3^{е}$ л.* 60
обмина́ться *нес., $3^{е}$ л.* 1
Обнагле́ть *сов.* 3
Обнадёживать *нес., п.* 1
Обнадёжить *сов., п.* 9
Обнажа́ть(ся) *нес.* 1
Обнажи́ть(ся) *сов.* 13
Обнаро́довать *сов., п.* 54
Обнару́живать(ся) *нес.* 1
Обнару́жить(ся) *сов.* 9
Обна́шивать *нес., п.* 1
обноси́ть *сов., п.,* **с : ш** 17
Обнести́ *сов., п.* 6
обноси́ть *нес., п.,* **с : ш** 17
Обнима́ть(ся) *нес.* 1
обня́ть(ся)[3] *сов.* 74, 76
Обнища́ть *сов.* 1
Обнови́ть(ся) *сов.,* **в : вл** 15
Обновля́ть(ся) *нес.* 2
Обноси́ть(ся) *сов.,* **с : ш** 17
обна́шивать(ся) *нес.* 1
Обноси́ть *нес., п.,* **с : ш** 17
обнести́ *сов., п.* 6
Обню́хать *сов., п.* 1
Обню́хивать *нес., п.* 1
Обня́ть(ся)[3] *сов.* 74, 76
обнима́ть(ся) *нес.* 1

Обобра́ть[4] *сов., п.* 69
обира́ть *нес., п.* 1
Обобща́ть *нес., п.* 1
обобщи́ть *сов., п.* 13
Обобществи́ть *сов., п.,* **в : вл** 15
Обобществля́ть *нес., п.* 2
Обобщи́ть *сов., п.* 13
обобща́ть *нес., п.* 1
Обовши́веть *сов.* 3
Обогати́ть(ся) *сов.,* **т : щ** 14
Обогаща́ть(ся) *нес.* 1
Обогна́ть[5] *сов., п.* 72
обгоня́ть *нес., п.* 2
Обогну́ть *сов., п.* 39
огиба́ть *нес., п.* 1
Обогрева́ть(ся) *нес.* 1
Обогре́ть(ся) *сов.* 3
Ободра́ть[6] *сов., п.* 69
обдира́ть *нес., п.* 1
Обо́дрить(ся) *сов.* 13, 16
Ободря́ть(ся) *нес.* 2
Обожа́ть *нес., п.* 1
Обожда́ть *сов., п.* 32
Обожестви́ть *сов., п.,* **в : вл** 15
Обожествля́ть *нес., п.* 2
Обозва́ть[7] *сов., п.* 71
обзыва́ть *нес., п.* 1
Обозли́ть(ся) *сов.* 13
Обозна́ться *сов.* 1
Обознача́ть *нес., п.* 1
Обозна́чить *сов., п.* 9
Обознача́ться *нес., $3^{е}$ л.* 1
Обозна́читься *сов., $3^{е}$ л.* 9
Обозрева́ть *нес., п.* 1
Обозре́ть *сов., п.* 25
Обойти́(сь) *сов.* 94
обходи́ть(ся) *нес.,* **д : ж** 17
Обокра́сть[8] *сов., п.* 78
обкра́дывать *нес., п.* 1
Оболва́нивать *нес., п.* 1
Оболва́нить *сов., п.* 9

---

[1] **обомну́; обомни́**
[2] **обомнётся**
[3] **обниму́(сь) & обойму́(сь); обними́(сь) & обойми́(сь)**
[4] **оберу́; обери́**
[5] **обгоню́; обгони́**
[6] **обдеру́; обдери́**
[7] **обзову́; обзови́**
[8] **обкраду́; обкради́; обкра́денный**

Оболга́ть *сов.*, *п.* 95
Обольсти́ть(ся) *сов.*, **ст : щ** 14
Обольща́ть(ся) *нес.* 1
Обомле́ть *сов.* 3
Обомше́ть *сов.*, *3е л.* 3
Обора́чивать(ся) *нес.* 1
обверну́ть(ся) *сов.* 39
Оборва́ть(ся) *сов.* 32
обрыва́ть(ся) *нес.* 1
Обороня́ть(ся) *нес.* 2
Обору́довать *нес.*, *сов.*, *п.* 54
Обоснова́ть[1](ся) *сов.* 53
Обосно́вывать(ся) *нес.* 1
Обосо́бить(ся) *сов.*, **б : бл** 11
Обособля́ть(ся) *нес.* 2
Обостри́ть *сов.*, *п.* 13
Обостря́ть *нес.*, *п.* 2
Обостри́ться *сов.*, *3е л.* 13
Обостря́ться *нес.*, *3е л.* 2
Обраба́тывать *нес.*, *п.* 1
Обрабо́тать *сов.*, *п.* 1
Обра́довать(ся) *сов.* 54
Образова́ть *сов.*, *п.* 53
Образо́вывать *нес.*, *п.* 1
Образова́ться *сов.*, *3е л.* 53
Образо́вываться *нес.*, *3е л.* 1
Образу́мить(ся) *сов.*, **м : мл** 11
Обрами́ть *сов.*, *п.*, **м : мл** 15
Обрамля́ть *нес.*, *п.* 2
Обраста́ть *нес.* 1
Обрасти́ *сов.* 84
Обрати́ть(ся) *сов.*, **т : щ** 14
Обраща́ть(ся) *нес.* 1
Обреза́ть(ся) *нес.* 1
Обре́зать(ся) *сов.*, **з : ж** 49
Обрека́ть *нес.*, *п.* 1
обре́чь *сов.*, *п.* 86
Обремени́ть *сов.*, *п.* 13
Обременя́ть *нес.*, *п.* 2
Обрести́ *сов.*, *п.* 80
Обрета́ть *нес.*, *п.* 1
Обре́чь *сов.*, *п.* 86
обрека́ть *нес.*, *п.* 1
Обрисова́ть *сов.*, *п.* 53
Обрисо́вывать *нес.*, *п.* 1
Обрисова́ться *сов.*, *3е л.* 53
Обрисо́вываться *нес.*, *3е л.* 1
Обри́ть *сов.*, *п.* 63
Оброни́ть *сов.*, *п.* 16
Обруба́ть *нес.*, *п.* 1
Обруби́ть *сов.*, *п.*, **б : бл** 18
Обруга́ть *сов.*, *п.* 1
Обрусе́ть *сов.* 3
Обруча́ть(ся) *нес.* 1
Обручи́ть(ся) *сов.* 13
Обру́шивать(ся) *нес.* 1
Обру́шить(ся) *сов.* 9
Обру́шиться *сов.*, *3е л.* 9
Обрыва́ть(ся) *нес.* 1
оборва́ть(ся) *сов.* 32
Обры́згать(ся) *сов.* 1
Обры́згивать(ся) *нес.* 1
Обры́знуть *сов.* 40
Обры́скать *сов.*, *п.*, **ск:щ** 1, 47
Обрю́згнуть *сов.* 43
Обряди́ть(ся) *сов.*, **д:ж** 14, 17
Обряжа́ть(ся) *нес.* 1
Обсади́ть *сов.*, *п.*, **д : ж** 17
Обса́живать *нес.*, *п.* 1
Обса́ливать *нес.*, *п.* 1
Обса́лить *сов.*, *п.* 9
Обса́сывать *нес.*, *п.* 1
обсоса́ть[2] *сов.*, *п.* 32
Обса́харивать *нес.*, *п.* 1
Обса́харить *сов.*, *п.* 12
Обсека́ть *нес.*, *п.* 1
обсе́чь *сов.*, *п.* 86
Обсе́сть *сов.*, *3е л.* 85
Обсе́чь *сов.*, *п.* 86
обсека́ть *нес.*, *п.* 1
Обскака́ть *сов.*, *п.*, **к : ч** 48
Обсле́довать *нес.*, *сов.*, *п.* 54
Обслу́живать *нес.*, *п.* 1
Обслужи́ть *сов.*, *п.* 16
Обслюни́ть *сов.*, *п.* 13
Обсмотре́ть(ся) *сов.* 29
Обсоса́ть[2] *сов.*, *п.* 32
обса́сывать *нес.*, *п.* 1
Обсо́хнуть *сов.* 43
обсыха́ть *нес.* 1

---

[1] обосную́, обоснуёшь
[2] обсоса́л, обсоса́ла

{Обста́вить(ся) *сов.*, **в : вл** 11
{Обставля́ть(ся) *нес.* 2
{Обстира́ть *сов.*, *п.* 1
{Обсти́рывать *нес.*, *п.* 1
Обстоя́ть *нес.*, *3е л.* 20
Обстра́гивать *нес.*, *п.* 1
  обстрога́ть *сов.*, *п.* 1
Обстра́ивать(ся) *нес.* 1
  обстро́ить(ся) *сов.* 19
{Обстре́ливать(ся) *нес.* 1
{Обстреля́ть(ся) *сов.* 2
Обстрога́ть *сов.*, *п.* 1
  обстра́гивать *нес.*, *п.* 1
Обстро́ить(ся) *сов.* 19
  обстра́ивать(ся) *нес.* 1
{Обстря́пать *сов.*, *п.* 1
{Обстря́пывать *нес.*, *п.* 1
{Обступа́ть[1] *нес.*, *п.* 1
{Обступи́ть[1] *сов.*, *п.* 18
{Обсуди́ть[2] *сов.*, *п.*, **д:ж:жд** 17
{Обсужда́ть *нес.*, *п.* 1
{Обсу́шивать(ся) *нес.* 1
{Обсуши́ть(ся) *сов.* 16
{Обсчита́ть(ся) *сов.* 1
{Обсчи́тывать(ся) *нес.* 1
{Обсыпа́ть *нес.*, *п.* 1
{Обсы́пать *сов.*, *п.*, **п : пл** 50
{Обсыпа́ться *нес.*, *3е л.* 1
{Обсы́паться *сов.*, *3е л.*, **п : пл** 50
Обсыха́ть *нес.* 1
  обсо́хнуть *сов.* 43
Обта́чивать *нес.*, *п.* 1
  обточи́ть *сов.*, *п.* 16
Обта́ять *сов.*, *3е л.* 35
Обтека́ть *нес.*, *п.*, *3е л.* 1
  обте́чь* *сов.*, *п.*, *3е л.* 86
Обтере́ть(ся)[3] *сов.* 68
  обтира́ть(ся) *нес.* 1
Обтерпе́ться *сов.*, **п : пл** 30
{Обтеса́ть *сов.*, *п.*, **с : ш** 46
{Обтёсывать *нес.*, *п.* 1

Обте́чь* *сов.*, *п.*, *3е л.* 86
  обтека́ть *нес.*, *п.*, *3е л.* 1
Обтира́ть(ся) *нес.* 1
  обтере́ть(ся)[3] *сов.* 68
Обточи́ть *сов.*, *п.* 16
  обта́чивать *нес.*, *п.* 1
Обтрепа́ть(ся) *сов.*, **п:пл** 51
{Обтя́гивать *нес.*, *п.* 1
{Обтяну́ть *сов.*, *п.* 42
{Обтя́пать *сов.*, *п.* 1
{Обтя́пывать* *нес.*, *п.* 1
Обува́ть(ся) *нес.* 1
  обу́ть(ся) *сов.* 4
{Обу́гливать* *нес.*, *п.* 1
{Обу́глить *сов.*, *п.* 12
{Обу́гливаться *нес.*, *3е л.* 1
{Обу́глиться *сов.*, *3е л.* 12
{Обузда́ть *сов.*, *п.* 1
{Обу́здывать *нес.*, *п.* 1
{Обу́живать *нес.*, *п.* 1
{Обу́зить *сов.*, *п.*, **з : ж** 10
Обурева́ть *нес.*, *п.*, *3е л.* 1
{Обусло́вить *сов.*, *п.*, **в : вл** 11
{Обусло́вливать *нес.*, *п.* 1
Обу́ть(ся) *сов.* 4
  обува́ть(ся) *нес.* 1
{Обуча́ть(ся) *нес.* 1
{Обучи́ть(ся) *сов.* 16
Обуя́ть *сов.*, *3е л.* 2
Обха́живать *нес.*, *п.* 1
{Обхвати́ть *сов.*, *п.*, **т : ч** 17
{Обхва́тывать *нес.*, *п.* 1
Обходи́ть(ся) *нес.*, **д : ж** 17
  обойти́[4](сь) *сов.* 94
{Обхоха́тываться *нес.* 1
{Обхохота́ться *сов.*, **т : ч** 48
Обче́сться[5] *сов.* 83
{Обчи́стить(ся)[6] *сов.*, **ст : щ** 10
{Обчища́ть(ся) *нес.* 1
{Обша́ривать *нес.*, *п.* 1
{Обша́рить *сов.*, *п.* 9

---

[1] 1st person singular not used.
[2] обсуждённый
[3] **оботру́(сь); оботри́(сь)**
[4] обойдённый
[5] **обочту́сь; обочти́сь**
[6] **обчи́сти(сь)**

Обша́ркать *сов.*, *п.* 1
{Обшива́ть *нес.*, *п.* 1
{Обши́ть[1] *сов.*, *п.* 66
Обща́ться *нес.* 1
Общипа́ть *сов.*, *п.*, **п : пл** 51
{Объего́ривать *нес.*, *п.* 1
{Объего́рить *сов.*, *п.* 9
Объеда́ть(ся) *нес.* 1
объе́сть(ся) *сов.* 99
{Объедини́ть(ся) *сов.* 13
{Объединя́ть(ся) *нес.* 2
{Объе́здить[2] *сов.*, *п.*, **д : ж** 10
{Объезжа́ть *нес.*, *п.* 1
Объе́сть(ся) *сов.* 99
объеда́ть(ся) *нес.* 1
Объе́хать *сов.*, *п.* 92
объезжа́ть *нес.*, *п.* 1
{Объяви́ть(ся) *сов.*, **в : вл** 18
{Объявля́ть(ся) *нес.* 2
{Объясни́ть(ся) *сов.* 13
{Объясня́ть(ся) *нес.* 2
Объя́ть[3] *сов.*, *п.* 74
{Обыгра́ть *сов.*, *п.* 1
{Обы́грывать *нес.*, *п.* 1
{Обыска́ть(ся) *сов.*, **ск : щ** 48
{Обы́скивать *нес.*, *п.* 1
{Обюрокра́тить(ся) *сов.*, **т:ч** 10
{Обюрокра́чивать(ся) *нес.* 1
{Обяза́ть(ся) *сов.*, **з : ж** 46
{Обя́зывать(ся) *нес.* 1
Овдове́ть *сов.* 3
{Овева́ть *нес.*, *п.* 1
{Ове́ивать *нес.*, *п.* 1
ове́ять *сов.*, *п.* 35
{Овеществи́ть *сов.*, *п.*, **в:вл** 15
{Овеществля́ть *нес.*, *п.* 2
{Овеществи́ться *сов.*, *3е л.* 15
{Овеществля́ться *нес.*, *3е л.* 2
Ове́ять *сов.*, *п.* 35
овева́ть *нес.*, *п.* 1
ове́ивать *нес.*, *п.* 1
{Овладева́ть *нес.* 1
{Овладе́ть *сов.* 3

Огиба́ть *нес.*, *п.* 1
обогну́ть *сов.*, *п.* 39
{Огласи́ть *сов.*, *п.*, **с : ш** 14
{Оглаша́ть *нес.*, *п.* 1
{Огласи́ться *сов.*, *3е л.* 14
{Оглаша́ться *нес.*, *3е л.* 1
{Оглоу́шивать *нес.*, *п.* 1
{Оглоу́шить *сов.*, *п.* 9
Огло́хнуть *сов.* 43
{Оглуша́ть *нес.*, *п.* 1
{Оглуши́ть *сов.*, *п.* 13
{Огляде́ть(ся) *сов.*, **д : ж** 27
{Огля́дывать(ся) *нес.* 1
{Огля́дываться *нес.* 1
{Огляну́ться *сов.* 42
{Огова́ривать(ся) *нес.* 1
{Оговори́ть(ся) *сов.* 13
{Оголи́ть(ся) *сов.* 13
{Оголя́ть(ся) *нес.* 2
{Огора́живать(ся) *нес.* 1
{Огороди́ть(ся) *сов.*, **д : ж** 14, 17
Огоро́дничать *нес.* 1
Огоро́шить *сов.*, *п.* 9
{Огорча́ть(ся) *нес.* 1
{Огорчи́ть(ся) *сов.* 13
Огра́бить *сов.*, *п.*, **б : бл** 11
{Огради́ть[4](ся) *сов.*, **д : ж : жд** 14
{Огражда́ть(ся) *нес.* 1
{Ограни́чивать(ся) *нес.* 1
{Ограни́чить(ся) *сов.* 9
{Огреба́ть *нес.*, *п.* 1
{Огрести́ *сов.*, *п.* 82
Огре́ть *сов.*, *п.* 3
Огрубе́ть *сов.* 3
{Огрыза́ться *нес.* 1
{Огрызну́ться *сов.* 39
Ода́лживать *нес.*, *п.* 1
одолжи́ть[5] *сов.*, *п.* 13
{Ода́ривать *нес.*, *п.* 1
{Одари́ть *сов.*, *п.* 13
Одева́ть(ся) *нес.* 1
оде́ть(ся) *сов.* 57

---

[1] обошью́
[2] объе́зди
[3] обойму́; обойми́
[4] ограждённый
[5] одо́лженный

{Определи́ть сов., п. 13
{Оделя́ть нес., п. 2
Одёргивать нес., п. 1
  одёрнуть сов., п. 40
Одеревене́ть сов. 3
{Одержа́ть сов., п. 23
{Одёрживать нес., п. 1
Одёрнуть сов., п. 40
  одёргивать нес., п. 1
Оде́ть(ся) сов. 57
  одева́ть(ся) нес. 1
Одича́ть сов. 1
{Одо́брить сов., п. 12
{Одобря́ть нес., п. 2
{Одолева́ть нес., п. 1
{Одоле́ть сов., п. 3
Одолжа́ться нес. 1
Одолжи́ть[1] сов., п. 13
  ода́лживать нес., п. 1
Одряхле́ть сов. 3
{Оду́маться сов. 1
{Оду́мываться нес. 1
{Одура́чивать нес., п. 1
{Одура́чить сов., п. 9
Одуре́ть сов. 3
Одурма́нить сов., п. 9
Одуря́ть нес., п. 2
{Одухотвори́ть сов., п. 13
{Одухотворя́ть нес., п. 2
{Одушеви́ть сов., п., **в : вл** 15
{Одушевля́ть нес., п. 2
Ожереби́ться сов., 3е л. 15
{Ожесточа́ть(ся) нес. 1
{Ожесточи́ть(ся) сов. 13
Ожéчь[2](ся) сов. 90
{Оживи́ть(ся) сов., **в : вл** 15
{Оживля́ть(ся) нес. 2
Ожида́ть нес., п. 1
Ожива́ть нес. 1
  ожи́ть сов. 59
Ожире́ть сов. 3
Ожи́ть сов. 59
  ожива́ть нес. 1
{Озабо́тить(ся) сов., **т : ч** 10
{Озабо́чивать(ся) нес. 1
{Озагла́вить сов., п., **в : вл** 11
{Озагла́вливать нес., п. 1
{Озада́чивать нес., п. 1
{Озада́чить сов., п. 9
{Озари́ть(ся) сов. 13
{Озаря́ть(ся) нес. 2
Озвере́ть сов. 3
{Озву́чивать нес., п. 1
{Озву́чить сов., п. 9
{Оздорови́ть сов., п., **в : вл** 15
{Оздоровля́ть нес., п. 2
{Озелени́ть сов., п. 13
{Озеленя́ть нес., п. 2
Озира́ться нес. 1
Озли́ть(ся) сов. 13
{Озло́бить(ся) сов., **б : бл** 11
{Озлобля́ть(ся) нес. 2
Ознако́мить(ся) сов., **м : мл** 11
{Ознаменова́ть сов., п. 53
{Ознамено́вывать нес., п. 1
{Ознаменова́ться сов., 3е л. 53
{Ознамено́вываться нес., 3е л. 1
Означа́ть нес., п., 3е л. 1
Озолоти́ть сов., п., **т : ч** 14
Озорнича́ть нес. 1
  созорнича́ть сов. 1
Озя́бнуть сов. 43
Ойкать нес. 1
{Оказа́ть(ся) сов., **з : ж** 46
{Ока́зывать(ся) нес. 1
{Окайми́ть сов., п., **м : мл** 15
{Окаймля́ть нес., п. 2
Окамене́ть сов. 3
Окантова́ть сов., п. 53
Ока́нчивать нес., п. 1
  око́нчить сов., п. 12
Ока́нчиваться нес., 3е л. 1
  око́нчиться сов., 3е л. 12
Ока́пывать(ся) нес. 1
  окопа́ть(ся) сов. 1
Окати́ть(ся) сов., **т : ч** 17
  ока́чивать(ся) нес. 1
Окать нес. 1
Ока́чивать(ся) нес. 1
  окати́ть(ся) сов., **т : ч** 17

[1] одо́лженный
[2] ожжённый

Оки́дывать *нес., п.*	1
Оки́нуть *сов., п.*	41
Оккупи́ровать *нес., сов., п.*	54
Оклевета́ть[1] *сов., п.*, **т : щ**	48
Окле́ивать *нес., п.*	1
Окле́ить *сов., п.*	19
Оклика́ть *нес., п.*	1
Окли́кнуть *сов., п.*	40
Окова́ть[2] *сов., п.*	53
Око́вывать *нес., п.*	1
Окола́чиваться *нес.*	1
Околдова́ть *сов., п.*	53
Околдо́вывать *нес., п.*	1
Околева́ть *нес.*	1
Околе́ть *сов.*	3
Околпа́чивать *нес., п.*	1
Околпа́чить *сов., п.*	9
Окольцева́ть *сов., п.*	53
Оконфу́зить(ся) *сов.*, **з : ж**	10
Око́нчить *сов., п.*	12
ока́нчивать *нес., п.*	1
Око́нчиться *сов., 3^e л.*	12
ока́нчиваться *нес., 3^e л.*	1
Окопа́ть(ся) *сов.*	1
ока́пывать(ся) *нес.*	1
Окосе́ть *сов.*	3
Окостене́ть *сов.*	3
Окоти́ться *сов., 3^e л.*	14
Окочене́ть *сов.*	3
Окра́сить(ся) *сов.*, **с : ш**	10
Окре́пнуть *сов.*	44
Окрести́ть *сов., п.*, **ст : щ**	17
Окриве́ть *сов.*	3
Окри́кивать *нес., п.*	1
Окри́кнуть *сов., п.*	40
Окрова́вить *сов., п.*, **в : вл**	11
Окрова́вливать *нес., п.*	1
Окровени́ть* *сов., п.*	13
Окропи́ть *сов., п.*, **п : пл**	15
Окропля́ть *нес., п.*	2
Округле́ть *сов.*	3
Округли́ть(ся) *сов.*	13
Округля́ть(ся) *нес.*	2
Окружа́ть *нес., п.*	1
Окружи́ть *сов., п.*	13
Окрути́ть(ся) *сов.*, **т : ч**	17
Окру́чивать(ся) *нес.*	1
Окрыли́ть *сов., п.*	13
Окрыля́ть *нес., п.*	2
Окры́ситься[3] *сов.*	10
Окуна́ть(ся) *нес.*	1
Окуну́ть(ся) *сов.*	39
Окупа́ть *нес., п.*	1
Окупи́ть *сов., п.*, **п : пл**	18
Окупа́ться *нес., 3^e л.*	1
Окупи́ться *сов., 3^e л.*	18
Окургу́зить *сов., п.*, **з : ж**	10
Оку́ривать *нес., п.*	1
Окури́ть *сов., п.*	16
Оку́тать(ся) *сов.*	1
Оку́тывать(ся) *нес.*	1
Оку́чивать *нес., п.*	1
Оку́чить *сов., п.*	9
Оледене́ть *сов.*	3
Оледени́ть *сов., п.*	13
Олицетвори́ть *сов., п.*	13
Олицетворя́ть *нес., п.*	2
Омертве́ть *сов.*	3
Омертви́ть *сов., п.*, **в : вл**	15
Омертвля́ть *нес., п.*	2
Омеща́ниваться *нес.*	1
Омеща́ниться *сов.*	9
Омола́живать(ся) *нес.*	1
Омолоди́ть(ся) *сов.*, **д : ж**	14
Омрача́ть(ся) *нес.*	1
Омрачи́ть(ся) *сов.*	13
Омыва́ть(ся) *нес.*	1
Омы́ть(ся) *сов.*	64
Онеме́ть *сов.*	3
Онеме́чивать(ся) *нес.*	1
Онеме́чить(ся) *сов.*	9
Опада́ть *нес., 3^e л.*	1
опа́сть *сов., 3^e л.*	78
Опа́здывать *нес.*	1
опозда́ть *сов.*	1
Опали́ть *сов., п.*	13
Опа́мятоваться *сов.*	54

[1] оклеве́танный
[2] окую́, окуёшь
[3] 1st person singular not used.

Опарши́веть *сов.* 3
Опаса́ться *нес.* 1
Опа́сть *сов.*, $3^{е}$ *л.* 78
опада́ть *нес.*, $3^{е}$ *л.* 1
Опека́ть *нес.*, *п.* 1
Опереди́ть *сов.*, *п.*, **д : ж** 14
Опережа́ть *нес.*, *п.* 1
Опере́ть(ся)[1] *сов.* 68
опира́ть(ся) *нес.* 1
Опери́ровать *нес.*, *сов.*, *п.* 54
Опери́ться *сов.* 13
Оперя́ться *нес.* 2
Опеча́лить(ся) *сов.* 9
Опеча́тать *сов.*, *п.* 1
Опеча́тывать *нес.*, *п.* 1
Опе́шить[2] *сов.* 9
Опива́ть(ся) *нес.* 1
опи́ть(ся)[3] *сов.* 66
Опира́ть(ся) *нес.* 1
опере́ть(ся)[1] *сов.* 68
Описа́ть(ся) *сов.*, **с : ш** 46
Опи́сывать(ся) *нес.* 1
Опи́ть(ся)[3] *сов.* 66
опива́ть(ся) *нес.* 1
Опла́кать *сов.*, *п.*, **к : ч** 47
Опла́кивать *нес.*, *п.* 1
Оплати́ть *сов.*, *п.*, **т : ч** 17
Опла́чивать *нес.*, *п.* 1
Оплева́ть[4] *сов.*, *п.* 53
Оплёвывать *нес.*, *п.* 1
Оплести́ *сов.*, *п.* 80
Оплета́ть *нес.*, *п.* 1
Оплеши́веть *сов.* 3
Оплодотвори́ть(ся) *сов.* 13
Оплодотворя́ть(ся) *нес.* 2
Опломбирова́ть *сов.*, *п.* 53
Оплоша́ть *сов.* 1
Оплыва́ть *нес.* 1
Оплы́ть *сов.* 59
Оповести́ть *сов.*, *п.*, **ст : щ** 14
Оповеща́ть *нес.*, *п.* 1
Опога́нить *сов.*, *п.* 9
Опо́длить*(ся) *сов.* 12

Опозда́ть *сов.* 1
опа́здывать *нес.* 1
Опознава́ть *нес.*, *п.* 55
Опозна́ть *сов.*, *п.* 1
Опозо́рить(ся) *сов.* 9
Опои́ть *сов.*, *п.* 13, 16
Ополáскивать *нес.*, *п.* 1
ополоска́ть *сов.*, *п.*, **ск : щ** 48
ополосну́ть *сов.*, *п.* 39
Ополза́ть *нес.* 1
Оползти́ *сов.* 6
Ополоска́ть *сов.*, *п.*, **ск : щ** 48
Ополосну́ть *сов.*, *п.* 39
опола́скивать *нес.*, *п.* 1
Ополоу́меть *сов.* 3
Ополча́ться *нес.* 1
Ополчи́ться *сов.* 13
Опо́мниться *сов.* 12
Опора́жнивать *нес.*, *п.* 1
опорожни́ть* *сов.*, *п.* 12
Опора́жниваться *нес.*, $3^{е}$ *л.* 1
опорожни́ться *сов.*, $3^{е}$ *л.* 12
Опорожни́ть* *сов.*, *п.* 12
опора́жнивать *нес.*, *п.* 1
опорожня́ть *нес.*, *п.* 2
Опорожни́ться *сов.*, $3^{е}$ *л.* 12
опора́жниваться *нес.*, $3^{е}$ *л.* 1
опорожня́ться *нес.*, $3^{е}$ *л.* 2
Опорожня́ть *нес.*, *п.* 2
опорожни́ть* *сов.*, *п.* 12
Опорожня́ться *нес.*, $3^{е}$ *л.* 2
опорожни́ться *сов.*, $3^{е}$ *л.* 12
Опороси́ться *сов.*, $3^{е}$ *л.* 14
Опоро́чить *сов.*, *п.* 9
Опосты́леть *сов.* 3
Опохмели́ться *сов.* 13
Опохмеля́ться *нес.* 2
Опо́шлить(ся) *сов.* 12
Опошля́ть(ся) *нес.* 2
Опоя́сать(ся)[5] *сов.*, **с : ш** 47
Опоя́сывать(ся) *нес.* 1
Оппони́ровать *нес.* 54

---

[1] обопру́(сь); обопри́(сь); опере́в, оперши́(сь)
[2] Imperative not used.
[3] обопью́(сь)
[4] оплюю́, оплюёшь
[5] опоя́шь(ся)

{Оправда́ть(ся) *сов.* 1
{Опра́вдывать(ся) *нес.* 1
{Опра́вить(ся) *сов.*, в : вл 11
{Оправля́ть(ся) *нес.* 2
Опра́шивать *нес.*, *п.* 1
опроси́ть *сов.*, *п.*, с : ш 17
{Определи́ть(ся) *сов.* 13
{Определя́ть(ся) *нес.* 2
{Опресни́ть *сов.*, *п.* 13
{Опресня́ть *нес.*, *п.* 2
Опро́бовать *сов.*, *п.* 54
{Опроверга́ть *нес.*, *п.* 1
{Опрове́ргнуть *сов.*, *п.* 43
{Опроки́дывать(ся) *нес.* 1
{Опроки́нуть(ся) *сов.* 41
Опроси́ть *сов.*, *п.*, с : ш 17
опра́шивать *нес.*, *п.* 1
Опрости́ться *сов.*, ст : щ 14
опроща́ться *нес.* 1
Опростоволо́ситься *сов.*,с:ш 10
Опротестова́ть *сов.*, *п.* 53
Опроти́веть *сов.* 3
Опроща́ться *нес.* 1
опрости́ться *сов.*, ст : щ 14
{Опры́скать(ся) *сов.* 1
{Опры́скивать(ся) *нес.* 1
Опры́снуть *сов.*, *п.* 40
{Опубликова́ть *сов.*, *п.* 53
{Опублико́вывать *нес.*, *п.* 1
Опуска́ть(ся) *нес.* 1
опусти́ть(ся) *сов.*, ст : щ 17
Опусте́ть *сов.* 3
Опусти́ть(ся) *сов.* 17
опуска́ть(ся) *нес.* 1
{Опустоша́ть *нес.*, *п.* 1
{Опустоши́ть *сов.*, *п.* 13
{Опу́тать *сов.*, *п.* 1
{Опу́тывать *нес.*, *п.* 1
{Опуха́ть *нес.* 1
{Опу́хнуть *сов.* 43
{Опуша́ть *нес.*, *п.* 1
{Опуши́ть *сов.*, *п.* 13
{Опыли́ть *сов.*, *п.* 13
{Опыля́ть *нес.*, *п.* 2

{Опыли́ться *сов.*, *3е л.* 13
{Опыля́ться *нес.*, *3е л.* 2
Опьяне́ть *сов.* 3
Опьяни́ть *сов.*, *п.* 13
Ора́торствовать *нес.* 54
Ора́ть[1] *сов.* 32
Организова́ть *нес.*, *сов.*, *п.* 53
Организова́ться *нес.*, *сов.*, *3е л.* 53
Оригина́льничать *нес.* 1
Ориенти́ровать(ся) *нес.*, *сов.* 54
Орнаменти́ровать *нес.*, *сов.*, *п.* 54
Оробе́ть *сов.* 3
Ороговéть *сов.*, *3е л.* 3
{Ороси́ть *сов.*, *п.*, с : ш 14
{Ороша́ть *нес.*, *п.* 1
{Ороси́ться *сов.*, *3е л.* 14
{Ороша́ться *нес.*, *3е л.* 1
Ору́довать *нес.* 54
Осади́ть[2] *сов.*, *п.*, д:ж:жд 17
осажда́ть *нес.*, *п.* 1
Осади́ть[3] *сов.*, *п.*, д : ж : жд 17
оса́живать *нес.*, *п.* 1
Осади́ться *сов.*, *3е л.* 17
осажда́ться *нес.*, *3е л.* 1
Осажда́ть *нес.*, *п.* 1
осади́ть[2] *сов.*, *п.*, д:ж:жд 17
Осажда́ться *нес.*, *3е л.* 1
осади́ться *сов.*, *3е л.* 17
Оса́живать *нес.*, *п.* 1
осади́ть[3] *сов.*, *п.*, д:ж:жд 17
Осатане́ть *сов.* 3
Осва́ивать(ся) *нес.* 1
осво́ить(ся) *сов.* 19
{Осве́домить(ся)[4] *сов.*, м:мл 11
{Осведомля́ть(ся) *нес.* 2
Освежа́ть(ся) *нес.* 1
освежи́ть(ся) *сов.* 13
Освежева́ть *сов.* 53
Освежи́ть(ся) *сов.* 13
освежа́ть(ся) *нес.* 1

[1] ора́л, ора́ла
[2] (a) to besiege; (b) to besiege *(with questions, etc.)*; (c) to precipitate
[3] (a) to check; (b) to rein in; (c) to snub
[4] осве́доми(сь)

Освети́ть *сов., п.*, **т : щ**	14
Освеща́ть *нес., п.*	1
Освети́ться *сов., 3е л.*	14
Освеща́ться *нес., 3е л.*	1
Освиде́тельствовать *сов., п.*	54
Освиста́ть[1] *сов., п.*, **ст : щ**	48
Осви́стывать *нес., п.*	1
Освободи́ть[2](ся) *сов.*, **д:ж:жд**	14
Освобожда́ть(ся) *нес.*	1
Осво́ить(ся) *сов.*	19
осва́ивать(ся) *нес.*	1
Освяти́ть *сов., п.*, **т : щ**	14
Освяща́ть *нес., п.*	1
Оседа́ть *нес.*	1
осе́сть *сов.*	85
Оседла́ть *сов., п.*	1
Осени́ть *сов., п.*	13
Осеня́ть *нес., п.*	2
Осерди́ться *сов.*, **д : ж**	17
Осе́сть *сов.*	85
оседа́ть *нес.*	1
Осе́чься *сов.*	86
Оси́ливать *нес., п.*	1
Оси́лить *сов., п.*	9
Оси́пнуть *сов.*	44
Осироте́ть *сов.*	3
Оска́лить(ся) *сов.*	9
Оскальпи́ровать *сов., п.*	54
Осканда́лить(ся) *сов.*	9
Оскверни́ть(ся) *сов.*	13
Оскверня́ть(ся) *нес.*	2
Оскла́бить*(ся) *сов.*, **б : бл**	11
Оскопи́ть *сов., п.*, **п : пл**	15
Оскопля́ть *нес., п.*	2
Оскорби́ть(ся) *сов.*, **б : бл**	15
Оскорбля́ть(ся) *нес.*	2
Оскудева́ть *нес.*	1
Оскуде́ть *сов.*	3
Ослабева́ть *нес.*	1
Ослабе́ть *сов.*	3
Осла́бить *сов., п.*, **б : бл**	11
Ослабля́ть *нес., п.*	2
Осла́бнуть *сов.*	43
Осла́вить(ся) *сов.*, **в : вл**	11
Ослепи́ть *сов., п.*, **п : пл**	15
Ослепля́ть *нес., п.*	2
Осле́пнуть *сов.*	43
Осложни́ть *сов., п.*	13
Осложня́ть *нес., п.*	2
Осложни́ться *сов., 3е л.*	13
Осложня́ться *нес., 3е л.*	2
Ослу́шаться *сов.*	1
Ослы́шаться[3] *сов.*	21
Осма́тривать(ся) *нес.*	1
осмотре́ть(ся) *сов.*	29
Осме́ивать *нес., п.*	1
осмея́ть[4] *сов., п.*	35
Осмеле́ть *сов.*	3
Осме́ливаться *нес.*	1
Осме́литься *сов.*	9
Осмея́ть[4] *сов., п.*	35
осме́ивать *нес., п.*	1
Осмоли́ть *сов., п.*	13
Осмотре́ть(ся) *сов.*	29
осма́тривать(ся) *нес.*	1
Осмы́сливать *нес., п.*	1
Осмы́слить *сов., п.*	12
Оснасти́ть *сов., п.*, **ст : щ**	14
Оснаща́ть *нес., п.*	1
Основа́ть[5](ся) *сов.*	53
Осно́вывать(ся) *нес.*	1
Осове́ть *сов.*	3
Осовреме́нивать *нес., п.*	1
Осовреме́нить *сов., п.*	9
Осознава́ть *нес., п.*	55
Осозна́ть *сов., п.*	1
Осолове́ть *сов.*	3
Оспа́ривать *нес., п.*	1
Оспо́рить *сов., п.*	9
Осрами́ть(ся) *сов.*, **м : мл**	15
Остава́ться *нес.*	55
оста́ться *сов.*	56
Оста́вить *сов., п.*, **в : вл**	11
Оставля́ть *нес., п.*	2

---

[1] освиста́й & освищи́
[2] освобождённый
[3] Imperative not used.
[4] осмею, осмеёшь
[5] осную, оснуёшь

Остана́вливать(ся) *нес.* 1
Останови́ть(ся) *сов.*, в : вл 18
Оста́ться *сов.* 56
 оставá́ться *нес.* 55
Остекленéть *сов.*, *3е л.* 3
Остекли́ть *сов.*, *п.* 13
Остепени́ть(ся) *сов.* 13
Остепеня́ть(ся) *нес.* 2
Остервенéть *сов.* 3
Остервени́ть(ся) *сов.* 13
Остерегáть(ся) *нес.* 1
Остерéчь*(ся) *сов.* 88
Остолбенéть *сов.* 3
Осторóжничать *нес.* 1
Осточертéть *сов.* 3
Остри́ть[1] *нес.*, *п.* 13
 заостри́ть *сов.*, *п.* 13
Остри́ть[2] *нес.* 13
 состри́ть *сов.* 13
Остри́чь(ся) *сов.* 88
Остуди́ть *сов.*, *п.*, д : ж 17
Остужáть *нес.*, *п.* 1
Оступáться *нес.* 1
Оступи́ться *сов.*, п : пл 18
Остывáть *нес.* 1
Осты́нуть *сов.* 45
Осты́ть *сов.* 58
Осуди́ть[3] *сов.*, *п.*, д : ж : жд 17
Осуждáть *нес.*, *п.* 1
Осу́нуться *сов.* 41
Осушáть *нес.*, *п.* 1
Осуши́ть *сов.*, *п.* 16
Осуществи́ть *сов.*, *п.*, в : вл 15
Осуществля́ть *нес.*, *п.* 2
Осуществи́ться *сов.*, *3е л.* 15
Осуществля́ться *нес.*, *3е л.* 2
Осчастли́вить *сов.*, *п.*, в : вл 11
Осчастли́вливать *нес.*, *п.* 1
Осыпáть *нес.*, *п.* 1
Осы́пать *сов.*, *п.*, п : пл 50
Осыпáться *нес.*, *3е л.* 1
Осы́паться *сов.*, *3е л.*, п:пл 50
Осязáть *нес.*, *п.* 1

Отáпливать *нес.*, *п.* 1
 отопи́ть *сов.*, *п.*, п : пл 18
Отбáвить *сов.*, *п.*, в : вл 11
Отбавля́ть *нес.*, *п.* 2
Отбарабáнить *сов.*, *п.* 9
Отбегáть *нес.* 1
Отбежáть *сов.* 96
Отбéливать *нес.*, *п.* 1
Отбели́ть *сов.*, *п.* 13, 16
Отбивáть(ся) *нес.* 1
 отби́ть(ся)[4] *сов.* 66
Отбирáть *нес.*, *п.* 1
 отобрáть[5] *сов.*, *п.* 69
Отби́ть(ся)[4] *сов.* 66
 отбивáть(ся) *нес.* 1
Отблагодари́ть *сов.*, *п.* 13
Отбомби́ться *сов.*, б : бл 15
Отбоя́риваться *нес.* 1
Отбоя́риться *сов.* 9
Отбрáсывать *нес.*, *п.* 1
 отбрóсить *сов.*, *п.*, с : ш 10
Отбривáть *нес.*, *п.* 1
Отбри́ть *сов.*, *п.* 63
Отбрóсить *сов.*, *п.*, с : ш 10
 отбрáсывать *нес.*, *п.* 1
Отбрыкáться *сов.* 1
Отбры́киваться *нес.* 1
Отбывáть *нес.* 1
Отбы́ть *сов.* 93
Отвáдить *сов.*, *п.*, д : ж 10
Отвáживать *нес.*, *п.* 1
Отвáживаться *нес.* 1
Отвáжиться *сов.* 9
Отвáливать(ся) *нес.* 1
Отвали́ть(ся) *сов.* 16
Отвáривать *нес.*, *п.* 1
Отвари́ть *сов.*, *п.* 16
Отвáриваться *нес.*, *3е л.* 1
Отвари́ться *сов.*, *3е л.* 16
Отвéдать *сов.*, *п.* 1
Отвéдывать *нес.*, *п.* 1
Отвезти́ *сов.*, *п.* 6
 отвози́ть *нес.*, *п.*, з : ж 17

---

1 to sharpen, to whet
2 to crack jokes
3 осуждённый
4 отобью(сь)
5 отберу́; отбери́

Отверга́ть *нес., п.* 1
Отве́ргнуть[1] *сов., п.* 44
Отвердева́ть *нес., 3ᵉ л.* 1
Отверде́ть *сов., 3ᵉ л.* 3
Отверну́ть(ся) *сов.* 39
  отвёртывать(ся) *нес.* 1
Отверну́ть(ся) *сов.* 39
  отвора́чивать(ся) *нес.* 1
Отверте́ть(ся) *сов.*, т : ч 31
  отвёртывать *нес., п.* 1
Отвёртывать *нес., п.* 1
  отверте́ть(ся) *сов.*, т : ч 31
Отвёртывать(ся) *нес.* 1
  отверну́ть(ся) *сов.* 39
Отве́сить *сов., п.*, с : ш 10
  отве́шивать *нес., п.* 1
Отвести́ *сов., п.* 79
  отводи́ть[2] *нес., п.*, д : ж 17
Ответви́ться *сов., 3ᵉ л.* 15
Отве́тить *сов., п.*, т : ч 10
Отвеча́ть *нес., п.* 1
Отве́шивать *нес., п.* 1
  отве́сить *сов., п.*, с : ш 10
Отви́ливать *нес.* 1
Отвильну́ть *сов.* 39
Отвинти́ть[3] *сов., п.*, т : ч 14
Отви́нчивать *нес., п.* 1
Отвинти́ться *сов., 3ᵉ л.* 14
Отви́нчиваться *нес., 3ᵉ л.* 1
Отвиса́ть *нес., 3ᵉ л.* 1
Отви́снуть *сов., 3ᵉ л.* 43
Отвисе́ться *сов., 3ᵉ л.* 27
Отвлека́ть(ся) *нес.* 1
Отвле́чь(ся) *сов.* 86
Отводи́ть[2] *нес., п.*, д : ж 17
  отвести́ *сов., п.* 79
Отвоева́ть[4] *сов., п.* 53
  отвоёвывать *нес., п.* 1
Отвоева́ться[4] *сов.* 53
Отвоёвывать *нес., п.* 1
  отвоева́ть[4] *сов., п.* 53

Отвози́ть[5] *нес., п.*, з : ж 17
  отвезти́ *сов., п.* 6
Отвола́кивать *нес., п.* 1
Отволо́чь* *сов., п.* 86
Отвора́чивать(ся) *нес.* 1
  отверну́ть(ся) *сов.* 39
Отвори́ть *сов., п.* 16
Отворя́ть *нес., п.* 2
Отвори́ться *сов., 3ᵉ л.* 16
Отворя́ться *нес., 3ᵉ л.* 2
Отврати́ть *сов., п.*, т : щ 14
Отвраща́ть *нес., п.* 1
Отвыка́ть *нес.* 1
Отвы́кнуть *сов.* 43
Отвяза́ть(ся) *сов.*, з : ж 46
Отвя́зывать(ся) *нес.* 1
Отгада́ть *сов., п.* 1
Отга́дывать *нес., п.* 1
Отгиба́ть *нес., п.* 1
  отогну́ть *сов., п.* 39
Отгиба́ться *нес., 3ᵉ л.* 1
  отогну́ться *сов., 3ᵉ л.* 39
Отгла́дить *сов., п.*, д : ж 10
Отгла́живать *нес., п.* 1
Отгла́диться *сов., 3ᵉ л.* 10
Отгла́живаться *нес., 3ᵉ л.* 1
Отгова́ривать(ся) *нес.* 1
Отговори́ть(ся) *сов.* 13
Отгоня́ть *нес., п.* 2
  отогна́ть[6] *сов., п.* 72
Отгора́ть *нес., 3ᵉ л.* 1
  отгоре́ть *сов., 3ᵉ л.* 25
Отгора́живать(ся) *нес.* 1
  отгороди́ть(ся) *сов.*, д : ж 14, 17
Отгоре́ть *сов., 3ᵉ л.* 25
  отгора́ть *нес., 3ᵉ л.* 1
Отгороди́ть(ся) *сов.*, д:ж 14, 17
  отгора́живать(ся) *нес.* 1
Отгости́ть *сов.*, ст : щ 14
Отграни́чивать *нес., п.* 1
Отграни́чить *сов., п.* 9

[1] отве́ргнутый & отве́рженный
[2] отводи́мый
[3] отви́нченный
[4] отвою́ю(сь)
[5] отвози́мый
[6] отгоню́; отгони́

Отгреба́ть *нес., п.* 1
отгрести́* *сов., п.* 82
Отгреме́ть *сов., 3е л.* 26
Отгрести́* *сов., п.* 82
отгреба́ть *нес., п.* 1
Отгро́хать *сов., п.* 1
{Отгружа́ть *нес., п.* 1
{Отгрузи́ть *сов., п.,* з : ж 14,17
{Отгрыза́ть *нес., п.* 1
{Отгры́зть *сов., п.* 7
{Отгу́ливать *нес., п.* 1
{Отгуля́ть *сов., п.* 2
Отдава́ть(ся) *нес.* 55
отда́ть(ся) *сов.* 98
Отдави́ть *сов., п.,* в : вл 18
{Отдали́ть(ся) *сов.* 13
{Отдаля́ть(ся) *нес.* 2
{Отда́ривать(ся) *нес.* 1
{Отдари́ть(ся) *сов.* 16
Отда́ть(ся) *сов.* 98
отдава́ть(ся) *нес.* 55
Отдежу́рить *сов.* 9
Отде́лать(ся) *сов.* 1
отде́лывать(ся) *нес.* 1
Отдели́ть[1](ся) *сов.* 16
отделя́ть(ся) *нес.* 2
Отде́лывать(ся) *нес.* 1
отде́лать(ся) *сов.* 1
Отделя́ть(ся) *нес.* 2
отдели́ть[1](ся) *сов.* 16
{Отдёргивать *нес., п.* 1
{Отдёрнуть *сов., п.* 40
Отдира́ть *нес., п.* 1
отодра́ть[2] *сов., п.* 69
Отдира́ться *нес., 3е л.* 1
отодра́ться[3] *сов., 3е л.* 69
Отдохну́ть *сов.* 39
отдыха́ть *нес.* 1
Отдува́ться *нес.* 1
Отду́мать *сов.* 1
Отду́ть* *сов., п.* 4
Отдыха́ть *нес.* 1
отдохну́ть *сов.* 39
Отдыша́ться *сов.* 23
Отека́ть *нес.* 1
оте́чь *сов.* 86
Отели́ться *сов., 3е л.* 16
{Отепли́ть *сов., п.* 13
{Отепля́ть *нес., п.* 2
Отере́ть(ся)[4] *сов.* 68
отира́ть(ся) *нес.* 1
{Отеса́ть *сов., п.,* с : ш 46
{Отёсывать *нес., п.* 1
Оте́чь *сов.* 86
отека́ть *нес.* 1
Отжа́ть[5] *сов., п.* 62
отжима́ть *нес., п.* 1
Отжа́ть[6] *сов., п.* 60
отжина́ть *нес., п.* 1
Отже́чь[7] *сов., п.* 90
Отжива́ть *нес.* 1
отжи́ть *сов.* 59
{Отжи́ливать *нес., п.* 1
{Отжи́лить *сов., п.* 9
Отжима́ть *нес., п.* 1
отжа́ть[5] *сов., п.* 62
Отжина́ть *нес., п.* 1
отжа́ть[6] *сов., п.* 60
Отжи́ть *сов., п.* 59
отжива́ть *нес., п.* 1
{Отзва́нивать *нес.* 1
{Отзвони́ть *сов.* 13
Отзвуча́ть *сов., 3е л.* 22
Отзыва́ть(ся) *нес.* 1
отозва́ть(ся)[8] *сов.* 71
Отира́ть(ся) *нес.* 1
отере́ть(ся)[4] *сов.* 68
{Отказа́ть(ся) *сов.,* з : ж 46
{Отка́зывать(ся) *нес.* 1

---

[1] отделённый
[2] отдеру́; отдери́
[3] отдерётся
[4] отру́(сь); отри́(сь)
[5] отожму́; отожми́
[6] отожну́; отожни́
[7] отожгу́; отожги́; отожжённый
[8] отзову́(сь); отзови́(сь)

Отка́лывать(ся) *нес.* 1
  отколо́ть(ся) *сов.* 38
Отка́пывать *нес.*, *п.* 1
  откопа́ть *сов.*, *п.* 1
Отка́рмливать *нес.*, *п.* 1
  откорми́ть *сов.*, *п.*, м : мл 18
Откати́ть(ся) *сов.*, т : ч 17
Отка́тывать(ся) *нес.* 1
Откача́ть *сов.*, *п.* 1
Отка́чивать *нес.*, *п.* 1
Откачну́ть*(ся) *сов.* 39
Отка́шливать *нес.*, *п.* 1
  отка́шлянуть* *сов.*, *п.* 40
Отка́шливаться *нес.* 1
  отка́шляться *сов.* 2
Отка́шлянуть* *сов.*, *п.* 40
  отка́шливать *нес.*, *п.* 1
Отка́шляться *сов.* 2
  отка́шливаться *нес.* 1
Откида́ть *сов.*, *п.* 1
Отки́дывать *нес.*, *п.* 1
Отки́дывать(ся) *нес.* 1
Отки́нуть(ся) *сов.* 41
Откла́дывать *нес.*, *п.* 1
  отложи́ть *сов.*, *п.* 16
Откла́дываться *нес.*, $3^{е}$ *л.* 1
  отложи́ться *сов.*, $3^{е}$ *л.* 16
Отклева́ть[1] *сов.*, *п.*, $3^{е}$ *л.* 53
Отклёвывать *нес.*, *п.*, $3^{е}$ *л.* 1
Откле́ивать *нес.*, *п.* 1
Откле́ить *сов.*, *п.* 19
Откле́иваться *нес.*, $3^{е}$ *л.* 1
Откле́иться *сов.*, $3^{е}$ *л.* 19
Отклепа́ть *сов.*, *п.* 1
Отклика́ться *нес.* 1
Откли́кнуться *сов.* 40
Отклони́ть[2](ся) *сов.* 16
Отклоня́ть(ся) *нес.* 2
Отключа́ть *нес.*, *п.* 1
Отключи́ть *сов.*, *п.* 13
Откова́ть[3] *сов.*, *п.* 53
Отковы́ривать *нес.*, *п.* 1
Отковырну́ть* *сов.*, *п.* 39
Отковыря́ть *сов.*, *п.* 2

Откозыря́ть *сов.* 2
Откола́чивать *нес.*, *п.* 1
Отколоти́ть *сов.*, *п.*, т : ч 17
Отколо́ть(ся) *сов.* 38
  отка́лывать(ся) *нес.* 1
Отколошма́тить *сов.*, *п.*, т:ч 10
Отколупа́ть *сов.*, *п.* 1
Отколупну́ть* *сов.*, *п.* 39
Отколу́пывать *нес.*, *п.* 1
Откомандирова́ть *сов.*, *п.* 53
Откомандиро́вывать *нес.*, *п.* 1
Откопа́ть *сов.*, *п.* 1
  отка́пывать *нес.*, *п.* 1
Откорми́ть *сов.*, *п.*, м : мл 18
  отка́рмливать *нес.*, *п.* 1
Открепи́ть(ся) *сов.*, п : пл 15
Открепля́ть(ся) *нес.* 2
Открести́ться *сов.*, ст : щ 17
Откре́щиваться *нес.* 1
Открове́нничать *нес.* 1
Откромса́ть *сов.*, *п.* 1
Открути́ть(ся) *сов.*, т : ч 17
Откру́чивать(ся) *нес.* 1
Открыва́ть(ся) *нес.* 1
Откры́ть(ся) *сов.* 64
Отку́поривать *нес.*, *п.* 1
Отку́порить *сов.*, *п.* 9, 12
Откуси́ть *сов.*, *п.*, с : ш 17
Отку́сывать *нес.*, *п.* 1
Отлакирова́ть *сов.*, *п.* 53
Отла́мывать *нес.*, *п.* 1
  отломи́ть *сов.*, *п.*, м : мл 18
Отла́мываться *нес.*, $3^{е}$ *л.* 1
  отломи́ться *сов.*, $3^{е}$ *л.* 18
Отлежа́ть(ся) *сов.* 22
Отлёживать(ся) *нес.* 1
Отлепи́ть *сов.*, *п.*, п : пл 18
Отлепля́ть *нес.*, *п.* 2
Отлепи́ться *сов.*, $3^{е}$ *л.* 18
Отлепля́ться *нес.*, $3^{е}$ *л.* 2
Отлета́ть *нес.* 1
Отлете́ть *сов.*, т : ч 27
Отле́чь *сов.* 91

---

[1] отклюёт
[2] отклонённый
[3] откую, откуёшь

Отлива́ть *нес., п.* 1
отли́ть[1] *сов., п.* 66
Отлипа́ть *нес., 3е л.* 1
Отли́пнуть *сов., 3е л.* 43
Отли́ть[1] *сов., п.* 66
отлива́ть *нес., п.* 1
Отлича́ть(ся) *нес.* 1
Отличи́ть(ся) *сов.* 13
Отлови́ть *сов., п.*, **в : вл** 18
Отложи́ть *сов., п.* 16
откла́дывать *нес., п.* 1
Отложи́ться *сов., 3е л.* 16
откла́дываться *нес., 3е л.* 1
Отлома́ть *сов., п.* 1
отла́мывать *нес., п.* 1
Отлома́ться *сов., 3е л.* 1
отла́мываться *нес., 3е л.* 1
Отломи́ть *сов., п.*, **м : мл** 18
отла́мывать *нес., п.* 1
Отломи́ться *сов., 3е л.* 18
отла́мываться *нес., 3е л.* 1
Отлупи́ть *сов., п.*, **п : пл** 18
Отлупи́ться *сов., 3е л.* 18
Отлупцева́ть *сов., п.* 53
Отлуча́ть(ся) *нес.* 1
Отлучи́ть(ся) *сов.* 13
Отлы́нивать *нес.* 1
Отма́лчиваться *нес.* 1
отмолча́ться *сов.* 22
Отма́тывать *нес., п.* 1
отмота́ть *сов., п.* 1
Отмаха́ть *сов., п.*, **х : ш** 46, 1
Отма́хивать(ся) *нес.* 1
Отмахну́ть(ся) *сов.* 39
Отма́чивать *нес., п.* 1
отмочи́ть *сов., п.* 16
Отмежева́ть(ся) *сов.* 53
Отмежёвывать(ся) *нес.* 1
Отмени́ть[2] *сов., п.* 16
Отменя́ть *нес., п.* 2
Отмере́ть[3] *сов., 3е л.* 68
отмира́ть *нес., 3е л.* 1
Отмерза́ть *нес., 3е л.* 1
Отмёрзнуть *сов., 3е л.* 43
Отме́ривать *нес., п.* 1
Отме́рить *сов., п.* 9
Отмеря́ть *нес., п.* 2
Отмести́ *сов., п.* 80
Отмета́ть *нес., п.* 1
Отме́тить(ся) *сов.*, **т : ч** 10
Отмеча́ть(ся) *нес.* 1
Отмира́ть *нес., 3е л.* 1
отмере́ть[3] *сов., 3е л.* 68
Отмобилизова́ть(ся) *сов.* 53
Отмока́ть *нес., 3е л.* 1
Отмо́кнуть *сов., 3е л.* 43
Отмолча́ться *сов.* 22
отма́лчиваться *нес.* 1
Отмора́живать *нес., п.* 1
Отморо́зить *сов., п.*, **з : ж** 10
Отмота́ть *сов., п.* 1
отма́тывать *нес., п.* 1
Отмочи́ть *сов., п.* 16
отма́чивать *нес., п.* 1
Отму́читься *сов.* 9
Отмыва́ть(ся) *нес.* 1
отмы́ть(ся) *сов.* 64
Отмыка́ть *нес., п.* 1
отомкну́ть *сов., п.* 39
Отмыка́ться *нес., 3е л.* 1
отомкну́ться *сов., 3е л.* 39
Отмы́ть(ся) *сов.* 64
отмыва́ть(ся) *нес.* 1
Отмяка́ть *нес., 3е л.* 1
Отмя́кнуть *сов., 3е л.* 43
Отне́киваться *нес.* 1
Отнести́(сь) *сов.* 6
относи́ть[4](ся) *нес.*, **с : ш** 17
Отникелирова́ть *сов., п.* 53
Отнима́ть *нес., п.* 1
отня́ть *сов., п.* 74
Отнима́ться *нес., 3е л.* 1
отня́ться *сов., 3е л.* 74
Относи́ть[4](ся) *нес.*, **с : ш** 17
отнести́(сь) *сов.* 6
Отня́ть *сов., п.* 74
отнима́ть *нес., п.* 1
Отня́ться *сов., 3е л.* 74

[1] отолью́
[2] отменённый
[3] отомрёт; отомри́
[4] относи́мый

отнима́ться *нес.*, *$3^{е}$ л.*	1
Отобе́дать *сов.*	1
{Отобража́ть *нес.*, *п.*	1
{Отобрази́ть *сов.*, *п.*, з : ж	14
Отобра́ть[1] *сов.*, *п.*	69
отбира́ть *нес.*, *п.*	1
Отогна́ть[2] *сов.*, *п.*	72
отгоня́ть *нес.*, *п.*	2
Отогну́ть *сов.*, *п.*	39
отгиба́ть *нес.*, *п.*	1
Отогну́ться *сов.*, *$3^{е}$ л.*	39
отгиба́ться *нес.*, *$3^{е}$ л.*	1
{Отогрева́ть(ся) *нес.*	1
{Отогре́ть(ся) *сов.*	3
{Отодвига́ть(ся) *нес.*	1
{Отодви́нуть(ся) *сов.*	41
Отодра́ть[3] *сов.*, *п.*	69
отдира́ть *нес.*, *п.*	1
Отодра́ться[4] *сов.*, *$3^{е}$ л.*	69
отдира́ться *нес.*, *$3^{е}$ л.*	1
{Отождестви́ть *сов.*, *п.*, в : вл	15
{Отождествля́ть *нес.*, *п.*	2
Отозва́ть(ся)[5] *сов.*	71
отзыва́ть(ся) *нес.*	1
Отойти́ *сов.*	94
отходи́ть *нес.*, д : ж	17
Отомкну́ть *сов.*, *п.*	39
отмыка́ть *нес.*, *п.*	1
Отомкну́ться *сов.*, *$3^{е}$ л.*	39
отмыка́ться *нес.*, *$3^{е}$ л.*	1
Отомсти́ть *сов.*, ст : щ	14
Отопи́ть *сов.*, *п.*, п : пл	18
ота́пливать *нес.*, *п.*	1
Отора́чивать *нес.*, *п.*	1
оторочи́ть[6] *сов.*, *п.*	13
Оторва́ть(ся) *сов.*	32
отрыва́ть(ся) *нес.*	1
Оторопе́ть *сов.*	3
Оторочи́ть[6] *сов.*, *п.*	13
отора́чивать *нес.*, *п.*	1
Отосла́ть *сов.*, *п.*	73
отсыла́ть *нес.*, *п.*	1
Отоспа́ться *сов.*, п : пл	24
отсыпа́ться *нес.*	1
Отоща́ть *сов.*	1
Отпада́ть *нес.*	1
отпа́сть *сов.*	78
Отпа́ивать *нес.*, *п.*	1
отпои́ть[7] *сов.*, *п.*	13, 16
Отпа́ривать *нес.*, *п.*	1
отпа́рить *сов.*, *п.*	9
Отпари́ровать *сов.*, *п.*	54
Отпа́рить *сов.*, *п.*	9
отпа́ривать *нес.*, *п.*	1
Отпа́рывать *нес.*, *п.*	1
отпоро́ть *сов.*, *п.*	38
Отпа́рываться *нес.*, *$3^{е}$ л.*	1
отпоро́ться *сов.*, *$3^{е}$ л.*	38
Отпа́сть *сов.*	78
отпада́ть *нес.*	1
Отпая́ть *сов.*, *п.*	2
Отпая́ться *сов.*, *$3^{е}$ л.*	2
Отпева́ть *нес.*, *п.*	1
отпе́ть *сов.*, *п.*	65
Отпере́ть(ся)[8] *сов.*	68
отпира́ть(ся) *нес.*	1
Отпе́ть *сов.*, *п.*	65
отпева́ть *нес.*, *п.*	1
{Отпеча́тать *сов.*, *п.*	1
{Отпеча́тывать *нес.*, *п.*	1
{Отпеча́таться *сов.*, *$3^{е}$ л.*	1
{Отпеча́тываться *нес.*, *$3^{е}$ л.*	1
Отпива́ть *нес.*, *п.*	1
отпи́ть[9] *сов.*, *п.*	66
{Отпи́ливать *нес.*, *п.*	1
{Отпили́ть *сов.*, *п.*	16
Отпира́ть(ся) *нес.*	1
отпере́ть(ся)[8] *сов.*	68
{Отписа́ть(ся) *сов.*, с : ш	46
{Отпи́сывать(ся) *нес.*	1

[1] отберу́; отбери́
[2] отгоню́; отгони́
[3] отдеру́; отдери́
[4] отдерётся
[5] отзову́(сь); отзови́(сь)
[6] оторо́ченный
[7] отпо́енный
[8] отопру́(сь); отопри́(сь)
[9] отопью́

Отпи́ть[1] *сов.*, *п.* 66
отпива́ть *нес.*, *п.* 1
Отпи́хивать(ся) *нес.* 1
Отпихну́ть(ся) *сов.* 39
Отплати́ть[2] *сов.*, т : ч 17
Отпла́чивать *нес.* 1
Отплёвывать(ся) *нес.* 1
Отплыва́ть *нес.* 1
Отплы́ть *сов.* 59
Отплю́нуть* *сов.*, *п.* 41
Отплуса́ть *сов.*, *п.*, с : ш 46
Отпля́сывать *нес.*, *п.* 1
Отпои́ть[3] *сов.*, *п.* 13, 16
отпа́ивать *нес.*, *п.* 1
Отполза́ть *нес.* 1
Отползти́ *сов.* 6
Отполирова́ть *сов.*, *п.* 53
Отпоро́ть *сов.*, *п.* 38
отпа́рывать *нес.*, *п.* 1
Отпоро́ться *сов.*, $3^е$ *л.* 38
отпа́рываться *нес.*, $3^е$ *л.* 1
Отпоте́ть *сов.*, $3^е$ *л.* 3
Отпра́вить(ся) *сов.*, в : вл 11
Отправля́ть(ся) *нес.* 2
Отпра́здновать *сов.*, *п.* 54
Отпра́шиваться *нес.* 1
Отпроси́ться *сов.*, с : ш 17
Отпры́гивать *нес.* 1
Отпры́гнуть *сов.* 40
Отпряга́ть *нес.*, *п.* 1
отпря́чь *сов.*, *п.* 88
Отпря́нуть *сов.* 41
Отпря́чь *сов.*, *п.* 88
отпряга́ть *нес.*, *п.* 1
Отпу́гивать *нес.*, *п.* 1
Отпугну́ть *сов.*, *п.* 39
Отпуска́ть *нес.*, *п.* 1
Отпусти́ть *сов.*, *п.*, ст : щ 17
Отраба́тывать *нес.*, *п.* 1
Отрабо́тать *сов.*, *п.* 1
Отрави́ть(ся) *сов.*, в : вл 18
Отравля́ть(ся) *нес.* 2
Отража́ть(ся) *нес.* 1
Отрази́ть(ся) *сов.*, з : ж 14
Отрапортова́ть *сов.* 53

Отраста́ть *нес.*, $3^е$ *л.* 1
Отрасти́ *сов.*, $3^е$ *л.* 84
Отрасти́ть *сов.*, *п.*, ст : щ 14
Отра́щивать *нес.*, *п.* 1
Отрегули́ровать *сов.*, *п.* 54
Отредакти́ровать *сов.*, *п.* 54
Отре́зать *сов.*, *п.*, з : ж 49
Отреза́ть *нес.*, *п.* 1
Отрезве́ть *сов.* 3
Отрезви́ть(ся) *сов.*, в : вл 15
Отрезвля́ть(ся) *нес.* 2
Отрека́ться *нес.* 1
отре́чься *сов.* 86
Отрекомендова́ть(ся) *сов.* 53
Отремонти́ровать *сов.*, *п.* 54
Отрепети́ровать *сов.*, *п.* 54
Отретуши́ровать *сов.*, *п.* 54
Отре́чься *сов.* 86
отрека́ться *нес.* 1
Отреша́ться *нес.* 1
Отреши́ться *сов.* 13
Отрица́ть *нес.*, *п.* 1
Отруба́ть *нес.*, *п.* 1
Отруби́ть *сов.*, *п.*, б : бл 18
Отруга́ть *сов.*, *п.* 1
Отру́гиваться *нес.* 1
Отрыва́ть(ся) *нес.* 1
оторва́ть(ся) *сов.* 32
Отрыва́ть *нес.*, *п.* 1
отры́ть *сов.*, *п.* 64
Отры́гивать *нес.*, *п.* 1
Отрыгну́ть* *сов.*, *п.* 39
Отры́гиваться *нес.*, $3^е$ *л.* 1
Отрыгну́ться *сов.*, $3^е$ *л.* 39
Отры́ть *сов.*, *п.* 64
отрыва́ть *нес.*, *п.* 1
Отряди́ть *сов.*, *п.*, д : ж 14
Отряжа́ть *нес.*, *п.* 1
Отря́хивать(ся) *нес.* 1
Отряхну́ть*(ся) *сов.* 39
Отсади́ть *сов.*, *п.*, д : ж 17
Отса́живать *нес.*, *п.* 1
Отса́живаться *нес.* 1
отсе́сть *сов.* 85
Отсалютова́ть *сов.* 53

[1] **отопью́**
[2] отпла́ченный
[3] отпо́енный

Отса́сывать *нес.*, *п.*	1
отсоса́ть *сов.*, *п.*	32
Отсве́чивать *нес.*, *3е л.*	1
Отсе́ивать(ся) *нес.*	1
отсе́ять(ся) *сов.*	35
Отсека́ть *нес.*, *п.*	1
отсе́чь *сов.*, *п.*	86
Отсели́ть(ся) *сов.*	13
Отселя́ть(ся) *нес.*	2
Отсе́сть *сов.*	85
отса́живаться *нес.*	1
Отсе́чь *сов.*, *п.*	86
отсека́ть *нес.*, *п.*	1
Отсе́ять(ся) *сов.*	35
отсе́ивать(ся) *нес.*	1
Отсиде́ть(ся) *сов.*, д : ж	27
Отси́живать(ся) *нес.*	1
Отска́бливать *нес.*, *п.*	1
отскобли́ть *сов.*, *п.*	13, 16
Отска́бливаться *нес.*, *3е л.*	1
отскобли́ться *сов.*, *3е л.*	13,16
Отскака́ть *сов.*	48
Отска́кивать *нес.*	1
отскочи́ть *сов.*	16
Отскобли́ть *сов.*, *п.*	13, 16
отска́бливать *нес.*, *п.*	1
Отскобли́ться *сов.*, *3е л.*	13, 16
отска́бливаться *нес.*, *3е л.*	1
Отскочи́ть *сов.*	16
отска́кивать *нес.*	1
Отскреба́ть *нес.*, *п.*	1
Отскрести́ *сов.*, *п.*	82
Отсла́иваться *нес.*, *3е л.*	1
Отслои́ться *сов.*, *3е л.*	13
Отслу́живать *нес.*, *п.*	1
Отслужи́ть *сов.*, *п.*	16
Отсове́товать *сов.*	54
Отсоедини́ть *сов.*, *п.*	13
Отсоединя́ть *нес.*, *п.*	2
Отсортирова́ть *сов.*, *п.*	53
Отсортиро́вывать *нес.*, *п.*	1
Отсоса́ть[1] *сов.*, *п.*	32
отса́сывать *нес.*, *п.*	1
Отсо́хнуть *сов.*, *3е л.*	43
отсыха́ть *нес.*, *3е л.*	1
Отсро́чивать *нес.*, *п.*	1
Отсро́чить *сов.*, *п.*	9
Отстава́ть *нес.*	55
отста́ть *сов.*	56
Отста́вить *сов.*, *п.*, в : вл	11
Отставля́ть *нес.*, *п.*	2
Отста́ивать *нес.*, *п.*	1
отстоя́ть *сов.*, *п.*	20
Отста́иваться *нес.*, *3е л.*	1
отстоя́ться *сов.*, *3е л.*	20
Отста́ть *сов.*	56
отстава́ть *нес.*	55
Отстега́ть *сов.*, *п.*	1
Отстёгивать *нес.*, *п.*	1
Отстегну́ть *сов.*, *п.*	39
Отстёгиваться *нес.*, *3е л.*	1
Отстегну́ться *сов.*, *3е л.*	39
Отстира́ть *сов.*, *п.*	1
Отсти́рывать *нес.*, *п.*	1
Отстира́ться *сов.*, *3е л.*	1
Отсти́рываться *нес.*, *3е л.*	1
Отстоя́ть *сов.*, *п.*	20
отста́ивать *нес.*, *п.*	1
Отстоя́ть *нес.*, *3е л.*	20
Отстоя́ться *сов.*, *3е л.*	20
отста́иваться *нес.*, *3е л.*	1
Отстрада́ть *сов.*	1
Отстра́ивать(ся) *нес.*	1
отстро́ить(ся) *сов.*	19
Отстрани́ть(ся) *сов.*	13
Отстраня́ть(ся) *нес.*	2
Отстре́ливать *нес.*, *п.*	1
Отстрели́ть *сов.*, *п.*	16
Отстре́ливаться *нес.*	1
Отстреля́ться *сов.*	2
Отстрига́ть *нес.*, *п.*	1
Отстри́чь *сов.*, *п.*	88
Отстро́ить(ся) *сов.*	19
отстра́ивать(ся) *нес.*	1
Отсту́кать *сов.*, *п.*	1
Отсту́кивать *нес.*, *п.*	1
Отступа́ть(ся) *нес.*	1
Отступи́ть[2](ся) *сов.*, п : пл	18
Отсу́тствовать *нес.*	54
Отсчита́ть *сов.*, *п.*	1
Отсчи́тывать *нес.*, *п.*	1

[1] отсоса́л, отсоса́ла
[2] Intransitive.

Отсыла́ть *нес.*, *п.* 1
отосла́ть *сов.*, *п.* 73
Отсыпа́ть *нес.*, *п.* 1
Отсы́пать *сов.*, *п.*, п : пл 50
Отсыпа́ться *нес.* 1
отоспа́ться *сов.*, п : пл 24
Отсыре́ть *сов.* 3
Отсыха́ть *нес.*, *3е л.* 1
отсо́хнуть *сов.*, *3е л.* 43
Отта́ивать *нес.* 1
отта́ять *сов.* 35
Отта́лкивать(ся) *нес.* 1
оттолкну́ть(ся) *сов.* 39
Отта́птывать *нес.*, *п.* 1
оттопта́ть *сов.*, *п.*, т : ч 48
Оттаска́ть *сов.*, *п.* 1
Отта́скивать *нес.*, *п.* 1
оттащи́ть *сов.*, *п.* 16
Отта́чивать *нес.*, *п.* 1
отточи́ть *сов.*, *п.* 16
Отта́чиваться *нес.*, *3е л.* 1
отточи́ться *сов.*, *3е л.* 16
Оттащи́ть *сов.*, *п.* 16
отта́скивать *нес.*, *п.* 1
Отта́ять *сов.* 35
отта́ивать *нес.* 1
Оттени́ть *сов.*, *п.* 13
Оттеня́ть *нес.*, *п.* 2
Оттере́ть[1] *сов.*, *п.* 68
оттира́ть *нес.*, *п.* 1
Оттере́ться[2] *сов.*, *3е л.* 68
оттира́ться *нес.*, *3е л.* 1
Оттесни́ть *сов.*, *п.* 13
Оттесня́ть *нес.*, *п.* 2
Оттира́ть *нес.*, *п.* 1
оттере́ть[1] *сов.*, *п.* 68
Оттира́ться *нес.*, *3е л.* 1
оттере́ться[2] *сов.*, *3е л.* 68
Отти́скивать *нес.*, *п.* 1
Отти́снуть *сов.*, *п.* 40
Оттолкну́ть*(ся) *сов.* 39
отта́лкивать(ся) *нес.* 1

Оттопта́ть *сов.*, *п.*, т : ч 48
отта́птывать *нес.*, *п.* 1
Оттопы́ривать *нес.*, *п.* 1
Оттопы́рить *сов.*, *п.* 9
Оттопы́риваться *нес.*, *3е л.* 1
Оттопы́риться *сов.*, *3е л.* 9
Отторга́ть *нес.*, *п.* 1
Отто́ргнуть[3] *сов.*, *п.* 44
Отточи́ть *сов.*, *п.* 16
отта́чивать *нес.*, *п.* 1
Отточи́ться *сов.*, *3е л.* 16
отта́чиваться *нес.*, *3е л.* 1
Оттрепа́ть *сов.*, *п.*, п : пл 51
Оття́гивать *нес.*, *п.* 1
Оттяну́ть *сов.*, *п.* 42
Оття́гиваться *нес.*, *3е л.* 1
Оттяну́ться *сов.*, *3е л.* 42
Оття́пать *сов.*, *п.* 1
Оття́пывать *нес.*, *п.* 1
Оту́жинать *сов.* 1
Отума́нивать(ся) *нес.* 1
Отума́нить(ся) *сов.* 9
Отупе́ть *сов.* 3
Отутю́живать *нес.*, *п.* 1
Отутю́жить *сов.*, *п.* 9
Отуча́ть(ся) *нес.* 1
Оту́чивать(ся) *нес.* 1
Отучи́ть(ся) *сов.* 16
Отфильтрова́ть *сов.*, *п.* 53
Отфы́ркиваться *нес.* 1
Отха́живать *нес.*, *п.* 1
отходи́ть[4] *сов.*, *п.*, д : ж 17
Отха́ркать *сов.*, *п.* 1
Отха́ркивать *нес.*, *п.* 1
Отха́ркивать(ся) *нес.* 1
Отха́ркнуть*(ся) *сов.* 40
Отхвати́ть *сов.*, *п.*, т : ч 17
Отхва́тывать *нес.*, *п.* 1
Отхлебну́ть* *сов.*, *п.* 39
Отхлёбывать *нес.*, *п.* 1
Отхлеста́ть *сов.*, *п.*, ст : щ 48
Отхлёстывать *нес.*, *п.* 1

---

[1] **ототру́; ототри́**
[2] **ототрётся**
[3] **отто́ргнутый & отто́рженный**
[4] to nurse (*someone through an illness, etc.*). Only short participle passive can be obtained from this verb (**отхо́жен**).

Отхло́пать *сов., п.*	1
Отхло́пывать *нес., п.*	1
Отхлы́нуть *сов.*	41
Отходи́ть[1] *сов., п.*, **д : ж**	17
отха́живать *нес., п.*	1
Отходи́ть[2] *сов.*, **д : ж**	17
Отходи́ть *нес.*, **д : ж**	17
отойти́ *сов.*	94
Отцвета́ть *нес.*	1
Отцвести́ *сов.*	80
Отцеди́ть *сов., п.*, **д : ж**	17
Отце́живать *нес., п.*	1
Отцепи́ть *сов., п.*, **п : пл**	18
Отцепля́ть *нес.*	2
Отцепи́ться *нес., 3е л.*	18
Отча́иваться *нес.*	1
отча́яться *сов.*	35
Отча́ливать *нес.*	1
Отча́лить *сов.*	9
Отча́яться *сов.*	35
отча́иваться *нес.*	1
Отчека́нивать *нес., п.*	1
Отчека́нить *сов., п.*	9
Отчёркивать *нес., п.*	1
Отчеркну́ть *сов., п.*	39
Отчерпну́ть *сов., п.*	39
Отче́рпывать *нес., п.*	1
Отчи́слить(ся) *сов.*	12
Отчисля́ть(ся) *нес.*	2
Отчи́стить(ся)[3] *сов.*, **ст : щ**	10
отчища́ть(ся) *нес.*	1
Отчита́ть(ся) *сов.*	1
Отчи́тывать(ся) *нес.*	1
Отчиха́ться *сов.*	1
Отчища́ть(ся) *нес.*	1
отчи́стить(ся)[3] *сов.*, **ст : щ**	10
Отчужда́ть *нес., п.*	1
Отшага́ть *сов., п.*	1
Отшагну́ть *сов.*	39
Отшатну́ться *сов.*	39
Отшвы́ривать *нес., п.*	1
Отшвырну́ть *сов., п.*	39
Отшиба́ть *нес., п.*	1
Отшиби́ть *сов., п.*	37
Отшлёпать *сов., п.*	1
Отшлёпывать *нес., п.*	1
Отшлифова́ть(ся) *сов., п.*	53
Отшпи́ливать *нес., п.*	1
Отшпи́лить *сов., п.*	9
Отшпи́ливаться *нес., 3е л.*	1
Отшпи́литься *сов., 3е л.*	9
Отштампова́ть *сов., п.*	53
Отштукату́рить *сов., п.*	9
Отшуме́ть *сов.*, **м : мл**	26
Отшути́ться *сов.*, **т : ч**	17
Отшу́чиваться *нес.*	1
Отщёлкать *сов., п.*	1
Отщепи́ть *сов., п.*, **п : пл**	15
Отщепля́ть *нес., п.*	2
Отщепи́ться *сов., 3е л.*	15
Отщепля́ться *нес., 3е л.*	2
Отщипа́ть *сов., п.*, **п : пл**	51
Отщипну́ть *сов., п.*	39
Отщи́пывать *нес., п.*	1
Отъеда́ть(ся) *нес.*	1
отъе́сть(ся) *сов.*	99
Отъе́здить[4] *сов.*, **д : ж**	10
Отъезжа́ть *нес.*	1
отъе́хать *сов.*	92
Отъе́сть(ся) *сов.*	99
отъеда́ть(ся) *нес.*	1
Отъе́хать *сов.*	92
отъезжа́ть *нес.*	1
Отыгра́ть(ся) *сов.*	1
Оты́грывать(ся) *нес.*	1
Отыска́ть(ся) *сов.*, **ск : щ**	48
Оты́скивать(ся) *нес.*	1
Отяготи́ть *сов., п.*, **т : щ**	14
Отягоща́ть *нес., п.*	1
Отягча́ть *нес., п.*	1
Отягчи́ть *сов., п.*	13
Отяжеле́ть *сов.*	3
Отяжели́ть *сов., п.*	13
Отяжеля́ть *нес., п.*	2
Офо́рмить(ся)[5] *сов.*, **м : мл**	11
Оформля́ть(ся) *нес.*	2

[1] See note 4, p. 220
[2] to have done one's share of walking
[3] отчи́сти(сь)
[4] Imperative not used.
[5] офо́рми(сь)

Охарактеризова́ть *сов.*, *п.* 53
{Охать *нес.* 1
{Охнуть *сов.* 40
{Оха́ивать *нес.*, *п.* 1
{**Оха́ять** *сов.*, *п.* 35
{Охвати́ть *сов.*, *п.*, т : ч 17
{Охва́тывать *нес.*, *п.* 1
{Охладева́ть *нес.* 1
{Охладе́ть *сов.* 3
{Охлади́ть[1](ся) *сов.*, д:ж:жд 14
{Охлажда́ть(ся) *нес.* 1
Охмеле́ть *сов.* 3
Охора́шиваться *нес.* 1
Охо́титься *нес.*, т:ч 10
Охраня́ть *нес.*, *п.* 2
Охри́пнуть *сов.* 43
Охроме́ть *сов.* 3
Оцара́пать *сов.*, *п.* 1
{Оце́нивать *нес.*, *п.* 1
{Оцени́ть[2] *сов.*, *п.* 16
Оцепене́ть *сов.* 3
{Оцепи́ть *сов.*, *п.*, п : пл 18
{Оцепля́ть *нес.*, *п.* 2
Оцинкова́ть *сов.*, *п.* 53
{Очарова́ть *сов.*, *п.* 53
{Очаро́вывать *нес.*, *п.* 1
{**Очелове́чиваться** *нес.*, *3^е л.* 1
{Очелове́читься *сов.*, *3^е л.* 9
Очерни́ть *сов.*, *п.* 13
Очерстве́ть *сов.* 3
Очертене́ть *сов.* 3
{Очерти́ть *сов.*, *п.*, т : ч 17
{Оче́рчивать *нес.*, *п.* 1
{Очеса́ть *сов.*, *п.*, с : ш 46
{Очёсывать *нес.*, *п.* 1
Очини́ть *сов.*, *п.* 16
{Очи́стить[3] *сов.*, *п.*, ст : щ 10
{Очища́ть *нес.*, *п.* 1
{Очи́ститься *сов.*, *3^е л.* 10
{Очища́ться *нес.*, *3^е л.* 1
Очну́ться *сов.* 39
Очуме́ть *сов.* 3
Очути́ться[4] *сов.* 17

Очу́хаться *сов.* 1
Опале́ть *сов.* 3
{Ошара́шивать *нес.*, *п.* 1
{Ошара́шить *сов.*, *п.* 9
{Ошеломи́ть *сов.*, *п.*, м : мл 15
{Ошеломля́ть *нес.*, *п.* 2
Ошелуди́веть *сов.* 3
Ошельмова́ть *сов.*, *п.* 53
{Ошиба́ться *нес.* 1
{Ошиби́ться *сов.* 37
Оши́кать *сов.*, *п.* 1
{Ошпа́ривать(ся) *нес.* 1
{Ошпа́рить(ся) *сов.* 9
Оштрафова́ть *сов.*, *п.* 53
Оштукату́рить *сов.*, *п.* 9
Ощени́ться *сов.*, *3^е л.* 13
Още́рить(ся) *сов.* 9
{Ощети́нивать*(ся) *нес.* 1
{Ощети́нить*(ся) *сов.* 9
Ощипа́ть *сов.*, *п.*, п : пл 51
{Ощу́пать *сов.*, *п.* 1
{Ощу́пывать *нес.*, *п.* 1
{Ощути́ть *сов.*, *п.*, т : щ 14
{Ощуща́ть *нес.*, *п.* 1
{Ощути́ться *сов.*, *3^е л.* 14
{Ощуща́ться *нес.*, *3^е л.* 1
Оягни́ться *сов.*, *3^е л.* 13

П, п

Па́дать *нес.* 1
  пасть *сов.* 78
  упа́сть *сов.* 78
Пакова́ть *нес.*, *п.* 53
Па́костить *нес.*, *п.*, ст:щ 10
Пали́ть *нес.*, *п.* 13
Пало́мничать *нес.* 1
Па́мятовать *нес.* 54
Паникёрствовать *нес.* 54
Паникова́ть *нес.* 53
Паразити́ровать *нес.* 54
Парализова́ть *нес.*, *сов.*, *п.* 53
Пари́ровать *нес.*, *сов.*, *п.* 54
  отпари́ровать *сов.*, *п.* 54

---
[1] охлаждённый
[2] оценённый
[3] очи́сти & очи́сть
[4] 1st person singular not used.

Пари́ть *нес.*	13
Па́рить(ся) *нес.*	9
попа́рить(ся) *сов.*	9
Пароди́ровать *нес.*, *сов.*, *п.*	54
Партиза́нить *нес.*	9
Парши́веть *нес.*	3
запарши́веть *сов.*	3
Пасова́ть *нес.*	53
спасова́ть *сов.*	53
Пастеризова́ть *нес.*, *сов.*, *п.*	53
Пасти́ *нес.*, *п.*	6
Пасти́сь *нес.*, *3е л.*	6
Пасть *сов.*	78
па́дать *нес.*	1
Патентова́ть *нес.*, *п.*	53
запатентова́ть *сов.*, *п.*	53
Патрули́ровать *нес.*, *п.*	54
Паха́ть *нес.*, *п.*, х : ш	46
вспаха́ть *сов.*, *п.*, х : ш	46
Па́хнуть *нес.*	43
Пахну́ть *сов.*, *3е л.*	39
Па́чкать(ся) *нес.*	1
запа́чкать(ся) *сов.*	1
испа́чкать(ся) *сов.*	1
Пая́сничать *нес.*	1
Пая́ть *нес.*, *п.*	2
Пева́ть[1] *нес.*, *п.*	1
Петь *нес.*, *п.*	65
пропе́ть *сов.*, *п.*	65
спеть *сов.*, *п.*	65
Пелена́ть *нес.*, *п.*	1
запелена́ть[2] *сов.*, *п.*	1
спелена́ть[3] *сов.*, *п.*	1
Пе́нить *нес.*, *п.*	9
вспе́нить *сов.*, *п.*	9
Пе́ниться *нес.*, *3е л.*	9
вспе́ниться *сов.*, *3е л.*	9
Пеня́ть *нес.*	2
попеня́ть *сов.*	2
Пе́рвенствовать *нес.*	54
Переаттестова́ть *сов.*, *п.*	53
Переаттесто́вывать *нес.*, *п.*	1
Перебази́ровать(ся) *сов.*	54
Переба́рывать *нес.*, *п.*	1
переборо́ть *сов.*, *п.*	29
Перебега́ть *нес.*, *п.*	1
Перебежа́ть* *сов.*, *п.*	96
Перебеси́ться *сов.*, с : ш	17
Перебира́ть(ся) *нес.*	1
перебра́ть(ся) *сов.*	69
Перебива́ть(ся) *нес.*	1
Переби́ть(ся) *сов.*	66
Переболе́ть *сов.*	3
Переборо́ть *сов.*, *п.*	38
переба́рывать *нес.*, *п.*	1
Перебра́ниваться *нес.*	1
Перебра́сывать(ся) *нес.*	1
перебро́сить(ся) *сов.*, с:ш	10
Перебра́ть(ся) *сов.*	69
перебира́ть(ся) *нес.*	1
Переброди́ть *сов.*, *3е л.*	17
Перебро́сить *сов.*, *п.*, с : ш	10
перебра́сывать *нес.*, *п.*	1
Перебро́ситься *сов.*, *3е л.*	10
перебра́сываться *нес.*, *3е л.*	1
Перебыва́ть *сов.*	1
Перева́ливать *нес.*, *п.*	1
переваля́ть *сов.*, *п.*	2
Перева́ливать(ся) *нес.*	1
Перевали́ть(ся) *сов.*	16
Переваля́ть *сов.*, *п.*	2
перева́ливать *нес.*, *п.*	1
Перева́ривать *нес.*, *п.*	1
Перевари́ть *сов.*, *п.*	16
Перева́риваться *нес.*, *3е л.*	1
Перевари́ться *сов.*, *3е л.*	16
Перевезти́ *сов.*, *п.*	6
перевози́ть[4] *нес.*, *п.*, з:ж	17
Переверну́ть(ся) *сов.*	39
перевёртывать(ся) *нес.*	1
перевора́чивать(ся) *нес.*	1
Переверте́ть(ся) *сов.*, т:ч	31
Перевёртывать(ся) *нес.*	1
перевернуть(ся) *сов.*	39
Переве́сить(ся) *сов.*, с : ш	10
переве́шивать(ся) *нес.*	1

[1] Only past tense used.
[2] запелёнатый
[3] спелёнатый
[4] перевози́мый

Перевести́(сь) *сов.* 79
переводи́ть[1](ся) *нес.*, д : ж 17
Переве́шать *сов.*, *п.* 1
Переве́шивать *нес.*, *п.* 1
Переве́шивать(ся) *нес.* 1
переве́сить(ся) *сов.*, с : ш 10
Перевива́ть *нес.*, *п.* 1
переви́ть *сов.*, *п.* 66
Перевида́ть *сов.*, *п.* 1
Перевинти́ть[2] *сов.*, *п.*, т : ч 14
Переви́нчивать *нес.*, *п.* 1
Перевира́ть *нес.*, *п.* 1
перевра́ть *сов.*, *п.* 32
Переви́ть *сов.*, *п.* 66
перевива́ть *нес.*, *п.* 1
Переводи́ть[1](ся) *нес.*, д : ж 17
перевести́(сь) *сов.* 79
Перевози́ть[3] *нес.*, *п.*, з : ж 17
перевезти́ *сов.*, *п.* 6
Переволнова́ть(ся) *сов.* 53
Перевооружа́ть(ся) *нес.* 1
Перевооружи́ть(ся) *сов.* 13
Перевоплоти́ть(ся) *сов.*, т:щ 14
Перевоплоща́ть(ся) *нес.* 1
Перевора́чивать(ся) *нес.* 1
переверну́ть(ся) *сов.* 39
Перевороши́ть *сов.*, *п.* 13
Перевоспита́ть(ся) *сов.* 1
Перевоспи́тывать(ся) *нес.* 1
Перевра́ть *сов.*, *п.* 32
перевира́ть *нес.*, *п.* 1
Перевыбира́ть *нес.*, *п.* 1
Перевы́брать *сов.*, *п.* 69
Перевы́полнить *сов.*, *п.* 12
Перевыполня́ть *нес.*, *п.* 2
Перевяза́ть *сов.*, *п.*, з : ж 46
Перевя́зывать *нес.*, *п.* 1
Перегиба́ть(ся) *нес.* 1
перегну́ть(ся) *сов.* 39
Перегла́дить *сов.*, *п.*, д : ж 10
Перегла́живать *нес.*, *п.* 1
Перегля́дываться *нес.* 1
Перегляну́ться *сов.* 42

Перегна́ивать *нес.*, *п.* 1
перегнои́ть *сов.*, *п.* 13
Перегна́ть *сов.*, *п.* 72
перегоня́ть *нес.*, *п.* 2
Перегни́ть *сов.*, 3^e *л.* 5
Перегнои́ть *сов.*, *п.* 13
перегна́ивать *нес.*, *п.* 1
Перегну́ть *сов.*, *п.* 39
перегиба́ть *нес.*, *п.* 1
Перегова́ривать *нес.* 1
Переговори́ть *сов.* 13
Перегоня́ть *нес.*, *п.* 2
перегна́ть *сов.*, *п.* 72
Перегора́живать *нес.*, *п.* 1
перегороди́ть[4] *сов.*, *п.*, д : ж 14,17
Перегора́ть *нес.*, 3^e *л.* 1
Перегоре́ть *сов.*, 3^e *л.* 25
Перегороди́ть[4] *сов.*, *п.*, д : ж 14,17
перегора́живать *нес.*, *п.* 1
Перегрева́ть(ся) *нес.* 1
Перегре́ть(ся) *сов.* 3
Перегружа́ть *нес.*, *п.* 1
Перегрузи́ть *сов.*, *п.*, з : ж 14, 17
Перегруппирова́ть *сов.*, *п.* 53
Перегруппиро́вывать *нес.*, *п.* 1
Перегрыза́ть *нес.*, *п.* 1
Перегры́зть(ся) *сов.* 7
Передава́ть *нес.*, *п.* 55
Переда́ть *сов.*, *п.* 98
Передава́ться *нес.*, 3^e *л.* 55
Переда́ться *сов.*, 3^e *л.* 98
Передвига́ть(ся) *нес.* 1
Передви́нуть(ся) *сов.* 41
Переде́лать *сов.*, *п.* 1
переде́лывать *нес.*, *п.* 1
Передели́ть *сов.*, *п.* 16
Переделя́ть *нес.*, *п.* 2
Переде́лывать *нес.*, *п.* 1
переде́лать *сов.*, *п.* 1

---

[1] переводи́мый
[2] переви́нченный
[3] перевози́мый
[4] перегоро́женный

{Передержа́ть *сов.*, *п.* 23
{Передёрживать *нес.*, *п.* 1
{Передёргивать(ся) *нес.* 1
{Передёрнуть(ся) *сов.* 40
{Передове́рить *сов.*, *п.* 9
{Передоверя́ть *нес.*, *п.* 2
Передо́хнуть[1] *сов.* 43
Передохну́ть *сов.* 39
передыха́ть *нес.* 1
{Передра́знивать *нес.*, *п.* 1
{Передразни́ть *сов.*, *п.* 16
{Переду́мать *сов.* 1
{Переду́мывать *нес.* 1
Перееда́ть *нес.*, *п.* 1
перее́сть *сов.*, *п.* 99
{Переезжа́ть *нес.*, *п.* 1
{Перее́хать *сов.*, *п.* 92
Перее́сть *сов.*, *п.* 99
перееда́ть *нес.*, *п.* 1
{Пережа́ривать *нес.*, *п.* 1
{Пережа́рить *сов.*, *п.* 9
{Пережа́риваться *сов.*, *3^е л.* 1
{Пережа́риться *сов.*, *3^е л.* 9
Пережда́ть *сов.*, *п.* 32
пережида́ть *нес.*, *п.* 1
{Пережева́ть[2] *сов.*, *п.* 53
{Пережёвывать *нес.*, *п.* 1
Пережени́ть[1](ся) *сов.* 16
Пережéчь *сов.*, *п.* 90
пережига́ть *нес.*, *п.* 1
Пережива́ть *нес.*, *п.* 1
пережи́ть *сов.*, *п.* 59
Пережига́ть *нес.*, *п.* 1
пережéчь *сов.*, *п.* 90
Пережида́ть *нес.*, *п.* 1
пережда́ть *сов.*, *п.* 32
Пережи́ть *сов.*, *п.* 59
пережива́ть *нес.*, *п.* 1
{Перезаряди́ть *сов.*, *п.*, д : ж 14
{Перезаряжа́ть *нес.*, *п.* 1
{Перезва́нивать *нес.* 1
{Перезвони́ть *сов.* 13
Перезимова́ть *сов.* 53
Перезнако́мить(ся) *сов.*, м : мл 11

{Перезрева́ть *нес.*, *3^е л.* 1
{Перезре́ть *сов.*, *3^е л.* 3
{Переигра́ть *сов.*, *п.* 1
{Переи́грывать *нес.*, *п.* 1
{Переизбира́ть *нес.*, *п.* 1
{Переизбра́ть *сов.*, *п.* 69
{Переиздава́ть *нес.*, *п.* 55
{Переизда́ть *сов.*, *п.* 98
{Переименова́ть *сов.*, *п.* 53
{Переимено́вывать *нес.*, *п.* 1
{Перена́чивать *нес.*, *п.* 1
{Переина́чить *сов.*, *п.* 9
Перейти́ *сов.*, *п.* 94
переходи́ть *нес.*, *п.*, д : ж 17
Перекалéчить *сов.*, *п.* 9
{Перека́ливать *нес.*, *п.* 1
{Перекали́ть *сов.*, *п.* 13
Перека́лывать *нес.*, *п.* 1
переколо́ть *сов.*, *п.* 38
Перека́пывать *нес.*, *п.* 1
перекопа́ть *сов.*, *п.* 1
Перека́рмливать *нес.*, *п.* 1
перекорми́ть *сов.*, *п.*, м : мл 18
{Перекати́ть(ся) *сов.*, т : ч 17
{Перека́тывать(ся) *нес.* 1
{Перекача́ть *сов.*, *п.* 1
{Перека́чивать *нес.*, *п.* 1
Перека́шивать(ся) *нес.* 1
перекоси́ть(ся) *сов.*, с : ш 17
Переквалифици́ровать(ся) *сов.* 54
{Переки́дывать(ся) *нес.* 1
{Переки́нуть(ся) *сов.* 41
Перекла́дывать *нес.*, *п.* 1
переложи́ть *сов.*, *п.* 16
{Переклéивать *нес.*, *п.* 1
{Переклéить *сов.*, *п.* 19
{Перекликáться *нес.* 1
{Перекли́кнуться *сов.* 40
{Переключа́ть(ся) *нес.* 1
{Переключи́ть(ся) *сов.* 13
{Перекова́ть[3] *сов.*, *п.* 53
{Переко́вывать *нес.*, *п.* 1

---

[1] 1st & 2nd persons singular not used.
[2] пережую́, пережуёшь; пережёванный
[3] перекую́, перекуёшь

15–773

Переколо́ть *сов.*, *п.* 38
перека́лывать *нес.*, *п.* 1
Перекопа́ть *сов.*, *п.* 1
перека́пывать *нес.*, *п.* 1
Перекорми́ть *сов.*, *п.*, **м : мл** 18
перека́рмливать *нес.*, *п.* 1
Перекоси́ть *сов.*, *п.*, **с : ш** 17
перека́шивать *нес.*, *п.* 1
Перекоси́ться *сов.*, *3е л.* 17
перека́шиваться *нес.*, *3е л.* 1
Перекочева́ть *сов.* 53
Перекочёвывать *нес.* 1
Перекра́ивать *нес.*, *п.* 1
перекрои́ть[1] *сов.*, *п.* 13
Перекра́сить(ся) *сов.*, **с : ш** 10
Перекра́шивать(ся) *нес.* 1
Перекрести́ть(ся) *сов.*, **ст : щ** 17
Перекри́кивать *нес.*, *п.* 1
Перекрича́ть *сов.*, *п.* 22
Перекрои́ть[1] *сов.*, *п.* 13
перекра́ивать *нес.*, *п.* 1
Перекрути́ть *сов.*, *п.*, **т : ч** 17
Перекру́чивать *нес.*, *п.* 1
Перекрыва́ть *нес.*, *п.* 1
Перекры́ть *сов.*, *п.* 64
Перекувы́ркивать(ся) *нес.* 1
Перекувырну́ть(ся) *сов.* 39
Перекупа́ть *сов.*, *п.* 1
Перекупа́ть *нес.*, *п.* 1
Перекупи́ть *сов.*, *п.*, **п : пл** 18
Переку́ривать *нес.*, *п.* 1
Перекури́ть *сов.*, *п.* 16
Перекуса́ть *сов.*, *п.* 1
Перекуси́ть *сов.*, *п.*, **с : ш** 17
Переку́сывать *нес.*, *п.* 1
Перелага́ть *нес.*, *п.* 1
переложи́ть *сов.*, *п.* 16
Перела́мывать(ся) *нес.* 1
переломи́ть(ся) *сов.*, **м : мл** 18
Перележа́ть *сов.*, *3е л.* 22
Перелеза́ть *нес.* 1
Переле́зть *сов.* 8
Перелета́ть* *нес.*, *п.* 1
Перелете́ть* *сов.*, *п.*, **т : ч** 31

Перелива́ть *нес.*, *п.* 1
перели́ть *сов.*, *п.* 66
Перелива́ться *нес.*, *3е л.* 1
перели́ться *сов.*, *3е л.* 66
Перелиста́ть *сов.*, *п.* 1
Перели́стывать *нес.*, *п.* 1
Перели́ть *сов.*, *п.* 66
перелива́ть *нес.*, *п.* 1
Перели́ться *сов.*, *3е л.* 66
перелива́ться *нес.*, *3е л.* 1
Перелови́ть *сов.*, *п.*, **в : вл** 18
Переложи́ть *сов.*, *п.* 16
перекла́дывать *нес.*, *п.* 1
Переложи́ть *сов.*, *п.* 16
перелага́ть *нес.*, *п.* 1
Перелома́ть *сов.*, *п.* 1
Перелома́ться *сов.*, *3е л.* 1
Переломи́ть *сов.*, *п.*, **м : мл** 18
перела́мывать* *нес.*, *п.* 1
Переломи́ться *сов.*, *3е л.* 18
перела́мываться *нес.*, *3е л.* 1
Перема́зать(ся) *сов.*, **з : ж** 49
Перема́зывать *нес.*, *п.* 1
Перема́лывать *нес.*, *п.* 1
перемоло́ть *сов.*, *п.* 67
Перема́лываться *нес.*, *3е л.* 1
перемоло́ться *сов.*, *3е л.* 67
Перема́нивать *нес.*, *п.* 1
Перемани́ть *сов.*, *п.* 16
Перема́тывать *нес.*, *п.* 1
перемота́ть *сов.*, *п.* 1
Перемежа́ть *нес.*, *п.* 1
Перемежа́ться *нес.*, *3е л.* 1
Перемени́ть(ся) *сов.* 16
Перемёрзнуть *сов.* 43
Переме́ривать *нес.*, *п.* 1
Переме́рить *сов.*, *п.* 9
Перемеси́ть *сов.*, *п.*, **с : ш** 17
переме́шивать *нес.*, *п.* 1
Перемести́ *сов.*, *п.* 80
перемета́ть *нес.*, *п.* 1
Перемести́ть(ся) *сов.*, **ст : щ** 14
перемеща́ть(ся) *нес.* 1
Перемета́ть *нес.*, *п.* 1
перемести́ *сов.*, *п.* 80

[1] перекро́енный

Переметать[1] *сов.*, *п.* 48
перемётывать *нес.*, *п.* 1

Переметать[2] *сов.*, *п.* 1
перемётывать *нес.*, *п.* 1

Переметить *сов.*, *п.*, **т : ч** 10
перемечать *нес.*, *п.* 1

{Переметнуться *сов.* 39
{Перемётываться *нес.* 1

Перемётывать *нес.*, *п.* 1
переметать[1] *сов.*, *п.* 48

Перемётывать *нес.*, *п.* 1
переметать[2] *сов.*, *п.* 1

Перемечать *нес.*, *п.* 1
переметить *сов.*, *п.*, **т : ч** 10

{Перемешать(ся) *сов.* 1
{Перемешивать(ся) *нес.* 1

Перемешивать *нес.*, *п.* 1
перемесить *сов.*, *п.*, **с : ш** 17

Перемещать(ся) *нес.* 1
переместить(ся) *сов.*, **ст : щ** 14

Перениматься *нес.* 1

{Перемножать *нес.*, *п.* 1
{Перемножить *сов.*, *п.* 12

Перемогать(ся) *нес.* 1
перемочь(ся) *сов.* 89

Перемолоть *сов.*, *п.* 67
перемалывать *нес.*, *п.* 1

Перемолоться *сов.*, 3^e *л.* 67
перемалываться *нес.*, 3^e *л.* 1

Перемотать *сов.*, *п.* 1
перематывать *нес.*, *п.* 1

Перемочь*(ся) *сов.* 89
перемогать(ся) *нес.* 1

Перемудрить *сов.* 13

{Перемывать *нес.*, *п.* 1
{Перемыть *сов.*, *п.* 64

{Перенапрягать(ся) *нес.* 1
{Перенапрячь[3](ся) *сов.* 88

Перенести(сь) *сов.* 6
переносить[4](ся) *нес.*, **с:ш** 17

Перенимать *нес.*, *п.* 1
перенять *сов.*, *п.* 74

Переносить[4](ся) *нес.*, **с : ш** 17
перенести(сь) *сов.* 6

Переночевать *сов.* 53

{Перенумеровать *сов.*, *п.* 53
{Перенумеровывать *нес.*, *п.* 1

Перенять *сов.*, *п.* 76
перенимать *нес.*, *п.* 1

Переоборудовать *нес.*, *сов.*, *п.* 54

{Переобременить *сов.*, *п.* 13
{Переобременять *нес.*, *п.* 2

{Переобувать(ся) *нес.* 1
{Переобуть(ся) *сов.* 4

{Переодевать(ся) *нес.* 1
{Переодеть(ся) *сов.* 57

{Переоценивать *нес.*, *п.* 1
{Переоценить *сов.*, *п.* 16

Перепадать *сов.*, 3^e *л.* 1

{Перепадать *нес.*, 3^e *л.* 1
{Перепасть *сов.*, 3^e *л.* 78

Перепаивать *нес.*, *п.* 1
перепоить *сов.*, *п.* 13, 16

Перепакостить[5] *сов.*, *п.*, **ст : щ** 10

Перепасть *сов.*, 3^e *л.* 78
перепадать *нес.*, 3^e *л.* 1

{Перепахать *сов.*, *п.*, **х : ш** 46
{Перепахивать *нес.*, *п.* 1

Перепачкать(ся) *сов.* 1

Перепекать *нес.*, *п.* 1
перепечь *сов.*, *п.* 86

Перепекаться *нес.*, 3^e *л.* 1
перепечься *сов.*, 3^e *л.* 86

{Перепеленать *сов.*, *п.* 1
{Перепелёнывать *нес.*, *п.* 1

{Перепёрчивать *нес.*, *п.* 1
{Переперчить *сов.*, *п.* 12

{Перепечатать *сов.*, *п.* 1
{Перепечатывать *нес.*, *п.* 1

Перепечь *сов.*, *п.* 86
перепекать *нес.*, *п.* 1

---

[1] Cf. метать 'to throw, to fling'
[2] Cf. метать 'to baste
[3] перенапряжённый
[4] переносимый
[5] перепакости

Перепе́чься *сов.*, *3е л.* 86
перепека́ться *нес.*, *3е л.* 1
Перепива́ть(ся) *нес.* 1
перепи́ть(ся) *сов.* 66
{Перепи́ливать *нес.*, *п.* 1
{Перепили́ть *сов.*, *п.* 16
{Переписа́ть *сов.*, *п.*, с : ш 46
{Перепи́сывать(ся) *нес.* 1
Перепи́ть(ся) *сов.* 66
перепива́ть(ся) *нес.* 1
{Переплани́ровать *сов.*, *п.* 54
{Перепланиро́вывать *нес.*, *п.* 1
{Переплати́ть *сов.*, *п.*, т : ч 17
{Перепла́чивать *нес.*, *п.* 1
{Переплести́ *сов.*, *п.* 80
{Переплета́ть *нес.*, *п.* 1
{Переплести́сь *сов.*, *3е л.* 80
{Переплета́ться *нес.*, *3е л.* 1
{Переплыва́ть *нес.*, *п.* 1
{Переплы́ть *сов.*, *п.* 59
Перепои́ть *сов.*, *п.* 13, 16
перепа́ивать *нес.*, *п.* 1
{Переполза́ть* *нес.*, *п.* 1
{Переползти́* *сов.*, *п.* 6
{Перепо́лнить *сов.*, *п.* 12
{Переполня́ть *нес.*, *п.* 2
{Перепо́лниться *сов.*, *3е л.* 12
{Переполня́ться *нес.*, *3е л.* 2
Переполоши́ть(ся) *сов.* 13
{Перепоруча́ть *нес.*, *п.* 1
{Перепоручи́ть *сов.*, *п.* 16
{Перепра́вить(ся) *сов.*, в : вл 11
{Переправля́ть(ся) *нес.* 2
{Перепрева́ть *нес.* 1
{Перепре́ть *сов.* 3
Перепро́бовать *сов.*, *п.* 54
{Перепродава́ть *нес.*, *п.* 55
{Перепрода́ть *сов.*, *п.* 98
{Перепры́гивать *нес.*, *п.* 1
{Перепры́гнуть *сов.* 40
{Перепряга́ть *нес.*, *п.* 1
{Перепря́чь *сов.*, *п.* 88
Перепуга́ть(ся) *сов.* 1
{Перепу́тать(ся) *сов.* 1
{Перепу́тывать(ся) *нес.* 1
{Перераба́тывать *нес.*, *п.* 1
{Перерабо́тать *сов.*, *п.* 1
{Перераба́тываться *нес.*, *3е л.* 1
{Перерабо́таться *сов.*, *3е л.* 1
{Перераспредели́ть *сов.*, *п.* 13
{Перераспределя́ть *нес.*, *п.* 2
{Перераста́ть *нес.*, *п.* 1
{Перерасти́ *сов.*, *п.* 84
Перерасхо́довать *сов.*, *нес.*, *п.* 54
Перерва́ть *сов.*, *п.* 32
перерыва́ть *нес.*, *п.* 1
Перерегистри́ровать(ся) *сов.* 54
{Перере́зать *сов.*, *п.*, з : ж 49
{Перереза́ть *нес.*, *п.* 1
Перере́зывать *нес.*, *п.* 1
{Перереша́ть *нес.*, *п.* 1
{Перереши́ть *сов.*, *п.* 13
Перержа́веть *сов.*, *3е л.* 3
{Перерисова́ть *сов.*, *п.* 53
{Перерисо́вывать *нес.*, *п.* 1
{Перероди́ть[1](ся) *сов.*, д:ж:жд 14
{Перерожда́ть(ся) *нес.* 1
{Переруба́ть *нес.*, *п.* 1
{Переруби́ть *сов.*, *п.*, б : бл 18
Переруга́ться *сов.* 1
Переру́гиваться *нес.* 1
Перерыва́ть *нес.*, *п.* 1
перерва́ть *сов.*, *п.* 32
{Перерыва́ть *нес.*, *п.* 1
{Переры́ть *сов.*, *п.* 64
{Переряди́ть[2](ся) *сов.*, д:ж 14, 17
{Переря́живать(ся) *нес.* 1
Пересади́ть *сов.*, *п.*, д : ж 17
переса́живать *нес.* 1
Пересажа́ть *сов.*, *п.* 1
Переса́живать *нес.* 1
пересади́ть *сов.*, *п.*, д : ж 1
Переса́живаться *нес.* 1
пересе́сть *сов.* 85
Переса́ливать *нес.*, *п.* 1
пересоли́ть *сов.*, *п.* 13, 16
{Пересдава́ть *нес.*, *п.* 55
{Пересда́ть *сов.*, *п.* 98

---

[1] перерождённый
[2] переря́женный

Пересека́ть *нес.*, *п.* 1
пересе́чь *сов.*, *п.* 86
Пересели́ть(ся) *сов.* 13
Переселя́ть(ся) *нес.* 2
Пересе́сть *сов.* 85
переса́живаться *нес.* 1
Пересе́чь *сов.*, *п.* 86
пересека́ть *нес.*, *п.* 1
Пересиде́ть *сов.*, *п.*, **д : ж** 27
Переси́живать *нес.*, *п.* 1
Переси́ливать *нес.*, *п.* 1
Переси́лить *сов.*, *п.* 9
Пересказа́ть *сов.*, *п.*, **з : ж** 46
Переска́зывать *нес.*, *п.* 1
Переска́кивать *нес.*, *п.* 1
Перескочи́ть* *сов.*, *п.* 16
Пересласти́ть *сов.*, *п.*, **ст : щ** 14
пересла́щивать *нес.*, *п.* 1
Пересла́ть *сов.*, *п.* 73
пересыла́ть *нес.*, *п.* 1
Пересла́щивать *нес.*, *п.* 1
пересласти́ть *сов.*, *п.*, **ст : щ** 14
Пересма́тривать *нес.*, *п.* 1
Пересмотре́ть *сов.*, *п.* 29
Переснима́ть *нес.*, *п.* 1
Пересня́ть *сов.*, *п.* 74
Пересоли́ть *сов.*, *п.* 13,16
переса́ливать *нес.*, *п.* 1
Пересортирова́ть *сов.*, *п.* 53
Пересортиро́вывать *нес.*, *п.* 1
Пересо́хнуть *сов.*, $3^{е}$ *л.* 43
пересыха́ть *нес.*, $3^{е}$ *л.* 1
Переспо́рить *сов.*, *п.* 19
Переспра́шивать *нес.*, *п.* 1
Переспроси́ть *сов.*, *п.*, **с : ш** 17
Пересс́орить(ся) *сов.* 9
Перестава́ть *нес.* 55
переста́ть *сов.* 56
Переста́вить *сов.*, *п.*, **в : вл** 11
Переставля́ть *нес.*, *п.* 2
Переста́ивать *нес.* 1
перестоя́ть *сов.* 20
Перестара́ться *сов.* 1
Переста́ть *сов.* 56
перестава́ть *нес.* 55
Перестила́ть *нес.*, *п.* 1
Перестели́ть *сов.*, *п.* 100
перестла́ть *сов.*, *п.* 70

Перестира́ть *сов.*, *п.* 1
Перести́рывать *нес.*, *п.* 1
Перестла́ть *сов.*, *п.* 70
перестели́ть *сов.*, *п.* 100
перестила́ть *нес.*, *п.* 1
Перестоя́ть *сов.* 20
переста́ивать *нес.* 1
Перестрада́ть *сов.* 1
Перестра́ивать(ся) *нес.* 1
перестро́ить(ся) *сов.* 19
Перестрахова́ть(ся) *сов.* 53
Перестрахо́вывать(ся) *нес.* 1
Перестреля́ть *сов.*, *п.* 2
Перестро́ить(ся) *сов.* 19
перестра́ивать(ся) *нес.* 1
Пересту́киваться *нес.* 1
Переступа́ть *нес.*, *п.* 1
Переступи́ть *сов.*, *п.*, **п : пл** 18
Пересу́шивать *нес.*, *п.* 1
Пересуши́ть *сов.*, *п.* 16
Пересчита́ть *сов.*, *п.* 1
Пересчи́тывать *нес.*, *п.* 1
Пересыла́ть *нес.*, *п.* 1
пересла́ть *сов.*, *п.* 73
Пересы́пать *сов.*, *п.*, **п : пл** 50
Пересыпа́ть *нес.*, *п.* 1
Пересыха́ть *нес.*, $3^{е}$ *л.* 1
пересо́хнуть *сов.*, $3^{е}$ *л.* 43
Перета́пливать *нес.*, *п.* 1
перетопи́ть *сов.*, *п.*, **п : пл** 18
Перетаска́ть *сов.*, *п.* 1
Перета́скивать *нес.*, *п.* 1
Перетасова́ть *сов.*, *п.* 53
Перетасо́вывать *нес.*, *п.* 1
Перетащи́ть *сов.*, *п.* 16
перета́скивать *нес.*, *п.* 1
Перетере́ть *сов.*, *п.* 68
перетира́ть *нес.*, *п.* 1
Перетере́ться *сов.*, $3^{е}$ *л.* 68
перетира́ться *нес.*, $3^{е}$ *л.* 1
Перетерпе́ть *сов.*, *п.*, **п : пл** 30
Перетира́ть *нес.*, *п.* 1
перетере́ть *сов.*, *п.* 68
Перетира́ться *нес.*, $3^{е}$ *л.* 1
перетере́ться *сов.*, $3^{е}$ *л.* 68
Перетолкова́ть *сов.*, *п.* 53
Перетолко́вывать *нес.*, *п.* 1

Перетопи́ть *сов.*, *п.*, п : пл 18
перета́пливать *нес.*, *п.* 1
Перетрево́жить(ся) *сов.* 9
Перетро́гать *сов.*, *п.* 1
Перетру́сить *сов.*, с : ш 10
{Перетряса́ть *нес.*, *п.* 1
{Перетрясти́ *сов.*, *п.* 6
{Перетря́хивать *нес.*, *п.* 1
{Перетряхну́ть *сов.*, *п.* 39
{Перетя́гивать(ся) *нес.* 1
{Перетяну́ть(ся) *сов.* 42
{Переубеди́ть[1](ся) *сов.*, д : ж : жд 14
{Переубежда́ть(ся) *нес.* 1
Переупря́мить* *сов.*, *п.*, м : мл 11
Переусе́рдствовать *сов.* 54
{Переутоми́ть(ся) *сов.*, м : мл 15
{Переутомля́ть(ся) *нес.* 2
Переуче́сть *сов.*, *п.* 83
переучи́тывать *нес.*, *п.* 1
{Переу́чивать(ся) *нес.* 1
{Переучи́ть(ся) *сов.* 16
Переучи́тывать *нес.*, *п.* 1
переуче́сть *сов.*, *п.* 83
Перефрази́ровать *нес.*, *сов.*, *п.* 54
{Перехвати́ть *сов.*, *п.*, т : ч 17
{Перехва́тывать *нес.*, *п.* 1
Перехитри́ть *сов.*, *п.* 13
Переходи́ть *нес.*, *п.*, д : ж 17
перейти́ *сов.*, *п.* 94
{Перечёркивать *нес.*, *п.* 1
{Перечеркну́ть[2] *сов.*, *п.* 39
{Перечерти́ть *сов.*, *п.*, т : ч 17
{Перече́рчивать *нес.*, *п.* 1
Перечеса́ть *сов.*, *п.*, с : ш 46
перечёсывать *нес.*, *п.* 1
Пере́честь *сов.*, *п.* 83
перечи́тывать *нес.*, *п.* 1
Перечёсывать *нес.*, *п.* 1
перечеса́ть *сов.*, *п.*, с : ш 46
{Перечи́слить *сов.*, *п.* 12
{Перечисля́ть *нес.*, *п.* 2

{Перечита́ть *сов.*, *п.* 1
{Перечи́тывать *нес.*, *п.* 1
Пере́чить *нес.* 9
Перечу́вствовать *сов.*, *п.* 54
{Переша́гивать *нес.*, *п.* 1
{Перешагну́ть *сов.*, *п.* 39
Перешёптываться *нес.* 1
{Перешиба́ть *нес.*, *п.* 1
{Перешиби́ть *сов.*, *п.* 37
{Перешива́ть *нес.*, *п.* 1
{Переши́ть *сов.*, *п.* 66
Перещеголя́ть *сов.*, *п.* 2
Перифрази́ровать *нес.*, *сов.*, *п.* 54
Пе́рчить *нес.*, *п.* 12
попе́рчить *сов.*, *п.* 12
Пе́стовать *нес.*, *п.* 54
вы́пестовать *сов.*, *п.* 54
Пестре́ть *нес.*, 3^e *л.* 3
Петля́ть *нес.* 2
Петуши́ться *нес.* 13
Петь *нес.*, *п.* 65
спеть *сов.*, *п.* 65
Печа́лить(ся) *нес.* 9
опеча́лить(ся) *сов.* 9
Печа́тать(ся) *нес.* 1
напеча́тать(ся) *сов.* 1
Пе́чь(ся) *нес.* 86
испе́чь(ся) *сов.* 86
Пики́ровать *нес.*, *сов.* 54
спики́ровать *сов.* 54
Пики́роваться *нес.*, 3^e *л.* 54
Пи́кнуть *сов.* 40
Пили́кать *нес.*, *п.* 1
Пили́ть *нес.*, *п.* 16
Пилоти́ровать *нес.*, *п.* 54
Пина́ть *нес.*, *п.* 1
пнуть* *сов.*, *п.* 39
Пирова́ть *нес.* 53
Пи́ршествовать *нес.* 54
Писа́ть *нес.*, *п.*, с : ш 46
написа́ть *сов.*, *п.*, с : ш 46
Писа́ться *нес.*, 3^e *л.* 46
Пи́скнуть *сов.* 40
пища́ть *нес.* 22

[1] 1st person singular not used; переубеждённый
[2] перечёркнутый

- Питáть(ся) *нес.* 1
  - напитáть *сов., п.* 1
- Пить *нес., п.* 66
  - вы́пить *сов., п.* 66
- Пихáть(ся) *нес.* 1
- Пихнýть*(ся) *сов.* 39
- Пи́чкать *нес., п.* 1
  - напи́чкать *сов., п.* 1
- Пищáть *нес.* 22
  - пи́скнуть *сов.* 40
- Плáвать *нес.* 1
- Плáвить *нес., п.,* **в : вл** 11
  - расплáвить *сов., п.,* **в : вл** 11
- Плáвиться *нес., $3^е$ л.* 11
  - расплáвиться *сов., $3^е$ л.* 11
- Плáкать(ся) *нес.,* **к : ч** 47
- Плани́ровать *нес., п.* 54
  - заплани́ровать *сов., п.* 54
  - распланировать *сов., п.* 54
- Пластáть *нес., п.* 1
- Плати́ть* *нес., п.,* **т : ч** 17
  - заплати́ть *сов., п.,* **т : ч** 17
  - уплати́ть *сов., п.,* **т : ч** 17
- Плати́ться *нес.,* **т : ч** 17
  - поплати́ться *сов.,* **т : ч** 17
- Плевáть[1] *нес.* 53
  - плю́нуть *сов.* 41
  - наплевáть *сов.* 53
- Плени́ть(ся) *сов.* 13
- Пленя́ть(ся) *нес.* 2
- Плескáть[2](ся) *нес.,* **ск : щ** 48
  - плеснýть[3](ся) *сов.* 39
- Плéсневеть *нес., $3^е$ л.* 3
  - заплéсневеть *сов., $3^е$ л.* 3
- Плеснýть[3](ся) *сов.* 39
  - плескáть[2](ся) *нес.,* **ск : щ** 48
- Плести́(сь) *сов.* 80
- Плеши́веть *нес.* 3
  - оплеши́веть *сов.* 3
- Плиссировáть *нес., п.* 53
- Плоди́ть *нес., п.,* **д : ж** 14
  - расплоди́ть* *сов., п.,* **д : ж** 14
- Плоди́ться *нес., $3^е$ л.* 14
  - расплоди́ться *сов., $3^е$ л.* 14
- Плодоноси́ть *сов., $3^е$ л.* 17
- Пломбировáть *нес., п.* 53
  - запломбировáть *сов., п.* 53
  - опломбировáть *сов., п.* 53
- Плотнéть *нес.* 3
  - поплотнéть *сов.* 3
- Плóтничать *нес.* 1
- Плутáть *нес.* 1
- Плутовáть *нес.* 53
  - сплутовáть *сов.* 53
- Плыть *нес.* 59
- Плю́нуть *сов.* 41
  - плевáть[4] *нес.* 53
- Плю́щить *нес., п.* 12
  - сплю́щить *сов., п.* 12
- Плясáть *нес., п.,* **с : ш** 46
  - сплясáть *сов., п.,* **с : ш** 46
- Пнуть *сов., п.* 39
  - пинáть *нес., п.* 1
- **Побагровéть** *сов.* 3
- **Побáиваться** *нес.* 1
- **Побáливать** *нес.* 1
- **Побéгать** *нес.* 1
- **Победи́ть**[5] *сов., п.,* **д : ж : жд** 14
  - побеждáть *нес., п.* 1
- **Побежáть** *сов.* 96
- **Побеждáть** *нес., п.* 1
  - победи́ть[5] *сов., п.,* **д : ж : жд** 14
- **Побелéть** *сов.* 3
- **Побели́ть** *сов., п.* 13, 16
- **Поберéчь**[6](ся) *сов.* 88
- **Побесéдовать** *сов.* 54
- **Побеспокóить(ся)** *сов.* 19
- **Побирáться** *нес.* 1
- **Поби́ть** *сов., п.* 66
- **Поби́ться** *сов., $3^е$ л.* 66
- **Поблагодари́ть** *сов., п.* 13
- **Побледнéть** *сов.* 3
- **Поблёкнуть** *сов.* 44

---

[1] плюю́, плюёшь
[2] плескáя, плещá, intransitive verb.
[3] Intransitive.
[4] плюю́, плюёшь
[5] 1st person singular not used; побеждённый
[6] побережённый

Побожи́ться *сов.* 13
Поборо́ть(ся) *сов.* 38
Побоя́ться *сов.* 20
Побрани́ть(ся) *сов.* 13
Побрата́ться *сов.* 1
Побра́ть *сов.*, *п.* 69
Побре́згать *сов.* 1
Побре́зговать *сов.* 54
Побрести́ *сов.* 79
Побри́ть(ся) *сов.* 63
Побродить *сов.*, д : ж 17
Поброса́ть *сов.*, *п.* 1
Побуди́ть *сов.*, *п.*, д : ж 17
{Побуди́ть[1] *сов.*, *п.*, д : ж : жд 14
{Побужда́ть *нес.*, *п.* 1
Побуре́ть *сов.* 3
Побыва́ть *сов.* 1
Побы́ть *сов.* 93
Пова́диться *сов.*, д : ж 10
Повали́ть(ся) *сов.* 16
Поваля́ть(ся) *сов.* 2
Пове́дать *сов.*, *п.* 1
Повезти́ *сов.*, *п.* 6
{Повелева́ть *нес.* 1
{Повеле́ть *сов.* 25
Повенча́ть(ся) *сов.* 1
{Поверга́ть *нес.*, *п.* 1
{Пове́ргнуть *сов.*, *п.* 44
Пове́рить *сов.* 9
Пове́рить *сов.*, *п.* 9
поверя́ть *нес.*, *п.* 2
{Поверну́ть(ся) *сов.* 39
{Повёртывать(ся) *нес.* 1
повора́чивать(ся) *нес.* 1
Поверя́ть *нес.*, *п.* 2
пове́рить *сов.*, *п.* 9
Повеселе́ть *сов.* 3
Пове́сить(ся) *сов.*, с : ш 10
ве́шать(ся) *нес.* 1
Пове́сничать *нес.* 1
Повествова́ть *нес.*, *п.* 53
Повести́ *сов.*, *п.* 79
поводи́ть *нес.*, *п.*, д : ж 17

Повести́сь *нес.*, 3[е] *л.* 79
Пове́ять *сов.*, 3[е] *л.* 35
Повздо́рить *сов.* 9
Повзросле́ть *сов.* 3
Повида́ть*(ся) *сов.* 1
Повинова́ться *нес.*, *сов.*[2] 53
Повисе́ть *сов.*, с : ш 27
Пови́снуть *сов.* 44
Повлажне́ть *сов.* 3
Повле́чь *сов.*, *п.* 86
Повлия́ть *сов.* 2
Поводи́ть *нес.*, *п.*, д : ж 17
повести́ *сов.*, *п.* 79
Поводи́ть *сов.*, *п.*, д : ж 17
Повози́ть *сов.*, *п.*, з : ж 17
Повора́чивать(ся) *нес.* 1
поверну́ть(ся) *сов.* 39
{Повреди́ть[3](ся) *сов.*, д:ж:жд 14
{Поврежда́ть(ся) *нес.* 1
Повремени́ть *сов.* 13
Повскака́ть[4] *сов.*, 3[е] *л.* 48
Повстреча́ть*(ся) *сов.* 1
{Повтори́ть(ся) *сов.* 13
{Повторя́ть(ся) *нес.* 2
{Повы́сить *сов.*, *п.*, с : ш 10
{Повыша́ть *нес.*, *п.* 1
{Повы́ситься *сов.*, 3[е] *л.* 10
{Повыша́ться *нес.*, 3[е] *л.* 1
{Повяза́ть(ся) *сов.*, з : ж 46
{Повя́зывать(ся) *нес.* 1
Повя́нуть *сов.*, 3[е] *л.* 45
Погада́ть *сов.* 1
Пога́нить *нес.*, *п.* 9
опога́нить *сов.*, *п.* 9
Погаса́ть *нес.* 1
пога́снуть *сов.* 43
Погаси́ть *сов.*, *п.*, с : ш 17
Пога́снуть *сов.* 43
погаса́ть *нес.* 1
Погаша́ть *нес.*, *п.* 1
{Погиба́ть *нес.* 1
{Поги́бнуть *сов.* 43

---

[1] побуждённый
[2] Perfective in past tense only.
[3] повреждённый
[4] Only past tense and conditional-subjunctive mood used.

Погла́дить *сов.*, *п.*, д : ж	10
Поглоти́ть[1] *сов.*, *п.*, т : щ	17
Поглоща́ть *нес.*, *п.*	1
Поглупе́ть *сов.*	3
Погляде́ть(ся) *сов.*, д : ж	27
Погля́дывать *нес.*	1
Погна́ть(ся) *сов.*	72
Погни́ть *сов.*	5
Погну́ть(ся) *сов.*	39
Погнуша́ться *сов.*	1
Погова́ривать *нес.*	1
Поговори́ть *сов.*	13
Погоди́ть *сов.*, д : ж	14
Поголубе́ть *сов.*, *3е л.*	3
Погоня́ть*(ся) *сов.*	2
Погоня́ть *нес.*	2
Погора́ть *нес.*	1
Погоре́ть *сов.*	25
Погорячи́ться *сов.*	13
Погреба́ть *нес.*, *п.*	1
Погрести́[2] *сов.*, *п.*	82
Погрести́[3] *сов.*	82
Погре́ть(ся) *сов.*	3
Погреши́ть *сов.*	13
Погрози́ть[4](ся) *сов.*, з : ж	14
Погружа́ть(ся) *нес.*	1
Погрузи́ть(ся) *сов.*, з : ж	14
Погрузи́ть *сов.*, *п.*, з : ж	14
Погрузне́ть *сов.*	3
Погряза́ть *нес.*	1
Погря́знуть *сов.*	43
Погуби́ть *сов.*, *п.*, б : бл	18
Погу́ливать *нес.*	1
Погуля́ть *сов.*	2
Погусте́ть *сов.*	3
Подава́ть(ся) *нес.*	55
пода́ть(ся) *сов.*	98
Подави́ть *сов.*, *п.*, в : вл	18
подавля́ть *нес.*, *п.*	2
Подави́ться *сов.*, в : вл	18
Подавля́ть *нес.*, *п.*	2
подави́ть *сов.*, *п.*, в : вл	18
Подари́ть *сов.*, *п.*	16
Пода́ть(ся) *сов.*	98
подава́ть(ся) *нес.*	55
Подба́вить *сов.*, *п.*, в : вл	11
Подбавля́ть *нес.*, *п.*	2
Подба́дривать *нес.*, *п.*	1
подбодри́ть *сов.*, *п.*	12
Подба́лтывать *нес.*, *п.*	1
подболта́ть *сов.*, *п.*	1
Подбега́ть *нес.*	1
Подбежа́ть *сов.*	96
Подбива́ть *нес.*, *п.*	1
подби́ть[5] *сов.*, *п.*	66
Подбира́ть(ся) *нес.*	1
подобра́ть(ся)[6] *сов.*	69
Подби́ть[5] *сов.*, *п.*	66
подбива́ть *нес.*, *п.*	1
Подбодри́ть *сов.*, *п.*	13
подба́дривать *нес.*, *п.*	1
Подбодря́ть *нес.*, *п.*	2
Подболта́ть *сов.*, *п.*	1
подба́лтывать *нес.*, *п.*	1
Подбоче́ниваться *нес.*	1
Подбоче́ниться *сов.*	9
Подбра́сывать *нес.*, *п.*	1
подбро́сить *сов.*, *п.*, с : ш	10
Подбрива́ть *нес.*, *п.*	1
Подбри́ть *сов.*, *п.*	63
Подбро́сить *сов.*, *п.*, с : ш	10
подбра́сывать *нес.*, *п.*	1
Подва́ливать *нес.*, *п.*	1
Подвали́ть *сов.*, *п.*	16
Подва́ривать *нес.*, *п.*	1
Подвари́ть *сов.*, *п.*	16
Подвезти́ *сов.*, *п.*	6
подвози́ть[7] *нес.*, *п.*, з : ж	17
Подверга́ть(ся) *нес.*	1
Подве́ргнуть(ся) *сов.*	44

---

[1] поглощённый
[2] to inter
[3] to row for a while
[4] Intransitive.
[5] подобью
[6] подберу́(сь); подбери́(сь)
[7] подвози́мый

{Подверну́ть[1](ся) *сов.* 40
{Подвёртывать(ся) *нес.* 1
Подве́сить(ся) *сов.*, **с : ш** 10
подве́шивать(ся) *нес.* 1
Подвести́ *сов.*, *п.* 79
подводи́ть[2] *нес.*, *п.*, **д : ж** 17
Подвива́ть(ся) *нес.* 1
подви́ть(ся)[3] *сов.* 66
Подви́гать(ся) *сов.* 1
Подвига́ть(ся) *нес.* 1
подви́нуть(ся) *сов.* 41
Подвиза́ться *нес.* 1
Подвинти́ть[4] *сов.*, *п.*, **т : ч** 14
подви́нчивать *нес.*, *п.* 1
Подви́нуть(ся) *сов.* 41
подвига́ть(ся) *нес.* 1
Подви́нчивать *нес.*, *п.* 1
подвинти́ть[4] *сов.*, *п.*, **т : ч** 14
Подви́ть(ся)[3] *сов.* 66
подвива́ть(ся) *нес.* 1
Подводи́ть[2] *нес.*, *п.*, **д : ж** 17
подвести́ *сов.*, *п.* 79
Подвози́ть[5] *нес.*, *п.*, **з : ж** 17
подвезти́ *сов.*, *п.* 6
Подвы́пить *сов.* 66
{Подвяза́ть(ся) *сов.*, **з : ж** 46
{Подвя́зывать(ся) *нес.* 1
Подгада́ть *сов.*, *п.* 1
подга́дывать *нес.*, *п.* 1
Подга́дить *сов.*, **д : ж** 10
Подга́дывать *нес.*, *п.* 1
подгада́ть *сов.*, *п.* 1
Подгиба́ть(ся) *нес.* 1
подогну́ть(ся) *сов.* 39
{Подгляде́ть *сов.*, **д : ж** 27
{Подгля́дывать *нес.* 1
{Подгнива́ть *нес.* 1
{Подгни́ть *сов.* 5
Подговори́ть *сов.*, *п.* 13
подгова́ривать *нес.*, *п.* 1
Подгоня́ть *нес.*, *п.* 2
подогна́ть[6] *сов.*, *п.* 72

{Подгора́ть *нес.*, *3^е л.* 1
{Подгоре́ть *сов.*, *3^е л.* 25
{Подгота́вливать(ся) *нес.* 1
{Подгото́вить(ся) *сов.*, **в : вл** 11
{Подготовля́ть(ся) *нес.* 2
{Подгреба́ть *нес.*, *п.* 1
{Подгрести́ *сов.*, *п.* 82
Подгуля́ть *сов.* 2
Поддава́ть(ся) *нес.* 55
подда́ть(ся) *сов.* 98
{Подда́кивать *нес.* 1
{Подда́кнуть *сов.* 40
Подда́ть(ся) *сов.* 98
поддава́ть(ся) *нес.* 55
Поддева́ть *нес.*, *п.* 1
подде́ть *сов.*, *п.* 57
{Подде́лать(ся) *сов.* 1
{Подде́лывать(ся) *нес.* 1
Поддёргивать *нес.*, *п.* 1
поддёрнуть *сов.*, *п.* 40
{Поддержа́ть *сов.*, *п.* 23
{Подде́рживать *нес.*, *п.* 1
Поддёрнуть *сов.*, *п.* 40
поддёргивать *нес.*, *п.* 1
Подде́ть *сов.*, *п.* 57
поддева́ть *нес.*, *п.* 1
Поддува́ть *нес.* 1
Поде́йствовать *сов.* 54
Поде́лать *сов.*, *п.* 1
Подели́ть(ся) *сов.* 16
Поде́лывать *нес.*, *п.* 1
{Подёргать *сов.*, *п.* 1
{Подёргивать *нес.*, *п.* 1
{Подёргивать(ся) *нес.*, *3^е л.* 1
{Подёрнуть(ся) *сов.*, *3^е л.* 40
Подешеве́ть *сов.*, *3^е л.* 3
{Поджа́ривать *нес.*, *п.* 1
{Поджа́рить *сов.*, *п.* 9
{Поджа́риваться *нес.*, *3^е л.* 1
{Поджа́риться *сов.*, *3^е л.* 9

---

[1] подвёрнутый
[2] подводи́мый
[3] подовью́(сь)
[4] подви́нченный
[5] подвози́мый
[6] подгоню́; подгони́

Поджа́ть[1] *сов.*, *п.* 62
поджима́ть *нес.*, *п.* 1
Поже́чь[2] *сов.*, *п.* 90
поджига́ть *нес.*, *п.* 1
Поджива́ть *нес.*, *3е л.* 1
поджи́ть *сов.*, *3е л.* 59
Поджига́ть *нес.*, *п.* 1
подже́чь[2] *сов.*, *п.* 90
Поджида́ть *нес.*, *п.* 1
Поджима́ть *нес.*, *п.* 1
поджа́ть[1] *сов.*, *п.* 62
Подзабы́ть *сов.*, *п.* 93
{Подзадо́ривать *нес.*, *п.* 1
{Подзадо́рить *сов.*, *п.* 9
Подзакуси́ть *сов.*, *п.*, **с : ш** 17
Подзарабо́тать *сов.*, *п.* 1
Подзыва́ть *нес.*, *п.* 1
подозва́ть[3] *сов.*, *п.* 71
Подиви́ть(ся) *сов.*, **в : вл** 15
Подира́ть *нес.*, *3е л.* 1
Подка́лывать *нес.*, *п.* 1
подколо́ть *сов.*, *п.* 38
Подка́пывать(ся) *нес.* 1
подкопа́ть(ся) *сов.* 1
{Подкарау́ливать *нес.*, *п.* 1
{Подкарау́лить *сов.*, *п.* 9
{Подка́рмливать(ся) *нес.* 1
{Подкорми́ть(ся) *сов.*, **м : мл** 18
{Подкати́ть *сов.*, *п.*, **т : ч** 17
{Подка́тывать *нес.*, *п.* 1
{Подкати́ться *сов.*, *3е л.* 17
{Подка́тываться *нес.*, *3е л.* 1
Подка́шивать(ся) *нес.* 1
подкоси́ть(ся) *сов.*, **с : ш** 17
{Подки́дывать *нес.*, *п.* 1
{Подки́нуть *сов.*, *п.* 41
Подкла́дывать *нес.*, *п.* 1
подложи́ть *сов.*, *п.* 16
{Подкле́ивать *нес.*, *п.* 1
{Подкле́ить *сов.*, *п.* 19
{Подкова́ть[4](ся) *сов.* 53
{Подко́вывать(ся) *нес.* 1
Подковырну́ть *сов.*, *п.* 39

Подколо́ть *сов.*, *п.* 38
подка́лывать *нес.*, *п.* 1
Подкопа́ть(ся) *сов.* 1
подка́пывать(ся) *нес.* 1
Подкорми́ть(ся) *сов.*, **м : мл** 18
подка́рмливать(ся) *нес.* 1
Подкоси́ть(ся) *сов.*, **с : ш** 17
подка́шивать(ся) *нес.* 1
Подкра́дываться *нес.* 1
подкра́сться *сов.* 78
Подкра́сить(ся) *сов.*, **с : ш** 10
подкра́шивать(ся) *нес.* 1
Подкра́сться *сов.* 78
подкра́дываться *нес.* 1
Подкра́шивать(ся) *нес.* 1
подкра́сить(ся) *сов.*, **с : ш** 10
{Подкрепи́ть(ся) *сов.*, **п : пл** 15
{Подкрепля́ть(ся) *нес.* 2
{Подкупа́ть *нес.*, *п.* 1
{Подкупи́ть *сов.*, *п.*, **п : пл** 18
{Подла́диться *сов.*, **д : ж** 10
{Подла́живаться *нес.* 1
Подла́мывать *нес.*, *п.* 1
подломи́ть *сов.*, *п.*, **м : мл** 18
Подла́мываться *нес.*, *3е л.* 1
подломи́ться *сов.*, *3е л.* 18
Подлежа́ть *нес.* 22
{Подлеза́ть *нес.* 1
{Подле́зть *сов.* 8
{Подлета́ть *нес.* 1
{Подлете́ть *сов.*, **т : ч** 31
Подле́ть *нес.* 3
{Подле́чивать(ся) *нес.* 1
{Подлечи́ть(ся) *сов.* 16
Подлива́ть *нес.*, *п.* 1
подли́ть *сов.*, *п.* 66
{Подлиза́ться *сов.*, **з : ж** 46
{Подли́зываться *нес.* 1
Подли́ть *сов.*, *п.* 66
подлива́ть *нес.*, *п.* 1
По́дличать *нес.* 1
спо́дличать *сов.* 1
Подложи́ть *сов.*, *п.* 16
подкла́дывать *нес.*, *п.* 1

---

[1] **подожму́; подожми́**
[2] **подожгу́; подожги́**
[3] **подзову́; подзови́**
[4] подкую, подкуёшь

Подломи́ть *сов., п.*, м : мл 18
  подла́мывать *нес., п.* 1
Подломи́ться *сов., 3е л.* 18
  подла́мываться *нес., 3е л.* 1
{Подма́зать(ся) *сов.*, з : ж 49
{Подма́зывать(ся) *нес.* 1
{Подмалева́ть *сов., п.* 53
{Подмалёвывать *нес., п.* 1
{Подма́нивать *нес., п.* 1
{Подмани́ть *сов., п.* 16
{Подма́сливать *нес., п.* 1
{Подма́слить *сов., п.* 12
{Подма́хивать *нес., п.* 1
{Подмахну́ть *сов., п.* 39
Подма́чивать *нес., п.* 1
  подмочи́ть *сов., п.* 16
{Подме́нивать *нес., п.* 1
{Подмени́ть *сов., п.* 16
{Подменя́ть *нес., п.* 2
{Подмерза́ть *нес., 3е л.* 1
{Подмёрзнуть *сов., 3е л.* 43
Подмеси́ть *сов., п.*, с : ш 17
  подме́шивать *нес., п.* 1
{Подмести́ *сов., п.* 80
{Подмета́ть *нес., п.* 1
Подмета́ть *сов., п.* 1
  подмётывать *нес., п.* 1
Подме́тить *сов., п.*, т : ч 10
  подмеча́ть *нес., п.* 1
Подмётывать *нес., п.* 1
  подмета́ть *сов., п.* 1
Подмеча́ть *нес., п.* 1
  подме́тить *сов., п.*, т : ч 10
{Подмеша́ть *сов., п.* 1
{Подме́шивать *нес., п.* 1
{Подми́гивать *нес.* 1
{Подмигну́ть *сов.* 39
Подмина́ть *нес., п.* 1
  подмя́ть[1] *сов., п.* 60
{Подмока́ть *нес.* 1
{Подмо́кнуть *сов.* 43
{Подмора́живать *нес., безл.* 1
{Подморо́зить *сов., безл.* 10

Подмочи́ть *сов., п.* 16
  подма́чивать *нес., п.* 1
{Подмыва́ть *нес., п.* 1
{Подмы́ть *сов., п.* 64
Подмя́ть[1] *сов., п.* 60
  подмина́ть *нес., п.* 1
Поднажа́ть *сов.* 62
Поднести́ *сов., п.* 6
  подноси́ть[2] *нес., п.*, с : ш 17
Поднима́ть(ся) *нес.* 1
  подня́ть(ся) *сов.* 74
{Поднови́ть *сов., п.*, в : вл 15
{Подновля́ть *нес., п.* 2
Подноси́ть[2] *нес., п.*, с : ш 17
  поднести́ *сов., п.* 6
{Подны́ривать *нес.* 1
{Поднырну́ть *сов.* 39
Подня́ть(ся) *сов.* 74
  поднима́ть(ся) *нес.* 1
Подоба́ть *нес., безл.* 1
Подобра́ть(ся)[3] *сов.* 69
  подбира́ть(ся) *нес.* 1
Подобре́ть *сов.* 3
Подогна́ть[4] *сов., п.* 72
  подгоня́ть *нес., п.* 2
Подогну́ть *сов., п.* 39
  подгиба́ть *нес., п.* 1
Подогну́ться *сов., 3е л.* 39
  подгиба́ться *нес., 3е л.* 1
{Подогрева́ть *нес., п.* 1
{Подогре́ть *сов., п.* 3
{Пододвига́ть(ся) *нес.* 1
{Пододви́нуть(ся) *сов.* 41
Подожда́ть* *сов., п.* 32
Подозва́ть[5] *сов., п.* 71
  подзыва́ть *нес., п.* 1
Подозрева́ть *нес., п.* 1
Подои́ть *сов., п.* 13, 16
Подойти́ *сов.* 94
  подходи́ть *нес.*, д : ж 17
{Подольсти́ться *сов.*, ст : щ 14
{Подольща́ться *нес.* 1

---
[1] подомну́; подомни́
[2] подноси́мый
[3] подберу́(сь); подбери́(сь)
[4] подгоню́; подгони́
[5] подзову́; подзови́

{Подопрева́ть *нес.*, *3е л.* 1
{Подопре́ть *сов.*, *3е л.* 3
Подорва́ть(ся) *сов.* 32
подрыва́ть(ся) *нес.* 1
Подорожа́ть *сов.* 1
Подосла́ть *сов.*, *п.* 73
подсыла́ть *нес.*, *п.* 1
Подоспе́ть *сов.* 3
Подостла́ть[1] *сов.*, *п.* 70
подстила́ть *нес.*, *п.* 1
Подоткну́ть *сов.*, *п.* 39
подтыка́ть *нес.*, *п.* 1
Подо́хнуть *сов.* 43
подыха́ть *нес.* 1
Подпада́ть *нес.* 1
подпа́сть *сов.* 78
Подпа́ивать *нес.*, *п.* 1
подпая́ть *сов.*, *п.* 2
Подпа́ивать *нес.*, *п.* 1
подпои́ть *сов.*, *п.* 13, 16
{Подпа́ливать *нес.*, *п.* 1
{Подпали́ть *сов.*, *п.* 13
Подпа́рывать *нес.*, *п.* 1
подпоро́ть *сов.*, *п.* 38
Подпа́сть *сов.* 78
подпада́ть *нес.* 1
Подпая́ть *сов.*, *п.* 2
подпа́ивать *нес.*, *п.* 1
Подпева́ть *нес.*, *п.* 1
Подпере́ть(ся)[2] *сов.* 68
подпира́ть(ся) *нес.* 1
{Подпи́ливать *нес.*, *п.* 1
{Подпили́ть *сов.*, *п.* 16
Подпира́ть(ся) *нес.* 1
подпере́ть(ся)[2] *сов.* 68
{Подписа́ть(ся) *сов.*, с : ш 46
{Подпи́сывать(ся) *нес.* 1
{Подпи́хивать *нес.*, *п.* 1
{Подпихну́ть *сов.*, *п.* 39
{Подплыва́ть *нес.* 1
{Подплы́ть *сов.* 59
Подпои́ть *сов.*, *п.* 13, 16
подпа́ивать *нес.* *п.* 1
{Подполза́ть *нес.* 1
{Подползти́ *сов.* 6

Подпоро́ть *сов.*, *п.* 38
подпа́рывать *нес.*, *п.* 1
{Подпоя́сать(ся) *сов.*, с : ш 47
{Подпоя́сывать(ся) *нес.* 1
{Подпра́вить *сов.*, *п.*, в : вл 11
{Подправля́ть *нес.*, *п.* 2
{Подпры́гивать *нес.* 1
{Подпры́гнуть *сов.* 40
{Подпуска́ть *нес.*, *п.* 1
{Подпусти́ть *сов.*, *п.*, ст : щ 17
{Подраба́тывать *нес.*, *п.* 1
{Подрабо́тать *сов.*, *п.* 1
Подра́внивать *нес.*, *п.* 1
подровня́ть[3] *сов.*, *п.* 2
Подра́гивать *нес.* 1
Подража́ть *нес.* 1
{Подраздели́ть *сов.*, *п.* 13
{Подразделя́ть *нес.*, *п.* 2
Подразделя́ться *нес.*, *3е л.* 2
Подразумева́ть *нес.*, *п.* 1
Подразумева́ться *нес.*, *3е л.* 1
{Подраста́ть *нес.* 1
{Подрасти́ *сов.* 84
Подра́ться *сов.* 69
{Подре́зать *сов.*, *п.*, з : ж 47
{Подреза́ть *нес.*, *п.* 1
{Подре́зывать *нес.*, *п.* 1
{Подрисова́ть *сов.*, *п.* 53
{Подрисо́вывать *нес.*, *п.* 1
Подровня́ть *сов.*, *п.* 2
подра́внивать *нес.*, *п.* 1
{Подруба́ть *нес.*, *п.* 1
{Подруби́ть *сов.*, *п.*, б : бл 18
Подружи́ться *сов.* 13
{Подру́ливать *нес.* 1
{Подрули́ть *сов.* 13
{Подрумя́нивать(ся) *нес.* 1
{Подрумя́нить(ся) *сов.* 9
Подрыва́ть(ся) *нес.* 1
подорва́ть(ся) *сов.* 32
{Подрыва́ть *нес.*, *п.* 1
{Подры́ть *сов.*, *п.* 64
{Подряди́ть(ся) *сов.*, д : ж 14
{Подряжа́ть(ся) *нес.* 1

[1] подстелю́, подсте́лешь; подстели́
[2] подопру́(сь); подопри́(сь)
[3] подро́вненный

{Подсади́ть *сов.*, *п.*, д : ж 17
{Подса́живать *нес.*, *п.* 1
Подса́живаться *нес.* 1
  подсе́сть *сов.* 85
Подса́ливать *нес.*, *п.* 1
  подсоли́ть[1] *сов.*, *п.* 13, 16
Подсви́стывать *нес.* 1
{Подсева́ть *нес.*, *п.* 1
{Подсе́ивать *нес.*, *п.* 1
  подсе́ять *сов.*, *п.* 35
Подсека́ть *нес.*, *п.* 1
  подсе́чь *сов.*, *п.* 86
Подсе́сть *сов.* 85
  подса́живаться *нес.* 1
Подсе́чь *сов.*, *п.* 86
  подсека́ть *нес.*, *п.* 1
Подсе́ять *сов.*, *п.* 35
  подсева́ть *нес.*, *п.* 1
  подсе́ивать *нес.*, *п.* 1
{Подсиде́ть *сов.*, *п.*, д : ж 27
{Подси́живать *нес.*, *п.* 1
{Подси́нивать *нес.*, *п.* 1
{Подсини́ть *сов.*, *п.* 13
Подска́бливать *нес.*, *п.* 1
  подскобли́ть *сов.*, *п.* 13
{Подсказа́ть *сов.*, *п.*, з : ж 46
{Подска́зывать *нес.*, *п.* 1
Подска́кивать *нес.* 1
  подскочи́ть *сов.* 16
Подскобли́ть *сов.*, *п.* 13
  подска́бливать *нес.*, *п.* 1
Подскочи́ть *сов.* 16
  подска́кивать *нес.* 1
{Подскреба́ть *нес.*, *п.* 1
{Подскрести́ *сов.*, *п.* 82
{Подсласти́ть *сов.*, *п.*, ст : щ 14
{Подслаща́ть *нес.*, *п.* 1
{Подсла́щивать *нес.*, *п.* 1
{Подслу́живаться *нес.* 1
{Подслужи́ться *сов.* 16
{Подслу́шать *сов.*, *п.* 1
{Подслу́шивать *нес.*, *п.* 1
Подсма́тривать *нес.*, *п.* 1
  подсмотре́ть *сов.*, *п.* 29

Подсме́иваться *нес.* 1
Подсмотре́ть *сов.*, *п.* 29
  подсма́тривать *нес.*, *п.* 1
Подсо́вывать *нес.*, *п.* 1
  подсу́нуть *сов.*, *п.* 41
Подсоли́ть[1] *сов.*, *п.* 13,16
  подса́ливать *нес.*, *п.* 1
Подсо́хнуть *сов.* 43
  подсыха́ть *нес.* 1
{Подста́вить *сов.*, *п.*, в : вл 11
{Подставля́ть *нес.*, *п.* 2
{Подстегну́ть[2] *сов.*, *п.* 39
{Подстёгивать *нес.*, *п.* 1
Подстели́ть *сов.*, *п.* 70
  подстила́ть *нес.*, *п.* 1
{Подстерега́ть *нес.*, *п.* 1
{Подстере́чь *сов.*, *п.* 88
Подстила́ть *нес.*, *п.* 1
  подостла́ть[3] *сов.*, *п.* 70
  подстели́ть *сов.*, *п.* 100
Подсторожи́ть *сов.*, *п.* 13
Подстра́ивать *нес.*, *п.* 1
  подстро́ить *сов.*, *п.* 19
{Подстрека́ть *нес.*, *п.* 1
{Подстрекну́ть *сов.*, *п.* 39
{Подстре́ливать *нес.*, *п.* 1
{Подстрели́ть *сов.*, *п.* 16
{Подстрига́ть(ся) *нес.* 1
{Подстри́чь(ся) *сов.* 88
Подстро́ить *сов.*, *п.* 19
  подстра́ивать *нес.*, *п.* 1
{Подступа́ть[4](ся) *нес.* 1
{Подступи́ть[4](ся) *сов.*, п : пл 18
Подсу́нуть *сов.*, *п.* 41
  подсо́вывать *нес.*, *п.* 1
{Подсу́шивать *нес.*, *п.* 1
{Подсуши́ть *сов.*, *п.* 16
{Подсчита́ть *сов.*, *п.* 1
{Подсчи́тывать *нес.*, *п.* 1
Подсыла́ть *нес.*, *п.* 1
  подосла́ть *сов.*, *п.* 73
{Подсыпа́ть *нес.*, *п.* 1
{Подсы́пать *сов.*, *п.*, п : пл 50

---
[1] подсо́ленный
[2] подстёгнутый
[3] подстелю́; подстели́
[4] Intransitive.

Подсыха́ть *нес.* 1
подсо́хнуть *сов.* 43
Подта́ивать *нес.*, *3^е л.* 1
подта́ять *сов.*, *3^е л.* 35
Подта́лкивать *нес.*, *п.* 1
подтолкну́ть *сов.*, *п.* 39
Подта́пливать *нес.*, *п.* 1
подтопи́ть *сов.*, *п.*, **п : пл** 18
Подта́скивать *нес.*, *п.* 1
подтащи́ть *сов.*, *п.* 16
{Подтасова́ть *сов.*, *п.* 53
{Подтасо́вывать *нес.*, *п.* 1
Подта́чивать *нес.*, *п.* 1
подточи́ть *сов.*, *п.* 16
Подтащи́ть *сов.*, *п.* 16
подта́скивать *нес.*, *п.* 1
Подта́ять *сов.*, *3^е л.* 35
подта́ивать *нес.*, *3^е л.* 1
{Подтверди́ть[1] *сов.*, *п.*, **д:ж:жд** 14
{Подтвержда́ть *нес.*, *п.* 1
{Подтверди́ться *сов.*, *3^е л.* 14
{Подтвержда́ться *нес.*, *3^е л.* 1
Подтека́ть *нес.*, *3^е л.* 1
подте́чь *сов.*, *3^е л.* 86
Подтере́ть[2] *сов.*, *п.* 68
подтира́ть *нес.*, *п.* 1
Подте́чь *сов.*, *3^е л.* 86
подтека́ть *нес.*, *3^е л.* 1
Подтира́ть *нес.*, *п.* 1
подтере́ть[2] *сов.*, *п.* 68
Подтолкну́ть *сов.*, *п.* 39
подта́лкивать *нес.*, *п.* 1
Подтопи́ть *сов.*, *п.*, **п : пл** 18
подта́пливать *нес.*, *п.* 1
Подточи́ть *сов.*, *п.* 16
подта́чивать *нес.*, *п.* 1
{Подтру́нивать *нес.* 1
{Подтруни́ть *сов.* 13
Подтыка́ть *нес.*, *п.* 1
подоткну́ть *сов.*, *п.* 39
{Подтя́гивать(ся) *нес.* 1
{Подтяну́ть(ся) *сов.* 42

{Поду́мать *сов.* 1
{Поду́мывать *нес.* 1
Подурне́ть *сов.* 3
Поду́ть *сов.* 4
{Поду́чивать(ся) *нес.* 1
{Подучи́ть(ся) *сов.* 16
Подуши́ть(ся) *сов.* 16
Подхали́мничать *нес.* 1
{Подхвати́ть *сов.*, *п.*, **т : ч** 17
{Подхва́тывать *нес.*, *п.* 1
{Подхлестну́ть[3] *сов.*, *п.* 39
{Подхлёстывать *нес.*, *п.* 1
Подходи́ть *нес.*, **д : ж** 17
подойти́ *сов.* 94
{Подцепи́ть *сов.*, *п.*, **п : пл** 18
{Подцепля́ть *нес.*, *п.* 2
{Подча́ливать *нес.* 1
{Подча́лить *сов.* 9
{Подчеркну́ть[4] *сов.*, *п.* 39
{Подчёркивать *нес.*, *п.* 1
{Подчини́ть(ся) *сов.* 13
{Подчиня́ть(ся) *нес.* 2
{Подчи́стить[5] *сов.*, *п.*, **ст : щ** 12
{Подчища́ть *нес.*, *п.* 1
{Подшиба́ть *нес.*, *п.* 1
{Подшиби́ть *сов.*, *п.* 37
{Подшива́ть *нес.*, *п.* 1
{Подши́ть *сов.*, *п.* 66
{Подшпи́ливать *нес.*, *п.* 1
{Подшпи́лить *сов.*, *п.* 9
{Подшто́пать *сов.*, *п.* 1
{Подшто́пывать *нес.*, *п.* 1
{Подшути́ть *сов.*, **т : ч** 17
{Подшу́чивать *нес.* 1
Подъеда́ть *нес.*, *п.* 1
подъе́сть *сов.*, *п.* 99
Подъезжа́ть *нес.* 1
подъе́хать *сов.* 92
Подъе́сть *сов.*, *п.* 99
подъеда́ть *нес.*, *п.* 1
Подъе́хать *сов.* 92
подъезжа́ть *нес.* 1

---

[1] подтверждённый
[2] подотру́; подотри́
[3] подхлёстнутый
[4] подчёркнутый
[5] подчи́сти

{Подыгра́ть *сов.* 1
{Поды́грывать *нес.* 1
{Подыска́ть *сов., п.,* ск : щ 48
{Поды́скивать *нес., п.* 1
{Подыто́живать *нес., п.* 1
{Подыто́жить *сов., п.* 9
Подыха́ть *нес.* 1
    подо́хнуть *сов.* 43
Подыша́ть *сов.* 23
Поеда́ть *нес., п.* 1
    пое́сть *сов., п.* 99
Пое́здить[1] *сов.,* д : ж 10
Пое́сть *сов., п.* 99
    поеда́ть *нес., п.* 1
Пожа́дничать *сов.* 1
Пожале́ть *сов., п.* 3
Пожа́ловать(ся) *сов.* 54
Пожа́ть *сов., п.* 62
    пожима́ть *нес., п.* 1
Пожа́ть *сов., п.* 62
    пожина́ть *нес., п.* 1
Пожа́ться *сов.* 60
    пожима́ться *нес.* 1
{Пожева́ть *сов., п.* 53
{Пожёвывать *нес., п.* 1
Пожела́ть *сов., п.* 1
Пожелте́ть *сов.* 3
Пожени́ть(ся) *сов.* 16
Поже́ртвовать *сов.* 54
Поже́чь *сов., п.* 90
Пожива́ть *нес.* 1
Поживи́ться *сов.,* в : вл 15
Пожима́ть *нес., п.* 1
    пожа́ть *сов., п.* 62
Пожима́ться *нес.* 1
    пожа́ться *сов.* 62
Пожина́ть *нес., п.* 1
    пожа́ть *сов., п.* 62
Пожира́ть *нес., п.* 1
    пожра́ть *сов., п.* 32
Пожи́ть *сов.* 59
Пожра́ть *сов., п.* 32
    пожира́ть *нес., п.* 1
Позаба́вить(ся) *сов.,* в : вл 11

Позабо́титься *сов.,* т : ч 10
{Позабыва́ть *нес., п.* 1
{Позабы́ть *сов., п.* 93
Позави́довать *сов.* 54
Поза́втракать *сов.* 1
Позаимствовать *сов., п.* 54
Поза́риться *сов.* 9
Позва́ть *сов., п.* 71
{Позво́лить *сов., п.* 9
{Позволя́ть *нес., п.* 2
Позвони́ть *сов.* 13
Поздоро́ваться *сов.* 1
Поздорове́ть *сов.* 3
Поздоро́виться[2] *сов., безл.* 11
{Поздра́вить *сов., п.,* в : вл 11
{Поздравля́ть *нес., п.* 2
Позелене́ть *сов.* 3
Пози́ровать *нес.* 54
Познава́ть *нес., п.* 55
    позна́ть *сов., п.* 1
Познава́ться *нес., 3е л.* 55
Познако́мить(ся) *сов.,*
    м : мл 11
Позна́ть *сов., п.* 1
    познава́ть *нес., п.* 55
Позолоти́ть *сов., п.,* т : ч 14
Позо́рить(ся) *нес.* 9
    опозо́рить(ся) *сов.* 9
Позыва́ть *нес., п., безл.* 1
Поинтересова́ться *сов.* 53
Поиска́ть* *сов., п.,* ск : щ 48
Пои́ть *нес., п.* 13, 16
    напои́ть *сов., п.* 13, 16
Пойма́ть *сов., п.* 1
    лови́ть *нес., п.,* в : вл 18
Пойти́ *сов.* 79
{Показа́ть(ся) *сов.,* з : ж 46
{Пока́зывать(ся) *нес.* 1
Покале́чить(ся) *сов.* 9
Пока́лывать *нес., 3е л.* 1
Покара́ть *сов., п.* 1
Поката́ть*(ся) *сов.* 1
Покати́ть *сов., п.,* т : ч 17
Покати́ться *сов.,* т : ч 17

---

[1] пое́зди
[2] Usually used with negative particle.

Покача́ть(ся) *сов.* 1
Пока́чивать(ся) *нес.* 1
Покачну́ть*(ся) *сов.* 39
Пока́шливать *нес.* 1
Пока́шлять *сов.* 2
Пока́яться *сов.* 35
Покида́ть *сов.*, *п.* 1
Покида́ть *нес.*, *п.* 1
Поки́нуть *сов.*, *п.* 41
Поклева́ть[1] *сов.*, *п.* 53
Поклони́ться *сов.* 16
  кла́няться *нес.* 2
Поклоня́ться *нес.* 2
Покля́сться *сов.* 81
Поко́иться *нес.*, $3^{е}$ *л.* 19
Поколеба́ть(ся) *сов.*, б : бл 50
Поколоти́ть(ся) *сов.*, т : ч 17
Поко́нчить *сов.* 12
Покорёжить(ся) *сов.* 9
Покори́ть(ся) *сов.* 13
  покоря́ть(ся) *нес.* 2
Покорми́ть(ся) *сов.*, м : мл 18
Покоро́бить *сов.*, б : бл 11
Покоро́биться *сов.*, $3^{е}$ *л.* 11
Поко́рствовать *нес.* 54
Покоря́ть(ся) *нес.* 2
  покори́ть(ся) *сов.* 13
Покоси́ть(ся) *сов.*, с : ш 14
Покоси́ть *сов.*, *п.*, с : ш 17
Покра́пать *сов.*, $3^{е}$ *л.* 1
Покра́пывать *нес.*, $3^{е}$ *л.* 1
Покра́сить *сов.*, *п.*, с : ш 10
Покрасне́ть *сов.* 3
Покра́сть *сов.*, *п.* 78
Покриви́ть(ся) *сов.*, в : вл 15
Покри́кивать *нес.* 1
Покрови́тельствовать *нес.* 54
Покроши́ть *сов.*, *п.* 16
Покругле́ть *сов.* 3
Покрупне́ть *сов.* 3
Покры́ть(ся) *сов.* 64
Покупа́ть *сов.*, *п.* 1
Покупа́ть *нес.*, *п.* 1
  купи́ть *сов.*, *п.*, п : пл 18
Поку́ривать *нес.* 1

Покури́ть *сов.* 16
Покуси́ться *сов.*, с : ш 14
  покуша́ться *нес.* 1
Поку́сывать *нес.*, *п.* 1
Поку́шать *сов.*, *п.* 1
Покуша́ться *нес.* 1
  покуси́ться *сов.*, с : ш 14
Полага́ть *нес.* 1
Полага́ться *нес.* 1
  положи́ться *сов.* 16
Пола́дить *сов.*, д : ж 10
Пола́комить(ся) *сов.*, м : мл 11
Поleве́ть *сов.* 3
Полега́ть *нес.*, $3^{е}$ *л.* 1
  поле́чь *сов.*, $3^{е}$ *л.* 91
Полежа́ть *сов.* 22
Полёживать *нес.* 1
Поле́зть *сов.* 8
Полемизи́ровать *нес.* 54
Поле́ниваться *нес.* 1
Полени́ться *сов.* 16
Полета́ть *сов.* 1
Полете́ть *сов.*, т : ч 31
Поле́чь *сов.*, $3^{е}$ *л.* 91
  полега́ть *нес.*, $3^{е}$ *л.* 1
По́лзать *нес.* 1
Ползти́ *нес.* 6
Полива́ть *нес.*, *п.* 1
  поли́ть[2] *сов.*, *п.* 66
Полилове́ть *сов.* 3
Полиня́ть *сов.* 2
Полирова́ть *нес.*, *п.* 53
  отполирова́ть *сов.*, *п.* 53
Политика́нствовать *нес.* 54
Поли́ть[2] *сов.*, *п.* 66
  полива́ть *нес.*, *п.* 1
Поли́ться *сов.*, $3^{е}$ *л.* 66
Полне́ть *нес.* 3
  пополне́ть *сов.* 3
По́лнить *нес.*, *п.*, $3^{е}$ *л.* 12
По́лниться *нес.*, $3^{е}$ *л.* 12
Положи́ть *сов.*, *п.* 16
  класть *нес.*, *п.* 78
Положи́ться *сов.* 16
  полага́ться *нес.* 1

[1] поклюю́, поклюёшь
[2] по́литый & поли́тый

Поломáть *сов.*, *п.* 1
Поломáться *нес.*, *3е л.* 1
Полонизи́ровать *нес.*, *сов.*, *п.* 54
Поло́паться *сов.* 1
Полоскáть(ся) *нес.*, ск : щ 48
Поло́ть *нес.*, *п.* 38
Полулежáть *нес.* 22
Полуно́чничать *нес.* 1
Получáть *нес.*, *п.* 1
Получи́ть *сов.*, *п.* 16
Получáться *нес.* 1
Получи́ться *сов.* 16
Полысе́ть *сов.* 3
Полыхáть *нес.* 1
Полыхну́ть *сов.* 39
По́льзоваться *нес.* 54
воспо́льзоваться *сов.* 54
Польсти́ть(ся) *сов.*, ст : щ 14
Полюби́ть *сов.*, *п.*, б : бл 18
Полюби́ться *сов.*, *3е л.* 18
Полюбовáться *сов.* 53
Полюбопы́тствовать *сов.* 54
Помáзать(ся) *сов.*, з : ж 49
Помáлкивать *нес.* 1
Помани́ть *сов.*, *п.* 16
Помáслить *сов.*, *п.* 12
Помахáть *сов.*, х : ш 46
Помáхивать *нес.* 1
Поме́длить *сов.* 12
Поменя́ть(ся) *сов.* 2
Помере́щиться *сов.* 12
Поме́рить(ся) *сов.* 9
Поме́ркнуть *сов.* 43
Помертве́ть *сов.* 3
Помести́ть(ся) *сов.*, ст : щ 14
помещáть(ся) *нес.* 1
Поме́тить *сов.*, *п.* 10
Помечáть *нес.*, *п.* 1
Помешáть(ся) *сов.* 1
Помешáться *сов.* 1
Помещáть(ся) *нес.* 1
помести́ть(ся) *сов.*, ст : щ 14
Помёрзнуть *сов.* 43
Поми́ловать *сов.*, *п.* 54
Поминáть *нес.*, *п.* 1
помяну́ть *сов.*, *п.* 42

Помири́ть(ся) *сов.* 13
По́мнить *нес.*, *п.* 12
По́мниться *нес.*, *3е л.* 12
Помножáть *нес.*, *п.* 1
Помно́жить *сов.*, *п.* 9
Помогáть *нес.* 1
помо́чь *сов.* 89
Помоли́ться *сов.* 16
Помолоде́ть *сов.* 3
Помори́ть *сов.*, *п.* 13
Поморо́зить *сов.*, *п.*, з : ж 10
Помо́рщиться *сов.* 12
Помочи́ться *сов.* 16
Помо́чь *сов.* 89
помогáть *нес.* 1
Помрачи́ться *сов.*, *3е л.* 13
Помрачне́ть *сов.* 3
Помути́ть*(ся) *сов.*, т : ч 14, 17
Помутне́ть *сов.* 3
Пому́чить(ся) *сов.* 9
Помчáть*(ся) *сов.* 22
Помыкáть *нес.* 1
Помы́слить* *сов.*, *п.* 12
Помышля́ть *нес.*, *п.* 2
Помяну́ть *сов.*, *п.* 42
поминáть *нес.*, *п.* 1
Помя́ть *сов.*, *п.* 60
Помя́ться *сов.*, *3е л.* 60
Понаде́яться *сов.* 35
Понáдобиться *сов.*, б : бл 11
Понести́(сь) *сов.* 6
Понижáть(ся) *нес.* 1
Пони́зить(ся) *сов.*, з : ж 10
Пони́кнуть *сов.* 43
Понимáть *нес.*, *п.* 1
поня́ть *сов.*, *п.* 76
Поноси́ть *нес.*, *п.*, с : ш 17
Понрáвиться *сов.*, в : вл 11
Пону́дить[1] *сов.*, *п.*, д : ж : жд 10
Понуждáть *нес.*, *п.* 1
Понукáть *нес.*, *п.* 1
Пону́рить(ся) *сов.* 9
Поню́хать *сов.*, *п.* 1
Поня́ть *сов.*, *п.* 76
понимáть *нес.*, *п.* 1
Пообе́дать *сов.* 1

[1] пону́ди; понуждённый

Пообеща́ть *сов.*, *п.* 1
Поощри́ть *сов.*, *п.* 13
Поощря́ть *нес.*, *п.* 2
Попада́ть[1](ся) *нес.* 1
  попа́сть[1](ся) *сов.* 78
Попа́дать *сов.*, *3е л.* 1
Попа́риться *сов.* 9
Попа́сть[1](ся) *сов.* 78
  попада́ть[1](ся) *нес.* 1
Попа́хивать *нес.*, *3е л.* 1
Попеня́ть *сов.* 2
Поперхну́ться *сов.* 39
Попе́рчить *сов.*, *п.* 12
Попира́ть *нес.*, *п.* 1
  попра́ть *сов.*, *п.* 32
Пописа́ть *сов.*, *п.*, **с : ш** 46
Попи́сывать *нес.*, *п.* 1
Попи́ть[2] *сов.*, *п.* 66
Поплати́ться *сов.*, **т : ч** 17
Поплести́сь *сов.* 80
Поплотне́ть *сов.* 3
Поплы́ть *сов.* 59
Пополне́ть *сов.* 3
Попо́лнить *сов.*, *п.* 12
Пополня́ть *нес.*, *п.* 2
Попо́лниться *сов.*, *3е л.* 12
Пополня́ться *нес.*, *3е л.* 2
Поправе́ть *сов.* 3
Попра́вить(ся) *сов.*, **в : вл** 11
Поправля́ть(ся) *нес.* 2
Попра́ть *сов.*, *п.* 32
  попира́ть *нес.*, *п.* 1
Попрека́ть *нес.*, *п.* 1
Попрекну́ть *сов.*, *п.* 39
Попро́бовать *сов.*, *п.* 54
Попроси́ть(ся) *сов.*, **с : ш** 17
Попроша́йничать *нес.* 1
Попроща́ться *сов.* 1
Попры́скать *сов.* 1
Попря́тать(ся) *сов.*, **т : ч** 47
Попуга́йничать *сов.* 1
Попуга́ть *нес.*, *п.* 1
Попу́дрить(ся) *сов.* 12
Популяризи́ровать *нес.*, *сов.*, *п.* 45
Попусти́тельствовать *нес.* 54
Попу́тать *сов.*, *п.* 1
Попыта́ть(ся) *сов.* 1
Попя́титься *сов.*, **т : ч** 10
Порабо́тать *сов.* 1
Поработи́ть *сов.*, *п.*, **т : щ** 14
Порабоща́ть *нес.*, *п.* 1
Поравня́ться *сов.* 2
Пораде́ть *сов.* 3
Порази́ть(ся) *сов.*, **з : ж** 14
Поража́ть(ся) *нес.* 1
Пора́нить(ся) *сов.* 9
Пораста́ть *нес.*, *3е л.* 1
Порасти́ *сов.*, *3е л.* 84
Порва́ть(ся) *сов.* 32
Пореде́ть *сов.*, *3е л.* 3
Поре́зать(ся) *сов.*, **з : ж** 49
Порекомендова́ть *сов.*, *п.* 53
Пореши́ть *сов.*, *п.* 13
Порица́ть *нес.*, *п.* 1
Породи́ть[3] *сов.*, *п.*, **д : ж : жд** 14
  порожда́ть *нес.*, *п.* 1
Породни́ться *сов.* 13
Порожда́ть *нес.*, *п.* 1
  породи́ть[3] *сов.*, *п.*, **д : ж : жд** 14
Порозове́ть *сов.* 3
Пороси́ться *нес.*, *3е л.* 14
  опороси́ться *сов.*, *3е л.* 14
Поро́ть *нес.*, *п.* 38
Поро́ться *нес.*, *3е л.* 38
Поро́чить *нес.*, *п.* 9
  опоро́чить *сов.*, *п.* 9
Пороши́ть *нес.*, *3е л.* 13
  запороши́ть *сов.*, *3е л.* 13
По́ртить(ся) *нес.*, **т : ч** 10
  испо́ртить(ся) *сов.*, **т : ч** 10
Поруби́ть *сов.*, *п.*, **б : бл** 18
Поруча́ть(ся) *нес.* 1
Поручи́ть(ся) *сов.* 16
Поручи́ться *сов.* 16
  руча́ться *нес.* 1
Порха́ть *нес.* 1
Порхну́ть *сов.* 39
Порыва́ть(ся) *нес.* 1

[1] Intransitive.
[2] по́пил; по́питый
[3] порождённый

Verb	Number
Порыже́ть *сов.*	3
Поряди́ться *сов.*, д : ж	14, 17
Посади́ть *сов.*, *п.*, д : ж	17
сажа́ть *нес.*, *п.*	1
Поса́пывать *нес.*	1
Поса́харить *сов.*, *п.*	12
Посва́тать(ся) *сов.*	1
Посвеже́ть *сов.*	3
Посвети́ть *сов.*, т : ч	17
Посветле́ть *сов.*	3
Посвиста́ть *сов.*, ст : щ	48
Посвисте́ть[1] *сов.*, ст : щ	27
Посви́стывать *нес.*	1
{ Посвяти́ть *сов.*, *п.*, т : щ	14
{ Посвяща́ть *нес.*, *п.*	1
Поседе́ть *сов.*	3
{ Посели́ть(ся) *сов.*	13
{ Поселя́ть(ся) *нес.*	2
Посеребри́ть *сов.*, *п.*	13
Посере́ть *сов.*	3
Посети́ть *сов.*, *п.*, т : щ	14
посеща́ть *нес.*, *п.*	1
Посе́товать *сов.*	54
Посе́чься *сов.*	86
Посеща́ть *нес.*, *п.*	1
посети́ть *сов.*, *п.*, т : щ	14
Посе́ять *сов.*, *п.*	35
Посиде́ть *сов.*, д : ж	27
Посине́ть *сов.*	3
Поскака́ть *сов.*, к : ч	48
Поскользну́ться *сов.*	39
Поскупи́ться *сов.*, п : пл	15
Посла́ть *сов.*, *п.*	73
посыла́ть *нес.*, *п.*	1
Последи́ть *сов.*, д : ж	14
После́довать *сов.*	54
Послужи́ть *сов.*	16
Послу́шать(ся) *сов.*	1
Послы́шаться *сов.*	21
Послюни́ть *сов.*, *п.*	13
Посма́тривать *нес.*	1
Посме́иваться *нес.*	1
Посме́ть *сов.*	3
Посмотре́ть(ся) *сов.*	29
Посмугле́ть *сов.*	3
Посо́веститься[2] *сов.*, ст : щ	10
Посове́товать(ся) *сов.*	54
Посоде́йствовать *сов.*	54
Посоли́ть *сов.*, *п.*	13, 16
Посо́хнуть *сов.*, $3^{е}$ *л.*	43
Поспа́ть *сов.*, п : пл	24
{ Поспева́ть *нес.*, $3^{е}$ *л.*	1
{ Поспе́ть *сов.*, $3^{е}$ *л.*	3
Поспеши́ть *сов.*	13
Поспо́рить *сов.*	9
Поспосо́бствовать *сов.*	54
{ Посрами́ть *сов.*, *п.*, м : мл	15
{ Посрамля́ть *нес.*, *п.*	2
Посре́дничать *нес.*	1
Поссо́рить(ся) *сов.*	9
Поста́вить[3] *сов.*, *п.*, в : вл	11
{ Поста́вить[4] *сов.*, *п.*, в : вл	11
{ Поставля́ть *нес.*, *п.*	2
{ Постанови́ть *сов.*, *п.*, в : вл	18
{ Постановля́ть *нес.*, *п.*	2
Постара́ться *сов.*	1
Постаре́ть *сов.*	3
Постели́ть *сов.*, *п.*	100
постила́ть *нес.*, *п.*	1
постла́ть *сов.*, *п.*	70
Постесня́ться *сов.*	2
{ Постига́ть *нес.*, *п.*	1
{ Пости́гнуть *сов.*, *п.*	43
пости́чь[5] *сов.*, *п.*	43
Постила́ть *нес.*, *п.*	1
постели́ть *сов.*, *п.*	100
постла́ть *сов.*, *п.*	70
Постира́ть *сов.*, *п.*	1
Пости́ться *нес.*, ст : щ	14
Пости́чь[5] *сов.*, *п.*	43
постига́ть *нес.*, *п.*	1
Постла́ть *сов.*, *п.*	70
постели́ть *сов.*, *п.*	100
постила́ть *нес.*, *п.*	1
Посторони́ться *сов.*	16
Постоя́ть *сов.*	20

[1] посвисти́ & посвищи́
[2] посо́вестись
[3] to put, to place
[4] to supply *(with something)*
[5] All forms are obtained in same way as from пости́гнуть.

Пострада́ть *сов.* 1
Постре́ливать *нес.* 1
Постреля́ть *сов., п.* 2
{Постригáть(ся) *нес.* 1
{**Постри́чь**(ся) *сов.* 88
Постро́ить(ся) *сов.* 19
Постули́ровать *нес., сов., п.* 54
{Поступа́ть[1](ся) *нес.* 1
{Поступи́ть[1](ся) *сов.*, п : пл 18
Постуча́ть(ся) *сов.* 22
Постыди́ть*(ся) *сов.*, д : ж 14
Посуди́ть *сов.*, д : ж 17
Посуро́веть *сов.* 3
Посчастли́виться *сов., безл.* 11
Посчита́ться *сов.* 1
Посыла́ть *нес., п.* 1
послáть *сов., п.* 73
{Посы́пать *сов., п.*, п : пл 50
{Посыпа́ть *нес., п.* 1
Посы́паться *сов., 3[е] л.* 50
{Посяга́ть *нес.* 1
{Посягну́ть *сов.* 39
Потака́ть *нес.* 1
Потащи́ть(ся) *сов.* 16
Потво́рствовать *нес.* 54
Потемне́ть *сов.* 3
Потепле́ть *сов.* 3
Потере́ть(ся) *сов.* 68
Потерпе́ть *сов., п.*, п : пл 30
Потеря́ть(ся) *сов.* 2
Потесни́ть(ся) *сов.* 13
Поте́ть *нес.* 3
Поте́чь *сов., 3[е] л.* 86
{Потеша́ть(ся) *нес.* 1
{**Поте́шить**(ся) *сов.* 9
Потира́ть *нес., п.* 1
Потолкова́ть *сов.* 53
Потолсте́ть *сов.* 3
Потону́ть *сов.* 42
Потопи́ть *сов., п.*, п : пл 18
Потопта́ть *сов., п.*, т : ч 48
{Пото́рапливать(ся) *нес.* 1
{**Поторопи́ть**(ся) *сов.*, п : пл 18
Потрави́ть *сов., п.*, в : вл 18
Потра́тить(ся) *сов.*, т : ч 10
{Потреби́ть *сов., п.*, б : бл 15
{Потребля́ть *нес., п.* 2
Потре́бовать(ся) *сов.* 54
Потрево́жить(ся) *сов.* 9
Потрепа́ть(ся) *сов.*, п : пл 51
Потре́скаться *сов., 3[е] л.* 1
Потре́скивать *нес.* 1
Потро́гать *сов., п.* 1
Потроши́ть *нес., п.* 13
вы́потрошить *сов., п.* 13
Потруди́ться *сов.*, д : ж 17
{Потряса́ть *нес., п.* 1
{Потрясти́ *сов., п.* 6
Потря́хивать *нес.* 1
{Поту́пить(ся) *сов.*, п : пл 11
{Потупля́ть(ся) *нес.* 2
Потускне́ть *сов.* 3
{Потуха́ть *нес.* 1
{**Поту́хнуть** *сов.* 43
Потучне́ть *сов.* 3
Потуши́ть *сов., п.* 16
Потяга́ться *сов.* 1
Потя́гиваться *нес.* 1
Потяжеле́ть *сов.* 3
Потяну́ть(ся) *сов.* 42
Поу́жинать *сов.* 1
Поумне́ть *сов.* 3
Поуча́ть *нес., п.* 1
Поха́живать *нес.* 1
Похвали́ть(ся) *сов.* 16
Похваля́ться *нес.* 2
Похва́рывать *нес.* 1
Похва́стать(ся) *сов.* 1
Похи́тить *сов., п.*, т : щ 10
Похлопота́ть *сов., п.*, т : ч 48
Похода́тайствовать *сов.* 54
Походи́ть *нес.*, д : ж 17
Походи́ть *сов.*, д : ж 17
Похолода́ть *сов., безл.* 1
Похолоде́ть *сов.* 3
Похолодне́ть *сов.* 3
Похорони́ть *сов., п.* 16
Похороше́ть *сов.* 3
Похрабре́ть *сов.* 3
Похра́пывать *нес.* 1

[1] Intransitive.

Похуде́ть *сов.* 3
Поцара́пать *сов., п.* 1
Поцелова́ть(ся) *сов.* 53
Поча́хнуть *сов., 3е л.* 43
Почерне́ть *сов.* 3
Поче́рпать *нес., п.* 1
Почерпну́ть *сов., п.* 39
че́рпать *нес., п.* 1
Почерстве́ть *сов.* 3
Почеса́ть *сов., п.*, с : ш 46
Почеса́ться *сов.*, с : ш 46
Почёсываться *нес.* 1
Почива́ть *нес.* 1
Почини́ть *сов., п.* 16
Починя́ть *нес., п.* 2
Почи́стить(ся)[1] *сов.*, ст : щ 10
Почита́ть *сов., п.* 1
Почита́ть *нес., п.* 1
Почи́тывать *нес., п.* 1
Почкова́ться *нес., 3е л.* 53
Почти́ть[2] *сов., п.* 13
Почу́вствовать(ся) *сов.* 54
Почу́диться *сов.* 10
Почу́ять(ся) *сов.* 35
Поша́ливать *нес.* 1
Поша́рить *сов.* 9
Пошатну́ть(ся) *сов.* 39
Поша́тываться *нес.* 1
Пошеве́ливать(ся) *нес.* 1
Пошевели́ть[3](ся) *сов.* 13, 16
Пошевельну́ть(ся) *сов.* 39
Поши́ть *сов., п.* 66
Пошути́ть *сов.*, т : ч 17
Пощади́ть *сов., п.*, д : ж 14
Пощекота́ть *сов., п.*, т : ч 48
Пощипа́ть *сов., п.*, п : пл 51
Пощи́пывать *нес., п.* 1
Пощу́пать *сов., п.* 1
Поэтизи́ровать *нес., сов., п.* 53
Появи́ться *сов.*, в : вл 18
Появля́ться *нес.* 2
Поясни́ть *сов., п.* 13
Поясня́ть *нес., п.* 2

Праве́ть *нес.* 3
поправе́ть *сов.* 3
Пра́вить *нес., п.*, в : вл 11
Пра́здновать *нес., п.* 54
Практикова́ть(ся) *нес.* 53
напрактикова́ться *сов.* 53
Пребыва́ть *нес.* 1
Превали́ровать *нес.* 54
Превзойти́ *сов., п.* 94
превосходи́ть *нес., п.*, д : ж 17
Превозмога́ть *нес., п.* 1
Превозмо́чь *сов., п.* 89
Превознести́ *сов., п.* 6
Превозноси́ть *нес., п.*, с : ш 17
Превосходи́ть *нес., п.*, д : ж 17
превзойти́ *сов., п.* 94
Преврати́ть(ся) *сов.*, т : щ 14
Превраща́ть(ся) *нес.* 1
Превы́сить *сов., п.*, с : ш 10
Превыша́ть *нес., п.* 1
Прегради́ть[4] *сов., п.*, д : ж : жд 14
Прегражда́ть *нес., п.* 1
Предава́ть(ся) *нес.* 55
Преда́ть(ся) *сов.* 98
Предвеща́ть *нес., п.* 1
Предви́деть(ся) *нес.*, д : ж 28
Предви́деться *нес., 3е л.* 28
Предвкуша́ть *нес., п.* 1
Предводи́тельствовать *нес.* 54
Предвосхи́тить *сов., п.*, т : щ 10
Предвосхища́ть *нес., п.* 1
Предлага́ть *нес., п.* 1
Предложи́ть *сов., п.* 16
Предназнача́ть *нес., п.* 1
Предназна́чить *сов., п.* 9
Предначерта́ть *сов., п.* 1
Предопредели́ть *сов., п.* 13
Предопределя́ть *нес., п.* 2
Предоста́вить *сов., п.*, в : вл 11
Предоставля́ть *нес., п.* 2
Предостерега́ть *нес., п.* 1
Предостере́чь *сов., п.* 88

---

[1] почи́сти(сь)
[2] почту́, почти́шь... почту́т & почтя́т
[3] пошевелённый
[4] преграждённый

Предотвратить *сов.*, *п.*, **т : щ** 14
Предотвращать *нес.*, *п.* 1
Предохранить *сов.*, *п.* 13
Предохранять *нес.*, *п.* 2
Предписать *сов.*, *п.*, **с : ш** 46
Предписывать *нес.*, *п.* 1
Предполагать *нес.*, *п.* 1
Предположить *сов.*, *п.* 16
Предполагаться *нес.*, *3е л.* 1
Предпослать *сов.*, *п.* 73
Предпосылать *нес.*, *п.* 1
Предпочесть *сов.*, *п.* 83
Предпочитать *нес.*, *п.* 1
Предпринимать *нес.*, *п.* 1
Предпринять *сов.*, *п.* 75
Предрасполагать *нес.*, *п.* 1
Предрасположить *сов.*, *п.* 16
Предрешать *нес.*, *п.* 1
Предрешить *сов.*, *п.* 13
Председательствовать *нес.* 54
Предсказать *сов.*, *п.*, **з : ж** 46
Предсказывать *нес.*, *п.* 1
Представать *нес.* 55
предстать *сов.* 56
Представительствовать *нес.* 54
Представить(ся) *сов.*, **в : вл** 11
Представлять(ся) *нес.* 2
Предстать *сов.* 56
представать *нес.* 55
Предстоять *сов.*, *3е л.* 20
Предуведомить[1] *сов.*, *п.*, **м:мл** 11
Предуведомлять *нес.*, *п.* 2
Предугадать *сов.*, *п.* 1
Предугадывать *нес.*, *п.* 1
Предупредить[2] *сов.*, *п.*, **д : ж : жд** 14
Предупреждать *нес.*, *п.* 1
Предусматривать *нес.*, *п.* 1
Предусмотреть *сов.*, *п.* 29
Предчувствовать *нес.*, *п.* 54
Предшествовать *нес.* 54
Предъявить *сов.*, *п.*, **в : вл** 18
Предъявлять *нес.*, *п.* 2

Презентовать *сов.*, *п.* 53
Презирать *нес.*, *п.* 1
Преисполнить(ся) *сов.* 12
Преисполнять(ся) *нес.* 2
Преклониться *сов.* 13
Преклоняться *нес.* 2
Прекословить *нес.*, **в : вл** 11
Прекратить *сов.*, *п.*, **т : щ** 14
Прекращать *нес.*, *п.* 1
Прекратиться *сов.*, *3е л.* 14
Прекращаться *нес.*, *3е л.* 1
Преломить *сов.*, *п.*, **м : мл** 18
Преломлять *нес.*, *п.* 2
Преломиться *сов.*, *3е л.* 18
Преломляться *нес.*, *3е л.* 2
Прельстить(ся) *сов.*, **ст : щ** 14
Прельщать(ся) *нес.* 1
Премировать *нес.*, *сов.*, *п.* 53
Пренебрегать *нес.* 1
Пренебречь *сов.* 88
Преобладать *нес.* 1
Преображать(ся) *нес.* 1
Преобразить(ся) *сов.*, **з : ж** 14
Преобразовать *сов.*, *п.* 53
Преобразовывать *нес.*, *п.* 1
Преодолевать *нес.*, *п.* 1
Преодолеть[3] *сов.*, *п.* 3
Препираться *нес.* 1
Преподавать *нес.*, *п.* 55
Преподать *сов.*, *п.* 98
Преподнести *сов.*, *п.* 6
Преподносить *нес.*, *п.*, **с : ш** 17
Препроводить[4] *сов.*, *п.*, **д : ж : жд** 17
Препровождать *нес.*, *п.* 1
Препятствовать *нес.* 54
Прервать *сов.*, *п.* 32
прерывать *нес.*, *п.* 1
Прерваться *сов.*, *3е л.* 32
прерываться *нес.*, *3е л.* 1
Пререкаться *нес.* 1
Прерывать *нес.*, *п.* 1
прервать *сов.*, *п.* 32

---

[1] предуведоми
[2] предупреждённый
[3] преодолённый
[4] препровождённый

Прерыва́ться *нес.*, 3^e *л.*	1
прерва́ться *сов.*, 3^e *л.*	32
Пресека́ть *нес.*, *п.*	1
Пресе́чь[1] *сов.*, *п.*	86
Пресека́ться *нес.*, 3^e *л.*	1
Пресе́чься *сов.*, 3^e *л.*	86
Пресле́довать *нес.*, *п.*	54
Пресмыка́ться *нес.*	1
Прессова́ть *нес.*, *п.*	53
спрессова́ть *сов.*, *п.*	53
Преступа́ть *нес.*, *п.*	1
Преступи́ть *сов.*, *п.*, п : пл	18
Пресы́титься *сов.*, т : щ	10
Пресыща́ться *нес.*	1
Претвори́ть *сов.*, *п.*	13
Претворя́ть *нес.*, *п.*	2
Претвори́ться *сов.*, 3^e *л.*	13
Претворя́ться *нес.*, 3^e *л.*	2
Претендова́ть *нес.*	53
Претерпева́ть *нес.*, *п.*	1
Претерпе́ть *сов.*, *п.*, п : пл	30
Прети́ть *сов.*, 3^e *л.*	14
Преть *нес.*, 3^e *л.*	3
Преувели́чивать *нес.*, *п.*	1
Преувели́чить *сов.*, *п.*	9
Преуменьша́ть *нес.*, *п.*	1
Преуме́ньшить[2] *сов.*, *п.*	12
Преуспева́ть *нес.*	1
Преуспе́ть *сов.*	3
Приба́вить *сов.*, *п.*, в : вл	11
Прибавля́ть *нес.*, *п.*	2
Приба́виться *сов.*, 3^e *л.*	11
Прибавля́ться *нес.*, 3^e *л.*	2
Прибега́ть *нес.*	1
Прибе́гнуть *сов.*	44
Прибедни́ться *сов.*	13
Прибедня́ться *нес.*	2
Приберега́ть *нес.*, *п.*	1
Прибере́чь *сов.*, *п.*	88
Прибива́ть *нес.*, *п.*	1
приби́ть *сов.*, *п.*	66
Прибира́ть *нес.*, *п.*	1
прибра́ть *сов.*, *п.*	69
Приби́ть *сов.*, *п.*	66
прибива́ть *нес.*, *п.*	1
Приближа́ть(ся) *нес.*	1
Прибли́зить(ся) *сов.*, з : ж	10
Прибра́ть *сов.*, *п.*	69
прибира́ть *нес.*, *п.*	1
Прибрести́ *сов.*	79
Прибыва́ть *нес.*	1
Прибы́ть *сов.*	93
Прива́ривать *нес.*, *п.*	1
Привари́ть *сов.*, *п.*	16
Привезти́ *сов.*, *п.*	6
привози́ть[3] *нес.*, *п.*, з : ж	17
Привере́дничать *нес.*	1
Приверну́ть *сов.*, *п.*	39
Приверте́ть *сов.*, *п.*, т : ч	31
Привёртывать *нес.*, *п.*	1
Приве́сить *сов.*, *п.*, с : ш	10
приве́шивать *нес.*, *п.*	1
Привести́ *сов.*, *п.*	79
приводи́ть[4] *нес.*, *п.*, д : ж	17
Привести́сь *сов.*, *безл.*	79
приводи́ться *нес.*, *безл.*	17
Приве́тствовать *нес.*, *сов.*, *п.*	54
Приве́шивать *нес.*, *п.*	1
приве́сить *сов.*, *п.*, с : ш	10
Привива́ть *нес.*, *п.*	1
приви́ть *сов.*, *п.*	66
Привива́ться *нес.*, 3^e *л.*	1
приви́ться *сов.*, 3^e *л.*	66
Приви́деться *сов.*, д : ж	28
Привинти́ть[5] *сов.*, *п.*, т : ч	14
Приви́нчивать *нес.*, *п.*	1
Привира́ть *нес.*, *п.*	1
привра́ть *сов.*, *п.*	32
Приви́ть *сов.*, *п.*	66
привива́ть *нес.*, *п.*	1
Приви́ться *сов.*, 3^e *л.*	66
привива́ться *нес.*, 3^e *л.*	1

---

[1] пресе́к, пресекла́
[2] преуме́ньшенный & преуменьшённый
[3] привози́мый
[4] приводи́мый
[5] приви́нченный

{Привлека́ть *нес.*, *п.* 1
{Привле́чь *сов.*, *п.* 86
{Привнести́ *сов.*, *п.* 6
{Привноси́ть[1] *нес.*, *п.*, **с : ш** 17
Приводи́ть[2] *нес.*, *п.*, **д : ж** 17
привести́ *сов.*, *п.* 79
Приводи́ться *нес.*, **д : ж** 17
Приводи́ться *нес.*, *безл.* 17
привести́сь *сов.*, *безл.* 79
Привози́ть[3] *нес.*, *п.*, **з : ж** 17
привезти́ *сов.*, *п.* 6
Привра́ть *сов.*, *п.* 32
привира́ть *нес.*, *п.* 1
{Привска́кивать *нес.* 1
{Привскочи́ть *сов.* 16
{Привстава́ть *нес.* 55
{Привста́ть *сов.* 56
Привходи́ть *нес.*, *3^е л.* 17
{Привыка́ть *нес.* 1
{Привы́кнуть *сов.* 43
{Привяза́ть(ся) *сов.*, **з : ж** 46
{Привя́зывать(ся) *нес.* 1
{Пригвожда́ть *нес.*, *п.* 1
{Пригвозди́ть[4] *сов.*, *п.*, **д : ж : жд** 14
Пригиба́ть(ся) *нес.* 1
пригну́ть(ся) *сов.* 39
{Пригла́дить *сов.*, *п.*, **д : ж** 10
{Пригла́живать *нес.*, *п.* 1
{Пригласи́ть *сов.*, *п.*, **с : ш** 14
{Приглаша́ть *нес.*, *п.* 1
{Приглуша́ть *нес.*, *п.* 1
{Приглуши́ть *сов.*, *п.* 13
{Пригляде́ться *сов.*, **д : ж** 27
{Пригля́дываться *нес.* 1
Пригляну́ться *сов.* 42
Пригна́ть *сов.*, *п.* 72
пригоня́ть *нес.*, *п.* 2
Пригну́ть(ся) *сов.* 39
пригиба́ть(ся) *нес.* 1
Пригова́ривать[5] *нес.*, *п.* 1

{Пригова́ривать[6] *нес.*, *п.* 1
{Приговори́ть *сов.*, *п.* 13
Пригоди́ться *сов.*, **д : ж** 14
{Приголу́бить *сов.*, *п.*, **б : бл** 11
{Приголу́бливать *нес.*, *п.* 1
Пригоня́ть *нес.*, *п.* 2
пригна́ть *сов.*, *п.* 72
{Пригора́ть *нес.*, *3^е л.* 1
{Пригоре́ть *сов.*, *3^е л.* 25
{Пригорю́ниваться *нес.* 1
{Пригорю́ниться *сов.* 9
{Пригота́вливать(ся) *нес.* 1
{Пригото́вить(ся) *сов.*, **в : вл** 11
Пригрева́ть *нес.*, *п.* 1
пригре́ть *сов.*, *п.* 3
Пригреба́ть *нес.*, *п.* 1
пригрести́ *сов.*, *п.* 82
Пригре́зиться *сов.*, **з : ж** 10
Пригрести́ *сов.*, *п.* 82
пригреба́ть *нес.*, *п.* 1
Пригре́ть *сов.*, *п.* 3
пригрева́ть *нес.*, *п.* 1
Пригрози́ть *сов.*, **з : ж** 14
Пригу́бить *сов.*, *п.*, **б : бл** 11
Придава́ть *нес.*, *п.* 55
прида́ть *сов.*, *п.* 98
{Придави́ть *сов.*, *п.*, **в : вл** 18
{Прида́вливать *нес.*, *п.* 1
Прида́ть *сов.*, *п.* 98
придава́ть *нес.*, *п.* 55
{Придвига́ть(ся) *нес.* 1
{Придви́нуть(ся) *сов.* 41
{Приде́лать *сов.*, *п.* 1
{Приде́лывать *нес.*, *п.* 1
{Придержа́ть(ся) *сов.* 23
{Приде́рживать(ся) *нес.* 1
{Придира́ться *нес.* 1
{Придра́ться *сов.* 69
{Приду́мать *сов.*, *п.* 1
{Приду́мывать *нес.*, *п.* 1
Придуши́ть *сов.*, *п.* 16

---

[1] привноси́мый
[2] приводи́мый
[3] привози́мый
[4] пригвождённый
[5] to keep saying
[6] to sentence, to condemn

Приеда́ться *нес.*, 3^e *л.* 1
приє́сться *сов.*, 3^e *л.* 99
Приезжа́ть *нес.* 1
прие́хать *сов.* 92
Прие́сться *сов.*, 3^e *л.* 99
приеда́ться *нес.*, 3^e *л.* 1
Прие́хать *сов.* 92
приезжа́ть *нес.* 1
Прижа́ть(ся) *сов.* 62
прижима́ть(ся) *нес.* 1
Приже́чь *сов.*, *п.* 90
прижига́ть *нес.*, *п.* 1
Прижива́ть(ся) *нес.* 1
прижи́ть(ся) *сов.* 59
Прижига́ть *нес.*, *п.* 1
приже́чь *сов.*, *п.* 90
Прижима́ть(ся) *нес.* 1
прижа́ть(ся) *сов.* 62
Прижи́ть(ся) *сов.* 59
прижива́ть(ся) *нес.* 1
Призаду́маться *сов.* 1
Призаду́мываться *нес.* 1
Призаня́ть *сов.*, *п.* 76
Призва́ть(ся) *сов.* 71
призыва́ть(ся) *нес.* 1
Приземли́ть(ся) *сов.* 13
Приземля́ть(ся) *нес.* 2
Признава́ть(ся) *нес.* 55
Призна́ть(ся) *сов.* 1
Призыва́ть(ся) *нес.* 1
призва́ть(ся) *сов.* 71
Прииска́ть *сов.*, *п.*, **ск : щ** 48
Прии́скивать *нес.*, *п.* 1
Прийти́ *сов.* 94
приходи́ть *нес.*, **д : ж** 17
Прийти́сь *сов.*, *безл.* 94
приходи́ться *нес.*, *безл.* 17
Приказа́ть *сов.*, *п.*, **з : ж** 46
Прика́зывать *нес.*, *п.* 1
Прика́лывать *нес.*, *п.* 1
приколо́ть *сов.*, *п.* 38
Прика́нчивать *нес.*, *п.* 1
прико́нчить *сов.*, *п.* 12
Прика́рмливать *нес.*, *п.* 1
Прикаса́ться *нес.* 1
прикосну́ться *сов.* 39

Прикати́ть *сов.*, *п.*, **т : ч** 17
Прика́тывать *нес.*, *п.* 1
Прики́дывать(ся) *нес.* 1
Прики́нуть(ся) *сов.* 41
Прикипе́ть *сов.*, 3^e *л.* 26
Прикла́дывать(ся) *нес.* 1
приложи́ть(ся) *сов.* 16
Прикле́ивать *нес.*, *п.* 1
Прикле́ить *сов.*, *п.* 19
Прикле́иваться *нес.*, 3^e *л.* 1
Прикле́иться *сов.*, 3^e *л.* 19
Приклепа́ть[1] *сов.*, *п.* 1
Приклёпывать *нес.*, *п.* 1
Приклони́ть *сов.*, *п.* 16
Приклоня́ть *нес.*, *п.* 2
Приключа́ться *нес.*, 3^e *л.* 1
Приключи́ться *сов.*, 3^e *л.* 13
Прикова́ть[2] *сов.*, *п.* 53
Прико́вывать *нес.*, *п.* 1
Прикола́чивать *нес.*, *п.* 1
Приколоти́ть *сов.*, *п.*, **т : ч** 17
Приколо́ть *сов.*, *п.* 38
прика́лывать *нес.*, *п.* 1
Прикомандирова́ть *сов.*, *п.* 53
Прикомандиро́вывать *нес.*, *п.* 1
Прико́нчить *сов.*, *п.* 12
прика́нчивать *нес.*, *п.* 1
Прикорну́ть *сов.* 39
Прикосну́ться *сов.* 39
прикаса́ться *нес.* 1
Прикра́сить *сов.*, *п.*, **с : ш** 10
Прикра́шивать *нес.*, *п.* 1
Прикрепи́ть(ся) *сов.*, **п : пл** 15
Прикрепля́ть(ся) *нес.* 2
Прикри́кивать *нес.* 1
Прикри́кнуть *сов.* 40
Прикрути́ть *сов.*, *п.*, **т : ч** 17
Прикру́чивать *нес.*, *п.* 1
Прикрыва́ть(ся) *нес.* 1
Прикры́ть(ся) *сов.* 64
Прикупа́ть *нес.*, *п.* 1
Прикупи́ть *сов.*, *п.*, **п : пл** 18
Прику́ривать *нес.*, *п.* 1
Прикури́ть *сов.*, *п.* 16
Прикуси́ть *сов.*, *п.*, **с : ш** 17
Прику́сывать *нес.*, *п.* 1

[1] приклёпанный
[2] прикую, прикуёшь

Прилага́ть *нес., п.* 1
приложи́ть *сов., п.* 16
{Прила́дить *сов., п.,* **д : ж** 10
{Прила́живать *нес., п.* 1
Приласка́ть(ся) *сов.* 1
Прилга́ть *сов., п.* 95
Прилгну́ть *сов., п.* 39
Прилега́ть *нес., 3^е л.* 1
приле́чь *сов., 3^е л.* 91
Прилежа́ть *нес., 3^е л.* 22
{Прилепи́ть *сов., п.,* **п : пл** 18
{Прилепля́ть *нес., п.* 2
{Прилепи́ться *сов., 3^е л.* 18
{Прилепля́ться *нес., 3^е л.* 2
{Прилета́ть *нес.* 1
{Прилете́ть *сов.,* **т : ч** 31
Приле́чь *сов.* 91
прилега́ть *нес.* 1
Прилива́ть *нес., 3^е л.* 1
прили́ть *сов., 3^е л.* 66
{Прилиза́ть *сов., п.,* **з : ж** 46
{Прили́зывать *нес., п.* 1
{Прилипа́ть *нес.* 1
{Прили́пнуть *сов.* 44
Прили́ть *сов., 3^е л.* 66
прилива́ть *нес., 3^е л.* 1
Приложи́ть *сов., п.* 16
прикла́дывать *нес., п.* 1
Приложи́ть *сов., п.* 16
прилага́ть *нес., п.* 1
Прильну́ть *сов.* 39
{Прима́заться *сов.,* **з : ж** 49
{Прима́зываться *нес.* 1
{Прима́нивать *нес., п.* 1
{Примани́ть *сов., п.* 16
Примелька́ться *нес.* 1
{Примени́ть[1](ся) *сов.* 16
{Применя́ть(ся) *нес.* 2
Примерза́ть *нес.* 1
примёрзнуть *сов.* 43
{Приме́рить *сов., п.* 9
{Примеря́ть *нес., п.* 2

Примета́ть *сов., п.* 1
примётывать *нес., п.* 1
Приме́тить *сов., п.,* **т : ч** 10
примеча́ть *нес., п.* 1
Примётывать *нес., п.* 1
примета́ть *сов., п.* 1
Примеча́ть *нес., п.* 1
приме́тить *сов., п.,* **т : ч** 10
{Примеша́ть *сов., п.* 1
{Приме́шивать *нес., п.* 1
Примина́ть *нес., п.* 1
примя́ть *сов., п.* 60
{Примири́ть(ся) *сов.* 13
{Примиря́ть(ся) *нес.* 2
Примкну́ть *сов.* 39
примыка́ть *нес.* 1
Примо́лкнуть *сов.* 43
Примости́ть(ся) *сов.,* **ст : щ** 14
Примча́ться *сов.* 22
Примыка́ть *нес.* 1
примкну́ть *сов.* 39
Примя́ть *сов., п.* 60
примина́ть *нес., п.* 1
Принадлежа́ть *нес.* 22
{Принаряди́ть[2](ся) *сов.,* **д : ж** 14, 17
{Принаряжа́ть(ся) *нес.* 1
Принево́лить *сов., п.* 9
Принести́ *сов., п.* 6
приноси́ть[3] *нес., п.,* **с : ш** 17
{Принижа́ть *нес., п.* 1
{Прини́зить *сов., п.,* **з : ж** 10
{Приника́ть *нес.* 1
{Прини́кнуть *сов.* 44
Принима́ть(ся) *нес.* 1
приня́ть(ся *сов.* 75
{Прижора́вливать(ся) *нес.* 1
{Принорови́ть[4](ся) *сов.,* **в : вл** 15
Приноси́ть *нес., п.,* **с : ш** 17
принести́ *сов., п.* 6
{Прину́дить[5] *сов., п.,* **д:ж:жд** 10
{Принужда́ть *нес., п.* 1

---

[1] применённый
[2] принаря́женный
[3] приноси́мый
[4] приноро́вленный
[5] прину́ди; принуждённый

Принюхаться *сов.* 1
Принюхиваться *нес.* 1
Приня́ть(ся) *сов.* 75
принима́ть(ся) *нес.* 1
Приободри́ть(ся) *сов.* 12
Приободря́ть(ся) *нес.* 2
Приобрести́ *сов., п.* 80
Приобрета́ть *нес., п.* 1
Приобща́ть(ся) *нес.* 1
Приобщи́ть(ся) *сов.* 13
Приоде́ть(ся) *сов.* 57
Приоса́ниваться *нес.* 1
Приоса́ниться *сов.* 9
Приостана́вливать(ся) *нес.* 1
Приостанови́ть(ся) *сов.*, в:вл 18
Приотвори́ть *сов., п.* 13
Приотворя́ть *нес., п.* 2
Приотвори́ться *сов.*, 3^e *л.* 13
Приотворя́ться *нес.*, 3^e *л.* 2
Приоткрыва́ть *нес., п.* 1
Приоткры́ть *сов., п.* 64
Приоткрыва́ться *нес.*, 3^e *л.* 1
Приоткры́ться *сов.*, 3^e *л.* 64
Приохо́тить(ся) *сов.*, т : ч 10
Припада́ть *нес.* 1
припа́сть *сов.* 78
Припа́ивать *нес., п.* 1
припая́ть *сов., п.* 2
Припаса́ть *нес., п.* 1
Припасти́ *сов., п.* 6
Припа́сть *сов.* 78
припада́ть *нес.* 1
Припа́хивать *нес.*, 3^e *л.* 1
Припая́ть *сов., п.* 2
припа́ивать *нес., п.* 1
Припева́ть *нес.* 1
Припека́ть *нес.*, 3^e *л.* 1
Припеча́тать *сов., п.* 1
Припеча́тывать *нес., п.* 1
Приписа́ть *сов., п.*, с : ш 46
Припи́сывать *нес., п.* 1
Приплати́ть *сов., п.*, т : ч 17
Припла́чивать *нес., п.* 1
Приплести́[1] *сов., п.* 80
Приплета́ть *нес., п.* 1

Приплыва́ть *нес.* 1
Приплы́ть *сов.* 59
Приплю́снуть *сов., п.* 40
Приплю́щивать *нес., п.* 1
Припля́сывать *нес.* 1
Приподнима́ть(ся) *нес.* 1
Приподня́ть(ся) *сов.* 74
Приполза́ть *нес.* 1
Приползти́ *сов.* 6
Припомина́ть(ся) *нес.* 1
Припо́мнить(ся) *сов.* 12
Припра́вить *сов., п.*, в : вл 11
Приправля́ть *нес., п.* 2
Припры́гивать *нес.* 1
Припря́тать *сов., п.*, т : ч 47
Припря́тывать *нес., п.* 1
Припу́гивать *нес., п.* 1
Припугну́ть *сов., п.* 39
Припу́дривать(ся) *нес.* 1
Припу́дрить(ся) *сов.* 12
Припуска́ть *нес., п.* 1
Припусти́ть *сов., п.*, ст : щ 17
Припуха́ть *нес.*, 3^e *л.* 1
Припу́хнуть *сов.*, 3^e *л.* 43
Прираба́тывать *нес., п.* 1
Прирабо́тать *сов., п.* 1
Прира́внивать(ся) *нес.* 1
Приравня́ть[2](ся) *сов.* 2
Прира́внивать *нес., п.* 1
прировня́ть *сов., п.* 2
Прираста́ть *нес.*, 3^e *л.* 1
Прирасти́ *сов.*, 3^e *л.* 84
Приревнова́ть* *сов., п.* 53
Прире́зать *сов., п.*, з : ж 49
Прирезáть *нес., п.* 1
Прировня́ть *сов., п.* 2
прира́внивать *нес., п.* 1
Прируча́ть *нес., п.* 1
Приручи́ть *сов., п.* 13
Прируча́ться *нес.*, 3^e *л.* 1
Приручи́ться *сов.*, 3^e *л.* 13
Приса́живаться *нес.* 1
присе́сть *сов.* 85
Приса́сываться *нес.* 1
присоса́ться *сов.* 32

---

[1] приплетя́
[2] прира́вненный

Присва́ивать *нес.*, *п.*	1
присво́ить *сов.*, *п.*	19
Присви́стывать *нес.*	1
Присво́ить *сов.*, *п.*	19
присва́ивать *нес.*, *п.*	1
Приседа́ть *нес.*	1
Присе́сть *сов.*	85
Присе́сть *сов.*	85
приса́живаться *нес.*	1
Прискака́ть *сов.*, **к : ч**	48
Приску́чивать *нес.*	1
Приску́чить *сов.*	9
Присла́ть *сов.*, *п.*	73
присыла́ть *нес.*, *п.*	1
Прислони́ть[1]**(ся)** *сов.*	13, 16
Прислоня́ть(ся) *нес.*	2
Прислу́живать *нес.*	1
Прислу́шаться *сов.*	1
Прислу́шиваться *нес.*	1
Присма́тривать(ся) *нес.*	1
присмотре́ть(ся) *сов.*	29
Присмире́ть *сов.*	3
Присмотре́ть(ся) *сов.*	29
присма́тривать(ся) *нес.*	1
Присни́ться *сов.*, *п.*	13
Присове́товать *сов.*, *п.*	54
Присовокупи́ть *сов.*, *п.*, **п : пл**	15
Присовокупля́ть *нес.*, *п.*	2
Присоедини́ть(ся) *сов.*	13
Присоединя́ть(ся) *нес.*	2
Присоса́ться *сов.*	32
приса́сываться *нес.*	1
Присо́хнуть *сов.*, *3е л.*	43
присыха́ть *нес.*, *3е л.*	1
Приспоса́бливать(ся) *нес.*	1
Приспосо́бить(ся) *сов.*, **б : бл**	11
Приспуска́ть *нес.*, *п.*	1
Приспусти́ть *сов.*, *п.*, **ст : щ**	17
Пристава́ть *нес.*	55
приста́ть *сов.*	56
Приста́вить *сов.*, *п.*, **в : вл**	11
Приставля́ть *нес.*, *п.*	2
Приста́ть *сов.*	56
пристава́ть *нес.*	55
Пристега́ть *сов.*, *п.*	1
пристёгивать[2] *нес.*, *п.*	1
Пристегну́ть *сов.*, *п.*	39
Пристёгивать[3] *нес.*, *п.*	1
Пристра́ивать(ся) *нес.*	1
пристро́ить(ся) *сов.*	19
Пристрасти́ть(ся) *сов.*, **ст : щ**	14
Пристра́чивать *нес.*, *п.*	1
пристрочи́ть[4] *сов.*, *п.*	13, 16
Пристре́ливать *нес.*, *п.*	1
Пристрели́ть *сов.*, *п.*	16
Пристре́ливать(ся) *нес.*	1
Пристреля́ть(ся) *сов.*	2
Пристро́ить(ся) *сов.*	19
пристра́ивать(ся) *нес.*	1
Пристрочи́ть[4] *сов.*, *п.*	13, 16
пристра́чивать *нес.*, *п.*	1
Пристру́нивать *нес.*, *п.*	1
Приструни́ть *сов.*, *п.*	9
Присту́кивать *нес.*	1
Присту́кнуть *сов.*	40
Приступа́ть *нес.*	1
Приступи́ть *сов.*, **п : пл**	18
Пристыди́ть *сов.*, *п.*, **д : ж**	14
Присуди́ть[5] *сов.*, *п.*, **д : ж : жд**	17
Присужда́ть *нес.*, *п.*	1
Прису́тствовать *нес.*	54
Присчита́ть *сов.*, *п.*	1
Присчи́тывать *нес.*, *п.*	1
Присыла́ть *нес.*, *п.*	1
присла́ть *сов.*, *п.*	73
Присы́пать *сов.*, *п.*, **п : пл**	50
Присыпа́ть *нес.*, *п.*	1
Присыха́ть *нес.*	1
присо́хнуть *сов.*	43

[1] прислонённый
[2] to stitch
[3] to fasten, to button, to buckle
[4] пристро́ченный
[5] присуждённый

{Присяга́ть *нес.* 1
{Присягну́ть *сов.* 39
Прита́йться *сов.* 13
Прита́птывать *нес.*, *п.* 1
 притопта́ть *сов.*, *п.*, т : ч 48
Прита́птываться *нес.*, 3^e *л.* 1
 притопта́ться *сов.*, 3^e *л.* 48
{Прита́скивать *нес.*, *п.* 1
{Притащи́ть(ся) *сов.* 16
{Притвори́ть *сов.*, *п.* 16
{Притворя́ть *нес.*, *п.* 2
{Притвори́ться *сов.* 16
{Притворя́ться *нес.* 2
Притека́ть *нес.*, 3^e *л.* 1
 притёчь *сов.*, 3^e *л.* 86
Притерпе́ться *сов.*, п : пл 18
{Притесни́ть *сов.*, *п.* 13
{Притесня́ть *нес.*, *п.* 2
Притёчь *сов.*, 3^e *л.* 86
 притека́ть *нес.*, 3^e *л.* 1
Притира́ть *нес.*, *п.* 1
{Прити́скивать *нес.*, *п.* 1
{Прити́снуть *сов.*, *п.* 40
Прити́хнуть *сов.* 43
Приткну́ть(ся) *сов.* 39
 притыка́ть(ся) *нес.* 1
Прито́пнуть *сов.* 40
 прито́птывать *нес.* 1
Притопта́ть *сов.*, *п.*, т : ч 48
 прита́птывать *нес.*, *п.* 1
Притопта́ться *сов.*, 3^e *л.* 48
 прита́птываться *нес.*, 3^e *л.* 1
Притормози́ть *сов.*, *п.*, з : ж 14
{Притра́гиваться *нес.* 1
{Притро́нуться *сов.* 41
{Притупи́ть *сов.*, *п.*, п : пл 18
{Притупля́ть *нес.*, *п.* 2
{Притупи́ться *сов.*, 3^e *л.* 18
{Притупля́ться *нес.*, 3^e *л.* 2
Притуши́ть *сов.*, *п.* 16
Притыка́ть *нес.*, *п.* 1
 приткну́ть *сов.*, *п.* 39
Притя́гивать *нес.*, *п.* 1
 притяну́ть *сов.*, *п.* 42

Притяза́ть *сов.* 1
Притяну́ть *сов.*, *п.* 42
 притя́гивать *нес.*, *п.* 1
{Приукра́сить *сов.*, *п.*, с : ш 10
{Приукра́шивать *нес.*, *п.* 1
{Приуменьша́ть *нес.*, *п.* 1
{Приуме́ньши́ть[1] *сов.*, *п.* 12
{Приумножа́ть *нес.*, *п.* 1
{Приумно́жить *сов.*, *п.* 9
{Приумножа́ться *нес.*, 3^e *л.* 1
{Приумно́житься *сов.*, 3^e *л.* 9
Приумо́лкнуть *сов.* 43
Приуны́ть[2] *сов.* 64
{Приуро́чивать *нес.*, *п.* 1
{Приуро́чить *сов.*, *п.* 9
Приуста́ть *сов.* 56
Приути́хнуть *сов.*, 3^e *л.* 43
{Приуча́ть(ся) *нес.* 1
{Приучи́ть(ся) *сов.* 16
Прифранти́ться *сов.*, т : ч 14
Прихва́рывать *нес.* 1
Прихвастну́ть *сов.* 39
{Прихвати́ть *сов.*, *п.*, т : ч 17
{Прихва́тывать *нес.*, *п.* 1
Прихворну́ть *сов.* 39
{Прихлебну́ть *сов.*, *п.* 39
{Прихлёбывать *нес.*, *п.* 1
{Прихло́пнуть *сов.*, *п.* 40
{Прихло́пывать *нес.*, *п.* 1
Прихлы́нуть *сов.*, 3^e *л.* 41
Приходи́ть *нес.*, д : ж 17
 прийти́ *сов.* 94
Приходи́ться *нес.*, д : ж 17
Приходи́ться *нес.*, *безл.* 17
 прийти́сь *сов.*, *безл.* 94
Прихо́довать *нес.*, *п.* 54
 заприхо́довать *сов.*, *п.* 54
Прихора́шивать(ся) *нес.* 1
Прихра́мывать *нес.* 1
{Прице́ливаться *нес.* 1
{Прице́литься *сов.* 9
{Прице́ниваться *нес.* 1
{Прицени́ться *сов.* 16
{Прицепи́ть(ся) *сов.*, п : пл 18
{Прицепля́ть(ся) *нес.* 2

[1] приуме́ньшенный & приуменьшённый
[2] Future and imperative not used.

Прича́ливать *нес., п.* 1
Прича́лить *сов., п.* 9

Причасти́ть(ся) *сов.*, **ст : щ** 14
Причаща́ть(ся) *нес.* 1

Причеса́ть(ся) *сов.*, **с : ш** 46
Причёсывать(ся) *нес.* 1

Причини́ть *сов., п.* 13
Причиня́ть *нес., п.* 2

Причи́слить *сов., п.* 12
Причисля́ть *нес., п.* 2

Причита́ть *нес.* 1

Причита́ться *нес.*, $3^е$ *л.* 1

Причмо́кивать *нес.* 1
Причмо́кнуть *сов.* 40

Пришвартова́ть *сов., п.* 53
Пришварто́вывать *нес., п.* 1

Пришвартова́ться *сов.*, $3^е$ *л.* 53
Пришварто́вываться *нес.*, $3^е$ *л.* 1

Пришепётывать *нес.* 1

Пришёптывать *нес., п.* 1

Пришиби́ть *сов., п.* 37

Пришива́ть *нес., п.* 1
Приши́ть *сов., п.* 66

Пришпи́ливать *нес., п.* 1
Пришпи́лить *сов., п.* 9

Пришпо́ривать *нес., п.* 1
Пришпо́рить *сов., п.* 9

Прищёлкивать *нес.* 1
Прищёлкнуть *сов.* 40

Прищеми́ть *сов., п.*, **м : мл** 15
Прищемля́ть *нес., п.* 2

Прищу́ривать(ся) *нес.* 1
Прищу́рить(ся) *сов.* 9

Приюти́ть*(ся) *сов.*, **т : ч** 14

Проанализи́ровать *сов., п.* 54

Пробавля́ться *нес.* 2

Проба́лтываться *нес.* 1
проболта́ться *сов.* 1

Пробе́гать *сов., п.* 1

Пробега́ть *нес., п.* 1
Пробежа́ть *сов., п.* 96

Пробива́ть(ся) *нес.* 1
проби́ть(ся) *сов.* 66

Пробира́ть(ся) *нес.* 1
пробра́ть(ся) *сов.* 69

Проби́ть(ся) *сов.* 66
пробива́ть(ся) *нес.* 1

Пробле́скивать *нес.*, $3^е$ *л.* 1
Проблесну́ть *сов.*, $3^е$ *л.* 39

Про́бовать *нес., п.* 54
испро́бовать *сов., п.* 54
попро́бовать *сов., п.* 54

Проболе́ть[1] *сов.* 3

Проболе́ть[2] *сов.*, $3^е$ *л.* 25

Проболта́ться *сов.* 1
проба́лтываться *нес.* 1

Пробормота́ть *сов., п.*, **т : ч** 48

Пробра́сывать *нес., п.* 1
пробро́сить *сов., п.*, **с : ш** 10

Пробра́ть(ся) *сов.* 69
пробира́ть(ся) *нес.* 1

Пробрива́ть *нес., п.* 1
Пробри́ть *сов., п.* 63

Пробро́сить *сов., п.*, **с : ш** 10
пробра́сывать *нес., п.* 1

Пробуди́ть[3](ся) *сов.*, **д : ж : жд** 17
Пробужда́ть(ся) *нес.* 1

Пробура́вить *сов., п.*, **в : вл** 11

Пробури́ть *сов., п.* 13

Пробы́ть *сов.* 93

Прова́ливать(ся) *нес.* 1
Провали́ть(ся) *сов.* 16

Прова́ривать *нес., п.* 1
Провари́ть *сов., п.* 16

Прова́риваться *нес.*, $3^е$ *л.* 1
Провари́ться *сов.*, $3^е$ *л.* 16

Прове́дать *сов., п.* 1
Прове́дывать *нес., п.* 1

Провезти́ *сов., п.* 6
провози́ть[4] *нес., п.*, **з : ж** 17

Провентили́ровать *сов., п.* 54

Прове́рить *сов., п.* 9
проверя́ть *нес., п.* 2

---

[1] see боле́ть[1]
[2] see боле́ть[2]
[3] пробуждённый
[4] провози́мый

Проверну́ть *сов.*, *п.* 39
провёртывать *нес.*, *п.* 1
Проверте́ть *сов.*, *п.*, т : ч 31
прове́рчивать *нес.*, *п.* 1
Проверя́ть *нес.*, *п.* 2
прове́рить *сов.*, *п.* 9
Провести́ *сов.*, *п.* 79
проводи́ть[1] *нес.*, *п.*, д : ж 17
{Прове́тривать *нес.*, *п.* 1
{Прове́трить *сов.*, *п.* 12
{Прове́триваться *нес.*, *3е л.* 1
{Прове́триться *сов.*, *3е л.* 12
Прове́ять *сов.*, *п.* 35
Прови́деть *сов.*, *п.*, д : ж 28
Провини́ться *сов.* 13
Провира́ться *нес.* 1
провра́ться *сов.* 32
{Провиса́ть *нес.*, *3е л.* 1
{Прови́снуть *сов.*, *3е л.* 43
Проводи́ть[1] *нес.*, *п.*, д : ж 17
провести́ *сов.*, *п.* 79
{Проводи́ть* *сов.*, *п.*, д : ж 17
{Провожа́ть *нес.*, *п.* 1
{Провозвести́ть *сов.*, *п.*, ст : щ 14
{Провозвеща́ть *нес.*, *п.* 1
{Провозгласи́ть *сов.*, *п.*, с : ш 14
{Провозглаша́ть *нес.*, *п.* 1
Провози́ть[2] *нес.*, *п.*, з : ж 17
провезти́ *сов.*, *п.* 6
Провози́ться *сов.*, з : ж 17
Провоня́ть *сов.*, *3е л.* 2
Проворова́ться *сов.* 53
Проворо́нить *сов.*, *п.* 9
Проворча́ть *сов.*, *п.* 22
Провоци́ровать *сов.*, *нес.*, *п.* 54
спровоци́ровать *сов.*, *п.* 54
Провра́ться *сов.* 32
провира́ться *нес.* 1
Провя́лить *сов.*, *п.* 9
Провя́литься *сов.*, *3е л.* 9
{Прогада́ть *сов.* 1
{Прога́дывать *нес.* 1
{Прогиба́ть *нес.*, *п.* 1
{Прогну́ть *сов.*, *п.* 39
{Прогиба́ться *нес.*, *3е л.* 1
{Прогну́ться *сов.*, *3е л.* 39
{Прогла́дить *сов.*, *п.*, д : ж 10
{Прогла́живать *нес.*, *п.* 1
{Прогла́тывать *нес.*, *п.* 1
{Проглоти́ть *сов.*, *п.*, т : ч 17
{Прогляде́ть *сов.*, *п.*, д : ж 27
{Прогля́дывать[3] *нес.*, *п.* 1
{Прогля́дывать[4] *нес.*, *3е л.* 1
{Проглянýть *сов.*, *3е л.* 42
Прогна́ть *сов.*, *п.* 72
прогоня́ть *нес.*, *п.* 2
Прогне́вать(ся) *сов.* 1
Прогневи́ть *сов.*, *п.*, в : вл 15
{Прогнива́ть *нес.*, *3е л.* 1
{Прогни́ть *сов.*, *3е л.* 5
Прогну́ть *сов.*, *п.* 39
прогиба́ть *нес.*, *п.* 1
Прогну́ться *сов.*, *3е л.* 39
прогиба́ться *нес.*, *3е л.* 1
{Прогова́ривать(ся) *нес.* 1
{Проговори́ть(ся) *сов.* 13
Проголода́ть(ся) *сов.* 1
Проголосова́ть *сов.* 53
Прогоня́ть *нес.*, *п.* 2
прогна́ть *сов.*, *п.* 72
{Прогора́ть *нес.*, *3е л.* 1
{Прогоре́ть *сов.*, *3е л.* 25
Прого́ркнуть *сов.*, *3е л.* 43
Прогреба́ть *нес.*, *п.* 1
прогрести́ *сов.*, *п.* 82
Прогрева́ть(ся) *нес.* 1
прогре́ть(ся) *сов.* 3
Прогресси́ровать *нес.* 54
Прогрести́ *сов.*, *п.* 82
прогреба́ть *нес.*, *п.* 1
Прогре́ть(ся) *сов.* 3
прогрева́ть(ся) *нес.* 1
{Прогрыза́ть *нес.*, *п.* 1
{Прогры́зть *сов.*, *п.* 7
{Прогу́ливать(ся) *нес.* 1
{Прогуля́ть(ся) *сов.* 2
Продава́ть(ся) *нес.* 55
прода́ть(ся) *сов.* 98

[1] проводи́мый
[2] провози́мый
[3] to look *(something)* through
[4] to show *(through something)*, to appear, to peep out

Продави́ть сов., п., в : вл 18
Прода́вливать нес., п. 1
Продави́ться сов., 3е л. 18
Прода́вливаться нес., 3е л. 1
Прода́лбливать нес., п. 1
продолби́ть[1] сов., п., б : бл 15
Прода́ть(ся) сов. 98
продава́ть(ся) нес. 55
Продвига́ть(ся) нес. 1
Продви́нуть(ся) сов. 41
Продева́ть нес., п. 1
проде́ть сов., п. 7
Продеклами́ровать сов., п. 54
Проде́лать сов., п. 1
Проде́лывать нес., п. 1
Продемонстри́ровать сов., п. 54
Продёргивать нес., п. 1
Продёрнуть сов., п. 40
Продержа́ть(ся) сов. 23
Проде́ть сов., п. 57
продева́ть нес., п. 1
Продешеви́ть сов., п., в : вл 15
Продиктова́ть сов., п. 53
Продира́ть(ся) нес. 1
продра́ть(ся) сов. 69
Продлева́ть нес., п. 1
Продли́ть сов., п. 13
Продли́ться сов. 13
Продолби́ть[1] сов., п., б : бл 15
прода́лбливать нес., п. 1
Продолжа́ть нес., п. 1
Продо́лжить сов., п. 12
Продолжа́ться нес., 3е л. 1
Продо́лжиться сов., 3е л. 12
Продохну́ть сов. 39
Продра́ть(ся) сов. 69
продира́ть(ся) нес. 1
Продро́гнуть сов. 43
Продува́ть нес., п. 1
проду́ть сов., п. 4
Проду́мать сов., п. 1
Проду́мывать нес., п. 1
Проду́ть сов., п. 4
продува́ть нес., п. 1

Продуши́ть(ся) сов. 16
Продыря́вить сов., п., в : вл 11
Продыря́вливать нес., п. 1
Продыря́виться сов., 3е л. 11
Продыря́вливаться нес., 3е л. 1
Продыша́ться сов. 23
Проеда́ть(ся) нес. 1
прое́сть(ся) сов. 99
Прое́здить[2](ся) сов., д : ж 10
Проезжа́ть(ся) нес. 1
прое́хать(ся) сов. 92
Проекти́ровать нес., п. 54
запроекти́ровать сов., п. 54
спроекти́ровать сов., п. 54
Прое́сть(ся) сов. 99
проеда́ть(ся) нес. 1
Прое́хать(ся) сов. 92
проезжа́ть(ся) нес. 1
Прожа́ривать нес., п. 1
Прожа́рить сов., п. 9
Прожа́риваться нес., 3е л. 1
Прожа́риться сов., 3е л. 9
Прожда́ть сов., п. 32
Прожева́ть[3] сов., п. 53
прожёвывать нес., п. 1
Прожектёрствовать нес. 54
Проже́чь сов., п. 90
прожига́ть нес., п. 1
Прожива́ть(ся) нес. 1
прожи́ть(ся) сов. 59
Прожига́ть нес., п. 1
проже́чь сов., п. 90
Прожи́ть(ся) сов. 59
прожива́ть(ся) нес. 1
Прожужжа́ть сов. 22
Прозакла́дывать нес., п. 1
Прозва́ть сов., п. 71
Прозвони́ть сов. 13
Прозвуча́ть сов., 3е л. 22
Прозева́ть* сов., п. 1
Прозимова́ть* сов. 53
Прозна́ть сов., п. 1
Прозрева́ть нес. 1
Прозре́ть сов. 25

---

[1] продо́лбленный & продолблённый
[2] прое́зди
[3] прожую́, прожуёшь

Прозяба́ть *нес.* 1
Прозя́бнуть *сов.* 43
{Проигра́ть(ся) *сов.* 1
{Прои́грывать(ся) *нес.* 1
{Произвести́ *сов., п.* 79
{Производи́ть *нес., п.*, **д : ж** 17
Производи́ться *нес., 3[е] л.* 17
{Произнести́ *сов., п.* 6
{Произноси́ть *нес., п.*, **с : ш** 17
Произойти́ *сов., 3[е] л.* 94
происходи́ть *нес., 3[е] л.* 17
{Произраста́ть *нес., 3[е] л.* 1
{Произрасти́ *сов., 3[е] л.* 84
Проиллюстри́ровать *сов., п.* 54
Проинструкти́ровать *сов., п.* 54
Проинформи́ровать *сов., п.* 54
Поиска́ть *сов., п.*, **ск : щ** 48
{Проистека́ть *нес., 3[е] л.* 1
{Происте́чь *сов., 3[е] л.* 86
Происходи́ть *нес., 3[е] л.* 17
произойти́ *сов., 3[е] л.* 94
Пройти́ *сов., п.* 94
проходи́ть *нес., п.*, **д : ж** 17
Пройти́сь *сов.* 94
проха́живаться *нес.* 1
Прока́зить *нес.*, **з : ж** 10
Прока́зничать *нес.* 1
напрока́зничать *сов.* 1
{Прока́ливать *нес., п.* 1
{Прокали́ть *сов., п.* 13
{Прока́ливаться *нес., 3[е] л.* 1
{Прокали́ться *сов., 3[е] л.* 13
Проканите́литься *сов.* 9
Прока́лывать *нес., п.* 1
проколо́ть *сов., п.* 38
Прока́пчивать *нес., п.* 1
прокопти́ть *сов., п.*, **т : ч** 14
Прока́пывать *нес., п.* 1
прокопа́ть *сов., п.* 1
Прокарау́лить *сов., п.* 9
Working Проката́ть *сов., п.* 1
прока́тывать *нес., п.* 1
Проката́ться *сов., 3[е] л.* 1
прока́тываться *нес., 3[е] л.* 1
{Прокати́ть *сов., п.*, **т : ч** 17
{Прока́тывать *нес., п.* 1
{Прокати́ться *сов., 3[е] л.* 17
{Прока́тываться *нес., 3[е] л.* 1
Прока́тывать *нес., п.* 1
проката́ть *сов., п.* 1
Прока́тываться *нес., 3[е] л.* 1
проката́ться *сов., 3[е] л.* 1
{Прока́шливаться *нес.* 1
{Прока́шляться *сов.* 2
Прокида́ть *сов., п.* 1
Прокипе́ть *сов., 3[е] л.* 26
Прокипяти́ть *сов., п.*, **т : ч** 14
{Прокиса́ть *нес., 3[е] л.* 1
{**Проки́**снуть *сов., 3[е] л.* 43
Прокла́дывать *нес., п.* 1
проложи́ть *сов., п.* 16
Проклева́ть[1] *сов., п.* 53
проклёвывать *нес., п.* 1
{Прокле́ивать *нес., п.* 1
{Прокле́ить *сов., п.* 19
Проклина́ть *нес., п.* 1
прокля́сть *сов., п.* 81
Проклю́нуть(ся) *сов., 3[е] л.* 41
Прокля́сть *сов., п.* 81
проклина́ть *нес., п.* 1
Проковыля́ть *сов.* 2
{Проковы́ривать *нес., п.* 1
{Проковырну́ть *сов., п.* 27
{Проковыря́ть *сов., п.* 2
Проколо́ть *сов., п.* 38
прока́лывать *нес., п.* 1
Прокомменти́ровать *сов., п.* 54
Прокомпости́ровать *сов., п.* 54
{Проконопа́тить *сов., п.*, **т : ч** 10
{Проконопа́чивать *нес., п.* 1
Проконспекти́ровать *сов., п.* 54
Проконсульти́ровать(ся) *сов.* 54
Проконтроли́ровать *сов., п.* 54
Прокопа́ть(ся) *сов.* 1
прока́пывать(ся) *нес.* 1
Прокопти́ть(ся) *сов.*, **т : ч** 14
прока́пчивать *нес., п.* 1
Прокорми́ть(ся) *сов.*, **м : мл** 18
Прокорректи́ровать *сов., п.* 54
Прокра́дываться *нес.* 1
прокра́сться *сов.* 78

---

[1] проклюю́, проклюёшь; проклёванный

Прокра́сить *сов., п.*, **с : ш** 10
прокра́шивать *нес., п.* 1
Прокра́сться *сов.* 78
прокра́дываться *нес.* 1
Прокрахма́ливать *нес., п.* 1
Прокрахма́лить *сов., п.* 9
Прокрахма́ливаться *нес.*, $3^е$ *л.* 1
Прокрахма́литься *сов.*, $3^е$ *л.* 9
Прокра́шивать *нес., п.* 1
прокра́сить *сов., п.*, **с : ш** 10
Прокрича́ть* *сов., п.* 22
Проку́ривать *нес., п.* 1
Прокури́ть *сов., п.* 16
Прокуса́ть *сов., п.* 1
Прокуси́ть *сов., п.*, **с : ш** 17
Проку́сывать *нес., п.* 1
Прокути́ть(ся) *сов.*, **т : ч** 17
Проку́чивать(ся) *нес.* 1
Пролага́ть *нес., п.* 1
проложи́ть *сов., п.* 16
Пробла́мывать(ся) *нес.* 1
проломи́ть(ся) *сов.*, **м : мл** 18
Пролега́ть *нес.*, $3^е$ *л.* 1
проле́чь *сов.*, $3^е$ *л.* 91
Пролежа́ть *сов., п.* 22
Пролёживать *нес., п.* 1
Пролеза́ть *нес.* 1
Проле́зть *сов.* 8
Пролета́ть *нес., п.* 1
Пролете́ть *сов., п.*, **т : ч** 31
Проле́чь *сов.*, $3^е$ *л.* 91
пролега́ть *нес.*, $3^е$ *л.* 1
Пролива́ть *нес., п.* 1
Проли́ть *сов., п.* 66
Пролива́ться *нес.*, $3^е$ *л.* 1
Проли́ться *сов.*, $3^е$ *л.* 66
Проложи́ть *сов., п.* 16
прокла́дывать *нес., п.* 1
пролага́ть *нес., п.* 1
Проломи́ть *сов., п.*, **м : мл** 18
прола́мывать *нес., п.* 1
Проломи́ться *сов.*, $3^е$ *л.* 18
прола́мываться *нес.*, $3^е$ *л.* 1
Прома́зать *сов., п.*, **з : ж** 47
Прома́зывать *нес., п.* 1
Промаринова́ть *сов., п.* 53
Промаринова́ться *сов.*, $3^е$ *л.* 53

Прома́сливать(ся) *нес.* 1
Прома́слить(ся) *сов.* 12
Прома́тывать(ся) *нес.* 1
промота́ть(ся) *сов.* 1
Прома́хиваться *нес.* 1
Промахну́ться *сов.* 39
Прома́чивать *нес., п.* 1
промочи́ть *сов., п.* 16
Проме́длить *сов.* 12
Промелькну́ть *сов.* 39
Проме́нивать *нес., п.* 1
Променя́ть *сов., п.* 2
Промерза́ть *нес.* 1
Промёрзнуть *сов.* 43
Проме́ривать *нес., п.* 1
Проме́рить *сов., п.* 9
Промеря́ть *нес., п.* 2
Промеси́ть *сов., п.*, **с : ш** 17
проме́шивать *нес., п.* 1
Промести́ *сов., п.* 80
Промета́ть* *нес., п.* 1
Промета́ть *сов., п.*, **т : ч** 48
Промеша́ть *сов., п.* 1
Проме́шивать *нес., п.* 1
Проме́шкать(ся) *сов.* 1
Промина́ть(ся) *нес.* 1
промя́ть(ся) *сов.* 60
Промока́ть *нес.* 1
Промо́кнуть *сов.* 44
Промо́лвить *сов., п.*, **в : вл** 11
Промолча́ть *сов.* 22
Проморáживать *нес., п.* 1
проморо́зить *сов., п.*, **з : ж** 10
Проморга́ть *сов., п.* 1
Проморить *сов., п.* 13
Проморо́зить *сов., п.*, **з : ж** 10
проморáживать *нес., п.* 1
Промота́ть(ся) *сов.* 1
прома́тывать(ся) *нес.* 1
Промота́ть *сов., п.* 1
Промочи́ть *сов., п.* 16
прома́чивать *нес., п.* 1
Прому́чить(ся) *сов.* 9
Промча́ться *сов.* 22
Промыва́ть *нес., п.* 1
промы́ть *сов., п.* 64
Промы́слить *сов., п.* 12
промышля́ть *нес., п.* 2

Промы́ть *сов., п.*	64
промыва́ть *нес., п.*	1
Промышля́ть *нес., п.*	2
промы́слить *сов., п.*	12
Промя́млить *сов., п.*	12
Промя́ть(ся) *сов.*	60
промина́ть(ся) *нес.*	1
Прона́шивать(ся) *нес.*, 3^e *л.*	1
проноси́ть[1](ся) *сов.*, 3^e *л.*	17
Пронести́(сь) *сов.*	6
проноси́ть[2](ся) *нес.*, с : ш	17
Пронза́ть *нес., п.*	1
Пронзи́ть *сов., п.*, з : ж	14
Прониза́ть *сов., п.*, з : ж	46
Прони́зывать *нес., п.*	1
Проника́ть(ся) *нес.*	1
Прони́кнуть(ся) *сов.*	43
Пронима́ть *нес., п.*	1
проня́ть *сов., п.*	76
Проноси́ть[2](ся) *нес.*, с : ш	17
пронести́(сь) *сов.*	6
Проноси́ть[3] *сов.*, с : ш	17
Проноси́ться[1] *сов.*, 3^e *л.*	17
прона́шиваться *нес.*, 3^e *л.*	1
Пронумерова́ть *сов., п.*	53
Проню́хать *сов., п.*	1
Проню́хивать *нес., п.*	1
Проня́ть *сов., п.*	76
пронима́ть *нес., п.*	1
Пропаганди́ровать *нес., п.*	54
Пропада́ть *нес.*	1
пропа́сть *сов.*	78
Пропа́лывать *нес., п.*	1
пропо́лоть *сов., п.*	38
Пропа́ривать(ся) *нес.*	1
Пропа́рить(ся) *сов.*	9
Пропа́рывать *нес., п.*	1
пропоро́ть *сов., п.*	38
Пропа́сть *сов.*	78
пропада́ть *нес.*	1
Пропаха́ть *сов., п.*, х : ш	46
Пропа́хивать *нес., п.*	1
Пропа́хнуть *сов.*	43
Пропека́ть *нес., п.*	1
пропе́чь *сов., п.*	86
Пропека́ться *нес.*, 3^e *л.*	1
пропе́чься *сов.*, 3^e *л.*	86
Пропе́рчивать *нес., п.*	1
Пропе́рчить *сов., п.*	12
Пропе́ть *сов., п.*	65
Пропеча́тать *сов., п.*	1
Пропеча́тывать *нес., п.*	1
Пропе́чь *сов., п.*	86
пропека́ть *нес., п.*	1
Пропе́чься *сов.*, 3^e *л.*	86
пропека́ться *нес.*, 3^e *л.*	1
Пропива́ть *нес., п.*	1
пропи́ть[4] *сов., п.*	66
Пропи́ливать *нес., п.*	1
Пропили́ть *сов., п.*	16
Прописа́ть(ся) *сов.*, с : ш	46
Пропи́сывать(ся) *нес.*	1
Пропита́ть(ся) *сов.*	1
Пропи́тывать(ся) *нес.*	1
Пропи́хивать *нес., п.*	1
Пропихну́ть *сов., п.*	39
Пропла́кать *сов., п.*, к : ч	47
Пропле́сневеть *сов.*, 3^e *л.*	3
Проплести́(сь) *сов.*	80
Проплута́ть *сов.*	1
Проплыва́ть *нес., п.*	1
Проплы́ть *сов., п.*	59
Пропове́довать *нес., п.*	54
Проползáть *нес., п.*	1
Проползти́ *сов., п.*	6
Пропо́лоть *сов., п.*	38
пропа́лывать *нес., п.*	1
Пропоро́ть *сов., п.*	38
пропа́рывать *нес., п.*	1
Пропоте́ть *сов.*	3
Пропуска́ть *нес., п.*	1
Пропусти́ть *сов., п.*, ст : щ	17
Пропыли́ть(ся) *сов.*	13
Прораба́тывать *нес., п.*	1
Прорабо́тать *сов., п.*	1

[1] to wear *(some article of dress into holes)*
[2] проноси́мый
[3] to wear *(during a specified period of time)*
[4] про́пил, пропила́, про́пило, про́пили; про́питый

{Прораста́ть *нес.*, *3ᵉ л.* 1
{Прорасти́ *сов.*, *3ᵉ л.* 84
Прорва́ть *сов.*, *п.* 32
  прорыва́ть *нес.*, *п.* 1
Прорва́ться *сов.*, *3ᵉ л.* 32
  прорыва́ться *нес.*, *3ᵉ л.* 1
{Прореди́ть *сов.*, *п.*, д : ж 14
{Проре́живать *нес.*, *п.* 1
{Проре́зать *сов.*, *п.*, з : ж 49
{Прореза́ть *нес.*, *п.* 1
  проре́зывать *нес.*, *п.* 1
{Проре́заться *сов.*, *3ᵉ л.* 49
{Прореза́ться *нес.*, *3ᵉ л.* 1
  проре́зываться *нес.*, *3ᵉ л.* 1
{Прорези́нивать *нес.*, *п.* 1
{Прорези́нить *сов.*, *п.* 9
Проре́зывать *нес.*, *п.* 1
  проре́зать *сов.*, *п.* 49
Проре́зываться *нес.*, *3ᵉ л.* 1
  проре́заться *сов.*, *3ᵉ л.* 49
Прорепети́ровать *сов.*, *п.* 54
Прорецензи́ровать *сов.*, *п.* 54
Прорж́а́веть *сов.*, *3ᵉ л.* 3
{Прорисова́ть *сов.*, *п.* 53
{Прорисо́вывать *нес.*, *п.* 1
Прорица́ть *сов.*, *п.* 1
Пророни́ть[1] *сов.*, *п.* 16
Проро́чествовать *нес.* 54
Проро́чить *нес.*, *п.* 9
  напроро́чить *сов.*, *п.* 9
{Прoруба́ть *нес.*, *п.* 1
{Прoруби́ть *сов.*, *п.*, б : бл 18
Прорыва́ть *нес.*, *п.* 1
  прорва́ть *сов.*, *п.* 32
Прорыва́ться *нес.*, *3ᵉ л.* 1
  прорва́ться *сов.*, *3ᵉ л.* 32
{Прорыва́ть(ся) *нес.* 1
{Проры́ть(ся) *сов.* 64
{Просади́ть *сов.*, *п.*, д : ж 17
{Проса́живать *нес.*, *п.* 1
Проса́ливать *нес.*, *п.* 1
  просоли́ть *сов.*, *п.* 13, 16
{Проса́ливать *нес.*, *п.* 1
{Проса́лить *сов.*, *п.* 9

Проса́сывать *нес.*, *п.* 1
  прососа́ть *сов.*, *п.* 32
Проса́сываться *нес.*, *3ᵉ л.* 1
  прососа́ться *сов.*, *3ᵉ л.* 32
Проса́чиваться *нес.*, *3ᵉ л.* 1
  просочи́ться *сов.*, *3ᵉ л.* 13
{Просве́рливать *нес.*, *п.* 1
{Просверли́ть *сов.*, *п.* 13
Просвети́ть(ся)[2] *сов.*, т : щ 14
  просвеща́ть(ся) *нес.* 1
Просвети́ть[3](ся) *сов.*, т : ч 17
  просве́чивать(ся) *нес.* 1
Просветле́ть *сов.* 3
Просве́чивать(ся) *нес.* 1
  просвети́ть[3](ся) *сов.*, т : ч 17
Просвеща́ть(ся) *нес.* 1
  просвети́ть(ся)[2] *сов.*, т : щ 14
Просвиста́ть *сов.*, *п.*, ст : щ 48
Просвисте́ть *сов.*, *п.*, ст : щ 27
Просе́ивать *нес.*, *п.* 1
  просе́ять *сов.*, *п.* 35
Просе́иваться *нес.*, *3ᵉ л.* 1
  просе́яться *сов.*, *3ᵉ л.* 35
{Просека́ть *нес.*, *п.* 1
{Просе́чь *сов.*, *п.* 86
{Просека́ться *нес.*, *3ᵉ л.* 1
{Просе́чься *сов.*, *3ᵉ л.* 86
Просе́ять *сов.*, *п.* 35
  просе́ивать *нес.*, *п.* 1
Просе́яться *сов.*, *3ᵉ л.* 35
  просе́иваться *нес.*, *3ᵉ л.* 1
Просигнализи́ровать *сов.* 54
Просигна́лить *сов.* 9
{Просиде́ть[4] *сов.*, *п.*, д : ж 27
{Проси́живать *нес.*, *п.* 1
Проси́ть(ся) *нес.*, с : ш 17
  попроси́ть(ся) *сов.* 17
Просия́ть *сов.* 2
Проска́бливать *нес.*, *п.* 1
  проскобли́ть *сов.*, *п.* 13
Проскака́ть *сов.*, к : ч 48
Проска́кивать *нес.*, *п.* 1
  проскочи́ть *сов.*, *п.* 16

[1] проро́ненный & прононённый
[2] to enlighten, to educate
[3] to X-ray
[4] проси́женный

Проска́льзывать *нес.* 1
проскользну́ть *сов.* 39
Просклоня́ть *сов.*, *п.* 2
Проскобли́ть *сов.*, *п.* 13
проска́бливать *нес.*, *п.* 1
Проскользну́ть *сов.* 39
проска́льзывать *нес.* 1
{Проскреба́ть *нес.*, *п.* 1
{Проскрести́* *сов.*, *п.* 82
Проскуча́ть *сов.* 1
Просла́бить *сов.*, *безл.* 11
{Просла́вить(ся) *сов.*, **в : вл** 11
{Прославля́ть(ся) *нес.* 2
Просла́ивать *нес.*, *п.* 1
прослои́ть *сов.*, *п.* 13
Проследи́ть[1] *сов.*, *п.*, **д : ж** 14
просле́живать *нес.*, *п.* 1
Просле́довать *сов.* 54
Просле́живать *нес.*, *п.* 1
проследи́ть[1] *сов.*, *п.*, **д : ж** 14
Прослези́ться *сов.*, **з : ж** 14
Прослои́ть *сов.*, *п.* 13
просла́ивать *нес.*, *п.* 1
Прослужи́ть *сов.* 16
{Прослу́шать *сов.*, *п.* 1
{Прослу́шивать *нес.*, *п.* 1
Прослы́ть *сов.* 59
Прослы́шать *сов.*, *п.* 21
Просма́ливать *нес.*, *п.* 1
просмоли́ть *сов.*, *п.* 13
Просма́тривать *нес.*, *п.* 1
просмотре́ть *сов.*, *п.* 29
Просмоли́ть *сов.*, *п.* 13
просма́ливать *нес.*, *п.* 1
Просмотре́ть *сов.*, *п.* 29
просма́тривать *нес.*, *п.* 1
Просну́ться *сов.* 39
просыпа́ться *нес.* 1
Просо́вывать(ся) *нес.* 1
просу́нуть(ся) *сов.* 40
Просоли́ть *сов.*, *п.* 13, 16
проса́ливать *нес.*, *п.* 1
Прососа́ть *сов.*, *п.* 32
проса́сывать *нес.*, *п.* 1
Прососа́ться *сов.*, *3ᵉ л.* 32
проса́сываться *нес.*, *3ᵉ л.* 1

Просо́хнуть *сов.* 43
просыха́ть *нес.* 1
Просочи́ться *сов.*, *3ᵉ л.* 13
проса́чиваться *нес.*, *3ᵉ л.* 1
Проспа́ть(ся) *сов.*, **п : пл** 24
просыпа́ть(ся) *нес.* 1
{Проспиртова́ть *сов.*, *п.* 53
{Проспирто́вывать *нес.*, *п.* 1
{Проспиртова́ться *сов.*, *3ᵉ л.* 53
{Проспирто́вываться *нес.*, *3ᵉ л.* 1
{Проспо́ривать *нес.*, *п.* 1
{Проспо́рить *сов.*, *п.* 49
Проспряга́ть *сов.*, *п.* 1
{Просро́чивать *нес.*, *п.* 1
{Просро́чить *сов.*, *п.* 9
{Проста́вить *сов.*, *п.*, **в : вл** 11
{Проставля́ть *нес.*, *п.* 2
Проста́ивать *нес.* 1
простоя́ть *сов.* 20
Простега́ть *сов.*, *п.* 1
Простере́ть *сов.*, *п.* 68
простира́ть *нес.*, *п.* 1
Простере́ться *сов.*, *3ᵉ л.* 68
простира́ться *нес.*, *3ᵉ л.* 1
Простира́ть *нес.*, *п.* 1
простере́ть *сов.*, *п.* 68
Простира́ться *нес.*, *3ᵉ л.* 1
простере́ться *сов.*, *3ᵉ л.* 68
{Простира́ть *сов.*, *п.* 1
{Простирну́ть *сов.*, *п.* 39
{Прости́рывать *нес.*, *п.* 1
Прости́ть(ся) *сов.*, **ст : щ** 14
проща́ть(ся) *нес.* 1
Простона́ть *сов.* 34
Простоя́ть *сов.* 20
проста́ивать *нес.* 1
Простра́гивать *нес.*, *п.* 1
простporа́ть *сов.*, *п.* 1
Простра́чивать *нес.*, *п.* 1
простpочи́ть *сов.*, *п.* 13, 16
Простreли́ть *сов.*, *п.* 16
Простреля́ть *сов.*, *п.* 2
{Простpига́ть *нес.*, *п.* 1
{Простри́чь *сов.*, *п.* 88
Простpога́ть *сов.*, *п.* 1
простра́гивать *нес.*, *п.* 1

---

[1] просле́женный

Прострочи́ть *сов., п.* 13, 16
простра́чивать *нес., п.* 1

{Простуди́ть(ся) *сов.*, **д : ж** 17
{Простужа́ть(ся) *нес.* 1

{Проступа́ть *нес., 3^e л.* 1
{Проступи́ть *сов., 3^e л.* 18

Просты́нуть *сов.* 45

Просты́ть *сов.* 58

Просу́нуть(ся) *сов.* 41
просо́вывать(ся) *нес.* 1

{Просу́шивать(ся) *нес.* 1
{Просуши́ть(ся) *сов.* 16

Просуществова́ть *сов.* 53

{Просчита́ть(ся) *сов.* 1
{Просчи́тывать(ся) *нес.* 1

{Просы́пать *сов., п.*, **п : пл** 50
{Просыпа́ть *нес., п.* 1

Просыпа́ть *нес., п.* 1
проспа́ть *сов., п.*, **п : пл** 24

Просыпа́ться *нес.* 1
просну́ться *сов.* 2

{Просыпа́ться *нес., 3^e л.* 1
{Просы́паться *сов., 3^e л.* 50

Просыха́ть *нес.* 1
просо́хнуть *сов.* 43

Прота́ивать *нес., 3^e л.* 1
прота́ять *сов., 3^e л.* 35

Прота́лкивать(ся) *нес.* 1
протолка́ть(ся) *сов.* 1

Прота́лкивать(ся) *нес.* 1
протолкну́ть(ся) *сов.* 39

Прота́пливать(ся) *нес.* 1
протопи́ть(ся) *сов.*, **п : пл** 18

Прота́птывать *нес., п.* 1
протопта́ть *сов., п.*, **т : ч** 48

{Протара́нивать *нес., п.* 1
{Протара́нить *сов., п.* 9

Протаска́ть *сов., п.* 1

Прота́скивать *нес., п.* 1
протащи́ть *сов., п.* 16

Прота́чивать *нес., п.* 1
проточи́ть *сов., п.* 16

Протащи́ть *сов., п.* 16
прота́скивать *нес., п.* 1

Прота́ять *сов., 3^e л.* 35
прота́ивать *нес., 3^e л.* 1

Протежи́ровать *сов., нес.* 54

Протека́ть *нес., 3^e л.* 1
проте́чь *сов., 3^e л.* 86

Протере́ть *сов., п.* 68
протира́ть *нес., п.* 1

Протере́ться *сов., 3^e л.* 68
протира́ться *нес., 3^e л.* 1

Протерпе́ть *сов., п.*, **п : пл** 30

Протестова́ть *нес.* 53
опротестова́ть *сов., п.* 53

Проте́чь *сов., 3^e л.* 86
протека́ть *нес., 3^e л.* 1

Проти́виться *нес.*, **в : вл** 11
воспроти́виться *сов.*, **в : вл** 11

Противобо́рствовать *нес.* 54

Противоде́йствовать *нес.* 54

{Противополага́ть *нес., п.* 1
{Противоположи́ть *сов., п.* 16

{Противопоста́вить *сов., п.* 11
{Противопоставля́ть *нес., п.* 2

Противоре́чить *нес.* 9

Противостоя́ть *нес.* 20

Протира́ть *нес., п.* 1
протере́ть *сов., п.* 68

Протира́ться *нес., 3^e л.* 1
протере́ться *сов., 3^e л.* 68

{Проти́скаться *сов.* 1
{Проти́скиваться *нес.* 1

Проти́снуть(ся) *сов.* 40

Протка́ть *сов., п.* 32

Проткну́ть *сов., п.* 39
протыка́ть *нес., п.* 1

Протоколи́ровать *сов., нес., п.* 54
запротоколи́ровать *сов., п.* 54

Протолка́ть(ся) *сов.* 1
прота́лкивать(ся) *нес.* 1

Протолкну́ть(ся) *сов.* 39
прота́лкивать(ся) *нес.* 1

Прото́пать *сов.* 1

Протопи́ть *сов., п.*, **п : пл** 18
прота́пливать *нес., п.* 1

Протопи́ться *сов., 3^e л.* 18
прота́пливаться *нес., 3^e л.* 1

Протопта́ть *сов., п.*, **т : ч** 48
прота́птывать *нес., п.* 1

Проторговáть(ся) *сов.* 53
Проторúть *сов., п.* 13
Проторя́ть *нес., п.* 2
Проточúть *сов., п.* 16
протáчивать *нес., п.* 1
Протравúть *сов., п.,* в : вл 18
Протрáвливать *нес., п.* 1
Протравля́ть *нес., п.* 2
Протрáливать *нес., п.* 1
Протрáлить *сов., п.* 9
Протранскрибúровать *сов., п.* 53
Протрезвúть(ся) *сов.,* в : вл 15
Протрезвля́ть(ся) *нес.* 2
Протýхнуть *сов.* 43
Протыкáть *нес., п.* 1
проткнýть *сов., п.* 39
Протя́гивать(ся) *нес.* 1
Протянýть(ся) *сов.* 42
Проýчивать *нес., п.* 1
Проучúть(ся) *сов.* 16
Профанúровать *сов., нес., п.* 54
Профильтровáть *сов., п.* 53
Прохáживаться *нес.* 1
пройтúсь *сов.* 94
Прохватúть *сов., п.,* т : ч 17
Прохвáтывать *нес., п.* 1
Прохворáть *сов.* 1
Прохладúться *сов.,* д : ж 14
Прохлаждáться *нес.* 1
Прохлóпать *сов., п.* 1
Проходúть *нес., п.,* д : ж 17
пройтú *сов., п.* 94
Процветáть *нес.* 1
процвестú *сов.* 80
Процедúть *сов., п.,* д : ж 17
Процéживать *нес., п.* 1
Процитúровать *сов., п.* 54
Прочертúть *сов., п.,* т : ч 17
Прочéрчивать *нес., п.* 1
Прочесáть[1] *сов., п.,* с : ш 46
прочёсывать *нес., п.* 1
Прочéсть *сов., п.* 83

Прочёркивать *нес., п.* 1
прочеркнýть[2] *сов., п.* 39
Прочёсывать *нес., п.* 1
прочесáть[1] *сов., п.,* с : ш 46
Прочúстить[3] *сов., п.,* ст : щ 10
прочищáть *нес., п.* 1
Прочитáть *сов., п.* 1
Прочúтывать *нес., п.* 1
Прóчить *нес., п.* 9
Прочихáться *сов.* 1
Прочищáть *нес., п.* 1
прочúстить[3] *сов., п.,* ст : щ 10
Прочýвствовать *сов., п.* 54
Прошептáть *сов., п.,* т : ч 48
Прошибáть *нес., п.* 1
Прошибúть *сов., п.* 37
Прошивáть *нес., п.* 1
Прошúть *сов., п.* 66
Прошмы́гивать *нес.* 1
Прошмыгнýть *сов.* 39
Прошнуровáть *сов., п.* 53
Прошпаклевáть *сов., п.* 53
Прошпаклёвывать *нес., п.* 1
Прошпиговáть *сов., п.* 53
Проштрáфиться *сов.,* ф : фл 11
Проштудúровать *сов., п.* 54
Проштукатýрить *сов., п.* 9
Прощáть(ся) *нес.* 1
простúть(ся) *сов.,* т : щ 14
Прощýпать *сов., п.* 1
Прощýпывать *нес., п.* 1
Прощýпаться *сов., 3ᵉ л.* 1
Прощýпываться *нес., 3ᵉ л.* 1
Проэкзаменовáть *сов., п.* 53
Проявúть *сов., п.,* в : вл 18
Проявля́ть *нес., п.* 2
Проявúться *сов., 3ᵉ л.* 18
Проявля́ться *нес., 3ᵉ л.* 2
Проя́снеть *сов., 3ᵉ л.* 3
Проя́снивать *нес., 3ᵉ л.* 1
Проя́сниваться *нес., 3ᵉ л.* 1
Проя́сниться *сов., 3ᵉ л.* 12
Прояснúть(ся) *сов.* 13
Проясня́ть(ся) *нес.* 2

[1] прочёсанный
[2] прочёркнутый
[3] прочúсти

Прудить нес., п., д : ж 14, 17
запрудить сов., п., д : ж 14,17
Пружинить нес., 3е л. 9
{Прыгать нес. 1
{Прыгнуть сов. 40
{Прыскать нес. 1
{Прыснуть сов. 40
Прясть нес., п. 78
Прятать(ся) нес. 47
спрятать(ся) сов. 47
Публиковать нес., п. 53
опубликовать сов., п. 53
Пугать(ся) нес. 1
испугать(ся) сов. 1
Пугнуть сов., п. 39
Пудрить(ся) нес. 12
напудрить(ся) сов. 12
Пузыриться нес., 3е л. 9
Пульсировать нес., 3е л. 54
Пускать(ся) нес. 1
пустить(ся) сов., т : щ 17
Пустеть нес., 3е л. 3
опустеть сов., 3е л. 3
Пустить(ся) сов., т : щ 17
пускать(ся) нес. 1
Пустовать нес., 3е л. 53
Пустозвонить нес. 9
Пустословить нес., в : вл 11
Путать(ся) нес. 1
Путешествовать нес. 54
Пухнуть нес. 44
Пучить нес., п. 9
Пушить нес., п. 13
распушить сов., п. 13
Пыжиться нес. 9
Пылать нес. 1
Пылить[1](ся) нес. 13
Пырнуть сов., п. 39
Пытать нес., п. 1
Пытаться нес. 1
попытаться сов. 1

Пыхать[2] нес., х : ш 1, 46
Пыхтеть нес., т : ч 31
Пьянеть нес. 3
опьянеть сов. 3
Пьянить нес., п. 13
опьянить сов., п. 13
Пьянствовать нес. 54
Пялить*(ся) нес. 9
Пятиться нес., т : ч 10
попятиться сов., т : ч 10
Пятнать нес., п. 1
запятнать сов., п. 1

Р, р

Раболепствовать нес. 54
Работать нес. 1
Работаться нес., безл. 1
Равнять(ся) нес. 2
Радиофицировать нес., сов., п. 54
Радировать нес., сов. 54
Радовать(ся) нес. 54
обрадовать(ся) сов. 54
{Разбавить сов., п., в : вл 11
{Разбавлять нес., п. 2
{Разбазаривать нес., п. 1
{Разбазарить сов., п. 9
Разбаливаться[3] нес. 1
разболеться[3] сов. 3
Разбаливаться[4] нес., 3е л. 1
разболеться[4] сов., 3е л. 25
Разбаловаться сов. 53
Разбалтывать(ся) нес. 1
разболтать(ся) сов. 1
Разбегаться сов. 1
{Разбегаться нес. 1
{Разбежаться сов. 96
Разбередить сов., п., д : ж 14

---

[1] Intransitive.
[2] пышущий
[3] to be very ill *(of person)*
[4] to hurt *(of parts of body)*

Разбива́ть(ся) *нес.*	1
разби́ть(ся)[1] *сов.*	66
{Разбинтова́ть(ся) *сов.*	53
{Разбинто́вывать(ся) *нес.*	1
Разбира́ть(ся) *нес.*	1
разобра́ть(ся)[2] *сов.*	69
Разби́ть(ся)[1] *сов.*	66
разбива́ть(ся) *нес.*	1
Разблоки́ровать *сов.*, *п.*	54
Разбогате́ть *сов.*	3
Разбо́йничать *нес.*	1
Разболе́ться[3] *сов.*	3
разба́ливаться[3] *нес.*	1
Разболе́ться[4] *сов.*, *3е л.*	25
разба́ливаться[4] *нес.*, *3е л.*	1
Разболта́ть(ся) *сов.*	1
разба́лтывать(ся) *нес.*	1
Разбомби́ть *сов.*, *п.*, б : бл	15
Разбрани́ть(ся) *сов.*	13
Разбра́сывать(ся) *нес.*	1
разброса́ть(ся) *сов.*	1
{Разбреда́ться[5] *нес.*	1
{Разбрести́сь[5] *сов.*	79
Разброни́ровать *сов.*, *п.*	54
Разброса́ть(ся) *сов.*	1
разбра́сывать(ся) *нес.*	1
{Разбры́згать *сов.*, *п.*	1
{Разбры́згивать *нес.*, *п.*	1
{Разбры́згаться *сов.*, *3е л.*	1
{Разбры́згиваться *нес.*, *3е л.*	1
Разбрюзжа́ться *сов.*	22
Разбуди́ть *сов.*, *п.*, д : ж	17
{Разбуха́ть *нес.*, *3е л.*	1
{Разбу́хнуть *сов.*, *3е л.*	43
Разбушева́ться *сов.*	53
Разбуя́ниться *сов.*	9
Разва́жничаться *сов.*	1
{Разва́ливать(ся) *нес.*	1
{Развали́ть(ся) *сов.*	16
{Разва́ривать *нес.*, *п.*	1
{Развари́ть *сов.*, *п.*	16
{Разва́риваться *нес.*, *3е л.*	1
{Развари́ться *сов.*, *3е л.*	16
Развева́ть *нес.*, *п.*	1
Развева́ться *нес.*, *3е л.*	1
{Разве́дать *сов.*, *п.*	1
{Разве́дывать *нес.*, *п.*	1
Развезти́ *сов.*, *п.*	6
развози́ть[6] *нес.*, *п.*, з : ж	17
Разве́ивать(ся) *нес.*	1
разве́ять(ся) *сов.*	35
{Развенча́ть *сов.*, *п.*	1
{Разве́нчивать *нес.*, *п.*	1
Разверну́ть(ся) *сов.*	39
развёртывать(ся) *нес.*	1
развора́чивать(ся) *нес.*	1
Разверте́ть *сов.*, *п.*, т : ч	31
разве́рчивать *нес.*, *п.*	1
Разверте́ться *сов.*, *3е л.*	31
разве́рчиваться *нес.*, *3е л.*	1
Развёртывать(ся) *нес.*	1
разверну́ть(ся) *сов.*	39
{Разве́рчивать *нес.*, *п.*	1
{Разверте́ть *сов.*, *п.*	31
{Разве́рчивать(ся) *нес.*, *3е л.*	1
{Разверте́ть(ся) *сов.*, *3е л.*	31
Развесели́ть(ся) *сов.*	13
Разве́сить *сов.*, *п.*, с : ш	10
разве́шивать *нес.*, *п.*	1
Развести́(сь) *сов.*	79
разводи́ть[7](ся) *нес.*, д : ж	17
{Разветви́ться *сов.*, *3е л.*	15
{Разветвля́ться *нес.*, *3е л.*	2
{Разве́шать *сов.*, *п.*	1
{Разве́шивать *нес.*, *п.*	1
разве́сить *сов.*, *п.*, с : ш	10
Разве́ять(ся) *сов.*	35
разве́ивать(ся) *нес.*	1
Развива́ть(ся) *нес.*	1
разви́ть(ся)[8] *сов.*	66

[1] разобью́(сь)
[2] разберу́(сь); разбери́(сь)
[3] to be very ill *(of person)*
[4] to hurt *(of parts of body)*
[5] 1st & 2nd persons singular not used.
[6] развози́мый
[7] разводи́мый
[8] разовью́(сь)

{Развинти́ть[1](ся) *сов.*, **т : ч** 14
{Разви́нчивать(ся) *нес.* 1
Разви́ть(ся)[2] *сов.* 66
развива́ть(ся) *нес.* 1
{Развлека́ть(ся) *нес.* 1
{Развле́чь(ся) *сов.* 86
Разводи́ть[3](ся) *нес.*, **д : ж** 17
развести́(сь) *сов.* 79
Развоева́ться[4] *сов.* 53
Развози́ть[5] *нес.*, *п.*, **з : ж** 17
развезти́ *сов.*, *п.* 6
Развози́ться *сов.*, **з : ж** 17
Разволнова́ть(ся) *сов.* 53
Развора́чивать *нес.*, *п.* 1
разворотить *сов.*, *п.*, **т : ч** 17
Развора́чивать(ся) *нес.* 1
развернуть(ся) *сов.* 39
{Разворова́ть *сов.*, *п.* 53
{Разворо́вывать *нес.*, *п.* 1
Разворотить *сов.*, *п.*, **т : ч** 17
развора́чивать *нес.*, *п.* 1
Развороши́ть *сов.*, *п.* 13
Разворча́ться *сов.* 22
Разврати́ть(ся) *сов.*, **т : щ** 14
развраща́ть(ся) *нес.* 1
Развра́тничать *нес.* 1
Развраща́ть(ся) *нес.* 1
разврати́ть(ся) *сов.*, **т : щ** 14
{Развью́чивать *нес.*, *п.* 1
{Развью́чить *сов.*, *п.* 9
{Развяза́ть(ся) *сов.*, **з : ж** 46
{Развя́зывать(ся) *нес.* 1
{Разгада́ть *сов.*, *п.* 1
{Разга́дывать *нес.*, *п.* 1
Разгиба́ть(ся) *нес.* 1
разогну́ть(ся) *сов.* 39
Разгильдя́йничать *нес.* 1
Разглаго́льствовать *нес.* 54
{Разгла́дить *сов.*, *п.*, **д : ж** 10
{Разгла́живать *нес.*, *п.* 1

{Разгла́диться *сов.*, *3ᵉ л.* 10
{Разгла́живаться *нес.*, *3ᵉ л.* 1
{Разгласи́ть *сов.*, *п.*, **с : ш** 14
{Разглаша́ть *нес.*, *п.* 1
{Разгляде́ть *сов.*, *п.*, **д : ж** 27
{Разгля́дывать *нес.*, *п.* 1
Разгне́вать(ся) *сов.* 1
Разгова́ривать *нес.* 1
Разговори́ть*(ся) *сов.* 13
Разгоня́ть(ся) *нес.* 2
разогна́ть[6](ся) *сов.* 72
Разгора́живать(ся) *нес.* 1
разгороди́ть(ся) *сов.*, **д : ж** 14, 17
{Разгора́ться *нес.* 1
{Разгоре́ться *сов.* 25
Разгороди́ть(ся) *сов.*, **д : ж** 14,17
разгора́живать(ся) *нес.* 1
Разгорячи́ть(ся) *сов.* 13
Разгра́бить *сов.*, *п.*, **б : бл** 11
{Разграни́чивать *нес.*, *п.* 1
{Разграни́чить *сов.*, *п.* 9
Разграфи́ть *сов.*, *п.*, **ф : фл** 15
{Разгреба́ть *нес.*, *п.* 1
{Разгрести́ *сов.*, *п.* 82
Разгроми́ть[7] *сов.*, *п.*, **м : мл** 15
{Разгружа́ть(ся) *нес.* 1
{Разгрузи́ть(ся) *сов.*, **з : ж** 14,17
{Разгрыза́ть *нес.*, *п.* 1
{Разгры́зть *сов.*, *п.* 7
Разгу́ливать *нес.* 1
Разгуля́ться *сов.* 2
Раздава́ть *нес.*, *п.* 55
разда́ть[8] *сов.*, *п.* 98
Раздави́ть *сов.*, *п.*, **в : вл** 18
Разда́лбливать *нес.*, *п.* 1
раздолби́ть *сов.*, *п.*, **б : бл** 15
{Разда́ривать *нес.*, *п.* 1
{Раздари́ть *сов.*, *п.* 6
Разда́ть[8] *сов.*, *п.* 98
раздава́ть *нес.*, *п.* 55

---

[1] разви́нченный
[2] разовью́(сь)
[3] разводи́мый
[4] развою́юсь
[5] развози́мый
[6] разгоню́; разгони́
[7] разгро́мленный & разгромлённый
[8] ро́зданный

Раздва́ивать(ся) *нес.* 1
раздвои́ть[1](ся) *сов.* 13
Раздвига́ть *нес., п.* 1
Раздви́нуть *сов., п.* 41
Раздвига́ться *нес., 3е л.* 1
Раздви́нуться *сов., 3е л.* 41
Раздвои́ть[1](ся) *сов.* 13
раздва́ивать(ся) *нес.* 1
Раздева́ть(ся) *нес.* 1
разде́ть(ся) *сов.* 57
Разде́лать(ся) *сов.* 1
разде́лывать(ся) *нес.* 1
Раздели́ть[2](ся) *сов.* 16
разделя́ть(ся) *нес.* 2
Разде́лывать(ся) *нес.* 1
разде́лать(ся) *сов.* 1
Разделя́ть(ся) *нес.* 2
раздели́ть[2](ся) *сов.* 16
Раздёргать *сов., п.* 1
Раздёргивать *нес., п.* 1
Раздёрнуть *сов., п.* 40
Разде́ть(ся) *сов.* 57
раздева́ть(ся) *нес.* 1
Раздира́ть *нес., п.* 1
разодра́ть[3] *сов., п.* 69
Раздира́ться *нес., 3е л.* 1
разодра́ться[4] *сов., 3е л.* 69
Раздобре́ть *сов.* 3
Раздо́бриться *сов.* 12
Раздобыва́ть *нес., п.* 1
Раздобы́ть *сов., п.* 93
Раздолби́ть *сов., п.,* **б : бл** 15
разда́лбливать *нес., п.* 1
Раздоса́довать *сов., п.* 54
Раздража́ть *нес., п.* 1
Раздразни́ть[5] *сов., п.* 16
Раздроби́ть[6] *сов., п.,* **б : бл** 15
Раздроби́ться *сов., 3е л.* 15
Раздружи́ться *сов.* 13

Раздува́ть(ся) *нес.* 1
разду́ть(ся) *сов.* 4
Разду́мать *сов.* 1
Разду́мывать *нес.* 1
Разду́ть(ся) *сов.* 4
раздува́ть(ся) *нес.* 1
Разева́ть *нес., п.* 1
рази́нуть *сов., п.* 41
Разжа́лобить(ся)[7] *сов.,* **б : бл** 11
Разжа́ловать *сов., п.* 54
Разжа́ть[8] *сов., п.* 62
разжима́ть *нес., п.* 1
Разжа́ться[9] *сов., 3е л.* 62
разжима́ться *нес., 3е л.* 1
Разжева́ть *сов., п.* 53
Разжёвывать *нес., п.* 1
Разже́чь[10](ся) *сов.* 90
разжига́ть(ся) *нес.* 1
Разжива́ться *нес.* 1
разжи́ться *сов.* 59
Разжига́ть(ся) *нес.* 1
разже́чь[10](ся) *сов.* 90
Разжиди́ть *сов., п.,* **д : ж** 14
Разжижа́ть *нес., п.* 1
Разжима́ть *нес., п.* 1
разжа́ть[8] *сов., п.* 62
Разжима́ться *нес., 3е л.* 1
разжа́ться[9] *сов., 3е л.* 62
Разжире́ть *сов.* 3
Разжи́ться *сов.* 59
разжива́ться *нес.* 1
Раззадо́ривать *нес., п.* 1
Раззадо́рить *сов., п.* 9
Раззва́нивать *нес.* 1
Раззвони́ть* *сов.* 13
Раззнако́мить*(ся) *сов.,* **м : мл** 11
Раззуде́ться *сов., 3е л.* 27
Рази́нуть *сов., п.* 41
разева́ть *нес., п.* 1

---

[1] раздво́енный
[2] разделённый
[3] раздеру́; раздери́
[4] раздерётся
[5] раздразнённый
[6] раздро́бленный & раздроблённый
[7] разжа́лоби(сь)
[8] разожму́; разожми́
[9] разо́жмётся
[10] разожгу́; разожги́; разожжённый

Рази́ть *нес.*, *п.*, з : ж	14
Рази́ть *нес.*, *безл.*	14
Разлага́ть(ся) *нес.*	1
разложи́ть(ся) *сов.*	16
Разла́дить *сов.*, *п.*, д : ж	10
Разла́живать *нес.*, *п.*	1
Разла́диться *сов.*, *3е л.*	10
Разла́живаться *нес.*, *3е л.*	1
Разла́мывать *нес.*, *п.*	1
разлома́ть *сов.*, *п.*	1
разломи́ть *сов.*, *п.*, м : мл	18
Разла́мываться *нес.*, *3е л.*	1
разлома́ться *сов.*, *3е л.*	1
разломи́ться *сов.*, *3е л.*	18
Разлежа́ться *сов.*	22
Разлёживаться *нес.*	1
Разлеза́ться *нес.*, *3е л.*	1
Разле́зться *сов.*, *3е л.*	8
Разле́ниваться *нес.*	1
Разлени́ться *сов.*	16
Разлепи́ть *сов.*, *п.*, п : пл	18
Разлепля́ть *нес.*, *п.*	2
Разлепи́ться *сов.*, *3е л.*	18
Разлепля́ться *нес.*, *3е л.*	2
Разлета́ться *нес.*	1
Разлете́ться *сов.*, т : ч	27
Разле́чься *сов.*	91
Разлива́ть *нес.*, *п.*	1
разли́ть[1] *сов.*, *п.*	66
Разлива́ться *нес.*, *3е л.*	1
разли́ться[2] *сов.*, *3е л.*	66
Разлинова́ть *сов.*, *п.*	53
Разлино́вывать *нес.*, *п.*	1
Разли́ть[1] *сов.*, *п.*	66
разлива́ть *нес.*, *п.*	1
Разли́ться[2] *сов.*, *3е л.*	66
разлива́ться *нес.*, *3е л.*	1
Различа́ть *нес.*, *п.*	1
Различи́ть *сов.*, *п.*	13
Различа́ться *нес.*, *3е л.*	1
Разложи́ть(ся) *сов.*	16
разлага́ть(ся) *нес.*	1
Разложи́ть(ся) *сов.*	16
раскла́дывать(ся) *нес.*	1
Разлома́ть *сов.*, *п.*	1
разла́мывать *нес.*, *п.*	1
Разлома́ться *сов.*, *3е л.*	1
разла́мываться *нес.*, *3е л.*	1
Разломи́ть *сов.*, *п.*, м : мл	18
разла́мывать *нес.*, *п.*	1
Разломи́ться *сов.*, *3е л.*	18
разла́мываться *нес.*, *3е л.*	1
Разлуча́ть *нес.*, *п.*	1
Разлучи́ть *сов.*, *п.*	13
Разлюби́ть *сов.*, *п.*, б : бл	18
Размагни́титься *сов.*, т : ч	10
Размагни́чиваться *нес.*	1
Разма́зать *сов.*, *п.*, з : ж	49
Разма́зывать *нес.*, *п.*	1
Разма́заться *сов.*, *3е л.*	49
Разма́зываться *нес.*, *3е л.*	1
Размалева́ть[3] *сов.*, *п.*	53
Размалёвывать *нес.*, *п.*	1
Разма́лывать *нес.*, *п.*	1
размоло́ть *сов.*, *п.*	67
Разма́тывать *нес.*, *п.*	1
размота́ть *сов.*, *п.*	1
Разма́тываться *нес.*, *3е л.*	1
размота́ться *сов.*, *3е л.*	1
Размаха́ться *сов.*, х : ш	46, 1
Разма́хивать *нес.*	1
Разма́хиваться *нес.*	1
Размахну́ться *сов.*	39
Разма́чивать *нес.*, *п.*	1
размочи́ть *сов.*, *п.*	16
Размежева́ть[4](ся) *сов.*	53
Размежёвывать(ся) *нес.*	1
Размельчи́ть *сов.*, *п.*	13
Разме́нивать(ся) *нес.*	1
Разменя́ть(ся) *сов.*	2
Разме́рить *сов.*, *п.*	9
Размеря́ть *нес.*, *п.*	1
Размеси́ть *сов.*, *п.*, с : ш	17
разме́шивать *нес.*, *п.*	1
Размести́ *сов.*, *п.*	80
размета́ть *нес.*, *п.*	1
Размести́ть(ся) *сов.*, ст : щ	14
размеща́ть(ся) *нес.*	1

[1] разолью́
[2] разольётся
[3] размалю́ю; размалёванный
[4] размежёванный

Entry	Type
Размета́ть[1] *сов., п.,* **т : ч**	48
размётывать *нес., п.*	1
Размета́ть[2] *нес., п.*	1
размести́ *сов., п.*	80
Размета́ться *сов.,* **т : ч**	48
Разме́тить *сов., п.,* **т : ч**	10
размеча́ть *нес., п.*	1
Размётывать *нес., п.*	1
размета́ть[1] *сов., п.,* **т : ч**	48
Размеча́ть *нес., п.*	1
разме́тить *сов., п.,* **т : ч**	10
Размечта́ться *сов.*	1
Размеша́ть *сов., п.*	1
Разме́шивать *нес., п.*	1
Разме́шивать *нес., п.*	1
размеси́ть *сов., п.,* **с : ш**	17
Разме́шивать *нес., п.*	1
размеша́ть *сов., п.*	1
Размеща́ть(ся) *нес.*	1
размести́ть(ся) *сов.,* **ст : щ**	14
Размина́ть(ся) *нес.*	1
размя́ть(ся)[3] *сов.*	60
Размини́ровать *сов., нес., п.*	54
Размину́ться *сов.*	39
Размножа́ть *нес., п.*	1
Размно́жить *сов., п.*	9
Размножа́ться *нес.,* 3^e *л.*	1
Размно́житься *сов.,* 3^e *л.*	9
Размозжи́ть *сов., п.*	13
Размока́ть *нес.,* 3^e *л.*	1
Размо́кнуть *сов.,* 3^e *л.*	40
Размоло́ть *сов., п.*	67
разма́лывать *нес., п.*	1
Размори́ть *сов., п.,* 3^e *л. и безл.*	13
Размори́ться *сов.*	13
Размота́ть *сов., п.*	1
разма́тывать *нес., п.*	1
Размота́ться *сов.,* 3^e *л.*	1
разма́тываться *нес.,* 3^e *л.*	1
Размоча́ливать *нес., п.*	1
Размоча́лить *сов., п.*	9
Размоча́ливаться *нес.,* 3^e *л.*	1
Размоча́литься *сов.,* 3^e *л.*	9
Размочи́ть *сов., п.*	16
разма́чивать *нес., п.*	1
Размусо́ливать *нес., п.*	1
Размусо́лить *сов., п.*	9
Размыва́ть *нес., п.*	1
размы́ть *сов., п.*	64
Размыва́ться *нес.,* 3^e *л.*	1
размы́ться *сов.,* 3^e *л.*	64
Размы́кать* *сов., п.*	1
Размыка́ть *нес., п.*	1
разомкну́ть *сов., п.*	39
Размы́слить *сов.*	12
Размы́ть *сов., п.*	64
размыва́ть *нес., п.*	1
Размы́ться *сов.,* 3^e *л.*	64
размыва́ться *нес.,* 3^e *л.*	1
Размышля́ть *нес.*	2
Размягча́ть(ся) *нес.*	1
Размягчи́ть(ся) *сов.*	13
Размяка́ть *нес.*	1
Размя́кнуть *сов.*	43
Размя́ть(ся)[3] *сов.*	60
размина́ть(ся) *нес.*	1
Разна́шивать *нес., п.*	1
разноси́ть *сов., п.,* **с : ш**	17
Разна́шиваться *нес.,* 3^e *л.*	1
разноси́ться *сов.,* 3^e *л.*	17
Разне́живать(ся) *нес.*	1
Разне́жить(ся) *сов.*	9
Разне́жничаться *сов.*	1
Разнести́ *сов., п.*	6
разноси́ть[4] *нес., п.,* **с : ш**	17
Разнести́сь *сов.,* 3^e *л.*	6
разноси́ться *нес.,* 3^e *л.*	17
Разнима́ть *нес., п.*	1
разня́ть[5] *сов., п.*	74
Ра́зниться *нес.*	12
Разнообра́зить *нес., п.,* **з : ж**	10
Разнообра́зиться *нес.,* 3^e *л.*	10
Разноси́ть *сов., п.,* **с : ш**	17
разна́шивать *нес., п.*	1

[1] to scatter
[2] to sweep away
[3] разомну́(сь); разомни́(сь)
[4] разноси́мый
[5] разня́л & ро́знял, разня́ло & ро́зняло

Разноси́ть[1] *нес.*, *п.*, **с : ш**	17
разнести́ *сов.*, *п.*	6
Разноси́ться *сов.*, *3^е л.*	17
разна́шиваться *нес.*, *3^е л.*	1
Разноси́ться *нес.*, *3^е л.*	17
разнести́сь *сов.*, *3^е л.*	6
Разнузда́ть *сов.*, *п.*	1
Разну́здывать *нес.*, *п.*	1
Разню́хать* *сов.*, *п.*	1
Разню́хивать* *нес.*, *п.*	1
Разня́ть[2] *сов.*, *п.*	74
разнима́ть *нес.*, *п.*	1
Разоби́деть *сов.*, *п.*, **д : ж**	28
Разоблача́ть *нес.*, *п.*	1
Разоблачи́ть *сов.*, *п.*	13
Разобра́ть(ся)[3] *сов.*	69
разбира́ть(ся) *нес.*	1
Разобща́ть(ся) *нес.*	1
Разобщи́ть(ся) *сов.*	13
Разогна́ть(ся)[4] *сов.*	72
разгоня́ть(ся) *нес.*	2
Разогну́ть *сов.*, *п.*	39
разгиба́ть *нес.*, *п.*	1
Разогорчи́ть(ся) *сов.*	13
Разогрева́ть(ся) *нес.*	1
Разогре́ть(ся) *сов.*	3
Разоде́ть(ся) *сов.*	57
Разодра́ть[5] *сов.*, *п.*	69
раздира́ть *нес.*, *п.*	1
Разодра́ться[6] *сов.*, *3^е л.*	69
раздира́ться *нес.*, *3^е л.*	1
Разозли́ть(ся) *сов.*	13
Разойти́сь *сов.*	94
расходи́ться *нес.*, **д : ж**	17
Разомкну́ть(ся) *сов.*	39
размыка́ть(ся) *нес.*	1
Разомле́ть *сов.*	3
Разора́ться[7] *сов.*	32
Разорва́ть(ся) *сов.*	32
разрыва́ть(ся) *нес.*	1
Разори́ть(ся) *сов.*	13
Разоря́ть(ся) *нес.*	2
Разоружа́ть(ся) *нес.*	1
Разоружи́ть(ся) *сов.*	13
Разосла́ть *сов.*, *п.*	73
рассыла́ть *нес.*, *п.*	1
Разоспа́ться *сов.*, **п : пл**	24
Разостла́ть[8] *сов.*, *п.*	70
расстели́ть[8] *сов.*, *п.*	100
расстила́ть *нес.*, *п.*	1
Разоткрове́нничаться *сов.*	1
Разохо́тить*(ся)[9] *сов.*, **т : ч**	10
Разочарова́ть(ся) *сов.*	53
Разочаро́вывать(ся) *нес.*	1
Разраба́тывать *нес.*, *п.*	1
Разрабо́тать *сов.*, *п.*	1
Разра́внивать *нес.*, *п.*	1
разровня́ть[10] *сов.*, *п.*	2
Разража́ться *нес.*	1
Разрази́ться *сов.*, **з : ж**	14
Разраста́ться *нес.*, *3^е л.*	1
Разрасти́сь *сов.*, *3^е л.*	84
Разреве́ться *сов.*	36
Разреди́ть *сов.*, *п.*, **д : ж**	14
Разрежа́ть *нес.*, *п.*	1
Разреди́ться *сов.*, *3^е л.*	14
Разрежа́ться *нес.*, *3^е л.*	1
Разреза́ть *нес.*, *п.*	1
Разре́зать *сов.*, *п.*, **з : ж**	49
Разреклами́ровать *сов.*, *п.*	54
Разреша́ть(ся) *нес.*	1
Разреши́ть(ся) *сов.*	13
Разрисова́ть *сов.*, *п.*	53
Разрисо́вывать *нес.*, *п.*	1
Разровня́ть[10] *сов.*, *п.*	2
разра́внивать *нес.*, *п.*	1
Разроди́ться *сов.*, **д : ж**	14

1 разноси́мый
2 разня́л & ро́знял, разня́ло & ро́зняло
3 разберу́(сь); разбери́(сь)
4 разгоню́(сь); разгони́(сь)
5 раздеру́; раздери́
6 раздерётся
7 разора́лся, разора́лась
8 расстелю́; расстели́
9 Imperative not used.
10 разро́вненный

Разро́знивать *нес., п.* 1
Разро́знить *сов., п.* 12
Разро́зниться *сов., 3е л.* 12
Разроня́ть* *сов., п.* 2
Разруба́ть *нес., п.* 1
Разруби́ть *сов., п.*, б : бл 18
Разруга́ть(ся) *сов.* 1
Разрумя́нивать(ся) *нес.* 1
Разрумя́нить(ся) *сов.* 9
Разруша́ть(ся) *нес.* 1
Разру́шить(ся) *сов.* 9
Разрыва́ть(ся) *нес.* 1
разорва́ть(ся) *сов.* 32
Разрыва́ть *нес., п.* 1
разры́ть *сов., п.* 64
Разрыда́ться *сов.* 1
Разры́ть *сов., п.* 64
разрыва́ть *нес., п.* 1
Разрыхли́ть *сов., п.* 13
Разряди́ть(ся) *сов.*, д : ж 14, 17
Разряжа́ть(ся) *нес.* 1
Разубеди́ть[1](ся) *сов.*, д:ж:жд 14
Разубежда́ть(ся) *нес.* 1
Разува́ть(ся) *нес.* 1
разу́ть(ся) *сов.* 4
Разуве́рить(ся) *сов.* 9
Разуверя́ть(ся) *нес.* 2
Разузнава́ть *нес., п.* 55
Разузна́ть *сов., п.* 1
Разукра́сить(ся) *сов.*, с : ш 10
Разукра́шивать(ся) *нес.* 1
Разукрупни́ть *сов., п.* 13
Разукрупня́ть *нес., п.* 2
Разукрупни́ться *сов., 3е л.* 13
Разукрупня́ться *нес., 3е л.* 2
Разуме́ться *нес., 3е л.* 3
Разу́ть(ся) *сов.* 4
разува́ть(ся) *нес.* 1
Разу́чивать(ся) *нес.* 1
Разучи́ть(ся) *сов.* 16
Разъеда́ть *нес., п., 3е л.* 1
разъе́сть *сов., п., 3е л.* 99
Разъеда́ться *нес.* 1
разъе́сться *сов.* 99
Разъедини́ть(ся) *сов.* 13
Разъединя́ть(ся) *нес.* 2
Разъе́здить *сов., п.*, д : ж 10
Разъезжа́ть *нес.* 1
Разъезжа́ться *нес.* 1
разъе́хаться *сов.* 92
Разъе́сть *сов., п., 3е л.* 99
разъеда́ть *нес., п., 3е л.* 1
Разъе́сться *сов.* 99
разъеда́ться *нес.* 1
Разъе́хаться *сов.* 92
разъезжа́ться *нес.* 1
Разъяри́ть(ся) *сов.* 13
Разъяря́ть(ся) *нес.* 2
Разъясни́ть *сов., п.* 13
разъясня́ть *нес., п.* 2
Разъясни́ться *сов., 3е л.* 13
разъясня́ться *нес., 3е л.* 2
Разъя́снить(ся) *сов., 3е л.* 12
Разъясня́ть *нес., п.* 2
разъясни́ть *сов., п.* 13
Разъясня́ться *нес., 3е л.* 2
разъясни́ться *сов., 3е л.* 13
Разыгра́ть(ся) *сов.* 1
Разы́грывать(ся) *нес.* 1
Разыска́ть(ся) *сов.*, ск : щ 48
Разы́скивать(ся) *нес.* 1
Ра́нить *нес., сов., п.* 9
Рапортова́ть *нес., сов.* 53
Раска́иваться *нес.* 1
раска́яться *сов.* 35
Раскали́ть *сов., п.* 13
раскаля́ть *нес., п.* 2
Раскали́ться *сов., 3е л.* 13
раскаля́ться *нес., 3е л.* 2
Раска́лывать *нес., п.* 1
расколо́ть *сов., п.* 38
Раска́лываться *нес., 3е л.* 1
расколо́ться *сов., 3е л.* 38
Раскаля́ть *нес., п.* 2
раскали́ть *сов., п.* 13
Раскаля́ться *нес., п.* 2
раскали́ться *сов., п.* 13
Раска́пывать *нес., п.* 1
раскопа́ть *сов., п.* 1
Раска́рмливать *нес., п.* 1
раскорми́ть *сов., п.*, м : мл 18

[1] 1st person singular not used; разубеждённый

Раската́ть *сов.*, *п.* 1
  раска́тывать *нес.*, *п.* 1
Раската́ться *сов.*, *3е л.* 1
  раска́тываться *нес.*, *3е л.* 1
{Раскати́ть(ся) *сов.*, **т : ч** 17
{Раска́тывать(ся) *нес.* 1
Раска́тывать *нес.*, *п.* 1
  раската́ть *сов.*, *п.* 1
Раска́тываться *нес.*, *3е л.* 1
  раската́ться *сов.*, *3е л.* 1
{Раскача́ть(ся) *сов.* 1
{Раска́чивать(ся) *нес.* 1
Раска́шивать *нес.*, *п.* 1
  раскоси́ть[1] *сов.*, *п.*, **с : ш** 14
Раска́шляться *сов.* 2
Раска́яться *сов.* 35
  раска́иваться *нес.* 1
{Расквартирова́ть(ся) *сов.* 53
{Расквартиро́вывать(ся) *нес.* 1
{Раскв́асить *сов.*, *п.*, **с : ш** 10
{Раскв́ашивать *нес.*, *п.* 1
Расквита́ться *сов.* 1
{Раскида́ть(ся) *сов.* 1
{Раски́дывать(ся) *нес.* 1
{Раски́дывать(ся) *нес.* 1
{Раски́нуть(ся) *сов.* 41
{Раскиса́ть *нес.* 1
{Раски́снуть *сов.* 43
Раскла́дывать(ся) *нес.* 1
  разложи́ть(ся) *сов.* 16
{Раскла́ниваться *нес.* 1
{Раскла́няться *сов.* 2
Расклассифици́ровать *сов.*, *п.* 54
{Расклева́ть[2] *сов.*, *п.*, *3е л.* 53
{Расклёвывать *нес.*, *п.*, *3е л.* 1
{Раскле́ивать(ся) *нес.* 1
{Раскле́ить(ся) *сов.* 19
Расклепа́ть[3] *сов.*, *п.* 1
Расклепа́ться *сов.*, *3е л.* 1
Расклёшить *сов.*, *п.* 9
{Раскли́нивать *нес.*, *п.* 1
{Раскли́ни́ть *сов.*, *п.* 9, 13

{Раскли́ниваться *нес.*, *3е л.* 1
{Раскли́ниться *сов.*, *3е л.* 9
{Раскова́ть[4](ся) *сов.* 53
{Раско́вывать(ся) *нес.* 1
{Расковы́ривать *нес.*, *п.* 1
{Расковыря́ть *сов.*, *п.* 2
Раско́кать *сов.*, *п.* 1
{Раскола́чивать *нес.*, *п.* 1
{Расколоти́ть *сов.*, *п.*, **т : ч** 17
Расколо́ть *сов.*, *п.* 38
  раска́лывать *нес.*, *п.* 1
Расколо́ться *сов.*, *3е л.* 38
  раска́лываться *нес.*, *3е л.* 1
Раскопа́ть *сов.*, *п.* 1
  раска́пывать *нес.*, *п.* 1
Раскорми́ть *сов.*, *п.*, **м : мл** 18
  раска́рмливать *нес.*, *п.* 1
Раскоси́ть[1] *сов.*, *п.*, **с : ш** 14
  раска́шивать *нес.*, *п.* 1
Раскра́ивать *нес.*, *п.* 1
  раскрои́ть[5] *сов.*, *п.* 13
Раскра́сить *сов.*, *п.*, **с : ш** 10
  раскра́шивать *нес.*, *п.* 1
Раскрасне́ться *сов.* 3
Раскра́шивать *нес.*, *п.* 1
  раскра́сить *сов.*, *п.*, **с : ш** 10
{Раскрепости́ть(ся) *сов.*, **ст : щ** 14
{Раскрепоща́ть(ся) *нес.* 1
Раскритикова́ть *сов.*, *п.* 53
Раскрича́ться *сов.* 22
Раскрои́ть[5] *сов.*, *п.* 13
  раскра́ивать *нес.*, *п.* 1
Раскроши́ть *сов.*, *п.* 16
Раскроши́ться *сов.*, *3е л.* 16
{Раскрути́ть *сов.*, *п.*, **т : ч** 17
{Раскру́чивать *нес.*, *п.* 1
{Раскрути́ться *сов.*, *3е л.* 17
{Раскру́чиваться *нес.*, *3е л.* 1
{Раскрыва́ть(ся) *нес.* 1
{Раскры́ть(ся) *сов.* 64
Раскуда́хтаться *сов.*, **т : ч** 47

---

[1] раско́шенный
[2] расклюёт; расклёванный
[3] расклёпанный
[4] раскую́, раскуёшь
[5] раскро́енный

Раскула́чивать *нес., п.* 1
Раскула́чить *сов., п.* 9
Раскупа́ть *нес., п., 3ᵉ л.* 1
Раскупи́ть *сов., п., 3ᵉ л.* 18
Раску́поривать *нес., п.* 1
Раску́порить *сов., п.* 12
Раску́пориваться *нес., 3ᵉ л.* 1
Раску́пориться *сов., 3ᵉ л.* 12
Раску́ривать *нес., п.* 1
Раскури́ть *сов., п.* 16
Раску́риваться *нес., 3ᵉ л.* 1
Раскури́ться *сов., 3ᵉ л.* 16
Раскуси́ть *сов., п.*, с : ш 17
Раску́сывать *нес., п.* 1
Раску́тать(ся) *сов.* 1
раску́тывать(ся) *нес.* 1
Раскути́ться *сов.*, т : ч 17
Раску́тывать(ся) *нес.* 1
раску́тать(ся) *сов.* 1
Распада́ться *нес., 3ᵉ л.* 1
распа́сться *сов., 3ᵉ л.* 78
Распакова́ть(ся) *сов.* 53
Распако́вывать(ся) *нес.* 1
Распали́ть(ся) *сов.* 13
Распаля́ть(ся) *нес.* 2
Распа́ривать(ся) *нес.* 1
Распа́рить(ся) *сов.* 9
Распа́рывать *нес., п.* 1
распоро́ть *сов., п.* 38
Распа́рываться *нес., 3ᵉ л.* 1
распоро́ться *сов., 3ᵉ л.* 38
Распа́сться *сов., 3ᵉ л.* 78
распада́ться *нес., 3ᵉ л.* 1
Распаха́ть *сов., п.*, х : ш 46
Распа́хивать *нес., п.* 1
Распа́хивать(ся) *нес.* 1
Распахну́ть(ся) *сов.* 39
Распая́ть *сов., п.* 2
Распева́ть *нес., п.* 1
Распелена́ть(ся) *сов.* 1
Распелёнывать(ся) *нес.* 1
Распека́ть *нес., п.* 1
распе́чь *сов., п.* 86
Распере́ть[1] *сов., п.* 68
распира́ть *нес., п.* 1
Распетуши́ться *сов.* 13
Распе́ться *сов.* 65
Распеча́тать *сов., п.* 1
Распеча́тывать *нес., п.* 1
Распеча́таться *сов., 3ᵉ л.* 1
Распеча́тываться *нес., 3ᵉ л.* 1
Распе́чь *сов., п.* 86
распека́ть *нес., п.* 1
Распива́ть *нес., п.* 1
распи́ть[2] *сов., п.* 66
Распи́ливать *нес., п.* 1
Распили́ть *сов., п.* 16
Распина́ть *нес., п.* 1
распя́ть *сов., п.* 60
Распина́ться *нес.* 1
Распира́ть *нес., п.* 1
распере́ть[1] *сов., п.* 68
Расписа́ть(ся) *сов.*, с : ш 46
Распи́сывать(ся) *нес.* 1
Распи́ть[2] *сов., п.* 66
распива́ть *нес., п.* 1
Распиха́ть *сов., п.* 1
Распи́хивать *нес., п.* 1
Распла́вить *сов., п.*, в : вл 11
Расплавля́ть *нес., п.* 2
Распла́виться *сов., 3ᵉ л.* 11
Расплавля́ться *нес., 3ᵉ л.* 2
Распла́каться *сов.*, к : ч 47
Распланир́овать *сов., п.* 54
Распласта́ть(ся) *сов.* 1
Распла́стывать(ся) *нес.* 1
Расплати́ться *сов.*, т : ч 17
Распла́чиваться *нес.* 1
Расплеска́ть *сов., п.*, ск : щ 48
Расплёскивать *нес., п.* 1
Расплеска́ться *сов., 3ᵉ л.*, ск : щ 48
Расплёскиваться *нес., 3ᵉ л.* 1
Расплести́ *сов., п.* 80
Расплета́ть *нес., п.* 1
Расплести́сь *сов., 3ᵉ л.* 80
Расплета́ться *нес., 3ᵉ л.* 1
Расплоди́ть *сов., п.*, д : ж 14
Расплоди́ться *сов., 3ᵉ л.* 14

[1] разопру́; разопри́
[2] разопью́

Расплыва́ться *нес.*, 3^e *л.* 1
Расплы́ться *сов.*, 3^e *л.* 59
Расплю́щивать *нес.*, *п.* 1
Расплю́щить *сов.*, *п.* 12
Расплю́щиваться *нес.*, 3^e *л.* 1
Расплю́щиться *сов.*, 3^e *л.* 12
Распознава́ть *нес.*, *п.* 55
Распозна́ть *сов.*, *п.* 1
Располага́ть(ся) *нес.* 1
располож́ить(ся) *сов.* 16
Располза́ться *нес.*, 3^e *л.* 1
Расползти́сь *сов.*, 3^e *л.* 6
Располож́ить(ся) *сов.* 16
располага́ть(ся) *нес.* 1
Располосова́ть *сов.*, *п.* 53
Распоро́ть *сов.*, *п.* 38
распа́рывать *нес.*, *п.* 1
Распоро́ться *сов.*, 3^e *л.* 38
распа́рываться *нес.*, 3^e *л.* 1
Распоряди́ться *сов.*, **д : ж** 14
Распоряжа́ться *нес.* 1
Распоя́сать(ся)[1] *сов.*, **с : ш** 49
Распоя́сывать(ся) *нес.* 1
Распра́вить(ся) *сов.*, **в : вл** 11
Расправля́ть(ся) *нес.* 2
Распредели́ть *сов.*, *п.* 13
Распределя́ть *нес.*, *п.* 2
Распредели́ться *сов.*, 3^e *л.* 13
Распределя́ться *нес.*, 3^e *л.* 2
Распродава́ть *нес.*, *п.* 55
Распрода́ть *сов.*, *п.* 98
Распропаганди́ровать *сов.*, *п.* 54
Распростере́ть(ся)[2] *сов.* 68
Распростира́ть(ся) *нес.* 1
Распрости́ться *сов.*, **ст : щ** 14
Распространи́ть(ся) *сов.* 13
Распространя́ть(ся) *нес.* 2
Распроща́ться *сов.* 1
Распры́скать *сов.*, *п.* 1
Распры́скивать *нес.*, *п.* 1
Распряга́ть *нес.*, *п.* 1
распря́чь *сов.*, *п.* 88
Распряга́ться *нес.*, 3^e *л.* 1
распря́чься *сов.*, 3^e *л.* 88
Распрями́ть(ся) *сов.*, **м : мл** 15
Распрямля́ть(ся) *нес.* 2
Распря́чь *сов.*, *п.* 88
распряга́ть *нес.*, *п.* 1
Распря́чься *сов.*, 3^e *л.* 88
распряга́ться *нес.*, 3^e *л.* 1
Распуга́ть *сов.*, *п.* 1
Распу́гивать *нес.*, *п.* 1
Распуска́ть(ся) *нес.* 1
Распусти́ть(ся) *сов.*, **ст : щ** 17
Распу́тать(ся) *сов.* 1
распу́тывать(ся) *нес.* 1
Распу́тничать *нес.* 1
Распу́тывать(ся) *нес.* 1
распу́тать(ся) *сов.* 1
Распуха́ть *нес.* 1
Распу́хнуть *сов.* 43
Распуши́ть *сов.*, *п.* 13
Распыли́ть *сов.*, *п.* 13
Распыля́ть *нес.*, *п.* 2
Распыли́ться *сов.*, 3^e *л.* 13
Распыля́ться *нес.*, 3^e *л.* 2
Распя́ливать *нес.*, *п.* 1
Распя́лить *сов.*, *п.* 9
Распя́ть *сов.*, *п.* 60
распина́ть *нес.*, *п.* 1
Рассади́ть *сов.*, *п.*, **д : ж** 17
Расса́живать *нес.*, *п.* 1
Расса́живаться *нес.* 1
рассе́сться *сов.* 85
Расса́сывать *нес.*, *п.* 1
рассоса́ть[3] *сов.*, *п.* 32
Расса́сываться *нес.*, 3^e *л.* 1
рассоса́ться[4] *сов.*, 3^e *л.* 32
Рассве́рливать *нес.*, *п.* 1
Рассверли́ть *сов.*, *п.* 13
Рассвести́ *сов.*, *безл.* 80
Рассвета́ть *нес.*, *безл.* 1
Рассвирепе́ть *сов.* 3
Расседла́ть *сов.*, *п.* 1
Расседла́ться *сов.*, 3^e *л.* 1
Рассе́ивать(ся) *нес.* 1
рассе́ять(ся) *сов.* 35

---

[1] распоя́шь(ся)
[2] Future not used; распростере́в & распростёрши.
[3] рассоса́л, рассоса́ла
[4] рассоса́лся, рассоса́лась

Рассека́ть *нес., п.* 1
расс́ечь *сов., п.* 86
Рассека́ться *нес., 3е л.* 1
рассе́чься *сов., 3е л.* 86
Рассекре́тить *сов., п.*, т : ч 10
Рассекре́чивать *нес., п.* 1
Рассели́ть *сов., п.* 13
Расселя́ть *нес., п.* 2
Рассели́ться *сов., 3е л.* 13
Расселя́ться *нес., 3е л.* 2
Рассерди́ть(ся) *сов.*, д : ж 17
Рассе́сться *сов.* 85
расса́живаться *нес.* 1
Рассе́чь *сов., п.* 86
рассека́ть *нес., п.* 1
Рассе́чься *сов., 3е л.* 86
рассека́ться *нес., 3е л.* 1
Рассе́ять(ся) *сов.* 35
рассе́ивать(ся) *нес.* 1
Рассказа́ть *сов., п.*, з : ж 46
Расска́зывать *нес., п.* 1
Расскака́ться *сов.*, к : ч 48
Рассла́бить *сов., п.*, б : бл 11
Расслабля́ть *нес., п.* 2
Рассла́бнуть *сов.* 43
Рассла́вить *сов., п.*, в : вл 11
Расславля́ть *нес., п.* 2
Рассле́довать *нес., сов., п.* 54
Рассл́ышать *сов., п.* 21
Рассма́тривать *нес., п.* 1
рассмотре́ть *сов., п.* 29
Рассмеши́ть *сов., п.* 13
Рассмея́ться[1] *сов.* 35
Рассмотре́ть *сов., п.* 29
рассма́тривать *нес., п.* 1
Рассова́ть[2] *сов., п.* 53
Рассо́вывать *нес., п.* 1
Рассо́рить *сов., п.* 9
Рассо́рить*(ся) *сов.* 9
Рассортирова́ть *сов., п.* 53
Рассортиро́вывать *нес., п.* 1

Рассоса́ть[3] *сов., п.* 32
расса́сывать *нес., п.* 1
Рассоса́ться[4] *сов., 3е л.* 32
расса́сываться *нес., 3е л.* 1
Рассо́хнуться *сов., 3е л.* 43
рассыха́ться *нес., 3е л.* 1
Расспра́шивать *нес., п.* 1
Расспроси́ть *сов., п.*, с : ш 17
Рассредото́чивать(ся)[5] *нес.* 1
Рассредото́чить(ся)[5] *сов.* 9
Расстава́ться *нес.* 55
расста́ться *сов.* 56
Расста́вить *сов., п.*, в : вл 11
Расставля́ть *нес., п.* 2
Расста́ться *сов.* 56
расстава́ться *нес.* 55
Расстёгивать(ся) *нес.* 1
Расстегну́ть(ся) *сов.* 39
Расстели́ть *сов., п.* 100
расстила́ть *нес., п.* 1
Расстели́ться *сов., 3е л.* 100
расстила́ться *нес., 3е л.* 1
Расстила́ть *нес., п.* 1
разостла́ть[6] *сов., п.* 70
расстели́ть[6] *сов., п.* 100
Расстила́ться *нес., 3е л.* 1
расстели́ться *сов., 3е л.* 100
Расстра́ивать(ся) *нес.* 1
расстро́ить(ся) *сов.* 19
Расстре́ливать *нес., п.* 1
Расстреля́ть *сов., п.* 2
Расстро́ить(ся) *сов.* 19
расстра́ивать(ся) *нес.* 1
Расступа́ться *нес., 3е л.* 1
Расступи́ться *сов., 3е л.* 18
Рассуди́ть *сов., п.*, д : ж 17
Рассужда́ть *нес.* 1
Рассусо́ливать *нес.* 1
Рассу́чивать *нес., п.* 1
Рассучи́ть *сов., п.* 16
Рассчита́ть(ся) *сов.* 1
Рассчи́тывать(ся) *нес.* 1

1 рассмею́сь, рассмеёшься
2 рассую́, рассуёшь
3 рассоса́л, рассоса́ла
4 рассоса́лся, рассоса́лась
5 Reflexive form of 1st & 2nd persons singular not used.
6 расстелю́; расстели́

Рассчи́тывать(ся) *нес.* 1
расче́сть[1](ся) *сов.* 83
Рассыла́ть *нес., п.* 1
разосла́ть *сов., п.* 73
Рассыпа́ть *нес., п.* 1
Рассы́пать *сов., п.*, п : пл 50
Рассыпа́ться *нес.*, 3^e *л.* 1
Рассы́паться *сов.*, 3^e *л.*, п : пл 50
Рассыха́ться *нес.*, 3^e *л.* 1
рассо́хнуться *сов.*, 3^e *л.* 43
Раста́лкивать *нес., п.* 1
растолка́ть *сов., п.* 1
Раста́пливать *нес., п.* 1
растопи́ть *сов., п.*, п : пл 18
Раста́пливаться *нес.*, 3^e *л.* 1
растопи́ться *сов.*, 3^e *л.* 18
Раста́птывать *нес., п.* 1
растопта́ть *сов., п.*, т : ч 48
Растаска́ть *сов., п.* 1
Раста́скивать *нес., п.* 1
растащи́ть *сов., п.* 16
Растасова́ть *сов., п.* 53
Растасо́вывать *нес., п.* 1
Раста́чивать *нес., п.* 1
расточи́ть *сов., п.* 16
Растащи́ть *сов., п.* 16
раста́скивать *нес., п.* 1
Раста́ять *сов.* 35
Раствори́ть *сов., п.* 13
Растворя́ть *нес., п.* 2
Раствори́ться *сов.*, 3^e *л.* 13
Растворя́ться *нес.*, 3^e *л.* 2
Растека́ться *нес.*, 3^e *л.* 1
расте́чься *сов.*, 3^e *л.* 86
Растере́ть(ся)[2] *сов.* 68
растира́ть(ся) *нес.* 1
Растерза́ть *сов., п.* 1
Растеря́ть(ся) *сов.* 2
Расте́чься *сов.*, 3^e *л.* 86
растека́ться *нес.*, 3^e *л.* 1
Расти́ *нес.* 84
вы́расти *сов.* 84
Растира́ть(ся) *нес.* 1
растере́ть(ся)[2] *сов.* 68

Расти́ть *нес., п.*, ст : щ 14
вы́растить *сов., п.*, ст : щ 14
Растлева́ть(ся) *нес.* 1
Растли́ть(ся) *сов.* 13
Растолка́ть *сов., п.* 1
раста́лкивать *нес., п.* 1
Растолкова́ть *сов., п.* 53
Растолко́вывать *нес., п.* 1
Растоло́чь *сов., п.* 87
Растолсте́ть *сов.* 3
Растопи́ть *сов., п.*, п : пл 18
раста́пливать *нес., п.* 1
Растопи́ться *сов.*, 3^e *л.* 18
раста́пливаться *нес.*, 3^e *л.* 1
Растопта́ть *сов., п.*, т : ч 48
раста́птывать *нес., п.* 1
Растопы́ривать *нес., п.* 1
Растопы́рить *сов., п.* 9
Расторга́ть *нес., п.* 1
Расто́ргнуть *сов., п.* 44
Расторгова́ться *сов.* 53
Расторго́вываться *нес.* 1
Растормоши́ть *сов., п.* 13
Расточа́ть *нес., п.* 1
Расточи́ть *сов., п.* 16
раста́чивать *нес., п.* 1
Растрави́ть *сов., п.*, в : вл 18
Растра́вливать *нес., п.* 1
Растравля́ть *нес., п.* 2
Растранжи́рить *сов., п.* 9
Растра́тить *сов., п.*, т : ч 10
Растра́чивать *нес., п.* 1
Растрево́жить(ся) *сов.* 9
Растрезво́нить *сов., п.* 9
Растрепа́ть *сов., п.*, п : пл 51
Растрёпывать *нес., п.* 1
Растрепа́ться *сов.*, 3^e *л.*, п:пл 51
Растрёпываться *нес.*, 3^e *л.* 1
Растре́скаться *сов.*, 3^e *л.* 1
Растре́скиваться *нес.*, 3^e *л.* 1
Растро́гаться *сов.* 1
Раструби́ть* *сов., п.*, б : бл 15
Растрясти́ *сов., п.* 6

[1] разочту́; разочти́; разочла́, разочло́, разочли́; разочтённый, разочтя́
[2] разотру́(сь); разотри́(сь)

Растя́гивать(ся) *нес.*	1
Растяну́ть(ся) *сов.*	42
Расфасова́ть *сов.*, *п.*	53
Расфасо́вывать *нес.*, *п.*	1
Расформирова́ть *сов.*, *п.*	53
Расформиро́вывать *нес.*, *п.*	1
Расфранти́ться *сов.*, т : ч	14
Расха́живать *нес.*	1
Расхва́ливать *нес.*, *п.*	1
Расхвали́ть *сов.*, *п.*	16
Расхва́статься *сов.*	1
Расхвата́ть *сов.*, *п.*	1
Расхва́тывать *нес.*, *п.*	1
Расхи́тить[1] *сов.*, *п.*, т : щ	10
Расхища́ть *нес.*, *п.*	1
Расхлеба́ть *сов.*, *п.*	1
Расхлёбывать *нес.*, *п.*	1
Расхлопота́ться *сов.*, т : ч	48
Расходи́ться *нес.*	17
разойти́сь *сов.*	94
Расхо́довать(ся) *нес.*	54
израсхо́довать(ся) *сов.*	54
Расхола́живать *нес.*, *п.*	1
Расхолоди́ть *сов.*, *п.*, д : ж	14
Расхоте́ть *сов.*	97
Расхоте́ться *сов.*, *безл.*	97
Расхохота́ться *сов.*, т : ч	48
Расхрабри́ться *сов.*	13
Расцара́пать(ся) *сов.*	1
Расцара́пывать(ся) *нес.*	1
Расцвести́ *сов.*	80
Расцвета́ть *нес.*	1
Расцвети́ть[2] *сов.*, *п.*, т : ч	14
Расцве́чивать *нес.*, *п.*	1
Расцелова́ть(ся) *сов.*	53
Расце́нивать *нес.*, *п.*	1
Расцени́ть[3] *сов.*, *п.*	16
Расцепи́ть *сов.*, *п.*, п : пл	18
Расцепля́ть *нес.*, *п.*	2
Расчерти́ть *сов.*, *п.*, т : ч	17
Расче́рчивать *нес.*, *п.*	1
Расчеса́ть(ся) *сов.*, с : ш	46
расчёсывать(ся) *нес.*	1
Расче́сть[4](ся) *сов.*	83
рассчи́тывать(ся) *нес.*	1
Расчи́стить[5] *сов.*, *п.*, ст : щ	10
расчища́ть *нес.*, *п.*	1
Расчи́ститься *сов.*, $3^е$ *л.*	10
расчища́ться *нес.*, $3^е$ *л.*	1
Расчиха́ться *сов.*	1
Расчища́ть *нес.*, *п.*	1
расчи́стить[5] *сов.*, *п.*, ст : щ	10
Расчища́ться *нес.*, $3^е$ *л.*	1
расчи́ститься *сов.*, $3^е$ *л.*	10
Расчлени́ть *сов.*, *п.*	13
Расчленя́ть *нес.*, *п.*	2
Расчу́вствоваться *сов.*	54
Расшали́ться *сов.*	13
Расша́ркаться *сов.*	1
Расша́ркиваться *нес.*	1
Расшата́ть *сов.*, *п.*	1
Расша́тывать *нес.*, *п.*	1
Расшата́ться *сов.*, $3^е$ *л.*	1
Расша́тываться *нес.*, $3^е$ *л.*	1
Расшвы́ривать *нес.*, *п.*	1
Расшвыря́ть *сов.*, *п.*	2
Расшевели́ть(ся) *сов.*	13
Расшиба́ть(ся) *нес.*	1
Расшиби́ть(ся) *сов.*	37
Расшива́ть *нес.*, *п.*	1
расши́ть[6] *сов.*, *п.*	66
Расшива́ться *нес.*, $3^е$ *л.*	1
расши́ться[7] *сов.*, $3^е$ *л.*	66
Расши́рить *сов.*, *п.*	9
Расширя́ть *нес.*, *п.*	2
Расши́риться *сов.*, $3^е$ *л.*	9
Расширя́ться *нес.*, $3^е$ *л.*	2
Расши́ть[6] *сов.*, *п.*	66
расшива́ть *нес.*, *п.*	1
Расши́ться[7] *сов.*, $3^е$ *л.*	66
расшива́ться *нес.*, $3^е$ *л.*	1

---

[1] Imperative not used.
[2] расцве́ченный
[3] расценённый
[4] разочту́; разочти́; разочла́, разочло́, разочли́; разочтённый, разочтя́
[5] расчи́сти
[6] разошью́
[7] разошьётся

Расшифрова́ть *сов.*, *п.* 53
Расшифро́вывать *нес.*, *п.* 1
Расшнурова́ть(ся) *сов.* 53
Расшнуро́вывать(ся) *нес.* 1
Расшуме́ться *сов.*, **м : мл** 26
Расще́дриваться *нес.* 1
Расще́дриться *сов.* 12
Расщепи́ть *сов.*, *п.*, **п : пл** 15
Расщепля́ть *нес.*, *п.* 2
Расщепи́ться *сов.*, 3^e *л.* 15
Расщепля́ться *нес.*, 3^e *л.* 2
Ратифици́ровать *нес.*, *сов.*, *п.* 54
Ра́товать *нес.* 54
Рафини́ровать *нес.*, *сов.*, *п.* 54
Рвану́ть*(ся) *сов.* 39
Рва́ть(ся) *нес.* 32
Рдеть[1](ся) *нес.*, 3^e *л.* 3
Реабилити́ровать *нес.*, *сов.*, *п.* 54
Реаги́ровать *нес.* 54
Реализова́ть *нес.*, *сов.*, *п.* 53
   реализо́вывать *нес.*, *п.* 1
Реализова́ться *нес.*, *сов.*, 3^e *л.* 53
Ребя́читься *нес.* 9
Реве́ть *нес.* 36
Ревизова́ть *нес.*, *сов.*, *п.* 53
Ревнова́ть *нес.*, *п.* 53
   приревнова́ть* *сов.*, *п.* 53
Революционизи́ровать(ся) *нес.*, *сов.* 54
Регистри́ровать(ся) *нес.* 54
   зарегистри́ровать(ся) *сов.* 54
Регламенти́ровать *нес.*, *сов.*, *п.* 54
Регресси́ровать *нес.* 54
Регули́ровать *нес.*, *п.* 54
   отрегули́ровать *сов.*, *п.* 54
   урегули́ровать *сов.*, *п.* 54
Редакти́ровать *нес.*, *п.* 54
   отредакти́ровать *сов.*, *п.* 54
Реде́ть *нес.*, 3^e *л.* 3
   поре́де́ть *сов.*, 3^e *л.* 3
Ре́зать *нес.*, *п.*, **з : ж** 49
   разре́зать *сов.*, *п.*, **з : ж** 49
   заре́зать *сов.*, *п.*, **з : ж** 49
   вы́резать *сов.*, *п.*, **з : ж** 49

Резви́ться *нес.*, **в : вл** 15
Резерви́ровать *нес.*, *сов.*, *п.* 54
   зарезерви́ровать *сов.*, *п.* 54
Резну́ть* *сов.*, *п.* 39
Резонёрствовать *нес.* 54
Резюми́ровать *нес.*, *сов.*, *п.* 54
Реквизи́ровать *нес.*, *сов.*, *п.* 54
Реклами́ровать *нес.*, *сов.*, *п.* 54
Рекомендова́ть *нес.*, *сов.*, *п.* 53
   порекомендова́ть *сов.*, *п.* 53
Рекомендова́ться *нес.* 53
Реконструи́ровать *нес.*, *сов.*, *п.* 54
Реконструи́роваться *нес.*, *сов.*, 3^e *л.* 54
Реме́сленничать *нес.* 1
Ремилитаризова́ть *нес.*, *сов.*, *п.* 53
Ремонти́ровать *нес.*, *п.* 54
   отремонти́ровать *сов.*, *п.* 54
Реорганизова́ть *нес.*, *сов.*, *п.* 53
Репатрии́ровать(ся) *нес.*, *сов.* 54
Репети́ровать *нес.*, *п.* 54
Репресси́ровать *нес.*, *сов.*, *п.* 54
Реставри́ровать *нес.*, *сов.*, *п.* 54
Ретирова́ться *нес.*, *сов.* 53
Ретуши́ровать *нес.*, *сов.*, *п.* 54
   отретуши́ровать *сов.*, *п.* 54
Рефери́ровать *нес.*, *сов.*, *п.* 54
Реформи́ровать *нес.*, *сов.*, *п.* 54
Рехну́ться *сов.* 39
Рецензи́ровать *нес.*, *п.* 54
   прорецензи́ровать *сов.*, *п.* 54
Реша́ть(ся) *нес.* 1
Реши́ть(ся) *сов.* 13
Ре́ять *нес.* 35
Ржа́веть *нес.*, 3^e *л.* 3
   заржа́веть *сов.*, 3^e *л.* 3
Ржать[2] *нес.* 32
Ри́нуться *сов.* 41
Рискну́ть *сов.* 39
Рискова́ть *нес.* 53
Рисова́ть *нес.*, *п.* 53
   нарисова́ть *сов.*, *п.* 53
Рисова́ться *нес.* 53

[1] Intransitive.
[2] ржал, ржа́ла

Рифмова́ть *нес.*, *п.* 53
срифмова́ть *сов.*, *п.* 53
Рифмова́ться *нес.*, *3^е л.* 53
Робе́ть *нес.* 3
оробе́ть *сов.* 3
Ровня́ть *нес.*, *п.* 2
сровня́ть[1] *сов.*, *п.* 2
Роди́ть[2](ся) *нес.*, *сов*[3]., д:ж:жд 14
рожда́ть(ся) *нес.* 1
Родни́ть *нес.*, *п.*, *3^е л.* 13
Родни́ться *нес.* 13
породни́ться *сов.* 13
Рожа́ть *нес.*, *п.* 1
роди́ть[2] *нес.*, *сов.*, *п.*, д:ж:жд 14
Рожда́ть(ся) *нес.* 1
роди́ть[2](ся) *нес.*, *сов*[3]., д : ж : жд 14
Розове́ть *нес.* 3
порозове́ть *сов.* 3
Рои́ться *нес.*, *3^е л.* 13
Рокота́ть *нес.*, *3^е л.*, т : ч 48
Роня́ть *нес.*, *п.* 2
урони́ть *сов.*, *п.* 16
Ропта́ть *нес.*, т : щ 48
Роско́шествовать *нес.* 54
Ротозе́йничать *нес.* 1
Рубану́ть* *сов.*, *п.* 39
Руби́ть *нес.*, *п.*, б : бл 18
сруби́ть *сов.*, *п.*, б : бл 18
Руби́ться *нес.*, б : бл 18
Рубцева́ться *нес.*, *3^е л.* 53
зарубцева́ться *сов.*, *3^е л.* 53
Руга́ть *нес.*, *п.* 1
вы́ругать *сов.*, *п.* 1
обруга́ть *сов.*, *п.* 1
отруга́ть *сов.*, *п.* 1
Руга́ться *нес.* 1
Ругну́ть *сов.*, *п.* 39
Ругну́ться *сов.* 39
Руководи́ть[4] *нес.*, д : ж 14
Руково́дствоваться *нес.* 54
Рукоде́льничать *нес.* 1
Рукоплеска́ть *нес.*, ск : щ 48
Румя́нить(ся) *нес.* 9
зарумя́нить(ся) *сов.* 9
Русифици́ровать(ся) *нес.*, *сов.* 54
Ру́хнуть *сов.* 40
Руча́ться *нес.* 1
поручи́ться *сов.* 16
Ру́шить *нес.*, *п.* 9
обру́шить *сов.*, *п.* 9
Ру́шиться *нес.*, *3^е л.* 9
обру́шиться *сов.*, *3^е л.* 9
Рыба́чить *нес.* 9
{Рыга́ть *нес.* 1
{Рыгну́ть *сов.* 39
Рыда́ть *нес.* 1
Рыже́ть *нес.* 3
порыже́ть *сов.* 3
Ры́кать *нес.*, *3^е л.* 1
Ры́скать *нес.*, ск : щ 47, 1
Рыть *нес.*, *п.* 64
вы́рыть *сов.*, *п.* 64
Ры́ться *нес.* 64
Рыхли́ть *нес.*, *п.* 13
взрыхли́ть *сов.*, *п.* 13
разрыхли́ть *сов.*, *п.* 13
Рыча́ть *нес.* 22
Ряби́ть *нес.*, *безл.* 15
{Ря́вкать *нес.* 1
{Ря́вкнуть *сов.* 40

С, с

Сабота́жничать *нес.* 1
Саботи́ровать *нес.*, *сов.*, *п.* 54
Сагити́ровать *сов.*, *п.* 54
Сади́ть *нес.*, *п.*, д : ж 17
Сади́ться *нес.*, д : ж 14
сесть *сов.* 85
Са́днить *нес.*, *безл.* 12
Сажа́ть *нес.*, *п.* 1
посади́ть *сов.*, *п.*, д : ж 17

---

[1] сро́вненный
[2] рождённый
[3] Imperfective past роди́л(ся), роди́ла(сь), роди́ло(сь); perfective past роди́л(ся́), роди́ла́(сь), роди́ло́(сь)
[4] руководи́мый

Са́лить *нес.*, *п.* 9
Салютова́ть *нес.* 53
  отсалютова́ть *сов.* 53
Самово́льничать *нес.* 1
Самоду́рствовать *нес.* 54
Самоопредели́ться *сов.* 13
Самоопределя́ться *нес.* 2
Самоупра́вствовать *нес.* 54
Самоуспока́иваться *нес.* 1
Самоуспоко́иться *сов.* 19
Самоустрани́ться *сов.* 13
Самоустраня́ться *нес.* 2
Самочи́нствовать *нес.* 54
Санкциони́ровать *нес.*, *сов.*, *п.* 54
Сапо́жничать *нес.* 1
Сатане́ть *нес.* 3
  осатане́ть *сов.* 3
Са́харить *нес.*, *п.* 12
  поса́харить *сов.*, *п.* 12
Сба́вить *сов.*, *п.*, **в : вл** 11
Сбавля́ть *нес.*, *п.* 2
Сбаланси́ровать *сов.*, *п.* 54
Сба́лтывать *нес.*, *п.* 1
  сболта́ть *сов.*, *п.* 1
Сбе́гать *сов.* 1
Сбега́ть *нес.* 1
  сбежа́ть *сов.* 96
Сбега́ться *нес.*, $3^{е}$ *л.* 1
  сбежа́ться *сов.*, $3^{е}$ *л.* 96
Сберега́ть *нес.*, *п.* 1
Сбере́чь *сов.*, *п.* 83
Сберега́ться *нес.*, $3^{е}$ *л.* 1
Сбере́чься *сов.*, $3^{е}$ *л.* 88
Сбива́ть(ся) *нес.* 1
Сби́ть(ся)[1] *сов.* 66
Сближа́ть(ся) *нес.* 1
Сбли́зить(ся) *сов.*, **з : ж** 10
Сболта́ть *сов.*, *п.* 1
  сба́лтывать *нес.*, *п.* 1
Сболтну́ть *сов.*, *п.* 39
Сбра́сывать(ся) *нес.* 1
  сбро́сить(ся) *сов.*, **с : ш** 10

Сбреда́ться *нес.*, $3^{е}$ *л.* 1
Сбрести́сь *сов.*, $3^{е}$ *л.* 79
Сбрехну́ть* *сов.*, *п.* 39
Сбрива́ть *нес.*, *п.* 1
Сбрить *сов.*, *п.* 63
Сбро́сить(ся) *сов.*, **с : ш** 10
  сбра́сывать(ся) *нес.* 1
Сброшюрова́ть *сов.*, *п.* 53
Сбры́згивать *нес.*, *п.* 1
Сбры́знуть *сов.*, *п.* 40
Сбыва́ть *нес.*, *п.* 1
Сбыть *сов.*, *п.* 93
Сбыва́ться *нес.*, $3^{е}$ *л.* 1
Сбы́ться *сов.*, $3^{е}$ *л.* 93
Сва́ливать(ся) *нес.* 1
Свали́ть(ся) *сов.* 16
Сваля́ть *сов.*, *п.* 2
Сваля́ться *сов.*, $3^{е}$ *л.* 2
Сварга́нить *сов.*, *п.* 9
Свари́ть *сов.*, *п.* 16
Свари́ться *сов.*, $3^{е}$ *л.* 16
Сва́тать(ся) *нес.* 1
  посва́тать(ся) *сов.* 1
Свежева́ть *нес.*, *п.* 53
  освежева́ть *сов.*, *п.* 53
Свеже́ть *нес.* 3
  посвеже́ть *сов.* 3
Свезти́ *сов.*, *п.* 6
  свози́ть[2] *нес.*, *п.* **з : ж** 17
Сверга́ть *нес.*, *п.* 1
Све́ргнуть[3] *сов.*, *п.* 43
Све́рить(ся) *сов.* 9
  сверя́ть(ся) *нес.* 2
Сверка́ть *нес.* 1
Сверкну́ть *сов.* 39
Сверли́ть *нес.*, *п.* 13
Сверну́ть(ся) *сов.* 39
Свёртывать(ся) *нес.* 1
  свора́чивать(ся) *нес.* 1
Сверша́ть *нес.*, *п.* 1
Сверши́ть *сов.*, *п.* 13
Сверша́ться *нес.*, $3^{е}$ *л.* 1
Сверши́ться *сов.*, $3^{е}$ *л.* 13

---

[1] собью́(сь)
[2] свози́мый
[3] све́ргнутый & све́рженный

Сверя́ть(ся) *нес.*	2
све́рить(ся) *сов.*	9
Све́ситься *сов.*, с : ш	10
све́шиваться *нес.*	1
Свести́ *сов.*, *п.*	79
своди́ть[1] *нес.*, *п.*, д : ж	17
Свести́сь *сов.*, *3е л.*	79
своди́ться *нес.*, *3е л.*	17
Света́ть *нес.*, *безл.*	1
Свети́ть *нес.*, т : ч	17
посвети́ть *сов.*, т : ч	17
Свети́ться *нес.*	17
Светле́ть *нес.*	3
посветле́ть *сов.*	3
Све́шать *сов.*, *п.*	1
Све́шивать(ся) *нес.*	1
све́сить(ся) *сов.*, с : ш	10
Свива́ть *нес.*, *п.*	1
свить[2] *сов.*, *п.*	66
Свива́ться *нес.*, *3е л.*	1
сви́ться[3] *сов.*, *3е л.*	66
Свиде́тельствовать *нес.*, *п.*	54
Сви́деться *сов.*, д : ж	28
Свирепе́ть *нес.*	3
рассвирепе́ть *сов.*	3
Свире́пствовать *нес.*	54
Свиристе́ть *нес.*, ст : щ	27
{Свиса́ть *нес.*, *3е л.*	1
{Сви́снуть *сов.*, *3е л.*	43
Свиста́ть *нес.*, ст : щ	48
{Свисте́ть *нес.*, ст : щ	27
{Сви́стнуть *сов.*	40
Свить[2] *сов.*	66
свива́ть *нес.*	1
Сви́ться[3] *сов.*, *3е л.*	66
свива́ться *нес.*, *3е л.*	1
Свихну́ть*(ся) *сов.*	39
Своди́ть *сов.*, *п.*, д : ж	17
Своди́ть[1] *нес.*, *п.*, д : ж	17
свести́ *сов.*, *п.*	79
Своди́ться *нес.*, *3е л.*	17
свести́сь *сов.*, *3е л.*	79
Сво́дничать *нес.*	1
Своево́льничать *нес.*	1
Свози́ть *сов.*, *п.*, з : ж	17
Свози́ть[4] *нес.*, *п.*, з : ж	17
свезти́ *сов.*, *п.*	6
Свора́чивать(ся) *нес.*	1
сверну́ть(ся) *сов.*	39
{Свора́чивать *нес.*, *п.*	1
{Свороти́ть *сов.*, *п.*, т : ч	17
{Свыка́ться *нес.*	1
{Свы́кнуться *сов.*	43
{Связа́ть(ся) *сов.*, з : ж	46
{Свя́зывать(ся) *нес.*	1
Святи́ть *нес.*, *п.*, т : ч	14
освяти́ть *сов.*, *п.*, т : ч	14
Священноде́йствовать *нес.*	54
Сгиба́ть(ся) *нес.*	1
согну́ть(ся) *сов.*	39
Сги́нуть *сов.*	41
{Сгла́дить *сов.*, *п.*, д : ж	10
{Сгла́живать *нес.*, *п.*	1
{Сгла́диться *сов.*, *3е л.*	10
{Сгла́живаться *нес.*, *3е л.*	1
Сглази́ть* *сов.*, *п.*, з : ж	10
Сглода́ть *сов.*, *п.*, д : ж	46
Сглуши́ть *сов.*, п : пл	15
{Сгнива́ть *нес.*	1
{Сгнить *сов.*	5
Сгнои́ть *сов.*, *п.*	13
{Сгова́риваться *нес.*	1
{Сговори́ться *сов.*	13
Сгоня́ть *нес.*, *п.*	2
согна́ть[5] *сов.*, *п.*	72
Сгора́ть *нес.*	1
сгоре́ть *сов.*	25
Сго́рбить(ся) *сов.*, б : бл	11
Сгоре́ть *сов.*	25
сгора́ть *нес.*	1
{Сгреба́ть *нес.*, *п.*	1
{Сгрести́ *сов.*, *п.*	82
Сгруди́ть *сов.*, д : ж	14
Сгруди́ться *сов.*, *3е л.*	14

[1] своди́мый
[2] совью
[3] совьётся
[4] свози́мый
[5] сгоню; сгони́

{Сгружа́ть *нес.*, *п.* 1
{Сгрузи́ть[1] *сов.*, *п.*, **з : ж** 14, 17
Сгруппирова́ть(ся) *сов.* 53
Сгрызть* *сов.*, *п.* 7
Сгуби́ть *сов.*, **б : бл** 18
{Сгусти́ть *сов.*, *п.*, **ст : щ** 14
{Сгуща́ть *нес.*, *п.* 1
{Сгусти́ться *сов.*, *3е л.* 14
{Сгуща́ться *нес.*, *3е л.* 1
Сда́бривать *нес.*, *п.* 1
сдо́брить *сов.*, *п.* 12
Сдава́ть(ся) *нес.* 55
сда́ть(ся) *сов.* 98
Сдава́ться *нес.*, *безл.* 55
{Сдави́ть *сов.*, *п.*, **в : вл** 18
{Сда́вливать *нес.*, *п.* 1
Сда́ть(ся) *сов.* 98
сдава́ть(ся) *нес.* 55
Сдва́ивать *нес.*, *п.* 1
сдвои́ть[2] *сов.*, *п.* 13
{Сдвига́ть(ся) *нес.* 1
{Сдви́нуть(ся) *сов.* 41
Сдвои́ть[2] *сов.*, *п.* 13
сдва́ивать *нес.*, *п.* 1
Сде́лать(ся) *сов.* 1
Сдёргивать *нес.*, *п.* 1
сдёрнуть *сов.*, *п.* 40
{Сдержа́ть(ся) *сов.* 23
{Сде́рживать(ся) *нес.* 1
Сдёрнуть *сов.*, *п.* 40
сдёргивать *нес.*, *п.* 1
Сдира́ть *нес.*, *п.* 1
содра́ть[3] *сов.*, *п.* 69
Сдира́ться *нес.*, *3е л.* 1
содра́ться[4] *сов.*, *3е л.* 69
Сдо́брить *сов.*, *п.* 12
сда́бривать *нес.*, *п.* 1
Сдо́хнуть *сов.* 43
сдыха́ть *нес.* 1

Сдре́йфить *сов.*, **ф : фл** 11
Сдружи́ть[5](ся) *сов.* 13, 16
{Сдува́ть *нес.*, *п.* 1
{Сду́нуть[6] *сов.*, *п.* 41
{Сдуть *сов.*, *п.* 4
Сдыха́ть *нес.* 1
сдо́хнуть *сов.* 43
Седе́ть *нес.* 3
поседе́ть *сов.* 3
Седла́ть *нес.*, *п.* 1
оседла́ть *сов.*, *п.* 1
Секре́тничать *нес.* 1
Сели́ть(ся) *нес.* 13
Семени́ть *нес.* 13
Сентимента́льничать *нес.* 1
Сервирова́ть *нес.*, *сов.*, *п.* 53
Серди́ть(ся) *нес.*, **д : ж** 17
рассерди́ть(ся) *сов.*, **д : ж** 17
Серебри́ть *нес.*, *п.* 13
посеребри́ть *сов.*, *п.* 13
Серебри́ться *нес.*, *3е л.* 13
Сере́ть *нес.* 3
посере́ть *сов.* 3
Серьёзничать *нес.* 1
Сесть *сов.* 85
сади́ться *нес.*, **д : ж** 14
Се́товать *нес.* 54
посе́товать *сов.* 54
Сечь *нес.*, *п.* 86
Се́чься *нес.*, *3е л.* 86
посе́чься *сов.*, *3е л.* 86
Се́ять *нес.*, *п.* 35
посе́ять *сов.*, *п.* 35
Сжа́литься *сов.* 9
Сжа́ть(ся)[7] *сов.* 62
сжима́ть(ся) *нес.* 1
Сжать[8] *сов.*, *п.* 60
сжина́ть *нес.*, *п.* 1
Сжева́ть[9] *сов.*, *п.* 53

---

[1] сгру́женный & сгружённый
[2] сдво́енный
[3] сдеру́; сдери́
[4] сдерётся
[5] сдру́женный
[6] Momentaneous verb.
[7] **сожму́(сь); сожми́(сь)**
[8] **сожну́; сожни́**
[9] сжую, сжуёшь; сжёванный

[1] сожгу́; сожги́; сожжённый
[2] сожму́(сь); сожми́(сь)
[3] сожну́; сожни́
[4] Used only in past tense.
[5] 1st & 2nd persons singular not used.

Скипа́ться *нес.*, 3е *л.*	1
Скипе́ться *сов.*, 3е *л.*	26
Скирдова́ть *нес.*, *п.*	53
заскирдова́ть *сов.*, *п.*	53
Скиса́ть *нес.*	1
Ски́снуть *сов.*	43
Скита́ться *нес.*	1
Скла́дывать(ся) *нес.*	1
сложи́ть(ся) *сов.*	16
Склева́ть[1] *сов.*, *п.*	53
Склёвывать *нес.*, *п.*	1
Скле́ивать *нес.*, *п.*	1
Скле́ить *сов.*, *п.*	19
Скле́иваться *нес.*, 3е *л.*	1
Скле́иться *сов.*, 3е *л.*	19
Склика́ть *нес.*, *п.*	1
Склони́ть[2](ся) *сов.*	16
Склоня́ть(ся) *нес.*	2
Склоня́ть *нес.*, *п.*	2
просклоня́ть *сов.*, *п.*	2
Скло́чничать *нес.*	1
Скобли́ть *нес.*, *п.*	13
Скова́ть[3] *сов.*, *п.*	53
Ско́вывать *нес.*, *п.*	1
Скові́ривать *нес.*, *п.*	1
Сковырну́ть *сов.*, *п.*	39
Скола́чивать *нес.*, *п.*	1
Сколоти́ть *сов.*, *п.*, **т : ч**	17
Сколо́ть *сов.*, *п.*	38
ска́лывать *нес.*, *п.*	1
Сколупну́ть *сов.*, *п.*	39
Сколу́пывать *нес.*, *п.*	1
Скользи́ть *нес.*, **з : ж**	14
Скользну́ть *сов.*	39
Скома́ндовать *сов.*	54
Скомбини́ровать *сов.*, *п.*	54
Ско́мкать *сов.*, *п.*	1
Скоморо́шничать *нес.*	1
Скомпили́ровать *сов.*, *п.*	54
Скомплектова́ть *сов.*, *п.*	53
Скомпонова́ть *сов.*, *п.*	53
Скомпромети́ровать *сов.*, *п.*	54
Сконструи́ровать *сов.*, *п.*	54
Сконфу́зить *сов.*, *п.*, **з : ж**	10
Сконцентри́ровать *сов.*, *п.*	54
Сконцентри́роваться *сов.*, 3е *л.*	54
Сконча́ться *сов.*	1
Скопа́ть *сов.*, *п.*	1
ска́пывать *нес.*, *п.*	1
Скопидо́мничать *нес.*	1
Скопи́ровать *сов.*, *п.*	54
Скопи́ть *сов.*, *п.*, **п : пл**	18
ска́пливать *нес.*, *п.*	1
Скопи́ться *сов.*[4]	18
ска́пливаться *нес.*[4]	1
Скорбе́ть *нес.*, **б : бл**	26
Скорёжиться *сов.*	9
Скорми́ть *сов.*, *п.*, **м : мл**	18
ска́рмливать *нес.*, *п.*	1
Скорота́ть* *сов.*, *п.*	1
Ско́рчить(ся) *сов.*	12
Скоси́ть[5] *сов.*, *п.*, **с : ш**	17
ска́шивать *нес.*, *п.*	1
Скоси́ть[6](ся) *сов.*, **с : ш**	14
Скости́ть *сов.*, *п.*, **ст : щ**	14
Скра́дывать *нес.*, *п.*	1
Скра́дываться *нес.*, 3е *л.*	1
Скра́сить *сов.*, *п.*, **с : ш**	10
Скра́шивать *нес.*, *п.*	1
Скра́ситься *сов.*, 3е *л.*	10
Скра́шиваться *нес.*, 3е *л.*	1
Скрежета́ть *нес.*, **т : щ**	48
Скрепи́ть *сов.*, *п.*, **п : пл**	15
Скрепля́ть *нес.*, *п.*	2
Скрести́(сь) *нес.*	82
Скрести́ть *сов.*, *п.*, **ст : щ**	14
Скре́щивать *нес.*, *п.*	1
Скрести́ться *сов.*, 3е *л.*	14
Скре́щиваться *нес.*, 3е *л.*	1
Скриви́ть(ся) *сов.*, **в : вл**	15
Скрипе́ть *нес.*, **п : пл**	26
Скри́пнуть *сов.*	40

[1] склюю́, склюёшь; склёванный
[2] склонённый
[3] скую́, скуёшь
[4] 1st & 2nd persons singular not used.
[5] to mow
[6] to squint

Скрои́ть[1] *сов., п.* 13
Скро́мничать *нес.* 1
Скрути́ть *сов., п.*, т : ч 17
Скру́чивать *нес.* 1
Скрыва́ть(ся) *нес.* 1
скры́ть(ся) *сов.* 64
Скры́тничать *нес.* 1
Скры́ть(ся) *сов.* 64
скрыва́ть(ся) *нес.* 1
Скрю́чить(ся) *сов.* 9
Скря́жничать *нес.* 1
Скуде́ть *нес.* 3
оскуде́ть *сов.* 3
Скули́ть *нес.* 13
Скупа́ть *нес., п.* 1
Скупи́ть *сов., п.*, п : пл 18
Скупи́ться *нес.*, п : пл 15
поскупи́ться *сов.*, п : пл 15
Скуча́ть *нес.* 1
Ску́чивать *нес., п.* 1
Ску́чить *сов., п.* 9
Ску́чиваться *нес., 3е л.* 1
Ску́читься *сов., 3е л.* 9
Ску́шать *сов., п.* 1
Слабе́ть *нес.* 3
ослабе́ть *сов.* 3
Сла́бить *нес., 3е л., безл.* 11
прослабить *сов., 3е л., безл.* 11
Сла́вить* *нес., п.*, в : вл 11
осла́вить *сов., п.*, в : вл 11
просла́вить *сов., п.*, в : вл 11
Сла́виться *нес.*, в : вл 11
просла́виться *сов.*, в : вл 11
Славосло́вить *нес., п.*, в : вл 11
Слага́ть *нес., п.* 1
сложи́ть *сов., п.* 16
Сла́дить *сов., п.*, д : ж 10
Сла́живать *нес., п.* 1
Сла́диться *сов., 3е л.* 10
Сла́живаться *нес., 3е л.* 1
Сла́зить *сов.*, з : ж 10

Слать *нес., п.* 73
посла́ть *сов., п.* 73
Следи́ть[2] *нес.*, д : ж 14
наследи́ть *сов.*, д : ж 14
Следи́ть[3] *нес.*, д : ж 14
Сле́довать *нес.* 54
после́довать *сов.* 54
Слежа́ться *сов., 3е л.* 22
Слёживаться *нес., 3е л.* 1
Слеза́ть *нес.* 1
слезть *сов.* 8
Слези́ться *нес., 3е л.* 14
Слезоточи́ть *нес., 3е л.* 13
Слезть *сов.* 8
слеза́ть *нес.* 1
Слепи́ть[4] *сов., п.*, п : пл 18
сле́пливать *нес., п.* 1
слепля́ть *нес., п.* 2
Слепи́ться *сов., 3е л.* 18
сле́пливаться *нес., 3е л.* 1
слепля́ться *нес., 3е л.* 2
Слепи́ть[5] *нес., 3е л.* 15
Сле́пнуть *нес.* 44
осле́пнуть *сов.* 44
Слета́ть *сов.* 1
Слета́ть *нес.* 1
Слете́ть *сов.*, т : ч 27
Слета́ться[6] *нес.* 1
Слете́ться[6] *сов.*, т : ч 27
Слечь *сов.* 91
Слива́ть(ся) *нес.* 1
сли́ть(ся)[7] *сов.* 66
Слиза́ть *сов., п.*, з : ж 46
сли́зывать *нес., п.* 1
Слизну́ть *сов., п.* 39
Сли́зывать *нес., п.* 1
Слиня́ть *сов., 3е л.* 2
Слипа́ться *нес., 3е л.* 1
Сли́пнуться *сов., 3е л.* 43
Сли́ть(ся)[7] *сов.* 66
слива́ть(ся) *нес.* 1

[1] скро́енный
[2] to leave footprints
[3] to watch
[4] to model (*in clay*, etc.)
[5] to blind, to dazzle
[6] 1st & 2nd persons singular not used.
[7] солью(сь)

{Слича́ть *нес., п.* 1
{Сличи́ть *сов., п.* 13
Словчи́ть *сов.* 13
Сложи́ть *сов., п.* 16
  слага́ть *нес., п.* 1
Сложи́ть(ся) *сов.* 16
  скла́дывать(ся) *нес.* 1
Слои́ть *нес., п.* 13
Слои́ться *нес., 3^е л.* 13
Слома́ть *сов., п.* 1
Слома́ться *сов., 3^е л.* 1
Сломи́ть *сов., п.,* **м : мл** 18
Сломи́ться *сов., 3^е л.* 18
Слоня́ться *нес.* 2
Служи́ть *нес.* 16
  послужи́ть *сов.* 16
Слука́вить *сов.,* **в : вл** 11
{Случа́ть *нес., п.* 1
{Случи́ть *сов., п.* 13
{Случа́ться *нес., 3^е л.* 1
{Случи́ться *сов., 3^е л.* 13
Слу́шать *нес., п.* 1
Слу́шаться *нес.* 1
  послу́шаться *сов.* 1
Слыть *нес.* 59
Слыха́ть[1] *нес., п.* —
  услыха́ть[1] *сов., п.* —
Слы́шать *нес., п.* 21
  услы́шать *сов., п.* 21
Слы́шаться *нес., 3^е л.* 21
  послы́шаться *сов., 3^е л.* 21
Слюби́ться *сов., 3^е л.* 18
Слюни́ть *нес., п.* 13
  послюни́ть *сов., п.* 13
Слюня́вить* *нес., п.,* **в : вл** 11
{Сма́зать *сов., п.,* **з : ж** 49
{Сма́зывать *нес., п.* 1
{Сма́заться *сов., 3^е л.,* **з : ж** 49
{Сма́зываться *нес., 3^е л.* 1
Смакова́ть *нес., п.* 53
Смалоду́шничать *сов.* 1
Сманеври́ровать *сов.* 54

{Сма́нивать *нес., п.* 1
{Смани́ть *сов., п.* 16
Смастери́ть *сов., п.* 13
Сма́тывать *нес., п.* 1
  смота́ть *сов., п.* 1
{Сма́хивать *нес., п.* 1
{Смахну́ть* *сов., п.* 39
Сма́чивать *нес., п.* 1
  смочи́ть *сов., п.* 16
{Смека́ть *нес.* 1
{Смекну́ть *сов.* 39
Смеле́ть *нес.* 3
  осмеле́ть *сов.* 3
{Смени́ть[2](ся) *сов.* 16
{Сменя́ть(ся) *нес.* 2
Сменя́ть(ся) *сов.* 2
{Смерза́ться *нес., 3^е л.* 1
{Смёрзнуться *сов., 3^е л.* 43
Сме́рить *сов., п.* 9
{Смерка́ться *нес., безл.* 1
{Сме́ркнуться *сов., безл.* 43
Смести́ *сов., п.* 80
  смета́ть *нес., п.* 1
Смести́ть(ся) *сов.,* **ст : щ** 14
  смеща́ть(ся) *нес.* 1
Смета́ть *нес., п.* 1
  смести́ *сов., п.* 80
{Смета́ть *сов., п.,* **т : ч** 48
{Смётывать *нес., п.* 1
Сметь *нес.* 3
  посме́ть *сов.* 3
{Смеша́ть(ся) *сов.* 1
{Сме́шивать(ся) *нес.* 1
Смеши́ть *нес., п.* 13
  насмеши́ть *сов., п.* 13
  рассмеши́ть *сов., п.* 13
Смеща́ть(ся) *нес.* 1
  смести́ть(ся) *сов.,* **ст : щ** 14
Смея́ться[3] *нес.* 35
Смина́ть *нес., п.* 1
  смять[4] *сов., п.* 60
Смина́ться *нес., 3^е л.* 1
  смя́ться[5] *сов., 3^е л.* 60

---

[1] Only past tense used.
[2] сменённый
[3] смеюсь, смеёшься
[4] сомну́; сомни́
[5] сомнётся

Смири́ть(ся) *сов.* 13
Смиря́ть(ся) *нес.* 2
Смоли́ть *нес., п.* 13
осмоли́ть *сов., п.* 13
Смолка́ть *нес.* 1
Смо́лкнуть[1] *сов.* 44
Смоло́ть *сов., п.* 67
Смолча́ть *сов.* 22
Смонти́ровать *сов., п.* 54
Сморгну́ть *сов.* 39
Сморка́ть(ся) *нес.* 1
Сморкну́ться *сов.* 39
вы́сморкать(ся) *сов.* 1
Смо́рщить(ся) *сов.* 12
Смота́ть *сов., п.* 1
сма́тывать *нес., п.* 1
Смотре́ть(ся) *нес.* 29
посмотре́ть*(ся) *сов.* 29
Смочи́ть *сов., п.* 16
сма́чивать *нес., п.* 1
Смочь *сов.* 89
Смоше́нничать *сов.* 1
Смугле́ть *нес.* 3
посмугле́ть *сов.* 3
Смудри́ть *сов.* 13
Смути́ть(ся) *сов.,* т : щ 14
Смуща́ть(ся) *нес.* 1
Смыва́ть(ся) *нес.* 1
смы́ть(ся) *сов.* 64
Смыка́ть(ся) *нес.* 1
сомкну́ть(ся) *сов.* 39
Смы́слить *нес.* 12
Смы́ть(ся) *сов.* 64
смыва́ть(ся) *нес.* 1
Смягча́ть(ся) *нес.* 1
Смягчи́ть(ся) *сов.* 13
Смять[2] *сов., п.* 60
смина́ть *нес., п.* 1
Смя́ться[3] *сов., 3е л.* 60
смина́ться *нес., 3е л.* 1
Снабди́ть *сов., п.,* д : ж 14
Снабжа́ть *нес., п.* 1
Снаряди́ть(ся) *сов.,* д : ж 14
Снаряжа́ть(ся) *нес.* 1
Сна́шивать *нес., п.* 1
сноси́ть *сов., п.,* с : ш 17
Сна́шиваться *нес., 3е л.* 1
сноси́ться *сов., 3е л.* 17
Снести́(сь) *сов.* 6
сноси́ть(ся) *нес.,* с : ш 17
Снести́(сь) *сов., 3е л.* 6
Снижа́ть(ся) *нес.* 1
Сни́зить(ся) *сов.,* з : ж 10
Снизойти́ *сов.* 94
снисходи́ть *нес.,* д : ж 17
Сни́кнуть *сов.* 43
Снима́ть(ся) *нес.* 1
сня́ть(ся) *сов.* 74
Снисходи́ть *нес.,* д : ж 17
снизойти́ *сов.* 94
Сни́ться *нес.* 13
присни́ться *сов.* 13
Снова́ть[4] *нес.* 53
Сноси́ть *сов., п.,* с : ш 17
сна́шивать *нес., п.* 1
Сноси́ть(ся) *нес.,* с : ш 17
снести́(сь) *сов.* 6
Сноси́ться *сов., 3е л.* 17
сна́шиваться *нес., 3е л.* 1
Сню́хаться *сов.* 1
Сня́ть(ся) *сов.* 74
снима́ть(ся) *нес.* 1
Собезья́нничать *сов., п.* 1
Собира́ть(ся) *нес.* 1
собра́ть(ся) *сов.* 69
Соблаговоли́ть *сов.* 13
Соблазни́ть(ся) *сов.* 13
Соблазня́ть(ся) *нес.* 2
Соблюда́ть *нес.* 1
Соблюсти́ *сов.* 79
Соболе́зновать *нес.* 54
Собра́ть(ся) *сов.* 69
собира́ть(ся) *нес.* 1

---

[1] смо́лкший & смо́лкнувший
[2] сомну́; сомни́
[3] сомнётся
[4] сную́, снуёшь

Сова́ть*(ся)[1] *нес.* 53
су́нуть(ся) *сов.* 41
{Соверша́ть *нес.*, *п.* 1
{Соверши́ть *сов.*, *п.* 13
{Соверша́ться *нес.*, *3е л.* 1
{Соверши́ться *сов.*, *3е л.* 13
Соверше́нствовать *нес.*, *п.* 54
усоверше́нствовать *сов.*, *п.* 54
Сове́товать(ся) *нес.* 54
посове́товать(ся) *сов.* 54
Совеща́ться *нес.* 1
{Совмести́ть *сов.*, *п.*, **ст : щ** 14
{Совмеща́ть *нес.*, *п.* 1
{Совмести́ться *сов.*, *3е л.* 14
{Совмеща́ться *нес.*, *3е л.* 1
{Совпада́ть *нес.*, *3е л.* 1
{Совпа́сть *сов.*, *3е л.* 78
Соврати́ть(ся) *сов.*, **т : щ** 14
совраща́ть(ся) *нес.* 1
Совра́ть *сов.*, *п.* 32
Совраща́ть(ся) *нес.* 1
соврати́ть(ся) *сов.*, **т : щ** 14
Согласи́ться *сов.*, **с : ш** 14
соглаша́ться *нес.* 1
{Согласова́ть *нес.*, *сов.*, *п.* 53
{Согласо́вывать *нес.*, *п.* 1
{Согласова́ться *нес.*, *сов.*, *3е л.* 53
{Согласо́вываться *нес.*, *3е л.* 1
Соглаша́ться *нес.* 1
согласи́ться *сов.*, **с : ш** 14
Согна́ть[2] *сов.*, *п.* 72
сгоня́ть *нес.*, *п.* 2
Согну́ть(ся) *сов.* 39
сгиба́ть(ся) *нес.* 1
{Согрева́ть(ся) *нес.* 1
{Согре́ть(ся) *сов.* 3
Согреши́ть *сов.* 13
Соде́йствовать *нес.* 54
Содержа́ть(ся) *нес.* 23
Содра́ть[3] *сов.*, *п.* 69
сдира́ть *нес.*, *п.* 1
Содра́ться[4] *сов.*, *3е л.* 69
сдира́ться *нес.*, *3е л.* 1
{Содрога́ться *нес.* 1
{Содрогну́ться *сов.* 39
{Соедини́ть(ся) *сов.* 13
{Соединя́ть(ся) *нес.* 2
Сожале́ть *нес.* 3
Сожи́тельствовать *нес.* 54
Сожра́ть[5] *сов.*, *п.* 32
сжира́ть *нес.*, *п.* 1
Созва́ниваться *нес.* 1
созвони́ться *сов.* 13
Созва́ть *сов.*, *п.* 71
сзыва́ть *нес.*, *п.* 1
Созвони́ться *сов.* 13
созва́ниваться *нес.* 1
{Создава́ть *нес.*, *п.* 55
{Созда́ть *сов.*, *п.* 98
{Создава́ться *нес.*, *3е л.* 55
{Созда́ться *сов.*, *3е л.* 98
Созида́ть *нес.*, *п.* 1
Созерца́ть *нес.*, *п.* 1
Сознава́ть *нес.*, *п.* 55
{Сознава́ться *нес.* 55
{Созна́ться *сов.* 1
Созорнича́ть *сов.* 1
{Созрева́ть *нес.* 1
{Созре́ть *сов.* 3
Соизво́лить *сов.* 9
Сойти́[6](сь) *сов.* 94
сходи́ть[6](ся) *нес.* 17
{Сократи́ть *сов.*, *п.*, **т : щ** 14
{Сокраща́ть *нес.*, *п.* 1
{Сократи́ться *сов.*, *3е л.* 14
{Сокраща́ться *нес.*, *3е л.* 1
{Сокруша́ть *нес.*, *п.* 1
{Сокруши́ть *сов.*, *п.* 13
Сокруша́ться *нес.* 1
Солга́ть *сов.* 95

---

[1] сую́(сь), суёшь(ся)
[2] сгоню́; сгони́
[3] сдеру́; сдери́
[4] сдерётся
[5] сбжранный
[6] Intransitive.

19–773

Соли́ть *нес.*, *п.* 13, 16
посоли́ть[1] *сов.*, *п.* 13, 16
Сомкну́ть(ся) *сов.* 39
смыка́ть(ся) *нес.* 1
Сомнева́ться *нес.* 1
усомни́ться *сов.* 13
{Сообража́ть *нес.*, *п.* 1
{Сообрази́ть* *сов.*, *п.*, **з : ж** 14
Сообразова́ть(ся) *нес.*, *сов.* 53
{Сообща́ть *нес.*, *п.* 1
{Сообщи́ть *сов.*, *п.* 13
{Сообща́ться *нес.*, $3^{е}$ *л.* 1
{Сообщи́ться *сов.*, $3^{е}$ *л.* 13
{Сооруди́ть *сов.*, *п.*, **д : ж** 14
{Сооружа́ть *нес.*, *п.* 1
Соотве́тствовать *нес.* 54
{Соотнести́ *сов.*, *п.* 6
{Соотноси́ть[2] *нес.*, *п.*, **с : ш** 17
Соотноси́ться *нес.*, $3^{е}$ *л.* 17
Copе́рничать *нес.* 1
Сопе́ть *нес.*, **п : пл** 26
{Сопоста́вить *сов.*, *п.*, **в : вл** 11
{Сопоставля́ть *нес.*, *п.* 2
Сопре́ть *сов.* 3
{Соприкаса́ться *нес.* 1
{Соприкосну́ться *сов.* 39
{Сопроводи́ть[3] *сов.*, *п.*, **д : ж** 14
{Сопровожда́ть *нес.*, *п.* 1
Сопровожда́ться *нес.*, $3^{е}$ *л.* 1
Сопротивля́ться *нес.* 2
Сопу́тствовать *нес.* 54
{Соразме́рить *сов.*, *п.* 9
{Соразмеря́ть *нес.*, *п.* 2
Сорва́ть(ся) *сов.* 32
срыва́ть(ся) *нес.* 1
Сорганизова́ть(ся) *сов.* 53
Соревнова́ться *нес.* 53
Соригина́льничать *сов.* 1
Сори́ть *нес.* 13
Сортирова́ть *нес.*, *п.* 53
рассортирова́ть *сов.*, *п.* 53
Coса́ть[4] *нес.*, *п.* 32

Сосва́тать *сов.*, *п.* 1
Соска́бливать *нес.*, *п.* 1
соскобли́ть *сов.*, *п.* 13
Соска́льзывать *нес.* 1
соскользну́ть *сов.* 39
Соска́кивать *нес.* 1
соскочи́ть *сов.* 16
Соскобли́ть *сов.*, *п.* 13
соска́бливать *нес.*, *п.* 1
Соскользну́ть *сов.* 39
соска́льзывать *нес.* 1
Соскочи́ть *сов.* 16
соска́кивать *нес.* 1
{Соскреба́ть *нес.*, *п.* 1
{Соскрести́ *сов.*, *п.* 82
Соску́читься *сов.* 9
Сосла́ть(ся) *сов.* 73
ссыла́ть(ся) *нес.* 1
Сослужи́ть* *сов.*, *п.* 16
Сосну́ть *сов.* 39
{Сосредото́чивать(ся) *нес.* 1
{Сосредото́чить(ся) *сов.* 9
{Соста́вить *сов.*, *п.*, **в : вл** 11
{Составля́ть *нес.*, *п.* 2
{Соста́виться *сов.*, $3^{е}$ *л.* 11
{Составля́ться *нес.*, $3^{е}$ *л.* 2
Соста́рить(ся) *сов.* 9
Состоя́ть[5] *нес.* 20
Состоя́ться *сов.*, $3^{е}$ *л.* 20
Состра́гивать *нес.*, *п.* 1
сострога́ть *сов.*, *п.* 1
{Сострига́ть *нес.*, *п.* 1
{Состри́чь *сов.*, *п.* 88
Состри́ть *сов.* 13
Сострога́ть *сов.*, *п.* 1
состра́гивать *нес.*, *п.* 1
Состря́пать *сов.*, *п.* 1
Состяза́ться *нес.* 1
Сосуществова́ть *нес.* 53
Сосчита́ть *сов.*, *п.* 1
Сотвори́ть *сов.*, *п.* 13
Сотка́ть *сов.*, *п.* 32

---

[1] посо́ленный
[2] соотноси́мый
[3] сопровождённый
[4] coса́л, coса́ла
[5] No imperative.

Сотру́дничать *нес.*	1
{Сотряса́ть(ся) *нес.*	1
{Сотрясти́(сь) *сов.*	6
Со́хнуть *нес.*	43
{Сохрани́ть *сов., п.*	13
{Сохраня́ть *нес., п.*	2
{Сохрани́ться *сов., 3[е] л.*	13
{Сохраня́ться *нес., 3[е] л.*	2
Сочета́ть(ся) *нес., сов.*	1
{Сочини́ть *сов., п.*	13
{Сочиня́ть *нес., п.*	2
Сочи́ться *нес., 3[е] л.*	13
{Сочлени́ть *сов., п.*	13
{Сочленя́ть *нес., п.*	2
Сочу́вствовать *нес.*	54
Спада́ть *нес., 3[е] л.*	1
спасть *сов., 3[е] л.*	78
Спа́ивать *нес., п.*	1
спои́ть[1] *сов., п.*	13, 16
Спа́ивать *нес.*	1
спая́ть *сов., п.*	2
Спа́иваться *нес., 3[е] л.*	1
спая́ться *сов., 3[е] л.*	2
Спали́ть *сов., п.*	13
{Спа́ривать *нес., п.*	1
{Спа́рить *сов., п.*	9
Спа́рывать *нес., п.*	1
споро́ть *сов., п.*	38
Спаса́ть(ся) *нес.*	1
спасти́(сь) *сов.*	6
Спасова́ть *сов.*	53
Спасти́(сь) *сов.*	6
спаса́ть(ся) *нес.*	1
Спасть *сов., 3[е] л.*	78
спада́ть *нес., 3[е] л.*	1
Спать *нес.*, **п : пл**	24
Спа́ться *нес., безл.*	24
Спая́ть *сов., п.*	2
спа́ивать *нес., п.*	1
Спая́ться *сов., 3[е] л.*	2
спа́иваться *нес., 3[е] л.*	1
Спека́ться *нес., 3[е] л.*	1
спе́чься *сов., 3[е] л.*	86
Спекули́ровать *нес.*	54
Спелена́ть *сов., п.*	1
Спере́ть[2] *сов., безл., п.*	68
спира́ть *нес., безл., п.*	1
Спеть *нес., 3[е] л.*	3
поспе́ть *сов., 3[е] л.*	3
Спеть *сов., п.*	65
Спе́ться *сов.*	65
Специализи́ровать(ся) *нес., сов.*	54
Спе́чься *сов., 3[е] л.*	86
спека́ться *нес., 3[е] л.*	1
{Спе́шиваться *нес.*	1
{Спе́шиться *сов.*	9
Спеши́ть *нес.*	13
поспеши́ть *сов.*	13
Спива́ться *нес.*	1
спи́ться[3] *сов.*	66
Спики́ровать *сов.*	54
{Спи́ливать *нес., п.*	1
{Спили́ть *сов., п.*	16
Спира́ть *нес., безл., п.*	1
спере́ть[1] *сов., безл., п.*	68
{Списа́ть(ся) *сов.*, **с : ш**	46
{Спи́сывать(ся) *нес.*	1
Спи́ться[3] *сов.*	66
спива́ться *нес.*	1
{Спи́хивать *нес., п.*	1
{Спихну́ть *сов., п.*	39
Спла́вить *сов., п.*, **в : вл**	11
сплавля́ть *нес., п.*	2
{Спла́виться *сов., 3[е] л.*	11
{Сплавля́ться *нес., 3[е] л.*	2
Сплани́ровать *сов., п.*	54
Спла́чивать(ся)[4] *нес.*	1
сплоти́ть(ся)[4] *сов.*, **т : ч**	14
Сплёвывать *нес., п.*	1
сплю́нуть *сов., п.*	41
{Сплёскивать *нес.*	1
{Сплесну́ть *сов.*	39
{Сплести́(сь) *сов.*	80
{Сплета́ть(ся) *нес.*	1

[1] спо́енный
[2] сопрёт
[3] сопью́сь
[4] Reflexive form of 1st & 2nd persons singular not used.

Сплéтничать *нес.*	1
наспле́тничать *сов.*	1
Сплоти́ть(ся)[1] *сов.*, т : ч	14
спла́чивать(ся)[1] *нес.*	1
Сплохова́ть *сов.*	53
Сплутова́ть *сов.*	53
Сплю́нуть *сов.*	41
сплёвывать *нес.*	1
Сплю́снуть *сов.*, *п.*	40
Сплю́снуться *сов.*, *3е л.*	40
{Сплю́щивать *нес.*, *п.*	1
{Сплю́щить *сов.*, *п.*	12
{Сплю́щиваться *нес.*, *3е л.*	1
{Сплю́щиться *сов.*, *3е л.*	12
Спляса́ть *сов.*, с : ш	46
Спо́дличать *сов.*	1
Спои́ть[2] *сов.*, *п.*	13, 16
спа́ивать *нес.*, *п.*	1
Споля́скивать *нес.*, *п.*	1
сполосну́ть *сов.*, *п.*	39
Сполза́ть *нес.*	1
сползти́ *сов.*	6
{Сполза́ться *нес.*, *3е л.*	1
{Сползти́сь *сов.*, *3е л.*	6
Сполосну́ть *сов.*, *п.*	39
спола́скивать *нес.*, *п.*	1
Спо́рить *нес.*	9
поспо́рить *сов.*	9
Спо́риться *нес.*, *3е л.*	13
Споро́ть *сов.*, *п.*	38
спа́рывать *нес.*, *п.*	1
Спосо́бствовать *нес.*	54
поспосо́бствовать *сов.*	54
{Споткну́ться *сов.*	39
{Спотыка́ться *нес.*	1
{Спохвати́ться *сов.*, т : ч	17
{Спохва́тываться *нес.*	1
{Спра́вить(ся) *сов.*, в : вл	11
{Справля́ть(ся) *нес.*	2
Спра́шивать(ся) *нес.*	1
спроси́ть(ся) *сов.*, с : ш	17
Спрессова́ть *сов.*, *п.*	53
{Спроводи́ть *сов.*, *п.*, д : ж	10
{Спрова́живать *нес.*, *п.*	1
Спровоци́ровать *сов.*, *п.*	54
Спроекти́ровать *сов.*, *п.*	54
Спроси́ть(ся) *сов.*, с : ш	17
спра́шивать(ся) *нес.*	1
{Спры́гивать *нес.*	1
{Спры́гнуть *сов.*	40
{Спры́скивать *нес.*, *п.*	1
{Спры́снуть *сов.*, *п.*	40
Спряга́ть *нес.*, *п.*	1
проспряга́ть *сов.*, *п.*	1
Спряга́ться *нес.*, *3е л.*	1
{Спрями́ть *сов.*, *п.*, м : мл	15
{Спрямля́ть *нес.*, *п.*	2
Спря́тать(ся) *сов.*, т : ч	47
{Спу́гивать *нес.*, *п.*	1
{Спугну́ть *сов.*, *п.*	39
{Спуска́ть(ся) *нес.*	1
{Спусти́ть(ся) *сов.*, ст : щ	17
{Спу́тать(ся) *сов.*	1
{Спу́тывать(ся) *нес.*	1
Спя́тить *сов.*, т : ч	10
{Сраба́тывать(ся) *нес.*	1
{Срабо́тать(ся) *сов.*	1
{Сра́внивать *нес.*, *п.*	1
{Сравни́ть *сов.*, *п.*	13
Сравни́ться *сов.*	13
Сравня́ть[3] *сов.*, *п.*	2
сра́внивать *нес.*, *п.*	1
Сравня́ться *сов.*	2
{Сража́ть(ся) *нес.*	1
{Срази́ть(ся) *сов.*, з : ж	14
Срами́ть(ся) *нес.*, м : мл	15
осрами́ть(ся) *сов.*, м : мл	15
Сраста́ться *нес.*, *3е л.*	1
срасти́сь *сов.*, *3е л.*	84
{Срасти́ть *сов.*, *п.*, т : щ	14
{Сра́щивать *нес.*, *п.*	1
{Среза́ть *нес.*, *п.*	1
{Сре́зать *сов.*, *п.*, з : ж	49
{Срисова́ть *сов.*, *п.*	53
{Срисо́вывать *нес.*, *п.*	1
Срифмова́ть *сов.*, *п.*	53
Сровня́ть[4] *сов.*, *п.*	2
Сродни́ть(ся) *сов.*	13

[1] Reflexive form of 1st & 2nd persons singular not used.
[2] спо́енный
[3] сра́вненный
[4] сро́вненный

Срубáть *нес.*, *п.*	1
Срубúть *сов.*, *п.*, **б : бл**	18
Срывáть(ся) *нес.*	1
сорвáть(ся) *сов.*	32
Срывáть *нес.*, *п.*	1
срыть *сов.*, *п.*	64
Сры́гивать *нес.*	1
Срыгну́ть *сов.*	39
Срыть *сов.*, *п.*	64
срывáть *нес.*, *п.*	1
Ссадúть *сов.*, *п.*, **д : ж**	17
Ссáживать *нес.*, *п.*	1
Ссекáть *нес.*, *п.*	1
ссечь[1] *сов.*, *п.*	86
Ссели́ть *сов.*, *п.*	13
Сселя́ть *нес.*, *п.*	2
Ссечь[1] *сов.*, *п.*	86
ссекáть *нес.*, *п.*	1
Ссóрить(ся) *нес.*	9
поссóрить(ся) *сов.*	9
Ссóхнуться *сов.*, *3е л.*	43
ссыхáться *нес.*, *3е л.*	1
Ссуди́ть *сов.*, *п.*, **д : ж**	17
Ссужáть *нес.*, *п.*	1
Ссу́живать *нес.*, *п.*	1
Ссуту́лить(ся) *сов.*	9
Ссучи́ть *сов.*, *п.*	16
Ссылáть(ся) *нес.*	1
сослáть(ся) *сов.*	73
Ссыпáть *нес.*, *п.*	1
Ссы́пать *сов.*, *п.*	50
Ссыхáться *нес.*, *3е л.*	1
ссóхнуться *сов.*, *3е л.*	43
Стабилизовáть *нес.*, *сов.*, *п.*	53
Стабилизовáться *нес.*, *сов.*, *3е л.*	53
Стáвить *нес.*, *п.*, **в : вл**	11
постáвить *сов.*, *п.*, **в : вл**	11
Стажи́ровать[2](ся) *нес.*	54
Стáивать *нес.*, *3е л.*	1
стáять *сов.*, *3е л.*	35
Стáлкивать(ся) *нес.*	1
столкну́ть(ся) *сов.*	39
Станови́ться *нес.*, **в : вл**	18
стать *сов.*	56
Стáптывать *нес.*, *п.*	1
стоптáть *сов.*, *п.*, **т : ч**	48
Стáптываться *нес.*, *3е л.*	1
стоптáться *сов.*, *3е л.*, **т:ч**	48
Старáться *нес.*	1
постарáться *сов.*	1
Старéть *нес.*	3
постарéть *сов.*	3
Стáрить(ся) *нес.*	9
состáрить(ся) *сов.*	9
Стартовáть *нес.*, *сов.*	53
Стаскáть *сов.*, *п.*	1
Стáскивать *нес.*, *п.*	1
стащи́ть *сов.*, *п.*	16
Стасовáть *сов.*, *п.*	53
Стать[3] *сов.*	56
Стать[4] *сов.*	56
станови́ться *нес.*, **в : вл**	18
Стáться *сов.*, *3е л.*	56
Стáчивать *нес.*, *п.*	1
сточи́ть *сов.*, *п.*	16
Стáчиваться *нес.*, *3е л.*	1
сточи́ться *сов.*, *3е л.*	16
Стащи́ть *сов.*, *п.*	16
стáскивать *нес.*, *п.*	1
Стáять *сов.*, *3е л.*	35
стáивать *нес.*, *3е л.*	1
Стегáть *нес.*, *п.*	1
стегну́ть* *сов.*, *п.*	39
Стегáть *нес.*, *п.*	1
простегáть *сов.*, *п.*	1
Стегну́ть* *сов.*, *п.*	39
стегáть *нес.*, *п.*	1
Стекáть[2](ся) *нес.*, *3е л.*	1
стéчь[2](ся) *сов.*, *3е л.*	86
Стекленéть *нес.*, *3е л.*	3
остекленéть *сов.*, *3е л.*	3
Стеклографи́ровать *нес.*, *сов.*, *п.*	54

[1] ссек
[2] Intransitive.
[3] to begin
[4] to become

Стели́ть *нес., п.* 100
постели́ть *сов., п.* 100
Стемне́ть *сов., безл.* 3
Стенографи́ровать *нес., п.* 54
застенографи́ровать *сов., п.* 54
Стервене́ть *нес.* 3
остервене́ть *сов.* 3
Стере́ть[1] *сов., п.* 68
стира́ть *нес., п.* 1
Стере́ться[2] *сов., 3е л.* 68
стира́ться *нес., 3е л.* 1
Стере́чь *нес., п.* 88
Стерилизова́ть *нес., сов., п.* 53
Стерпе́ть* *сов., п.,* п : пл 30
Стерпе́ться *сов., 3е л.* 30
Стеса́ть *сов., п.,* с : ш 46
стёсывать *нес., п.* 1
Стесни́ть *сов., п.* 13
стесня́ть *нес., п.* 2
Стесни́ться *сов.* 13
Стесня́ть *нес., п.* 2
стесни́ть *сов., п.* 13
Стёсывать *нес., п.* 1
стеса́ть *сов., п.,* с : ш 46
Стесня́ться *нес.* 2
постесня́ться *сов.* 2
Сте́чь(ся) *сов., 3е л.* 86
стека́ть(ся) *нес., 3е л.* 1
Стилизова́ть *нес., сов., п.* 53
Стимули́ровать *нес., сов., п.* 54
Стира́ть *нес., п.* 1
вы́стирать *сов., п.* 1
Стира́ть *нес., п.* 1
стере́ть[1] *сов., п.* 68
Стира́ться *нес., 3е л.* 1
стере́ться[2] *сов., 3е л.* 68
Сти́скивать *нес., п.* 1
сти́снуть *сов., п.* 40
{Сти́скиваться *нес., 3е л.* 1
{Сти́снуться *сов., 3е л.* 40

{Стиха́ть *нес.* 1
{Сти́хнуть *сов.* 43
Стлать *нес., п.* 70
постла́ть *сов., п.* 70
Стла́ться *нес., 3е л.* 70
Сто́ить[3] *нес.* 19
Столбене́ть *нес.* 3
остолбене́ть *сов.* 3
Столкну́ть(ся) *сов.* 39
ста́лкивать(ся) *нес.* 1
{Столкова́ться *сов.* 53
{Столко́вываться *нес.* 1
Столова́ться *нес.* 53
Столо́чь *сов., п.* 87
Столпи́ться *сов., 3е л.* 15
Столя́рничать *нес.* 1
Стона́ть *нес.* 34
Сто́пориться *нес., 3е л.* 12
засто́пориться *сов., 3е л.* 12
Стопта́ть *сов., п.,* т : ч 48
ста́птывать *нес., п.* 1
Стопта́ться *сов., 3е л.,* т : ч 48
ста́птываться *нес., 3е л.* 1
Сторгова́ть(ся) *сов.* 53
Сторожи́ть *нес., п.* 13
Сторони́ться *нес.* 16
посторони́ться *сов.* 16
Стоскова́ться *сов.* 53
Сточи́ть *сов., п.* 16
ста́чивать *нес., п.* 1
Сточи́ться *сов., 3е л.* 16
ста́чиваться *нес., 3е л.* 1
Стошни́ть *сов., безл.* 13
Стоя́ть *нес.* 20
{Страви́ть *сов., п.,* в : вл 18
{Стра́вливать *нес., п.* 1
Страда́ть *нес.* 1
пострада́ть *сов.* 1
Стра́нствовать *нес.* 54
Страхова́ть(ся) *нес.* 53
застрахова́ть(ся) *сов.* 53
Страши́ть(ся) *нес.* 13

---

[1] сотру́; сотри́
[2] сотрётся
[3] Imperative not used.

Стрекота́ть *нес.*, т : ч	48
Стрельну́ть *сов.*	39
Стреля́ть *нес.*	2
Стреля́ться *нес.*	2
Стреми́ться *нес.*, м : мл	15
Стри́чь(ся) *нес.*	88
постри́чь(ся) *сов.*	88
Строга́ть *нес.*, *п.*	1
вы́строгать *сов.*, *п.*	1
Стро́ить[1](ся) *нес.*	19
постро́ить(ся) *сов.*	19
Стро́нуть(ся) *сов.*	41
Строчи́ть *нес.*, *п.*	13, 16
Струи́ться *нес.*, *3е л.*	13
Стру́сить *сов.*, с : ш	10
Струхну́ть *сов.*	39
Стря́пать *нес.*, *п.*	1
состря́пать *сов.*, *п.*	1
Стрясти́сь *сов.*, *3е л.*	6
{ Стря́хивать *нес.*, *п.*	1
{ Стряхну́ть *сов.*, *п.*	39
Студи́ть *нес.*, *п.*, д : ж	17
остуди́ть *сов.*, *п.*, д : ж	17
{ Сту́кать(ся) *нес.*	1
{ Сту́кнуть(ся) *сов.*	40
{ Ступа́ть *нес.*	1
{ Ступи́ть *сов.*, п : пл	18
Стуча́ть(ся) *нес.*	22
постуча́ть(ся) *сов.*	22
{ Стушева́ться *сов.*	53
{ Стушёвываться *нес.*	1
Стуши́ть *сов.*, *п.*	16
Стыди́ть *нес.*, д : ж	14
пристыди́ть *сов.*, д : ж	14
Стыди́ться *нес.*, д : ж	14
постыди́ться *сов.*, д : ж	14
Сты́нуть[2] *нес.*	45
осты́нуть[2] *сов.*	45
Стыть *нес.*	58
осты́ть *сов.*	58
Стя́гивать(ся) *нес.*	1
стяну́ть(ся) *сов.*	42
Стяжа́ть* *сов.*, *п.*	1
Стяну́ть(ся) *сов.*	42
стя́гивать(ся) *нес.*	1
Субсиди́ровать *нес.*, *сов.*, *п.*	54
Суда́чить *нес.*	9
Суди́ть[3](ся) *нес.*, д : ж	17
Суети́ться *нес.*, т : ч	14
{ Су́живать *нес.*, *п.*	1
{ Су́зить *сов.*, *п.*, з : ж	10
{ Су́живаться *нес.*, *3е л.*	1
{ Су́зиться *сов.*, *3е л.*	10
Сумасбро́дить *нес.*, д : ж	10
Суме́рничать *нес.*	1
Суме́ть *сов.*	3
Сумми́ровать *нес.*, *сов.*, *п.*	54
Су́мничать *сов.*	1
Су́нуть(ся) *сов.*	41
сова́ть[4](ся) *нес.*	53
Суро́веть *нес.*	3
посуро́веть *сов.*	3
Суту́лить(ся) *нес.*	9
ссуту́лить(ся) *сов.*	9
Сутя́жничать *нес.*	1
Суфли́ровать *нес.*	54
Сучи́ть *нес.*, *п.*	16
ссучи́ть *сов.*, *п.*	16
Суши́ть(ся) *нес.*	16
вы́сушить(ся) *сов.*	12
Существова́ть *нес.*	53
просуществова́ть *сов.*	53
Сфабрикова́ть *сов.*, *п.*	53
Сфальши́вить *сов.*, в : вл	11
Сфантази́ровать *сов.*	54
Сформирова́ть(ся) *сов.*	54
Сформули́ровать *сов.*, *п.*	54
Сфотографи́ровать(ся) *сов.*	54
{ Схвати́ть(ся) *сов.*, т : ч	17
{ Схва́тывать(ся) *нес.*	1
Схематизи́ровать *нес.*, *сов.*, *п.*	54
Схитри́ть *сов.*	13
Схлы́нуть *сов.*, *3е л.*	41
Сходи́ть *сов.*, д : ж	17
Сходи́ть[5](ся) *нес.*, д : ж	17
сойти́[5](сь) *сов.*	94

[1] стро́имый
[2] сты́нуть — осты́нуть are conjugated in same way as стыть — осты́ть
[3] суди́мый
[4] сую́, суёшь
[5] Intransitive.

Схорони́ть(ся) *сов.*	16
Сца́пать *сов.*, *п.*	1
Сцара́пать *сов.*, *п.*	1
Сцара́пнуть* *сов.*, *п.*	40
Сцара́пывать *нес.*, *п.*	1
Сцеди́ть *сов.*, *п.*, д : ж	17
Сце́живать *нес.*, *п.*	1
Сцементи́ровать *сов.*, *п.*	54
Сцепи́ть(ся) *сов.*, п : пл	18
Сцепля́ть(ся) *нес.*	2
Счерти́ть *сов.*, *п.*, т : ч	17
Счё́рчивать *нес.*, *п.*	1
Счеса́ть[1] *сов.*, *п.*, с : ш	46
счёсывать *нес.*, *п.*	1
Счéсть[2](ся) *сов.*, *п.*	83
Счёсывать *нес.*, *п.*	1
счеса́ть[1] *сов.*, *п.*, с : ш	46
Счи́стить[3] *сов.*, *п.*, ст : щ	10
счища́ть *нес.*, *п.*	1
Счи́ститься *сов.*, 3e *л.*	10
счища́ться *нес.*, 3e *л.*	1
Счита́ть *нес.*, *п.*	1
сосчита́ть *сов.*, *п.*	1
Счита́ть *сов.*, *п.*	1
счи́тывать *нес.*, *п.*	1
Счита́ться *нес.*	1
посчита́ться *сов.*	1
Счита́ть(ся) *нес.*	1
Счи́тывать *нес.*, *п.*	1
счита́ть *сов.*, *п.*	1
Счища́ть *нес.*, *п.*	1
счи́стить[3] *сов.*, *п.*, ст : щ	10
Счища́ться *нес.*, 3^e *л.*	1
счи́ститься *сов.*, 3^e *л.*	10
Сшиба́ть(ся) *нес.*	1
Сшиби́ть(ся) *сов.*	37
Сшива́ть *нес.*, *п.*	1
Сшить[4] *сов.*, *п.*	66
Съеда́ть *нес.*, *п.*	1
съесть *сов.*, *п.*	99
Съёживаться *нес.*	1
Съёжиться *сов.*	9
Съе́здить[5] *сов.*, д : ж	10
Съезжа́ть[6](ся) *нес.*	1
съе́хать[6](ся) *сов.*	92
Съесть *сов.*, *п.*	99
съеда́ть *нес.*, *п.*	1
Съе́хать[6](ся) *сов.*	92
съезжа́ть[6](ся) *нес.*	1
Съехи́дничать *сов.*	1
Съязви́ть *сов.*, в : вл	15
Сыгра́ть *сов.*, *п.*	1
игра́ть *нес.*, *п.*	1
Сыгра́ться *сов.*	1
Сы́грываться *нес.*	1
Сымпровизи́ровать *сов.*, *п.*	54
импровизи́ровать *нес.*, *п.*	54
Сы́пать *нес.*, *п.*, п : пл	50
Сы́паться *нес.*, 3^e *л.*, п : пл	50
Сыре́ть *нес.*, 3^e *л.*	3
Сыска́ть *сов.*, *п.*, ск : щ	48
Сэконо́мить *сов.*, *п.*, м : мл	11
Сюсю́кать *нес.*	1

Т, т

Таи́ть(ся) *нес.*	13
Танцева́ть *нес.*, *п.*	53
Тара́нить *нес.*, *п.*	9
протара́нить *сов.*, *п.*	9
Тарато́рить *нес.*, *п.*	9
Тарахте́ть *нес.*, т : ч	27
Тара́щить *нес.*, *п.*	9,12
вы́таращить *сов.*, *п.*	12
Тара́щиться *нес.*, 3^e *л.*	9, 12
вы́таращиться *сов.*, 3^e *л.*	12
Таска́ть(ся) *нес.*	1
Тасова́ть *нес.*, *п.*	53
стасова́ть *сов.*, *п.*	53
Татуи́ровать(ся) *нес.*, *сов.*	54
Тащи́ть(ся) *нес.*	16
Та́ять *нес.*	35
растая́ть *сов.*	35

---

[1] счёсанный
[2] сочту́; сочти́; сочла́, сочло́, сочли́; сочтённый
[3] счи́сти
[4] сошью́
[5] съе́зди
[6] Intransitive.

Тверде́ть *нес., 3е л.* 3
  затверде́ть *сов., 3е л.* 3
Тверди́ть *нес., п.,* **д : ж** 14
  вы́твердить *сов., п.,* **д : ж** 14
  затверди́ть[1] *сов., п.,* **д : ж** 14
Твори́ть *нес., п.* 13
  сотвори́ть *сов., п.* 13
Твори́ться *нес., 3е л.* 13
Театрализова́ть *нес., сов., п.* 53
Телеграфи́ровать *нес., сов.* 54
Телефони́ровать *нес., сов.* 54
Тели́ться *нес., 3е л.* 16
  отели́ться *сов., 3е л.* 16
Темне́ть *нес.* 3
  потемне́ть *сов.* 3
Темне́ть *нес., безл.* 3
  стемне́ть *сов., безл.* 3
Темне́ться *нес., 3е л.* 3
Темни́ть *нес.* 13
Температу́рить *нес.* 9
Теоретизи́ровать *нес.* 54
Тепле́ть *нес.* 3
  потепле́ть *сов.* 3
Те́плиться *нес., 3е л.* 12
Теребить *нес., п.,* **б : бл** 15
Тере́ть(ся) *нес.* 68
  потере́ть(ся) *сов.* 68
Терза́ть(ся) *нес.* 1
Терпе́ть *нес., п.,* **п : пл** 30
  потерпе́ть *сов., п.,* **п : пл** 30
Терпе́ться *нес., безл.* 30
Терроризи́ровать *нес., сов., п.* 54
Теря́ть(ся) *нес.* 2
  потеря́ть(ся) *сов.* 2
  растеря́ть(ся) *сов.* 2
Теса́ть *нес., п.,* **с : ш** 46
Тесни́ть[2](ся) *нес.* 13
  потесни́ть(ся) *сов.* 13
  стесни́ть(ся) *сов.* 13
Течь *нес., 3е л.* 86

Те́шить(ся) *нес.* 9
  поте́шить(ся) *сов.* 9
Ти́кать *нес., 3е л.* 1
Типизи́ровать *нес., сов., п.* 54
Тира́нить *нес., п.* 9
{Ти́скать *нес., п.* 1
{Ти́снуть *сов., п.* 40
Ткать *нес., п.* 32
  соткать *сов., п.* 32
Ткну́ть*(ся) *сов.* 39
  ты́кать(ся) *нес.* 1
Тле́ть[3](ся) *нес., 3е л.* 3
Тока́рничать *нес.* 1
Токова́ть *нес., 3е л.* 53
{Толка́ть(ся) *нес.* 1
{Толкну́ть(ся) *сов.* 39
Толкова́ть *нес., п.* 53
Толо́чь *нес., п.* 87
  истоло́чь *сов., п.* 87
  растоло́чь *сов., п.* 87
Толо́чься *нес.* 87
Толпи́ться[4] *нес.* 15
Толсте́ть *нес.* 3
  потолсте́ть *сов.* 3
Толсти́ть *нес., п., 3е л.* 14
Томи́ть[5](ся) *нес.,* **м : мл** 15
  истоми́ть(ся) *сов.,* **м : мл** 15
Тону́ть *нес.* 42
  потону́ть *сов.* 42
  утону́ть *сов.* 42
То́пать *нес.* 1
  то́пнуть *сов.* 40
Топи́ть[6] *нес.,* **п : пл** 18
  потопи́ть *сов.,* **п : пл** 18
  утопи́ть *сов.,* **п : пл** 18
Топи́ть[7] *нес., п.,* **п : пл** 18
  истопи́ть *сов., п.,* **п : пл** 18
Топи́ться[7] *нес., 3е л.* 18
Топи́ться[6] *нес.* 18
  утопи́ться *сов.* 18
Топо́рщить(ся) *нес., 3е л.* 12

[1] затве́рженный & затвержённый
[2] тесни́мый
[3] Intransitive.
[4] 1st & 2nd persons singular not used.
[5] томи́мый
[6] to sink
[7] to heat *(an oven, etc.)*

Топота́ть *нес.*, т : ч 48
Топта́ть(ся) *нес.*, т : ч 48
потопта́ть(ся) *сов.*, т : ч 48
Топы́риться *нес.*, *3ᵉ л.* 9
Торгова́ть[1](ся) *нес.* 53
Торжествова́ть *нес.*, *п.* 53
Тормози́ть *нес.*, *п.*, з : ж 14
затормози́ть *сов.*, *п.*, з : ж 14
Тормози́ться *нес.*, *3ᵉ л.* 14
затормози́ться *сов.*, *3ᵉ л.* 14
Тормоши́ть *нес.*, *п.* 13
растормоши́ть *сов.*, *п.* 13
Торопи́ть(ся) *нес.*, п : пл 18
поторопи́ть(ся) *сов.*, п : пл 18
Торпеди́ровать *нес.*, *сов.*, *п.* 54
Торча́ть *нес.* 22
Тоскова́ть *нес.* 53
Точи́ть *нес.*, *п.* 16
Тошни́ть *нес.*, *безл.* 13
стошни́ть *сов.*, *безл.* 13
Трави́ть(ся) *нес.*, в : вл 18
Трактова́ть *нес.*, *п.* 53
Тра́лить *нес.*, *п.* 9
протра́лить *сов.*, *п.* 9
Транжи́рить *нес.*, *п.* 9
растранжи́рить *сов.*, *п.* 9
Транскриби́ровать *нес.*, *сов.*, *п.* 54
протранскриби́ровать *сов.*, *п.* 54
Трансли́ровать *нес.*, *сов.*, *п.* 54
Транспорти́ровать *нес.*, *сов.*, *п.* 54
Трансформи́ровать *нес.*, *сов.*, *п.* 54
Тра́тить(ся) *нес.*, т : ч 9
истра́тить(ся) *сов.*, т : ч 9
потра́тить(ся) *сов.*, т : ч 9
{Тра́хать *нес.*, *п.* 1
{Тра́хнуть*(ся) *сов.* 40
Тре́бовать *нес.*, *п.* 54
потре́бовать *сов.*, *п.* 54
Тре́боваться *нес.*, *3ᵉ л.* 54
потре́боваться *сов.*, *3ᵉ л.* 54
Трево́жить(ся) *нес.* 9
встрево́жить(ся) *сов.* 9
потрево́жить(ся) *сов.* 9
Трезве́ть *нес.* 3
отрезве́ть *сов.* 3
Трезво́нить *нес.* 9
Тренирова́ть(ся) *нес.* 53
натренирова́ть(ся) *сов.* 53
Тре́нькать *нес.* 1
Трепа́ть(ся) *нес.*, п : пл 51
истрепа́ть(ся) *сов.*, п : пл 51
потрепа́ть(ся) *сов.*, п : пл 51
Трепета́ть *нес.*, т : щ 48
Трепыха́ться *нес.* 1
Тре́скаться *нес.*, *3ᵉ л.* 1
потре́скаться *сов.*, *3ᵉ л.* 1
Тре́снуть *сов.*, *п.* 40
Тре́снуться *сов.*, *3ᵉ л.* 40
Тре́скаться *нес.*, *3ᵉ л.* 1
Трети́ровать *нес.*, *п.* 54
Треща́ть *нес.* 22
Тро́гать(ся) *нес.* 1
тро́нуть(ся) *сов.* 41
Трои́ться *нес.*, *3ᵉ л.* 13
Тро́нуть(ся) *сов.* 41
тро́гать(ся) *нес.* 1
Труби́ть *нес.*, *п.*, б : бл 15
Труди́ться *нес.*, д : ж 17
Трудоустро́ить *сов.*, *п.* 19
Труни́ть *нес.* 13
Тру́сить *нес.*, с : ш 10
стру́сить *сов.*, с : ш 10
Трясти́(сь) *нес.* 6
Тряхну́ть *сов.*, *п.* 39
Тужи́ть *нес.* 16
Ту́житься *нес.* 9
Тума́нить *нес.*, *п.* 9
затума́нить *сов.*, *п.* 9
Тума́ниться *нес.*, *3ᵉ л.* 9
затума́ниться *сов.*, *3ᵉ л.* 9
Тупе́ть *нес.* 3
отупе́ть *сов.* 3
Тупи́ть *нес.*, *п.*, п : пл 18
затупи́ть *сов.*, *п.*, п : пл 18
Тупи́ться *нес.*, *3ᵉ л.* 18
затупи́ться *сов.*, *3ᵉ л.* 18
Тускне́ть *нес.*, *3ᵉ л.* 3
потускне́ть *сов.*, *3ᵉ л.* 3
Ту́скнуть *сов.*, *3ᵉ л.* 44
Ту́хнуть *нес.*, *3ᵉ л.* 43
поту́хнуть *сов.*, *3ᵉ л.* 43
Тучне́ть *нес.* 3
потучне́ть *сов.* 3

[1] Intransitive.

Туше́ва́ть *нес.*, *п.* 53
затушева́ть[1] *сов.*, *п.* 53
Тушева́ться *нес.* 53
стушева́ться *сов.* 53
Туши́ть[2] *нес.*, *п.* 16
потуши́ть *сов.*, *п.* 16
Туши́ть[3] *нес.*, *п.* 16
ступи́ть *сов.*, *п.* 16
Ты́кать(ся) *нес.*, **к : ч** 1, 47
ткну́ть*(ся) *сов.* 39
{Тю́кать *нес.*, *п.* 1
{Тю́кнуть *сов.*, *п.* 40
{Тя́вкать *нес.* 1
{Тя́вкнуть *сов.* 40
Тяга́ться *нес.* 1
потяга́ться *сов.* 1
Тяготе́ть *нес.* 3
Тяготи́ть[4](ся) *нес.*, **т : щ** 14
Тяжеле́ть *нес.* 3
отяжеле́ть *сов.* 3
Тяну́ть(ся) *нес.* 42
{Тя́пать *нес.*, *п.* 1
{Тя́пнуть* *сов.*, *п.* 40

У, у

{Уба́вить *сов.*, *п.*, **в : вл** 11
{Убавля́ть *нес.*, *п.* 2
{Уба́виться *сов.*, *3е л.* 11
{Убавля́ться *нес.*, *3е л.* 2
{Убаю́кать *сов.*, *п.* 1
{Убаю́кивать *нес.*, *п.* 1
Убега́ть *нес.* 1
убежа́ть *сов.* 96
Убеди́ть(ся)[5] *сов.* 14
убежда́ть(ся) *нес.* 1
Убежа́ть *сов.* 96
убега́ть *нес.* 1
Убежда́ть(ся) *нес.* 1
убеди́ть(ся)[5] *сов.* 14
Убере́чь(ся) *сов.* 88
Убива́ть(ся) *нес.* 1
уби́ть(ся) *сов.* 66
Убира́ть(ся) *нес.* 1
убра́ть(ся) *сов.* 69
Уби́ть(ся) *сов.* 66
убива́ть(ся) *нес.* 1
{Ублаготвори́ть *сов.*, *п.* 13
{Ублаготворя́ть *нес.*, *п.* 2
{Ублажа́ть *нес.*, *п.* 1
{Ублажи́ть *сов.*, *п.* 13
Убра́ть(ся) *сов.* 69
убира́ть(ся) *нес.* 1
Убыва́ть *нес.* 1
убы́ть *сов.* 93
{Убыстри́ть *сов.*, *п.* 13
{Убыстря́ть *нес.*, *п.* 2
Убы́ть *сов.* 93
убыва́ть *нес.* 1
Уважа́ть *нес.*, *п.* 1
{Ува́риваться *нес.*, *3е л.* 1
{Свари́ться *сов.*, *3е л.* 16
{Уве́домить[6] *сов.*, *п.*, **м : мл** 11
{Уведомля́ть *нес.*, *п.* 2
Увезти́ *сов.*, *п.* 6
увози́ть[7] *нес.*, *п.*, **з : ж** 17
{Увекове́чивать *нес.*, *п.* 1
{Увекове́чить *сов.*, *п.* 9
{Увели́чивать *нес.*, *п.* 1
{Увели́чить *сов.*, *п.* 9
{Увели́чиваться *нес.*, *3е л.* 1
{Увели́читься *сов.*, *3е л.* 9
{Увенча́ть *сов.*, *п.* 1
{Уве́нчивать *нес.*, *п.* 1
{Увенча́ться *сов.*, *3е л.* 1
{Уве́нчиваться *нес.*, *3е л.* 1
{Уве́рить *сов.*, *п.* 9
{Уверя́ть *нес.*, *п.* 2

---

[1] затушёванный
[2] to put out, to extinguish
[3] to stew
[4] тяготи́мый
[5] 1st person singular not used; убеждённый
[6] уве́домн
[7] увози́мый

Увеселя́ть *нес., п.* 2
Увести́ *сов., п.* 79
уводи́ть[1] *нес., п.*, д : ж 17
Уве́чить(ся) *нес.* 9
Уве́шать(ся) *сов.* 1
Уве́шивать(ся) *нес.* 1
Увива́ть *нес., п.* 1
уви́ть *сов., п.* 66
Уви́деть(ся) *сов.*, д : ж 28
Уви́ливать *нес.* 1
Увильну́ть *сов.* 39
Уви́ть *сов., п.* 66
увива́ть *нес., п.* 1
Увлажни́ть *сов., п.* 13
Увлажня́ть *нес., п.* 2
Увлажни́ться *сов., 3^e л.* 13
Увлажня́ться *нес., 3^e л.* 2
Увлека́ть(ся) *нес.* 1
Увле́чь(ся) *сов.* 86
Уводи́ть[1] *нес., п.*, д : ж 17
увести́ *сов., п.* 79
Увози́ть[2] *нес., п.*, з : ж 17
увезти́ *сов., п.* 6
Увола́кивать *нес., п.* 1
уволо́чь *сов., п.* 86
Уво́лить(ся) *сов.* 9
увольня́ть(ся) *нес.* 2
Уволо́чь *сов., п.* 86
уволакивать *нес., п.* 1
Увольня́ть(ся) *нес.* 2
уво́лить(ся) *сов.* 9
Увяда́ть *нес.* 1
увя́нуть *сов.* 45
Увяза́ть[3](ся) *сов.*, з : ж 46
увя́зывать(ся) *нес.* 1
Увяза́ть[4] *нес.* 1
Увя́знуть *сов.* 43
Увя́зывать(ся) *нес.* 1
увяза́ть[3](ся) *сов.*, з : ж 46
Увя́нуть *сов.* 45
увяда́ть *нес.* 1
Угада́ть *сов., п.* 1
Уга́дывать *нес., п.* 1

Угаса́ть *нес., 3^e л.* 1
Уга́снуть *сов., 3^e л.* 43
Углуби́ть(ся) *сов.*, б : бл 15
Углубля́ть(ся) *нес.* 2
Угна́ть *сов., п.* 72
угоня́ть *нес., п.* 2
Угна́ться *сов.* 72
Угнета́ть *нес., п.* 1
Угова́ривать(ся) *нес.* 1
Уговори́ть(ся) *сов.* 13
Угоди́ть *сов.*, д : ж 14
угожда́ть *нес.* 1
Уго́дничать *нес.* 1
Угожда́ть *нес.* 1
угоди́ть *сов.*, д : ж 14
Угомони́ть(ся) *сов.* 13
Угоня́ть *нес., п.* 2
угна́ть *сов., п.* 72
Угора́здить *сов., п., безл.* 10
Угора́ть *нес.* 1
Угоре́ть *сов.* 25
Угости́ть(ся) *сов.*, ст : щ 14
Угоща́ть(ся) *нес.* 1
Угро́бить *сов., п.*, б : бл 11
Угрожа́ть *нес.* 1
Удава́ться *нес., безл.* 55
уда́ться *сов., безл.* 98
Удави́ть(ся) *сов.*, в : вл 18
Удали́ть(ся) *сов.* 13
Удаля́ть(ся) *нес.* 2
Уда́рить(ся) *сов.* 9
Ударя́ть(ся) *нес.* 2
Уда́ться *сов., безл.* 98
удава́ться *нес., безл.* 55
Удва́ивать *нес., п.* 1
Удво́ить *сов., п.* 19
Удва́иваться *нес., 3^e л.* 1
Удво́иться *сов., 3^e л.* 19
Удели́ть *сов., п.* 13
Уделя́ть *нес., п.* 2
Удержа́ть(ся) *сов.* 23
Уде́рживать(ся) *нес.* 1
Удесятери́ть *сов., п.* 13
Удесятеря́ть *нес., п.* 2

[1] уводи́мый
[2] увози́мый
[3] to tie up, to pack up
[4] to stick *(in something having a glutinous surface)*

Удесятери́ться *сов., 3^{е} л.* 13
Удесятеря́ться *нес., 3^{е} л.* 1
Удиви́ть(ся) *сов.*, **в : вл** 15
Удивля́ть(ся) *нес.* 2
Удира́ть *нес.* 1
удра́ть *сов.* 69
Уди́ть *нес., п.*, **д : ж** 17
Уди́ться *нес., 3^{е} л.* 17
Удлини́ть *сов., п.* 13
Удлиня́ть *нес., п.* 2
Удлини́ться *сов., 3^{е} л.* 13
Удлиня́ться *нес., 3^{е} л.* 2
Удо́брить *сов., п.* 12
Удобря́ть *нес., п.* 2
Удовлетвори́ть(ся) *сов.* 13
Удовлетворя́ть(ся) *нес.* 2
Удоста́ивать(ся) *нес.* 1
удосто́ить(ся) *сов.* 19
Удостове́рить(ся) *сов.* 9
Удостоверя́ть(ся) *нес.* 2
Удосто́ить(ся) *сов.* 19
удоста́ивать(ся) *нес.* 1
Удосу́живаться *нес.* 1
Удосу́житься *сов.* 9
Удочери́ть *сов., п.* 13
Удочеря́ть *нес., п.* 2
Удра́ть *сов.* 69
удира́ть *нес.* 1
Удружи́ть *сов.* 13
Удруча́ть *нес., п.* 1
Удручи́ть *сов., п.* 13
Удуши́ть *сов., п.* 16
Уедини́ть(ся) *сов.* 13
Уединя́ть(ся) *нес.* 2
Уезжа́ть *нес.* 1
Уе́хать *сов.* 92
Ужа́лить *сов., п.* 9
Ужа́риваться *нес., 3^{е} л.* 1
Ужа́риться *сов., 3^{е} л.* 9
Ужаса́ть*(ся) *нес.* 1
Ужасну́ть*(ся) *сов.* 39
Ужива́ться *нес.* 1
ужи́ться *сов.* 59
Ужинать *нес.* 1
поужинать *сов.* 1
Ужи́ться *сов.* 59
ужива́ться *нес.* 1
Узако́нивать *нес., п.* 1
Узако́нить *сов., п.* 9
Узнава́ть *нес., п.* 55
Узна́ть *сов., п.* 1
Узре́ть* *сов., п.* 25, 29
Узурпи́ровать *нес., сов., п.* 54
Уйти́ *сов.* 94
уходи́ть *нес.*, **д : ж** 17
Указа́ть *сов., п.*, **з : ж** 46
Ука́зывать *нес., п.* 1
Уката́ть *сов., п.* 1
ука́тывать *нес., п.* 1
Уката́ться *сов., 3^{е} л.* 1
ука́тываться *нес., 3^{е} л.* 1
Укати́ться *сов., 3^{е} л.* 17
Ука́тываться *нес., 3^{е} л.* 1
Ука́тывать *нес., п.* 1
уката́ть *сов., п.* 1
Ука́тываться *нес., 3^{е} л.* 1
уката́ться *сов., 3^{е} л.* 1
Укача́ть(ся) *сов.* 1
Ука́чивать(ся) *нес.* 1
Укла́дывать(ся) *нес.* 1
уложи́ть(ся) *сов.* 16
Укла́дываться *нес.* 1
уле́чься *сов.* 91
Уклони́ться *сов.* 16
Уклоня́ться *нес.* 2
Укоко́шить *сов., п.* 9
Уколо́ть(ся) *сов.* 38
Укомплектова́ть *сов., п.* 53
Укора́чивать *нес., п.* 1
укороти́ть[1] *сов., п.*, **т : ч** 14
Укора́чиваться *нес., 3^{е} л.* 1
укороти́ться *сов., 3^{е} л.* 14
Укорени́ть *сов., п.* 13
Укореня́ть *нес., п.* 2
Укорени́ться *сов., 3^{е} л.* 13
Укореня́ться *нес., 3^{е} л.* 2
Укори́ть *сов., п.* 13
укоря́ть *нес., п.* 2
Укороти́ть[1] *сов., п.*, **т : ч** 14
укора́чивать *нес., п.* 1

[1] укоро́ченный

Укороти́ться *сов.*, $3^{е}$ *л.* 14
  укора́чивать(ся) *нес.*, $3^{е}$ *л.* 1
Укоря́ть *нес.*, *п.* 2
  укори́ть *сов.*, *п.* 13
Укра́сить(ся) *сов.*, с : ш 10
  украша́ть(ся) *нес.* 1
Укра́сть *сов.*, *п.* 78
Украша́ть(ся) *нес.* 1
  укра́сить(ся) *сов.*, с : ш 10
Укрепи́ть(ся) *сов.*, п : пл 15
Укрепля́ть(ся) *нес.* 2
Укроти́ть(ся) *сов.*, т : щ 14
Укроща́ть(ся) *нес.* 1
Укрупни́ть *сов.*, *п.* 13
Укрупня́ть *нес.*, *п.* 2
Укрыва́ть(ся) *нес.* 1
Укры́ть(ся) *сов.* 64
Укуси́ть *сов.*, *п.*, с : ш 17
Уку́тать(ся) *сов.* 1
Уку́тывать(ся) *нес.* 1
Ула́вливать *нес.*, *п.* 1
  улови́ть *сов.*, *п.*, в : вл 18
Ула́дить *сов.*, *п.*, д : ж 10
Ула́живать *нес.*, *п.* 1
Ула́диться *сов.*, $3^{е}$ *л.* 10
Ула́живаться *нес.*, $3^{е}$ *л.* 1
Ула́мывать *нес.*, *п.* 1
  улома́ть *сов.*, *п.* 1
Улежа́ть *сов.* 22
Улепетну́ть *сов.* 39
Улепётывать *нес.* 1
Улета́ть *нес.* 1
Улете́ть *сов.*, т : ч 27
Улету́чиваться *нес.* 1
Улету́читься *сов.* 9
Уле́чься *сов.* 91
  укла́дываться *нес.* 1
Улизну́ть *сов.* 39
Улича́ть *нес.*, *п.* 1
Уличи́ть *сов.*, *п.* 13
Улови́ть *сов.*, *п.*, в : вл 18
  ула́вливать *нес.*, *п.* 1
Уложи́ть(ся) *сов.* 16
  укла́дывать(ся) *нес.* 1
Улома́ть *сов.*, *п.* 1
  ула́мывать *нес.*, *п.* 1

Улуча́ть *нес.*, *п.* 1
Улучи́ть *сов.*, *п.* 13
Улучша́ть *нес.*, *п.* 1
Улу́чшить *сов.*, *п.* 12
Улучша́ться *нес.*, $3^{е}$ *л.* 1
Улу́чшиться *сов.*, $3^{е}$ *л.* 12
Улыба́ться *нес.* 1
Улыбну́ться *сов.* 39
Улюлю́кать *нес.* 1
Умали́ть *сов.*, *п.* 13
  умаля́ть *нес.*, *п.* 2
Умали́ться *сов.*, $3^{е}$ *л.* 13
  умаля́ться *нес.*, $3^{е}$ *л.* 2
Ума́лчивать *нес.*, *п.* 1
  умолча́ть* *сов.*, *п.* 22
Умаля́ть *нес.*, *п.* 2
  умали́ть *сов.*, *п.* 13
Умаля́ться *нес.*, $3^{е}$ *л.* 2
  умали́ться *сов.*, $3^{е}$ *л.* 13
Ума́сливать *нес.*, *п.* 1
Ума́слить *сов.*, *п.* 12
Уменьша́ть(ся) *нес.* 1
Уме́ньшить(ся) *сов.* 12
Умере́ть *сов.* 68
  умира́ть *нес.* 1
Уме́рить *сов.*, *п.* 9
  умеря́ть *нес.*, *п.* 2
Умертви́ть[1] *сов.*, *п.*, в : вл 15
Умерщвля́ть *нес.*, *п.* 2
Умеря́ть *нес.*, *п.* 2
  уме́рить *сов.*, *п.* 9
Умести́ть(ся) *сов.*, ст : щ 14
  умеща́ть(ся) *нес.* 1
Уме́ть *нес.* 3
  суме́ть *сов.* 3
Умеща́ть(ся) *нес.* 1
  умести́ть(ся) *сов.*, ст : щ 14
Умили́ть(ся) *сов.* 13
Умиля́ть(ся) *нес.* 2
Умина́ть *нес.*, *п.* 1
  умя́ть *сов.*, *п.* 60
Умина́ться *нес.*, $3^{е}$ *л.* 1
  умя́ться *сов.*, $3^{е}$ *л.* 60
Умира́ть *нес.* 1
  умере́ть *сов.* 68

[1] умерщвлю́; умерщвлённый

Умиротвори́ть(ся) *сов.*	13
Умиротворя́ть(ся) *нес.*	2
Умне́ть *нес.*	3
поумне́ть *сов.*	3
Умничать *нес.*	1
Умножа́ть *нес.*, *п.*	1
Умно́жить *сов.*, *п.*	9
Умножа́ться *нес.*, *3е л.*	1
Умно́житься *сов.*, *3е л.*	9
Умозаключа́ть *нес.*, *п.*	1
Умозаключи́ть *сов.*, *п.*	13
Умоли́ть[1] *сов.*, *п.*	16
умоля́ть *нес.*, *п.*	2
Умолка́ть *нес.*	1
Умо́лкнуть *сов.*	43
Умолча́ть *сов.*, *п.*	22
ума́лчивать *нес.*, *п.*	1
Умоля́ть *нес.*, *п.*	2
умоли́ть[1] *сов.*, *п.*	16
Умори́ть(ся) *сов.*	13
Умудри́ть(ся) *сов.*	13
Умудря́ть(ся) *нес.*	2
Умча́ть(ся) *сов.*	22
Умыва́ть(ся) *нес.*	1
Умы́ть(ся) *сов.*	64
Умя́ть *сов.*, *п.*	60
умина́ть *нес.*, *п.*	1
Умя́ться *сов.*, *3е л.*	60
умина́ться *нес.*, *3е л.*	1
Унаво́живать *нес.*, *п.*	1
Унаво́зить *сов.*, *п.*, з : ж	10
Унасле́довать *сов.*, *п.*	54
Унести́(сь) *сов.*	6
уноси́ть[2](ся) *нес.*, с : ш	17
Унижа́ть(ся) *нес.*	1
уни́зить(ся) *сов.*, з : ж	10
Униза́ть *сов.*, *п.*, з : ж	46
уни́зывать *нес.*, *п.*	1
Уни́зить(ся) *сов.*, з : ж	10
унижа́ть(ся) *нес.*	1
Уни́зывать *нес.*, *п.*	1
униза́ть *сов.*, *п.*, з : ж	46
Унима́ть(ся) *нес.*	1
уня́ть(ся) *сов.*	76
Унифици́ровать *нес.*, *сов.*, *п.*	54
Уничтожа́ть *нес.*, *п.*	1
Уничто́жить *сов.*, *п.*	9
Уничтожа́ться *нес.*, *3е л.*	1
Уничто́житься *сов.*, *3е л.*	9
Уноси́ть[2](ся) *нес.*, с : ш	17
унести́(сь) *сов.*	6
Уныва́ть *нес.*	1
Уня́ть(ся) *сов.*	76
унима́ть(ся) *нес.*	1
Упакова́ть *сов.*, *п.*	53
Упако́вывать *нес.*, *п.*	1
Упа́сть *сов.*	78
па́дать *нес.*	1
Упека́ть *нес.*, *п.*	1
упе́чь *сов.*, *п.*	86
Упека́ться *нес.*, *3е л.*	1
упе́чься *сов.*, *3е л.*	86
Упере́ть(ся) *сов.*	68
упира́ть(ся) *нес.*	1
Упе́чь *сов.*, *п.*	86
упека́ть *нес.*, *п.*	1
Упе́чься *сов.*, *3е л.*	86
упека́ться *нес.*, *3е л.*	1
Упива́ться *нес.*	1
упи́ться *сов.*	66
Упира́ть(ся) *нес.*	1
упере́ть(ся) *сов.*	68
Написа́ть *сов.*, *п.*, с : ш	46
Упи́сывать *нес.*, *п.*	1
Уписа́ться *сов.*, *3е л.*, с : ш	46
Упи́сываться *нес.*, *3е л.*	1
Упи́ться *сов.*	66
упива́ться *нес.*	1
Уплати́ть *сов.*, *п.*, т : ч	17
Уплести́ *сов.*, *п.*	80
Уплета́ть *нес.*, *п.*	1
Уплотни́ть(ся) *сов.*	13
Уплотня́ть(ся) *нес.*	2
Уплыва́ть *нес.*	1
Уплы́ть *сов.*	59
Уподо́бить(ся) *сов.*, б : бл	11
Уподобля́ть(ся) *нес.*	2
Уполза́ть *нес.*	1
Уползти́ *сов.*	6

[1] умолённый
[2] уноси́мый

Уполномо́чивать *нес., п.* 1
Уполномо́чить *сов., п.* 9
Упомина́ть *нес., п.* 1
упомяну́ть *сов., п.* 42
Упо́мнить* *сов., п.* 12
Упомяну́ть *сов., п.* 42
упомина́ть *нес., п.* 1
Упо́рствовать *нес.* 54
Упорхну́ть *сов.* 39
Упоря́дочивать *нес., п.* 1
Упоря́дочить *сов., п.* 12
Упоря́дочиваться *нес., 3е л.* 1
Упоря́дочиться *сов., 3е л.* 12
Употреби́ть *сов., п.,* **б : бл** 15
Употребля́ть *нес., п.* 2
Употреби́ться *сов., 3е л.* 15
Употребля́ться *нес., 3е л.* 2
Упра́виться *сов.,* **в : вл** 11
управля́ться *нес.* 2
Управля́ть *нес.* 2
Управля́ться *нес.* 2
упра́виться *сов.,* **в : вл** 11
Упражня́ть(ся) *нес.* 2
Упраздни́ть *сов., п.* 13
Упраздня́ть *нес., п.* 2
Упра́шивать *нес., п.* 1
упроси́ть *сов., п.,* **с : ш** 17
Упрека́ть *нес., п.* 1
Упрекну́ть* *сов., п.* 39
Упроси́ть *сов., п.,* **с : ш** 17
упра́шивать *нес., п.* 1
Упрости́ть *сов., п.,* **ст : щ** 14
Упроща́ть *нес., п.* 1
Упрости́ться *сов., 3е л.* 14
Упроща́ться *нес., 3е л.* 1
Упро́чивать(ся) *нес.* 1
Упро́чить(ся) *сов.* 9
Упря́миться *нес.,* **м : мл** 11
Упря́тать *сов., п.,* **т : ч** 47
Упря́тывать *нес., п.* 1
Упуска́ть *нес., п.* 1
Упусти́ть *сов., п.,* **ст : щ** 17
Ура́внивать *нес., п.* 1
уравня́ть[1] *сов., п.* 2
Ура́внивать *нес., п.* 1
уровня́ть *сов., п.* 2

Уравнове́сить *сов., п.,* **с : ш** 10
Уравнове́шивать *нес., п.* 1
Уравня́ть[1] *сов., п.* 2
ура́внивать *нес., п.* 1
Уразуме́ть *сов., п.* 3
Урегули́ровать *сов., п.* 54
Уре́зать *сов., п.,* **з : ж** 49
Уреза́ть *нес., п.* 1
уре́зывать *нес., п.* 1
Урезо́нивать *нес., п.* 1
Урезо́нить *сов., п.* 9
Уре́зывать *нес., п.* 1
уре́зать *сов., п.,* **з : ж** 49
Уровня́ть *сов., п.* 2
ура́внивать *нес., п.* 1
Уроди́ть(ся) *сов.,* **д : ж** 14
Уро́довать(ся) *нес.* 54
изуро́довать(ся) *сов.* 54
Урони́ть *сов., п.* 16
роня́ть *нес., п.* 2
Урча́ть *нес.* 22
Усади́ть *сов., п.,* **д : ж** 17
Уса́живать *нес., п.* 1
Уса́живаться *нес.* 1
усе́сться *сов.* 85
Усва́ивать *нес., п.* 1
Усво́ить *сов., п.* 19
Усе́ивать *нес., п.* 1
усе́ять *сов., п.* 35
Усе́иваться *нес., 3е л.* 1
усе́яться *сов., 3е л.* 35
Усе́рдствовать *нес.* 54
Усе́сться *сов.* 85
уса́живаться *нес.* 1
Усе́ять *сов., п.* 35
усе́ивать *нес., п.* 1
Усе́яться *сов., п., 3е л.* 35
усе́иваться *нес., 3е л.* 1
Усиде́ть *сов.,* **д : ж** 27
Уси́ливать(ся) *нес.* 1
Уси́лить(ся) *сов.* 9
Ускака́ть *сов.,* **к : ч** 48
Ускольза́ть *нес.* 1
Ускользну́ть *сов.* 39
Уско́рить *сов., п.* 9
Ускоря́ть *нес., п.* 2

[1] ура́вненный

Ускóриться *сов.*, *3е л.*	9
Ускоря́ться *нес.*, *3е л.*	2
Усла́ть *сов.*, *п.*	73
усыла́ть *нес.*, *п.*	1
Уследи́ть *сов.*, **д : ж**	14
Услóвиться *сов.*, **в : вл**	11
Услóвливаться *нес.*	1
Усложни́ть *сов.*, *п.*	13
Усложня́ть *нес.*, *п.*	2
Усложни́ться *сов.*, *3е л.*	13
Усложня́ться *нес.*, *3е л.*	2
Услужи́ть *сов.*	16
Услыха́ть[1] *сов.*, *п.*, **х : ш**	21
Услы́шать *сов.*, *п.*	21
Усма́тривать *нес.*, *п.*	1
усмотре́ть *сов.*, *п.*	29
Усмеха́ться *нес.*	1
Усмехну́ться *сов.*	39
Усмири́ть(ся) *сов.*	13
Усмиря́ть(ся) *нес.*	2
Усмотре́ть *сов.*, *п.*	29
усма́тривать *нес.*, *п.*	1
Уснаща́ть *нес.*, *п.*	1
Усну́ть *сов.*	39
Усоверше́нствовать(ся) *сов.*	54
Усóвестить[2] *сов.*, *п.*, **ст : щ**	10
Усóвещивать *нес.*, *п.*	1
Усомни́ться *сов.*	13
сомнева́ться *нес.*	1
Усóхнуть *сов.*, *3е л.*	43
усыха́ть *нес.*, *3е л.*	1
Успева́ть *нес.*	1
Успе́ть *сов.*	3
Успе́ется[3] *безл.*	3
Успока́ивать(ся) *нес.*	1
Успокóить(ся) *сов.*	19
Устава́ть *нес.*	55
уста́ть *сов.*	56
Уста́вить(ся) *сов.*, **в : вл**	11
Уставля́ть(ся) *нес.*	2
Устана́вливать *нес.*, *п.*	1
Установи́ть *сов.*, *п.*, **в : вл**	18

Устана́вливаться *нес.*, *3е л.*	1
Установи́ться *сов.*, *3е л.*	18
Устарева́ть *нес.*	1
Устаре́ть *сов.*	3
Уста́ть *сов.*	56
устава́ть *нес.*	55
Устели́ть *сов.*, *п.*	100
Устила́ть *нес.*, *п.*	1
Устла́ть *сов.*, *п.*	70
Устоя́ть[4] *сов.*	20
Устоя́ться *сов.*, *3е л.*	20
Устра́ивать(ся) *нес.*	1
устрóить(ся) *сов.*	19
Устрани́ть(ся) *сов.*	13
Устраня́ть(ся) *нес.*	2
Устраша́ть(ся) *нес.*	1
Устраши́ть(ся) *сов.*	13
Устреми́ть(ся) *сов.*, **м : мл**	15
Устремля́ть(ся) *нес.*	2
Устрóить(ся) *сов.*	19
устра́ивать(ся) *нес.*	1
Уступа́ть *нес.*, *п.*	1
Уступи́ть *сов.*, *п.*, **п : пл**	18
Устыди́ть(ся) *сов.*, **д : ж**	14
Усугуби́ть *сов.*, *п.*, **б : бл**	11, 15
Усугубля́ть *нес.*, *п.*	2
Усугуби́ться *сов.*, *3е л.*	11, 15
Усугубля́ться *нес.*, *3е л.*	2
Усыла́ть *нес.*, *п.*	1
усла́ть *сов.*, *п.*	73
Усынови́ть *сов.*, *п.*, **в : вл**	15
Усыновля́ть *нес.*, *п.*	2
Усы́пать *сов.*, *п.*, **п : пл**	50
Усыпа́ть *нес.*, *п.*	1
Усыпи́ть *сов.*, *п.*, **п : пл**	15
Усыпля́ть *нес.*, *п.*	2
Усыха́ть *нес.*, *3е л.*	1
усóхнуть *сов.*, *3е л.*	43
Ута́ивать *нес.*, *п.*	1
Утаи́ть *сов.*, *п.*	13
Ута́птывать *нес.*, *п.*	1
утопта́ть *сов.*, *п.*, **т : ч**	48
Ута́скивать *нес.*, *п.*	1
Утащи́ть *сов.*, *п.*	16

[1] Conjugated in same way as слы́шать — услы́шать.
[2] усóвести
[3] This is the only form used.
[4] No imperative.

{Утвердить[1](ся) *сов.*, д : ж 14
{Утверждать(ся) *нес.* 1
Утекать *нес.*, *3е л.* 1
утечь *сов.*, *3е л.* 86
{Утеплить *сов.*, *п.* 13
{Утеплять *нес.*, *п.* 2
Утереть(ся) *сов.* 68
утирать(ся) *нес.* 1
Утерпеть *сов.*, п : пл 30
Утерять *сов.*, *п.* 2
Утечь *сов.*, *3е л.* 86
утекать *нес.*, *3е л.* 1
{Утешать(ся) *нес.* 1
{Утешить(ся) *сов.* 9
Утирать(ся) *нес.* 1
утереть(ся) *сов.* 68
{Утихать *нес.* 1
{Утихнуть *сов.* 43
{Утихомиривать(ся) *нес.* 1
{Утихомирить(ся) *сов.* 9
Уткнуть*(ся) *сов.* 39
утыкать(ся) *нес.* 1
Утолить *сов.*, *п.* 13
утолять *нес.*, *п.* 2
Утолиться *сов.*, *3е л.* 13
утоляться *нес.*, *3е л.* 2
{Утолстить *сов.*, *п.*, ст : щ 14
{Утолщать *нес.*, *п.* 1
{Утолститься *сов.*, *3е л.* 14
{Утолщаться *нес.*, *3е л.* 1
Утолять *нес.*, *п.* 2
утолить *сов.*, *п.* 13
Утоляться *нес.*, *3е л.* 2
утолиться *сов.*, *3е л.* 13
{Утомить(ся) *сов.*, м : мл 15
{Утомлять(ся) *нес.* 2
{Утонуть *сов.* 42
{Утопать *нес.* 1
Утопить(ся) *сов.*, п : пл 18
Утоптать *сов.*, *п.*, т : ч 48
утаптывать *нес.*, *п.* 1
{Уточнить *сов.*, *п.* 13
{Уточнять *нес.*, *п.* 2
{Уточниться *сов.*, *3е л.* 13
{Уточняться *нес.*, *3е л.* 2

Утраивать *нес.*, *п.* 1
утроить *сов.*, *п.* 19
Утраиваться *нес.*, *3е л.* 1
утроиться *сов.*, *3е л.* 19
{Утрамбовать *сов.*, *п.* 53
{Утрамбовывать *нес.*, *п.* 1
{Утрамбоваться *сов.*, *3е л.* 53
{Утрамбовываться *нес.*, *3е л.* 1
{Утратить *сов.*, *п.*, т : ч 10
{Утрачивать *нес.*, *п.* 1
{Утратиться *сов.*, *3е л.* 10
{Утрачиваться *нес.*, *3е л.* 1
Утрировать *нес.*, *сов.*, *п.* 54
Утроить *сов.*, *п.* 19
утраивать *нес.*, *п.* 1
Утроиться *сов.*, *3е л.* 19
утраиваться *нес.*, *3е л.* 1
Утруждать *нес.*, *п.* 1
{Утрясать *нес.*, *п.* 1
{Утрясти *сов.*, *п.* 6
{Утрясаться *нес.*, *3е л.* 1
{Утрястись *сов.*, *3е л.* 6
{Утыкать *сов.*, *п.* 1
{Утыкивать *нес.*, *п.* 1
Утюжить *нес.*, *п.* 9
отутюжить *сов.*, *п.* 9
{Утягивать *нес.*, *п.* 1
{Утянуть *сов.*, *п.* 42
Ухаживать *нес.* 1
Ухать* *нес.* 1
ухнуть* *сов.* 40
{Ухватиться *сов.*, т : ч 17
{Ухватываться *нес.* 1
{Ухитриться *сов.* 13
{Ухитряться *нес.* 2
Ухищряться *нес.* 2
{Ухлопать *сов.*, *п.* 1
{Ухлопывать *нес.*, *п.* 1
{Ухмыльнуться *сов.* 39
{Ухмыляться *нес.* 2
Ухнуть* *сов.* 40
ухать* *нес.* 1
Уходить *сов.*, *п.*, д : ж 17
Уходить *нес.*, д : ж 17
уйти *сов.* 94

[1] утверждённый

{Ухудша́ть *нес.*, *п.* 1
{Уху́дшить *сов.*, *п.* 12
{Ухудша́ться *нес.*, *3е л.* 1
{Уху́дшиться *сов.*, *3е л.* 12
Уцеле́ть *сов.* 3
Уцепи́ть*(ся) *сов.*, **п : пл** 18
Уча́ствовать *нес.* 54
{Участи́ть *сов.*, *п.*, **ст : щ** 14
{Учаща́ть *нес.*, *п.* 1
{Участи́ться *сов.*, *3е л.* 14
{Учаща́ться *нес.*, *3е л.* 1
Уче́сть *сов.*, *п.* 83
  учи́тывать *нес.*, *п.* 1
{Учини́ть *сов.*, *п.* 13
{Учиня́ть *нес.*, *п.* 2
Учи́тельствовать *нес.* 54
Учи́тывать *нес.*, *п.* 1
  уче́сть *сов.*, *п.* 83
Учи́ть[1](ся) *нес.* 16
  вы́учить(ся) *сов.* 12
  научи́ть(ся) *сов.* 16
{Учреди́ть[2] *сов.*, *п.*, **д : ж : жд** 14
{Учрежда́ть *нес.*, *п.* 1
Учу́ять *сов.*, *п.* 35
{Ушиба́ть(ся) *нес.* 1
{Ушиби́ть(ся) *сов.* 37
{Ушива́ть *нес.*, *п.* 1
{Уши́ть *сов.*, *п.* 66
{Ущеми́ть *сов.*, *п.*, **м : мл** 15
{Ущемля́ть *нес.*, *п.* 2
Ущипну́ть* *сов.*, *п.* 39
  щипа́ть *нес.*, *п.*, **п : пл** 51
{Уязви́ть *сов.*, *п.*, **в : вл** 15
{Уязвля́ть *нес.*, *п.* 2
{Уясни́ть *сов.*, *п.* 13
{Уясня́ть *нес.*, *п.* 2

Ф, ф

Фабрикова́ть *нес.*, *п.* 53
  сфабрикова́ть *сов.*, *п.* 53
Фальсифици́ровать *нес.*, *сов.*, *п.* 54
Фальши́вить *нес.*, **в : вл** 11
  сфальши́вить *сов.*, **в : вл** 11
Фамилья́рничать *нес.* 1
Фантази́ровать *нес.* 54
  сфантази́ровать *сов.* 54
Фарширова́ть *нес.*, *п.* 53
Фасова́ть *нес.*, *п.* 53
  расфасова́ть *сов.*, *п.* 53
Фашизи́ровать *нес.*, *сов.*, *п.* 54
Фетишизи́ровать *нес.*, *п.* 54
Фехтова́ть *нес.* 53
Фигури́ровать *нес.* 54
Фикси́ровать *нес.*, *п.* 54
  зафикси́ровать *сов.*, *п.* 54
Филосо́фствовать *нес.* 54
Фильтрова́ть *нес.*, *п.* 53
  профильтрова́ть *сов.*, *п.* 53
Финанси́ровать *нес.*, *сов.*, *п.* 54
Финиши́ровать *нес.*, *сов.* 54
Финти́ть *нес.*, **т : ч** 14
Фиска́лить *нес.* 9
Флани́ровать *нес.* 54
Флиртова́ть *нес.* 53
Фо́кусничать *нес.* 1
Формирова́ть(ся) *нес.* 53
  сформирова́ть(ся) *сов.* 53
Формули́ровать *нес.*, *п.* 54
  сформули́ровать *сов.*, *п.* 54
Форси́ровать *нес.*, *сов.*, *п.* 54
Форси́ть *нес.*, **с : ш** 14
Фотографи́ровать(ся) *нес.* 54
  сфотографи́ровать(ся) *сов.* 54
Франти́ть *нес.*, **т : ч** 14
Фронди́ровать *нес.* 54
Функциони́ровать *нес.* 54
{Фы́ркать *нес.* 1
{Фы́ркнуть *сов.* 40

Х, х

Ха́живать[3] *нес.* 1
Халту́рить *нес.* 9

---

[1] учи́мый
[2] учреждённый
[3] Only past tense used.

Хами́ть *нес.*, **м : мл**	15
Хандри́ть *нес.*	13
Ха́пать* *нес.*, *п.*	1
Ха́пнуть* *сов.*, *п.*	40
Характеризова́ть *нес.*	53
охарактеризова́ть *сов.*, *п.*	53
Характеризова́ться *нес.*	53
Ха́ркать *нес.*	1
Ха́ркнуть *сов.*	40
Ха́ять *нес.*, *п.*	35
оха́ять *сов.*, *п.*	35
Хвали́ть[1](ся) *нес.*	16
похвали́ть(ся) *сов.*	16
Хвастану́ть *сов.*	39
Хва́стать[2](ся) *нес.*	1
похва́стать[2](ся) *сов.*	1
Хвата́ть *нес.*, *безл.*	1
хвати́ть *сов.*, *безл.*	17
Хвата́ть(ся) *нес.*	1
схвати́ться *сов.*, **т : ч**	17
Хвати́ть *сов.*, *безл.*	17
хвата́ть *нес.*, *безл.*	1
Хвати́ться *сов.*, **т : ч**	17
Хвора́ть *нес.*	1
Хире́ть *нес.*	3
захире́ть *сов.*	3
Хитри́ть *нес.*	13
схитри́ть *сов.*	13
Хихи́кать *нес.*	1
Хихи́кнуть *сов.*	40
Хлеба́ть *нес.*, *п.*	1
Хлебну́ть* *сов.*, *п.*	39
Хлеста́ть*(ся) *нес.*, **ст : щ**	48
Хлестну́ть*(ся) *сов.*	39
Хло́пать(ся) *нес.*	1
Хло́пнуть*(ся) *сов.*	40
Хлопота́ть *нес.*, **т : ч**	48
Хлы́нуть *сов.*, $3^{е}$ *л.*	41
Хлю́пать *нес.*	1
Хлю́пнуть *сов.*	40
Хмеле́ть *нес.*	3
захмеле́ть *сов.*	3
Хму́рить(ся) *нес.*	9
нахму́рить(ся) *сов.*	9
Хмы́кать *нес.*	1
Хмы́кнуть *сов.*	40
Хны́кать *нес.*, **к : ч**	47, 1
Хода́тайствовать *нес.*	54
Ходи́ть *нес.*, **д : ж**	17
сходи́ть *сов.*, **д : ж**	17
Хозя́йничать *нес.*	1
Хо́лить *нес.*, *п.*	9
Холоде́ть *нес.*	3
похолоде́ть *сов.*	3
Холоди́ть *нес.*, *п.*, **д : ж**	14
Холости́ть *нес.*, *п.*, **ст : щ**	14
вы́холостить *сов.*, *п.*, **ст : щ**	14
Хорово́диться *нес.*, **д : ж**	10
Хорони́ть *нес.*, *п.*	16
похорони́ть *сов.*, *п.*	16
Хорони́ть(ся) *нес.*	16
схорони́ть(ся) *сов.*	16
Хорохо́риться *нес.*	9
Хороше́ть *нес.*	3
похороше́ть *сов.*	3
Хоте́ть *нес.*, **т : ч**	97
Хоте́ться *нес.*, *безл.*, **т : ч**	97
Хо́хлить(ся) *нес.*	12
нахо́хлить(ся) *сов.*	12
Хохота́ть *нес.*, **т : ч**	48
Храбре́ть *нес.*	3
Храбри́ться *нес.*	13
расхрабри́ться *сов.*	13
Храни́ть *нес.*, *п.*	13
Храни́ться *нес.*, $3^{е}$ *л.*	13
Хрипе́ть *нес.*, **п : пл**	26
Хри́пнуть *нес.*	44
охри́пнуть *сов.*	44
Хрома́ть *нес.*	1
Хрусте́ть *нес.*, **ст : щ**	27
Хру́стнуть *сов.*	40
Хрю́кать *нес.*	1
Хрю́кнуть *сов.*	40
Хря́стнуть *нес.*	40
Худе́ть *нес.*	3
похуде́ть *сов.*	3
Худи́ть* *нес.*, *п.*, $3^{е}$ *л.*	14
Хулига́нить *нес.*	9
Хули́ть *нес.*, *п.*	13

[1] хвали́мый
[2] Intransitive.

Ц, ц

Ца́пать *нес.*, *п.* 1
Ца́паться *нес.* 1
Ца́пнуть* *сов.*, *п.* 40
Цара́пать *нес.*, *п.* 1
  поцара́пать *сов.*, *п.* 1
  оцара́пать *сов.*, *п.* 1
Цара́паться *нес.* 1
Цара́пнуть* *сов.*, *п.* 40
Цари́ть *нес.* 13
Ца́рствовать *нес.* 54
Ца́цкаться *нес.* 1
Цвести́ *нес.* 80
Цеди́ть *нес.*, *п.*, д : ж 17
Цеди́ться *нес.*, 3^e *л.* 17
Це́лить(ся) *нес.* 9
  наце́лить(ся) *сов.* 9
Целова́ть(ся) *нес.* 53
  поцелова́ть*(ся) *сов.* 53
Цени́ть[1] *нес.*, *п.* 16
Цени́ться *нес.*, 3^e *л.* 16
Централизова́ть *нес.*, *сов.*, *п.* 53
Цепене́ть *нес.* 3
  оцепене́ть *сов.* 3
Цепля́ться *нес.* 2
Церемо́ниться *нес.* 9
Цивилизова́ть(ся) *нес.*, *сов.* 53
Циркули́ровать *нес.*, 3^e *л.* 54
Цити́ровать *нес.*, *п.* 54
  процити́ровать *сов.*, *п.* 54
{Цо́кать *нес.* 1
{Цо́кнуть *сов.* 40
Цокота́ть *нес.*, 3^e *л.*, т : ч 48
{Цы́кать *нес.* 1
{Цы́кнуть *сов.* 40

Ч, ч

{Ча́вкать *нес.* 1
{Ча́вкнуть *сов.* 40
Чади́ть *нес.*, д : ж 14
  начади́ть *сов.*, д : ж 14
Чаёвничать *нес.* 1
Чарова́ть *нес.*, *п.* 53
Части́ть *нес.*, ст : щ 14
Ча́хнуть *нес.* 43
  зача́хнуть *сов.* 43
Ча́ять *нес.* 35
Чва́ниться *нес.* 9
Чека́нить *нес.*, *п.* 9
Черви́веть *нес.*, 3^e *л.* 3
  зачерви́веть *сов.*, 3^e *л.* 3
Чередова́ть(ся) *нес.* 53
{Черка́ть *нес.*, *п.* 1
{Черкну́ть *сов.*, *п.* 39
Черне́ть *нес.* 3
  почерне́ть *сов.* 3
Черне́ться *нес.*, 3^e *л.* 3
Черни́ть *нес.*, *п.* 13
  очерни́ть *сов.*, *п.* 13
Че́рпать *нес.*, *п.* 1
  почерпну́ть *сов.*, *п.* 39
Черстве́ть *нес.* 3
  зачерстве́ть *сов.* 3
  очерстве́ть *сов.* 3
Черти́ть *нес.*, *п.*, т : ч 17
  начерти́ть *сов.*, *п.*, т : ч 17
{Чертыха́ться *нес.* 1
{Чертыхну́ться *сов.* 39
Чеса́ть(ся) *нес.*, с : ш 46
  почеса́ть*(ся) *сов.*, с : ш 46
Че́ствовать *нес.*, *п.* 54
Чести́ть *нес.*, *п.*, ст : щ 14
Четвертова́ть *нес.*, *сов.*, *п.* 53
Чини́ть[2] *нес.*, *п.* 16
  почини́ть *сов.*, *п.* 16
  очини́ть *сов.*, *п.* 16
Чини́ть[3] *нес.*, *п.* 13
{Чири́кать *нес.* 1
{Чири́кнуть *сов.* 40
{Чи́ркать* *нес.*, *п.* 1
{Чи́ркнуть* *сов.*, *п.* 40
Чи́слить(ся) *нес.* 12
Чи́стить(ся) *нес.*, ст : щ 10
  вы́чистить[4](ся) *сов.*, ст : щ 10
  очи́стить[4](ся) *сов.*, ст : щ 10
  почи́стить[4](ся) *сов.*, ст : щ 10

---

[1] цени́мый
[2] (a) to repair, to mend; (b) to sharpen
[3] as in чини́ть препя́тствия 'to put obstacles'
[4] вы́чисти; очи́сти & очи́сть; почи́сти & почи́сть

Чита́ть *нес., п.*	1
прочита́ть *сов., п.*	1
Чита́ться *нес., 3е л.*	1
Чиха́ть *нес.*	1
Чихну́ть *сов.*	39
Члени́ть *нес., п.*	13
расчлени́ть *сов., п.*	13
Члени́ться *нес., 3е л.*	13
Чмо́кать *нес.*	1
Чмо́кнуть *сов.*	40
Чо́каться *нес.*	1
Чо́кнуться *сов.*	40
Чревовеща́ть *нес.*	1
Чтить[1] *нес., п.*	13
Чревоуго́дничать *нес.*	1
Чу́вствовать *нес., п.*	54
почу́вствовать *сов., п.*	54
Чу́вствоваться *нес., 3е л.*	54
почу́вствоваться *сов., 3е л.*	54
Чуда́чить *нес.*	9
Чуди́ть[2] *нес.*	14
Чу́диться[2] *нес.*	10
почу́диться[2] *сов.*	10
Чужда́ться *нес.*	1
Чура́ться *нес.*	1
Чу́ять *нес., п.*	35

Ш, ш

Шага́ть *нес.*	1
Шагну́ть *сов.*	39
Шале́ть *нес.*	3
ошале́ть *сов.*	3
Шали́ть *нес.*	13
Шалопа́йничать *нес.*	1
Ша́мкать *нес.*	1
Шантажи́ровать *нес., п.*	54
Ша́рить *нес.*	9
поша́рить *сов.*	9
Ша́ркать *нес.*	1
Ша́ркнуть *сов.*	40
Шарлата́нить *нес.*	9
Шаромы́жничать *нес.*	1
Шата́ть(ся) *нес.*	1
Шатну́ть*(ся) *сов.*	39
Швырну́ть* *сов., п.*	39
Швыря́ть(ся) *нес.*	2
Шевели́ть(ся) *нес.*	13, 16
пошевели́ть(ся) *сов.*	13, 16
Шевельну́ть*(ся) *сов.*	13
Шелесте́ть[2] *нес.*	27
Шелохну́ть*(ся) *сов.*	39
Шелуши́ть *нес., п.*	13
Шелуши́ться *нес., 3е л.*	13
Шельмова́ть *нес., п.*	53
ошельмова́ть *сов., п.*	53
Шепеля́вить *нес.,* в : вл	11
Шепну́ть* *сов., п.*	39
Шепта́ть *нес., п.,* т : ч	48
Шепта́ться *нес.,* т : ч	48
Шерша́веть *нес., 3е л.*	3
Ше́ствовать *нес.*	54
Ше́фствовать *нес.*	54
Ши́кать *нес.*	1
Ши́кнуть *сов.*	40
Шикну́ть *сов.*	39
Шикова́ть *нес.*	53
Шинкова́ть *нес., п.*	53
Шипе́ть *нес.,* п : пл	26
Ши́рить *нес., п.*	9
Ши́риться *нес., 3е л.*	9
Шить *нес., п.*	66
сшить[3] *сов., п.*	66
Шифрова́ть *нес., п.*	53
зашифрова́ть *сов., п.*	53
Шко́дить[2] *нес.*	10
нашко́дить[2] *сов.*	10
Шко́лить *нес., п.*	9
вы́школить *сов., п.*	12
Шлёпать(ся) *нес.*	1
Шлёпнуть*(ся) *сов.*	40
Шлифова́ть *нес., п.*	53
отшлифова́ть *сов., п.*	53
Шлифова́ться *нес., 3е л.*	53
отшлифова́ться *сов., 3е л.*	53

---

[1] 1st person singular чту; 3rd person plural чтят & чтут.
[2] 1st person singular not used.
[3] сошью

Шля́ться *нес.* 2
Шмы́гать *нес.* 1
Шмыгну́ть *сов.* 39
Шмя́кнуть*(ся) *сов.* 40
Шнурова́ть(ся) *нес.* 53
  зашнурова́ть(ся) *сов.* 53
Шныря́ть *нес.* 2
Шоки́ровать *нес.*, *п.* 54
Шпаклева́ть *нес.*, *п.* 53
  зашпаклева́ть *сов.*, *п.* 53
Шпа́рить(ся) *нес.* 9
  ошпа́рить(ся) *сов.* 9
Шпигова́ть *нес.*, *п.* 53
  нашпигова́ть *сов.*, *п.* 53
Шпио́нить *нес.* 9
Шпыня́ть *нес.*, *п.* 2
Штампова́ть *нес.*, *п.* 53
Што́пать *нес.*, *п.* 1
  зашто́пать *сов.*, *п.* 1
Штрафова́ть *нес.*, *п.* 53
  оштрафова́ть *сов.*, *п.* 53
Штрихова́ть *нес.*, *п.* 53
  заштрихова́ть *сов.*, *п.* 53
Штуди́ровать *нес.*, *п.* 54
  проштуди́ровать *сов.*, *п.* 54
Штукату́рить *нес.*, *п.* 9
  оштукату́рить *сов.*, *п.* 9
Штурмова́ть *нес.*, *п.* 53
Шугну́ть* *сов.*, *п.* 39
Шуме́ть *нес.*, м : мл 26
Шурша́ть *нес.* 22
Шути́ть *нес.*, т : ч 17
  пошути́ть *сов.*, т : ч 17
Шушу́каться *нес.* 1

Щ, щ

Щади́ть *нес.*, *п.*, д : ж 14
  пощади́ть *сов.*, *п.*, д : ж 14
Щебета́ть *нес.*, т : ч 48
Щегольну́ть *сов.* 39
Щеголя́ть *нес.* 2
Щекота́ть *нес.*, *п.*, т : ч 48
  пощекота́ть *сов.*, *п.*, т : ч 48
Щёлкать *нес.*, *п.* 1
Щёлкнуть* *сов.*, *п.* 40
Щеми́ть *нес.*, *п.*, $3^е$ *л.*, *безл.* 15
Щени́ться *нес.*, $3^е$ *л.* 13
  ощени́ться *сов.*, $3^е$ *л.* 13
Щéрить(ся) *нес.* 9
  ощéрить(ся) *сов.* 9
Щети́нить(ся) *нес.*, $3^е$ *л.* 9
  ощети́нить(ся) *сов.*, $3^е$ *л.* 9
Щипа́ть *нес.*, *п.*, п : пл 51
  общипа́ть *сов.*, *п.*, п : пл 51
  ощипа́ть *сов.*, *п.*, п : пл 51
  ущипну́ть* *сов.*, *п.* 39
Щипа́ться *нес.*, п : пл 51
Щу́пать *нес.*, *п.* 1
  пощу́пать* *сов.*, *п.* 1
Щу́рить(ся) *нес.* 9

Э, э

Эвакуи́ровать *нес.*, *сов.*, *п.* 54
Экзаменова́ть(ся) *нес.* 53
  проэкзаменова́ть(ся) *сов.* 53
Экипирова́ть *нес.*, *сов.*, *п.* 53
Эконо́мить *нес.*, *п.*, м : мл 11
  сэконо́мить *сов.*, *п.*, м : мл 11
Экранизи́ровать *нес.*, *сов.*, *п.* 54
Экспериментúровать *нес.* 54
Эксплуати́ровать *нес.*, *п.* 54
Экспони́ровать *нес.*, *сов.*, *п.* 54
Экспорти́ровать *нес.*, *сов.*, *п.* 54
Экспроприи́ровать *нес.*, *сов.*, *п.* 54
Электризова́ть *нес.*, *сов.*, *п.* 53
  наэлектризова́ть *сов.*, *п.* 53
Электрифици́ровать *нес.*, *сов.*, *п.* 54
Эмалирова́ть *нес.*, *п.* 53
Эмигри́ровать *нес.*, *сов.* 54
Эскорти́ровать *нес.*, *сов.*, *п.* 54

Ю, ю

Юли́ть *нес.* 13
Юркну́ть *сов.* 40, 39
Юро́дствовать *нес.* 54
Юти́ться *нес.*, т : ч 14

Я, я

Ябедничать *нес.* 1
  ная́бедничать *сов.* 1
{Яви́ть(ся) *сов.*, **в : вл** 18
{Явля́ть(ся) *нес.* 2
Явствовать *нес.*, $3^е$ *л.* 54
Ягни́ться *нес.*, $3^е$ *л.* 13
  оягни́ться *сов.*, $3^е$ *л.* 13
Язви́ть *нес.*, **в : вл** 15
  съязви́ть *сов.*, **в : вл** 15
Якша́ться *нес.* 1
Яри́ться *нес.* 13
Яровизи́ровать *нес.*, *сов.*, *п.* 54

Printed in the United Kingdom
by Lightning Source UK Ltd.
105222UKS00001B/42